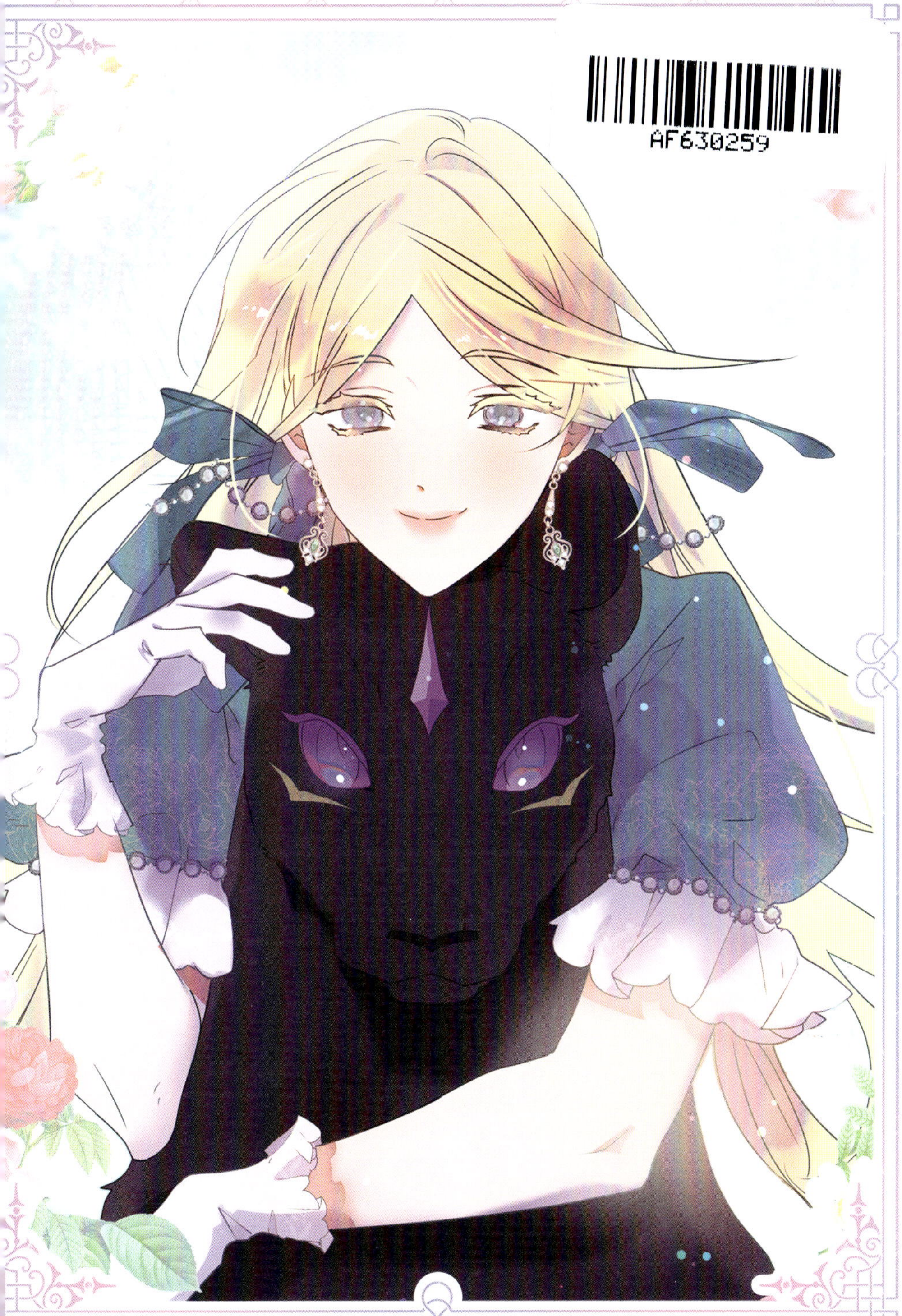

My Gently Raised Beast

2

Zeichnung Yeoseulki
Adaption Teava
Story Early Flower

papertoons

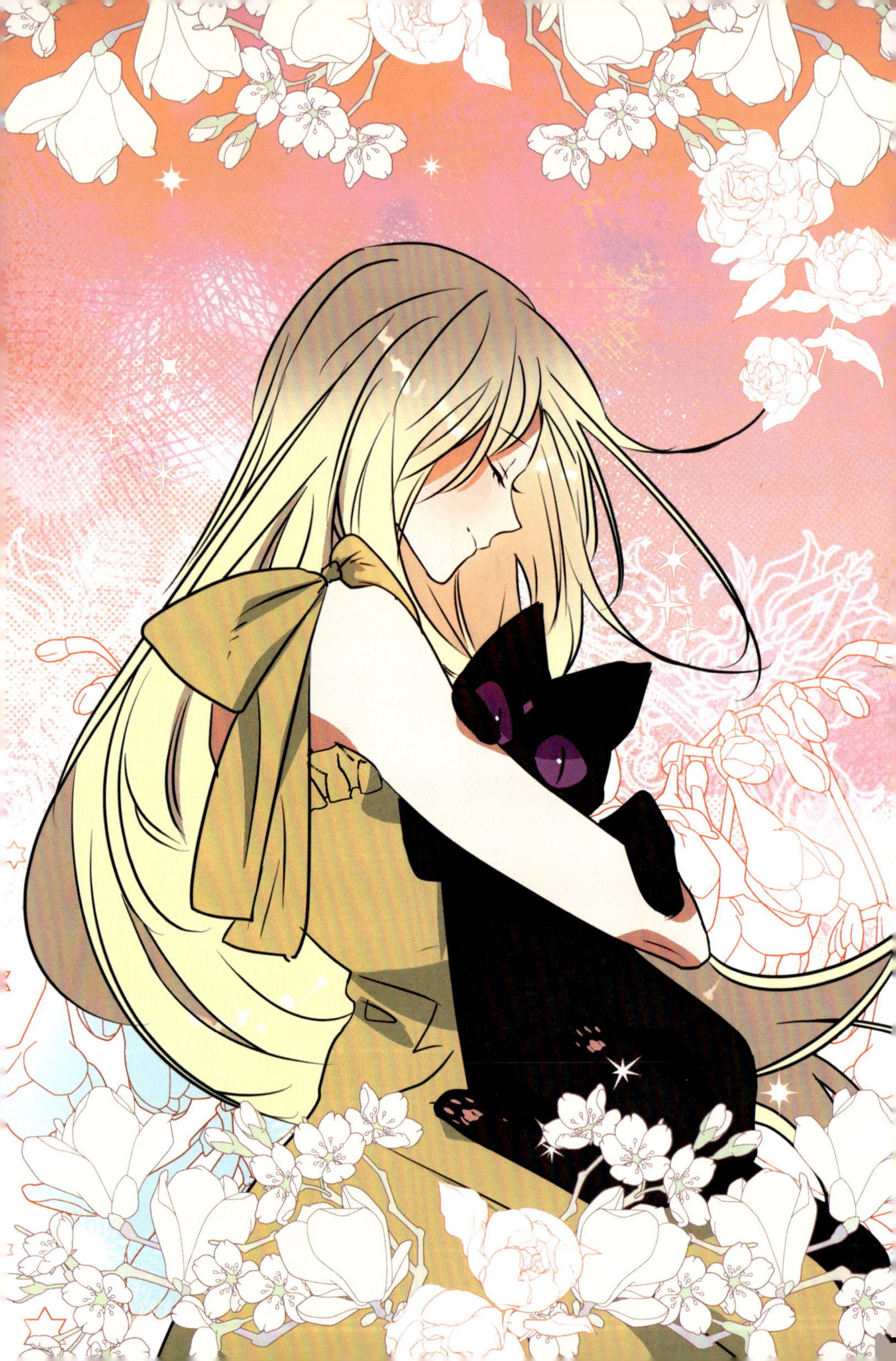

INHALT

4

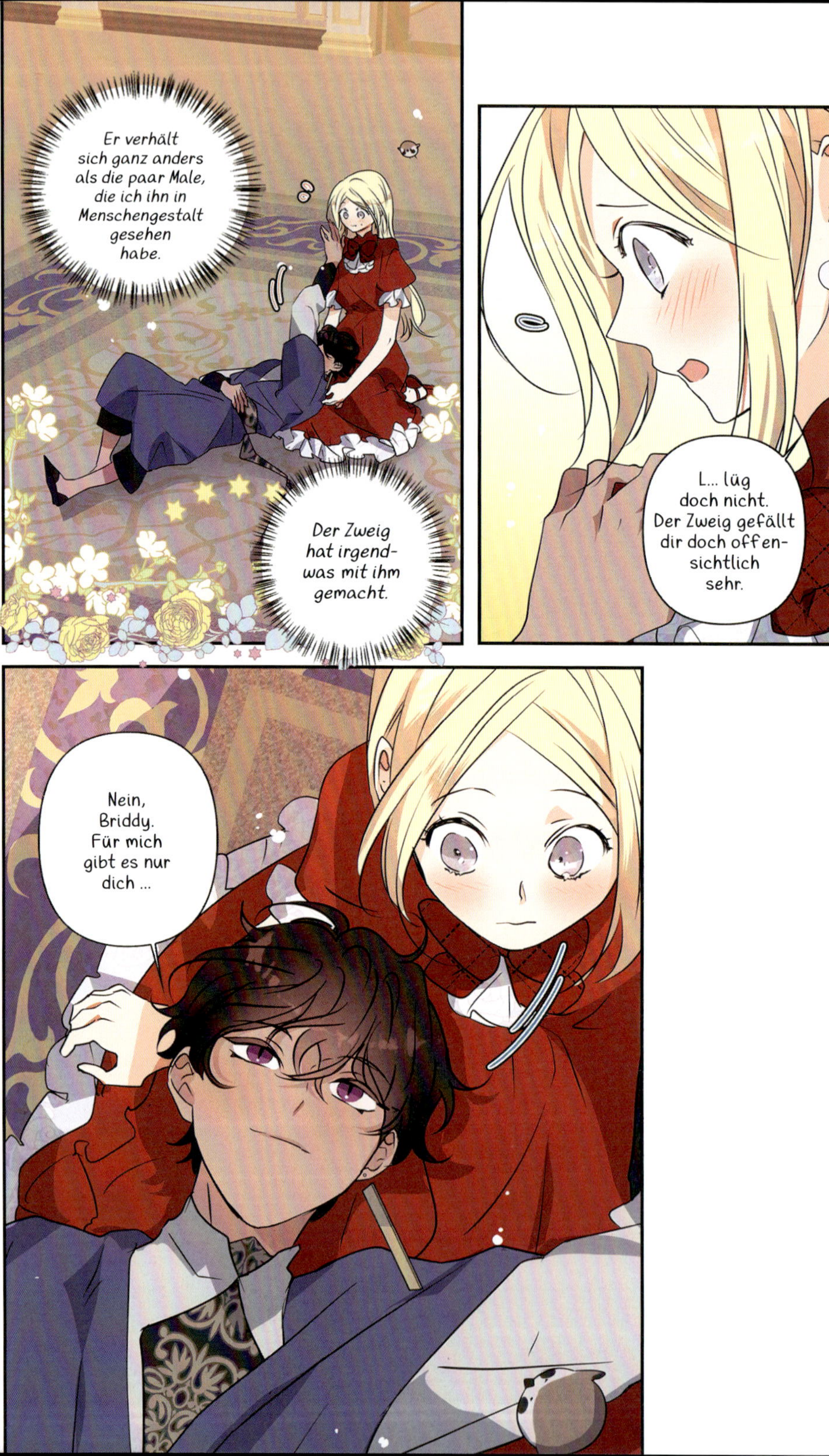

Er verhält sich ganz anders als die paar Male, die ich ihn in Menschengestalt gesehen habe.
Der Zweig hat irgend-was mit ihm gemacht.
L… lüg doch nicht. Der Zweig gefällt dir doch offen-sichtlich sehr.
Nein, Briddy. Für mich gibt es nur dich …

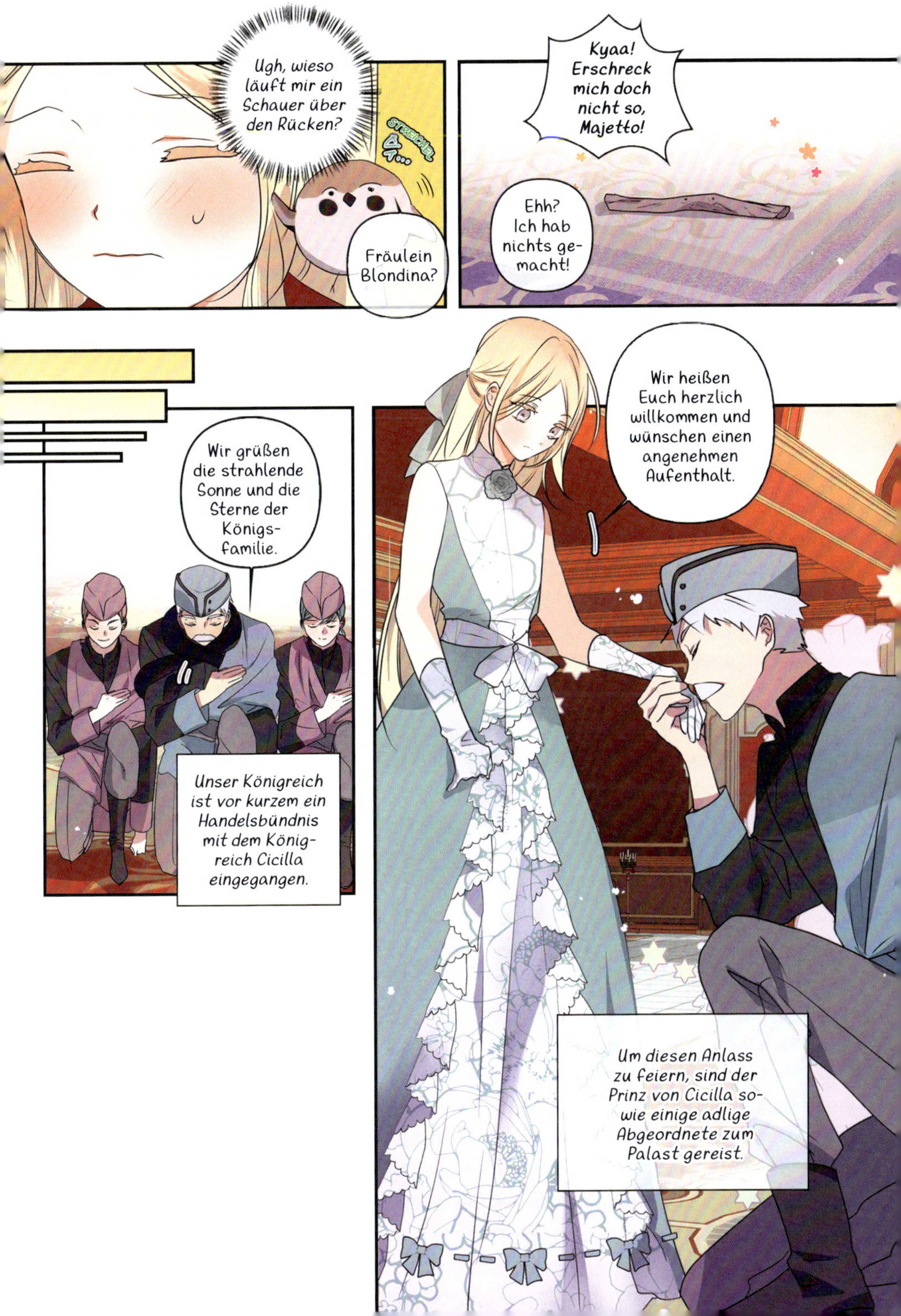
Ugh, wieso läuft mir ein Schauer über den Rücken?
STREICHEL
Fräulein Blondina?
Kyaa! Erschreck mich doch nicht so, Majetto!
Ehh? Ich hab nichts gemacht!
Wir grüßen die strahlende Sonne und die Sterne der Königsfamilie.
Unser Königreich ist vor kurzem ein Handelsbündnis mit dem Königreich Cicilla eingegangen.
Wir heißen Euch herzlich willkommen und wünschen einen angenehmen Aufenthalt.
Um diesen Anlass zu feiern, sind der Prinz von Cicilla sowie einige adlige Abgeordnete zum Palast gereist.

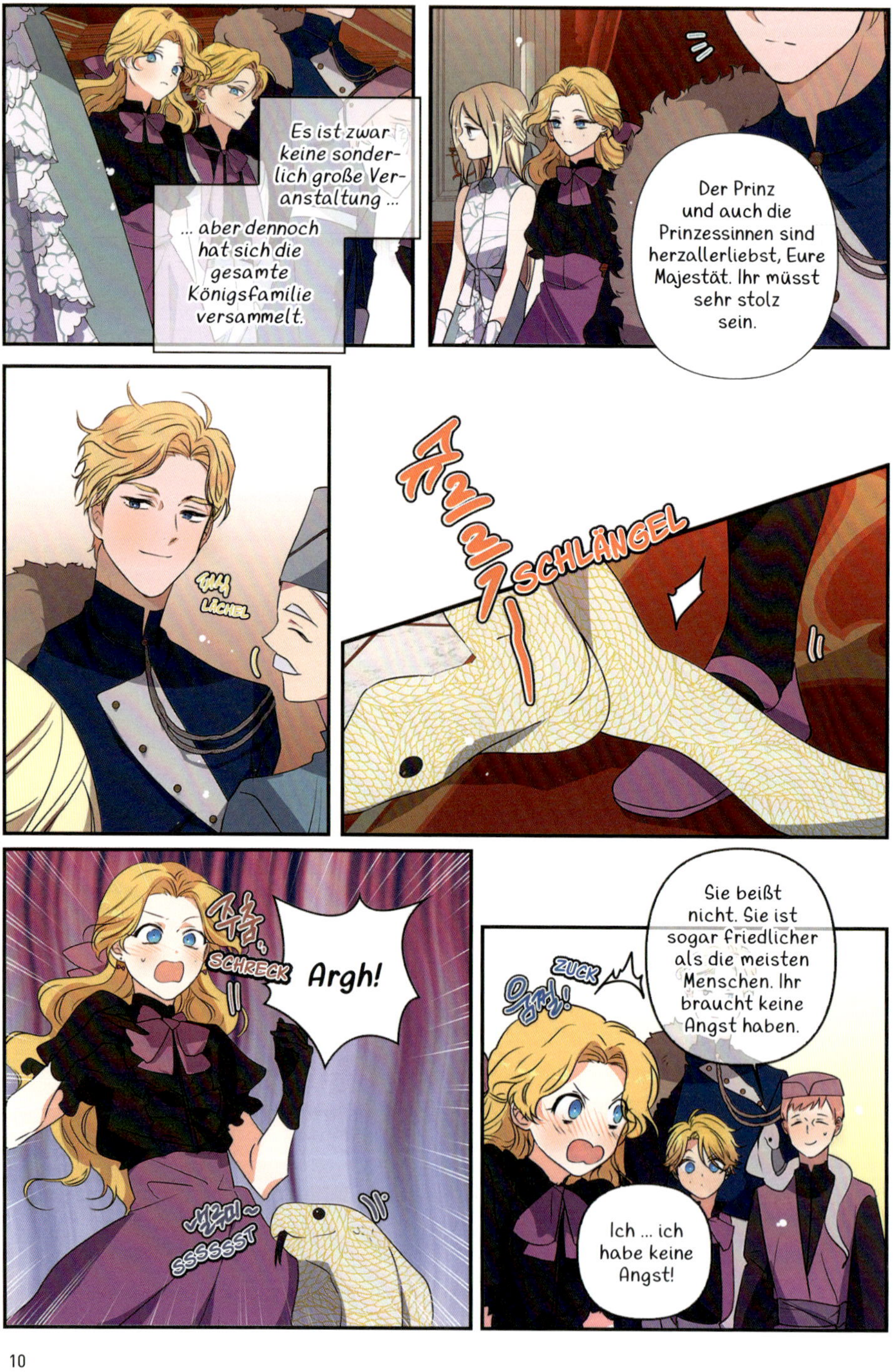
Es ist zwar keine sonderlich große Veranstaltung ...
... aber dennoch hat sich die gesamte Königsfamilie versammelt.
Der Prinz und auch die Prinzessinnen sind herzallerliebst, Eure Majestät. Ihr müsst sehr stolz sein.
LÄCHEL
SCHLÄNGEL
SCHRECK
Argh!
SSSSSST
ZUCK
Sie beißt nicht. Sie ist sogar friedlicher als die meisten Menschen. Ihr braucht keine Angst haben.
Ich ... ich habe keine Angst!

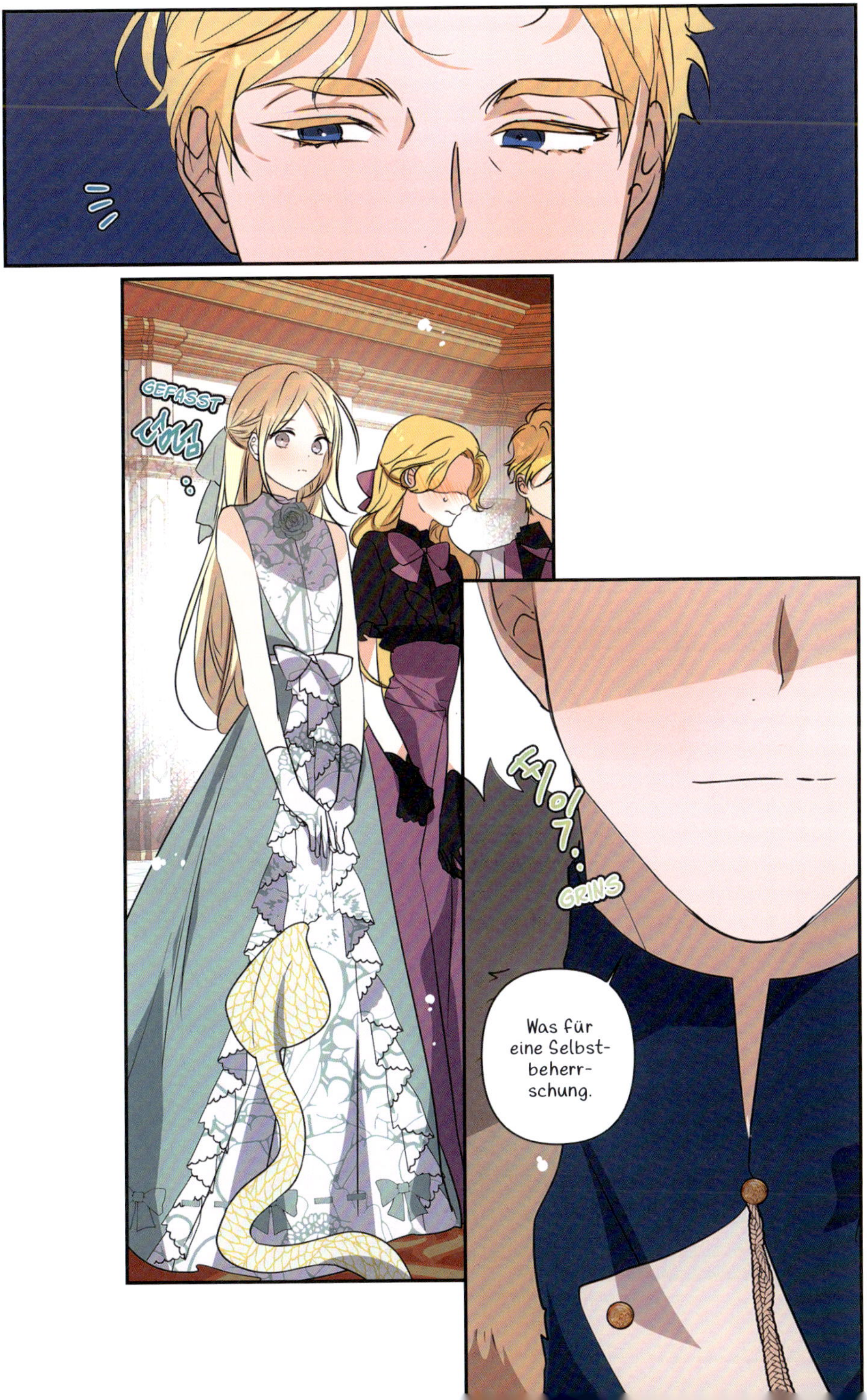
GEFASST
GRINS
Was für eine Selbstbeherrschung.

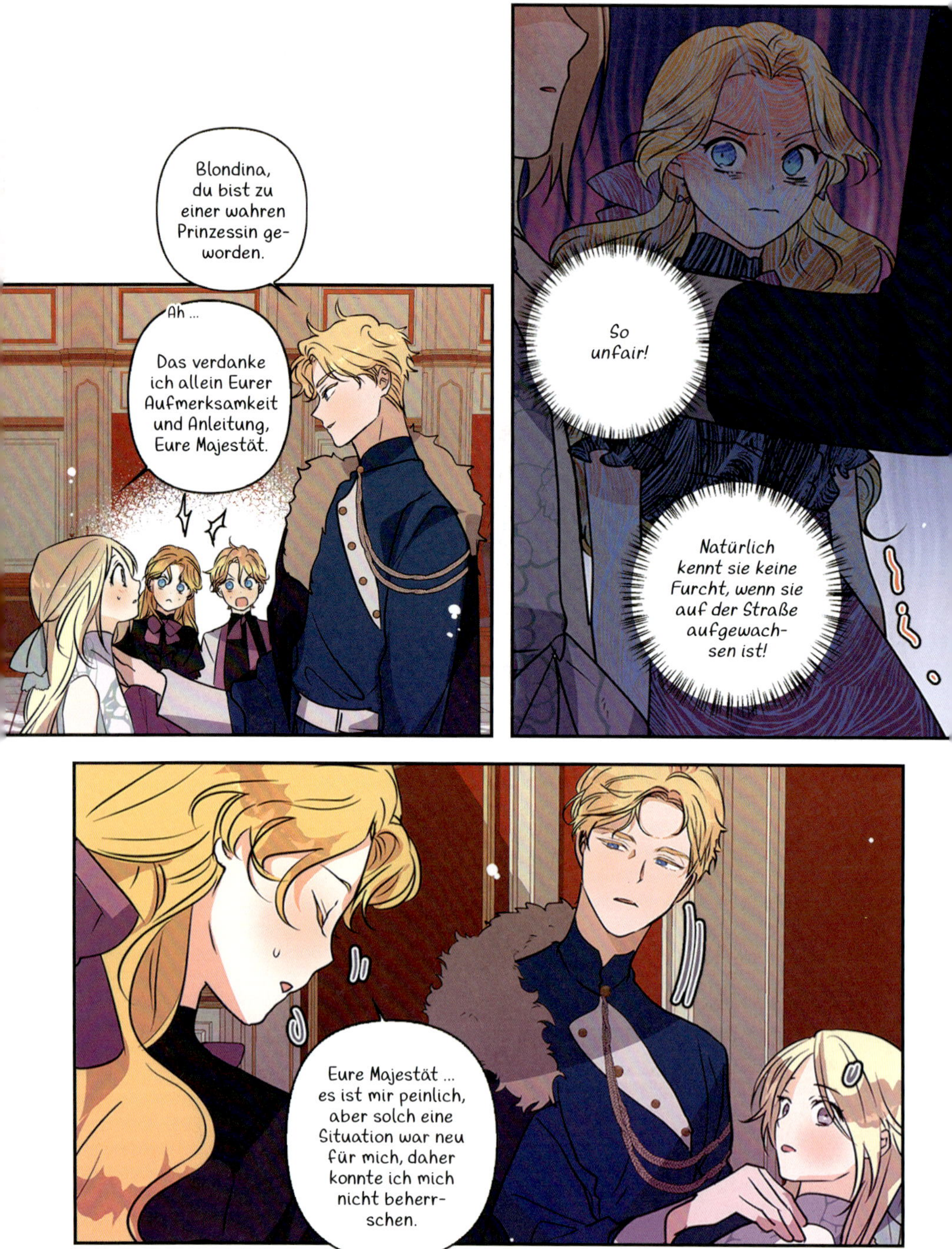
Blondina, du bist zu einer wahren Prinzessin geworden.
Ah ...
Das verdanke ich allein Eurer Aufmerksamkeit und Anleitung, Eure Majestät.
So unfair!
Natürlich kennt sie keine Furcht, wenn sie auf der Straße aufgewachsen ist!
Eure Majestät ... es ist mir peinlich, aber solch eine Situation war neu für mich, daher konnte ich mich nicht beherrschen.

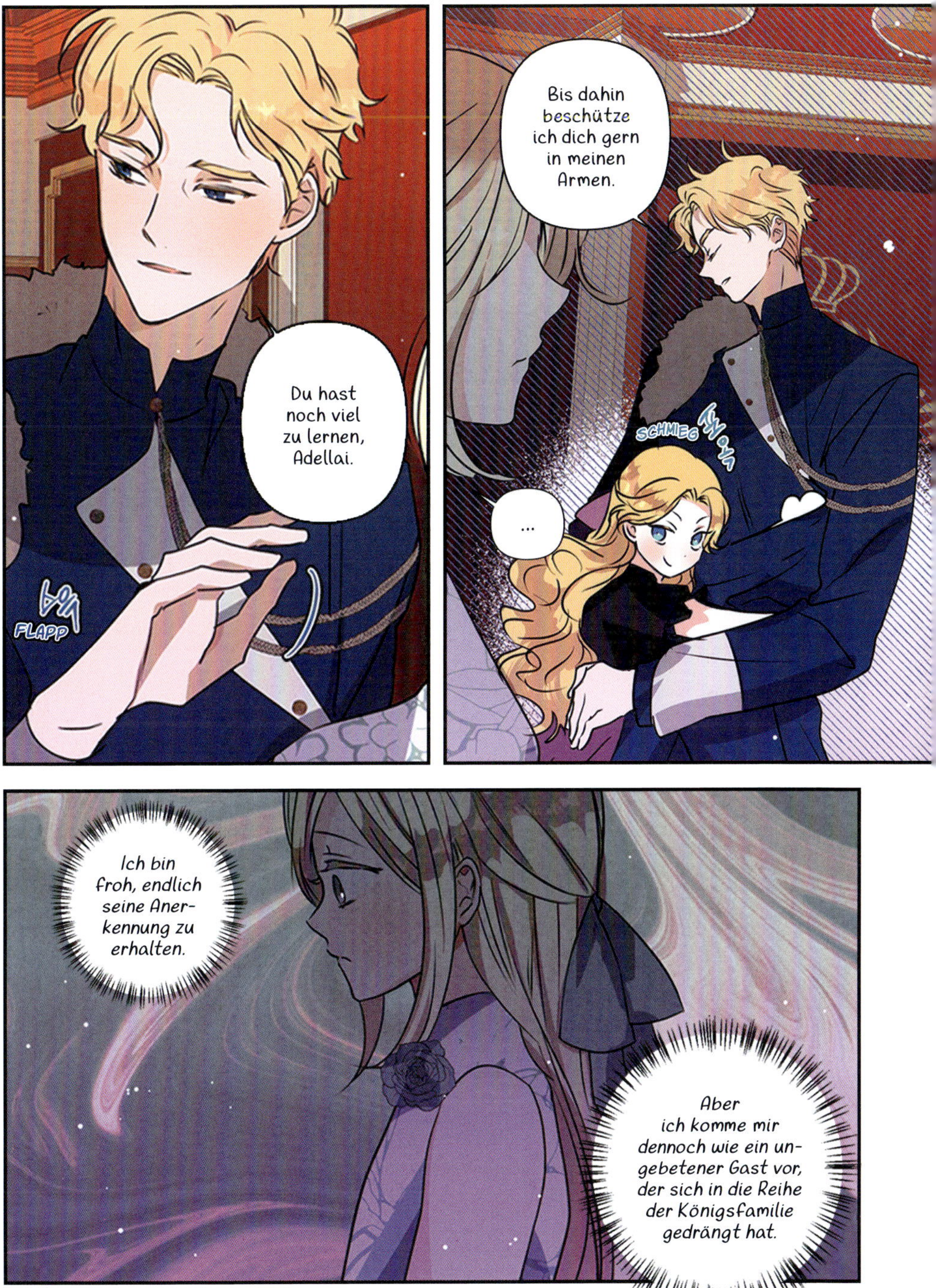
Du hast noch viel zu lernen, Adellai.
FLAPP
Bis dahin beschütze ich dich gern in meinen Armen.
SCHMIEG
...
Ich bin froh, endlich seine Anerkennung zu erhalten.
Aber ich komme mir dennoch wie ein ungebetener Gast vor, der sich in die Reihe der Königsfamilie gedrängt hat.

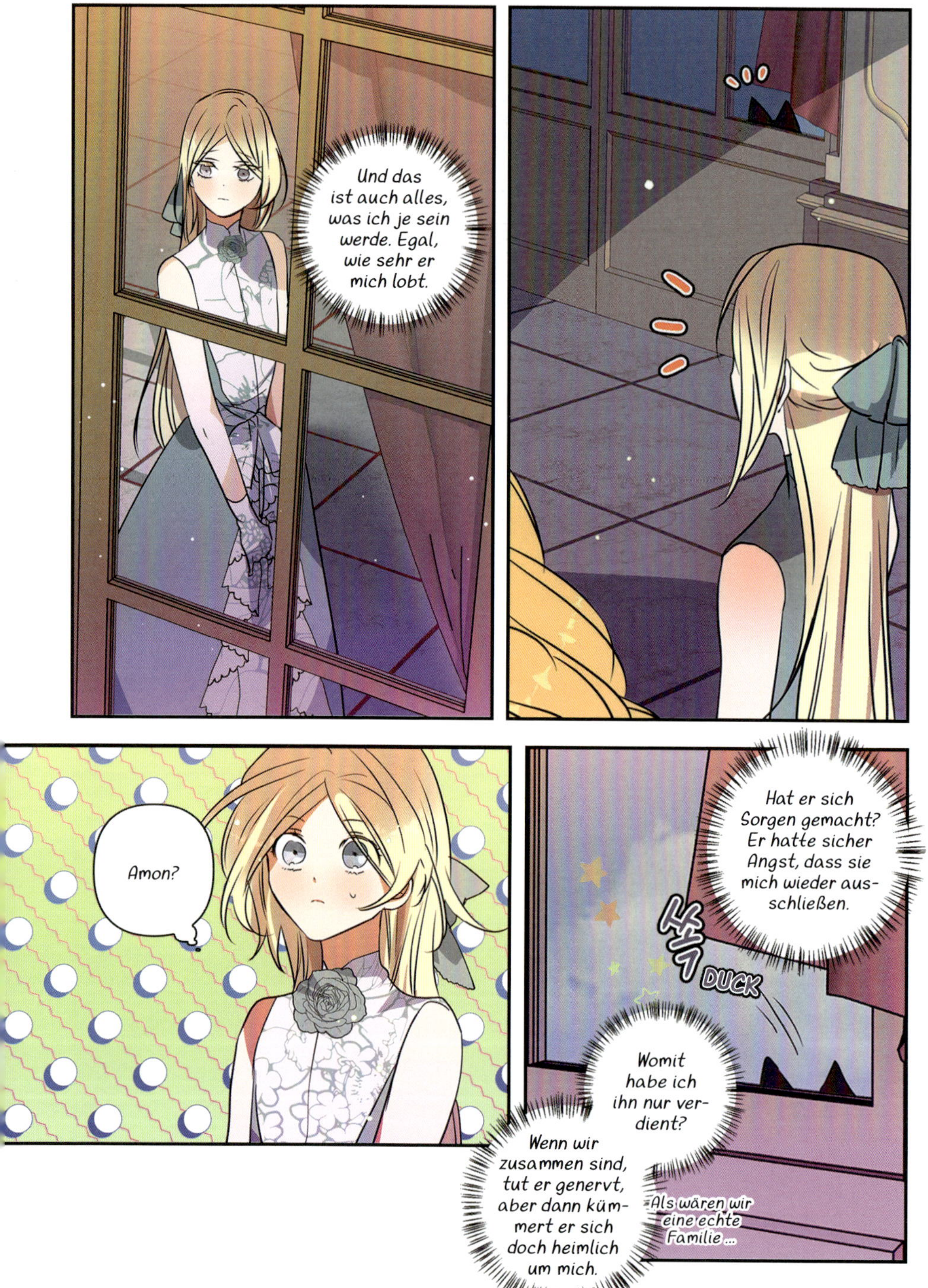
Und das ist auch alles, was ich je sein werde. Egal, wie sehr er mich lobt.
Amon?
Hat er sich Sorgen gemacht? Er hatte sicher Angst, dass sie mich wieder ausschließen.
DUCK
Womit habe ich ihn nur verdient?
Wenn wir zusammen sind, tut er genervt, aber dann kümmert er sich doch heimlich um mich.
Als wären wir eine echte Familie ...

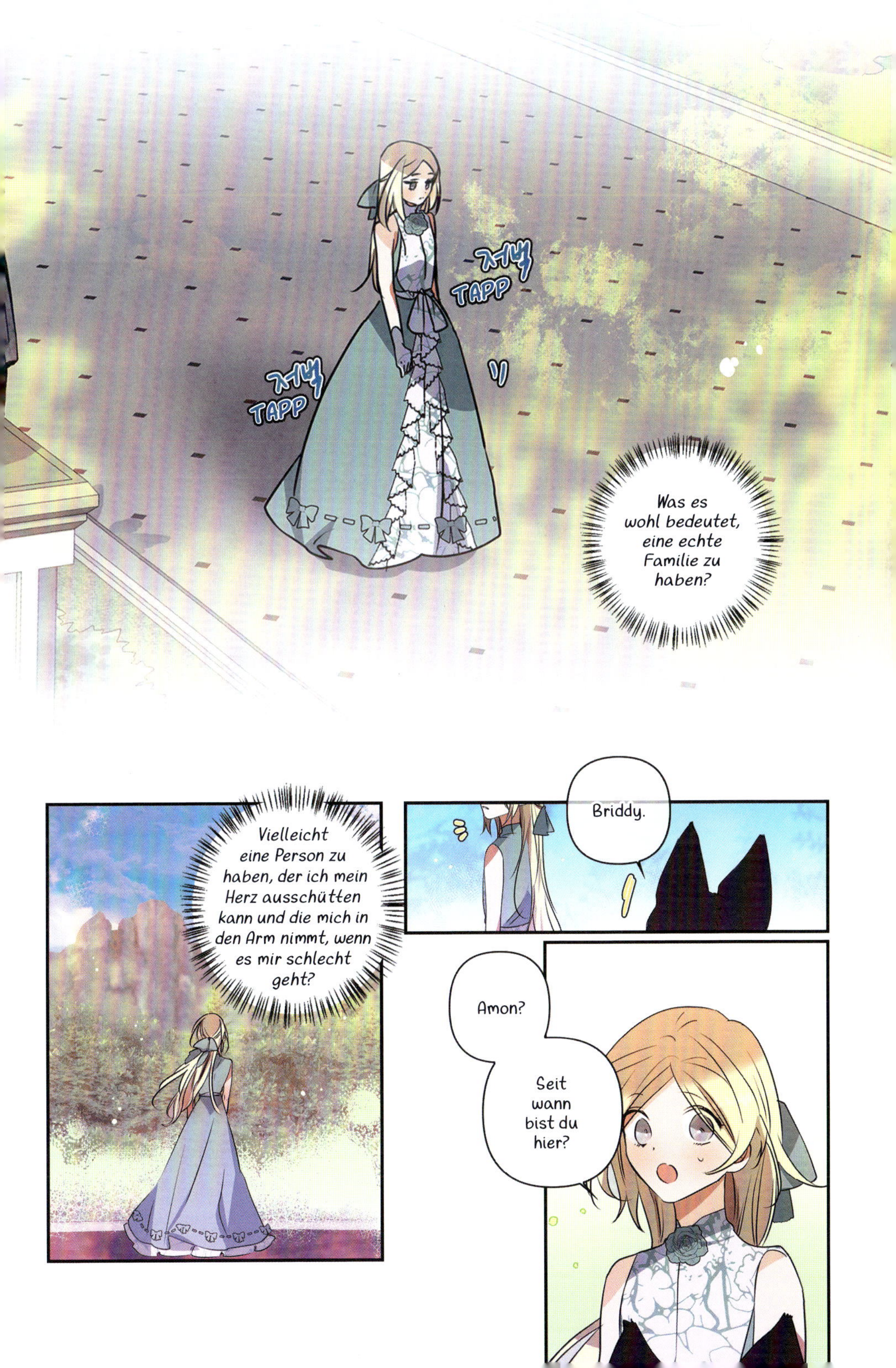

저벅
TAPP
저벅
TAPP
Was es wohl bedeutet, eine echte Familie zu haben?
Vielleicht eine Person zu haben, der ich mein Herz ausschütten kann und die mich in den Arm nimmt, wenn es mir schlecht geht?
Briddy.
Amon?
Seit wann bist du hier?

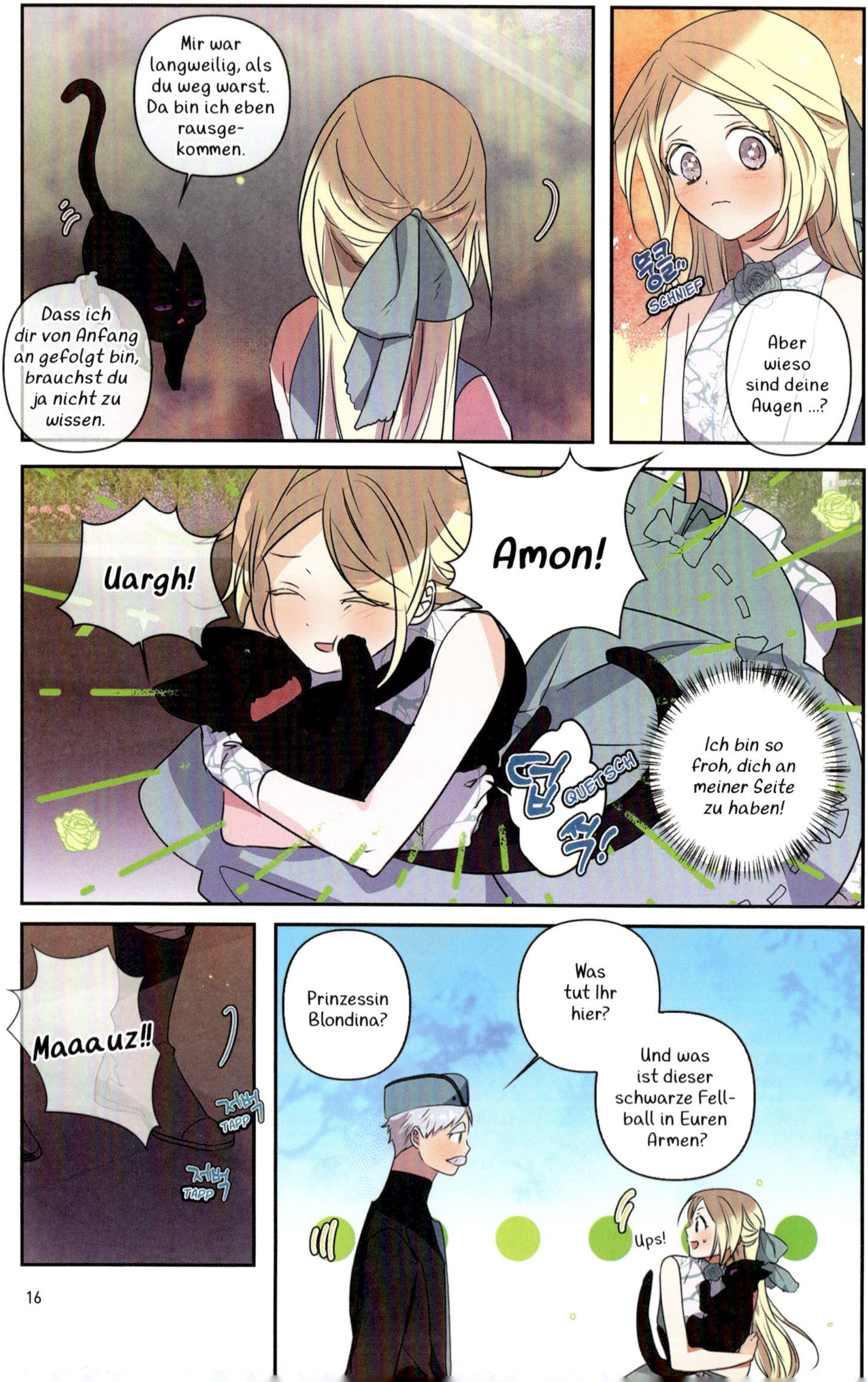
Mir war langweilig, als du weg warst. Da bin ich eben rausgekommen.
Dass ich dir von Anfang an gefolgt bin, brauchst du ja nicht zu wissen.
뭉클
SCHNIEF
Aber wieso sind deine Augen ...?
Uargh!
Amon!
QUETSCH
Ich bin so froh, dich an meiner Seite zu haben!
Maaauz!!
TAPP
TAPP
Prinzessin Blondina?
Was tut Ihr hier?
Und was ist dieser schwarze Fellball in Euren Armen?
Ups!

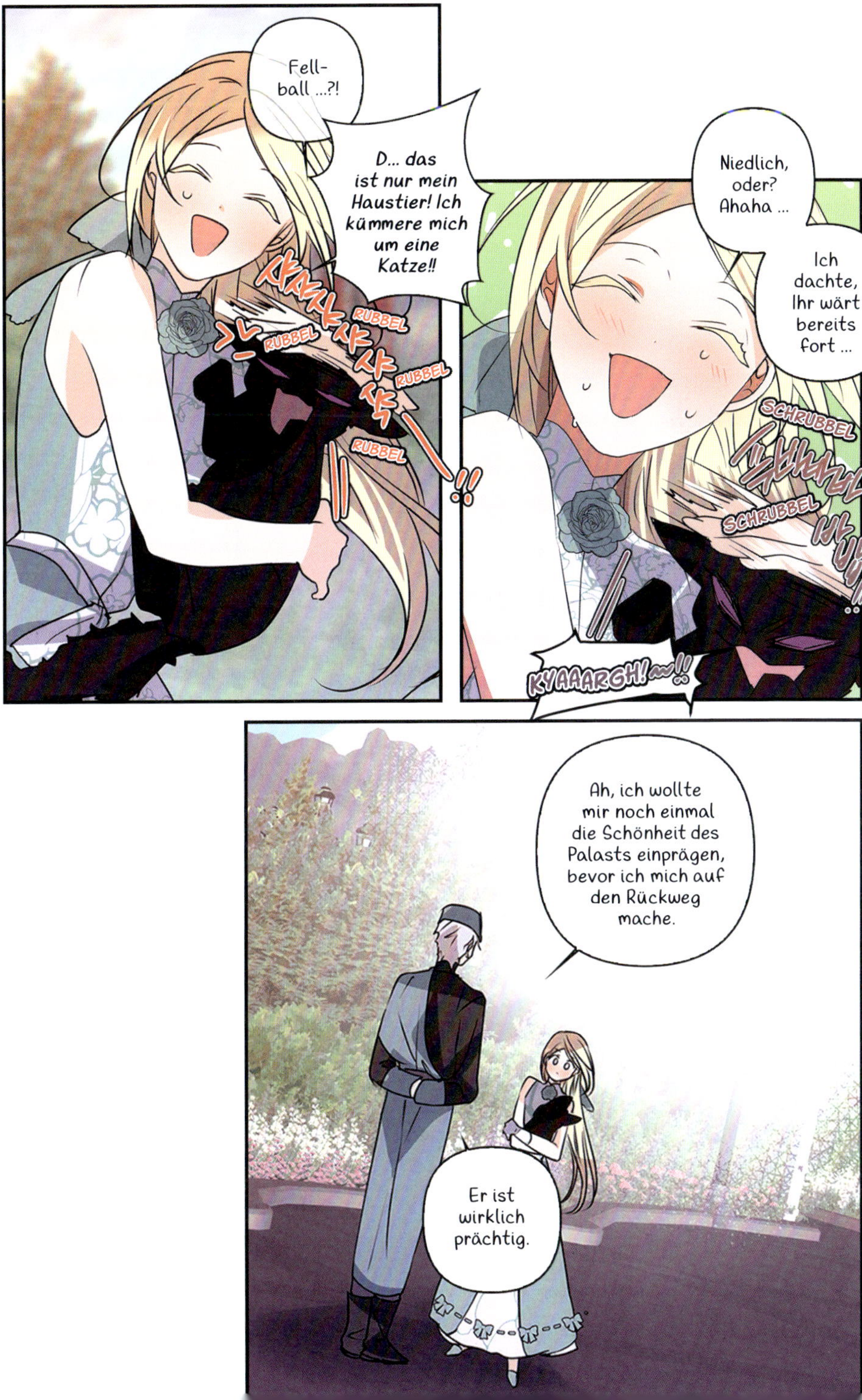
Fell-ball ...?!
D... das ist nur mein Haustier! Ich kümmere mich um eine Katze!!
RUBBEL
RUBBEL
RUBBEL
RUBBEL
Niedlich, oder? Ahaha ...
Ich dachte, Ihr wärt bereits fort ...
SCHRUBBEL
SCHRUBBEL
KYAAARGH!~!!
Ah, ich wollte mir noch einmal die Schönheit des Palasts einprägen, bevor ich mich auf den Rückweg mache.
Er ist wirklich prächtig.

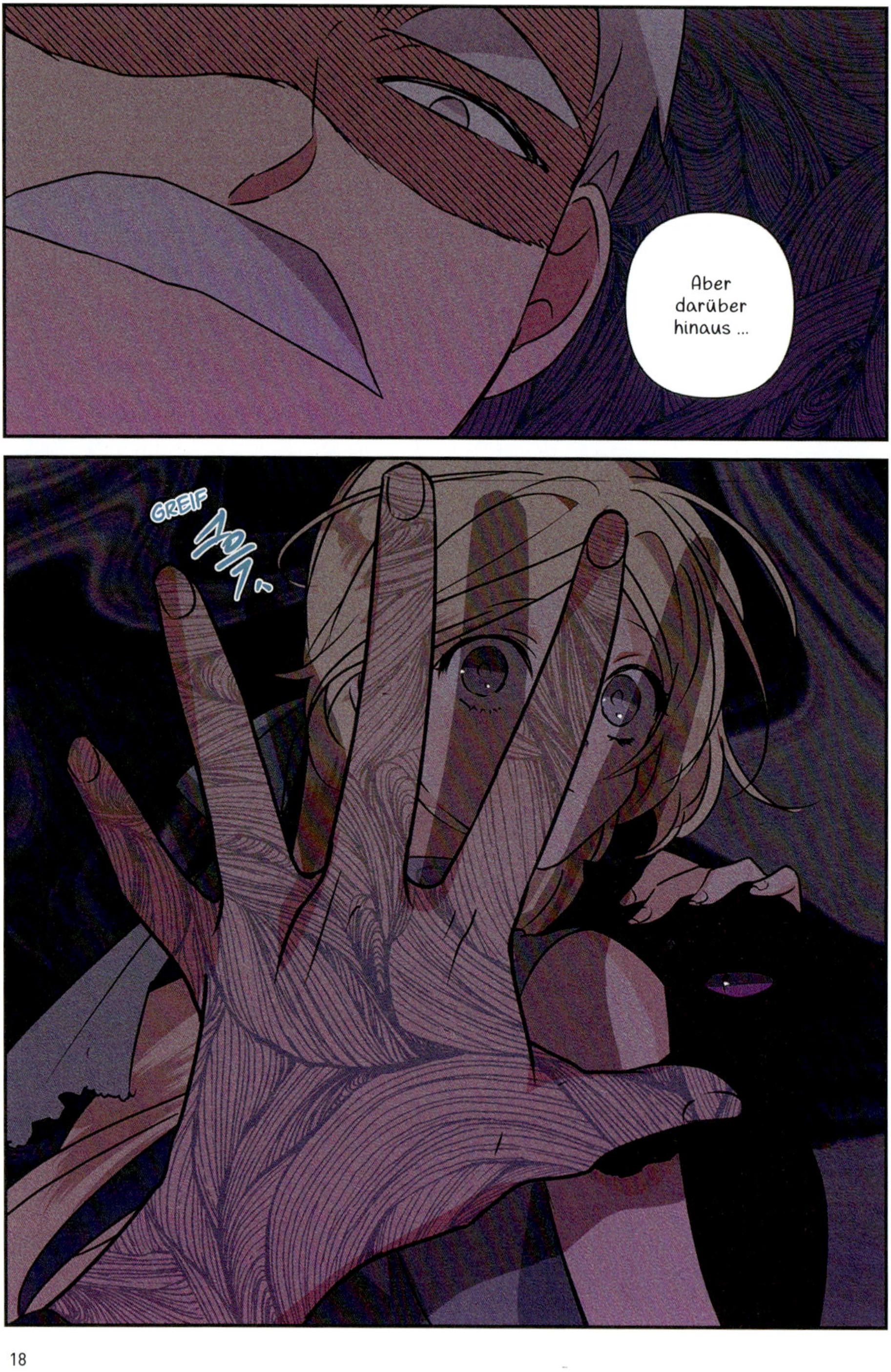
Aber darüber hinaus ...
GREIF

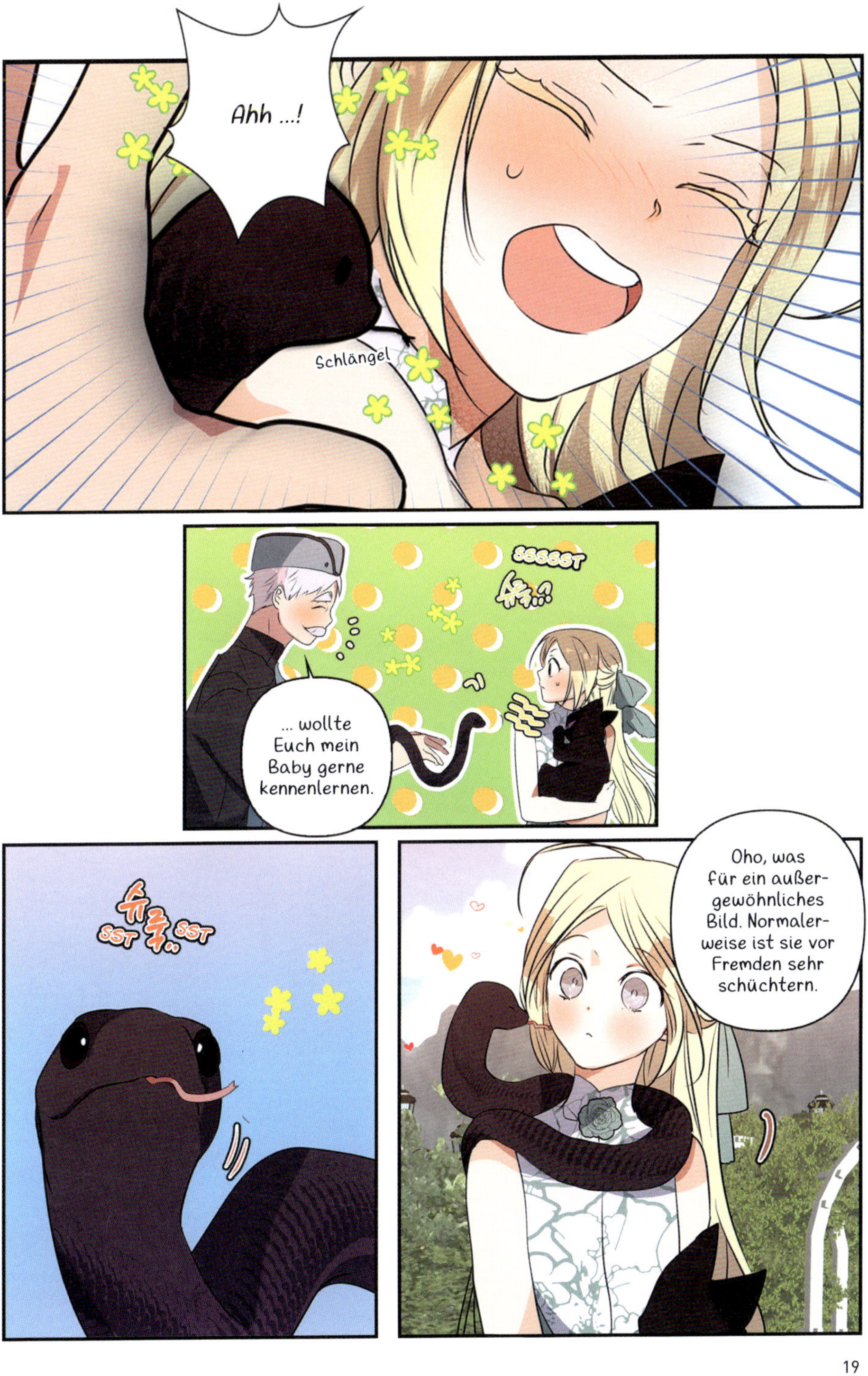
Ahh ...!
Schlängel
SSSSST
... wollte Euch mein Baby gerne kennenlernen.
SST
SST
Oho, was für ein außergewöhnliches Bild. Normalerweise ist sie vor Fremden sehr schüchtern.

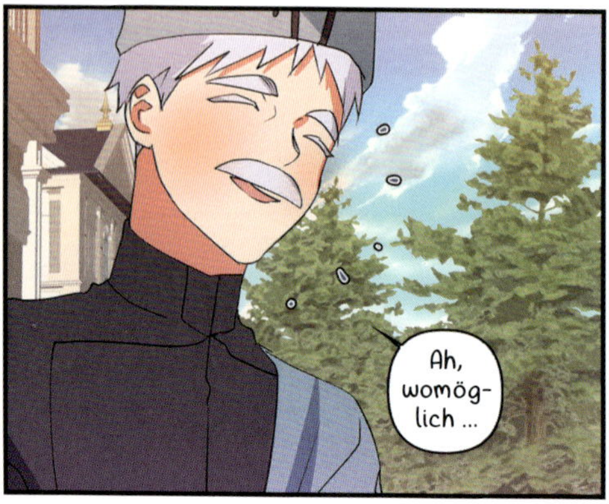
Ah, womög-lich ...

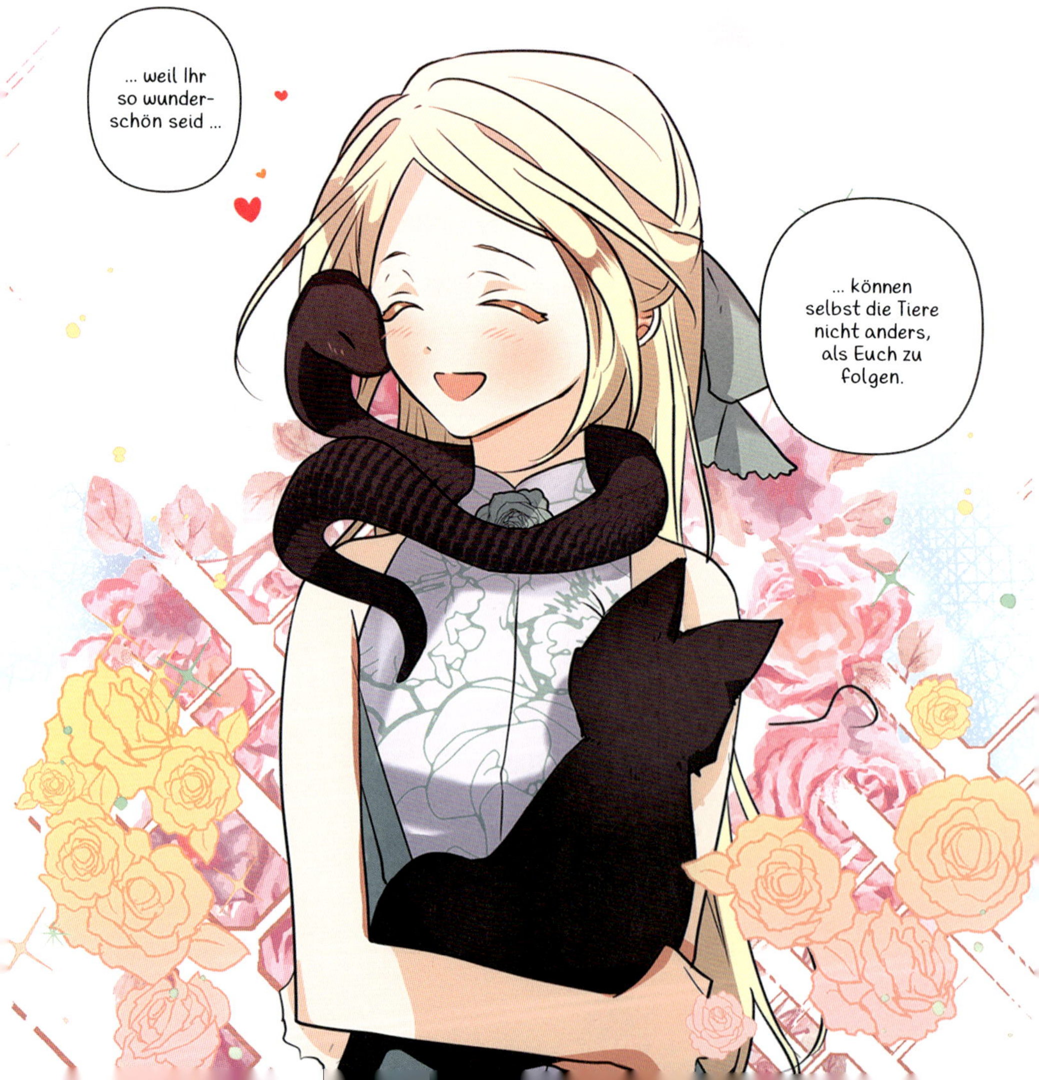
... weil Ihr so wunder-schön seid ...
... können selbst die Tiere nicht anders, als Euch zu folgen.

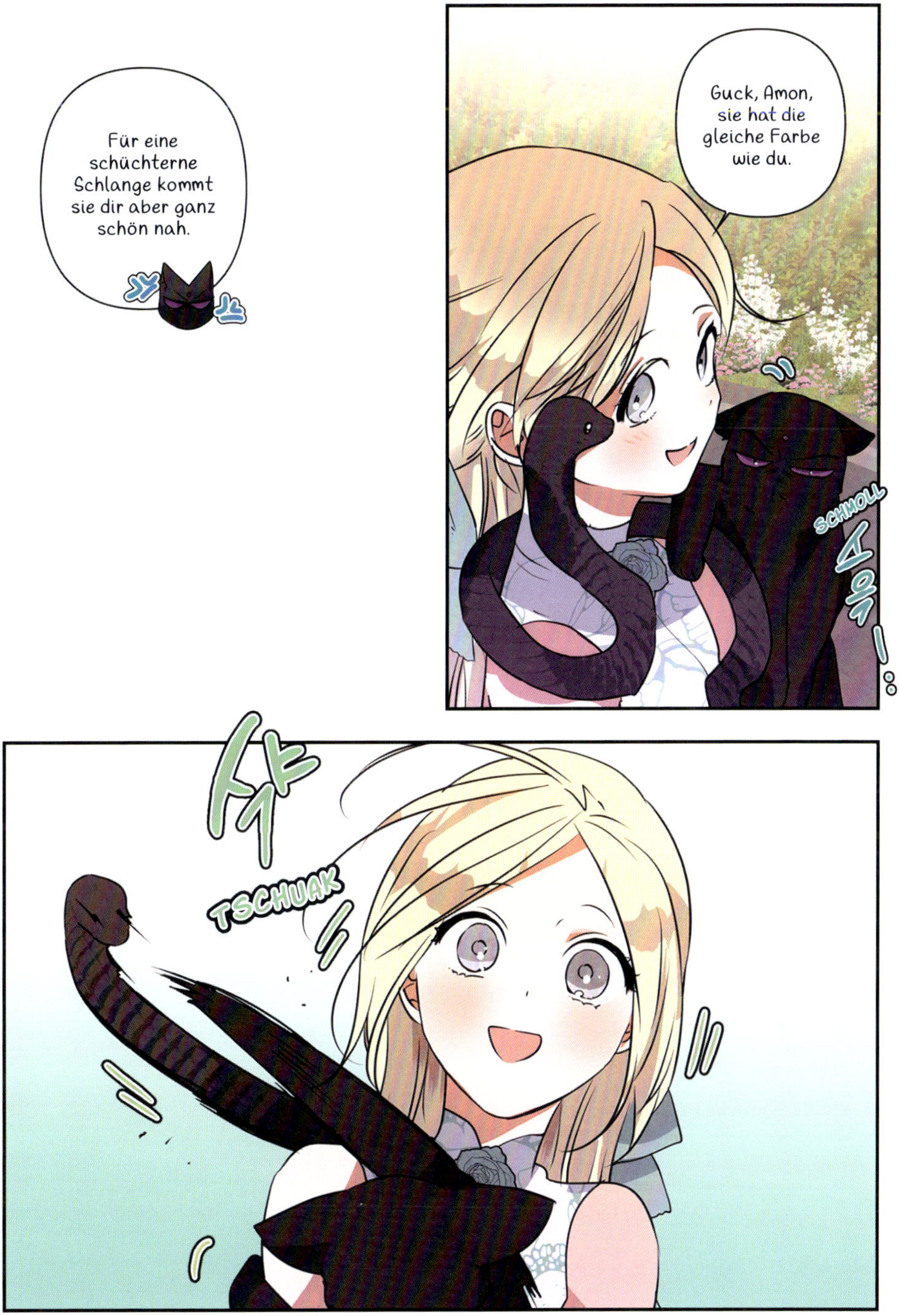
Guck, Amon, sie hat die gleiche Farbe wie du.
SCHMOLL
Für eine schüchterne Schlange kommt sie dir aber ganz schön nah.
TSCHUAK

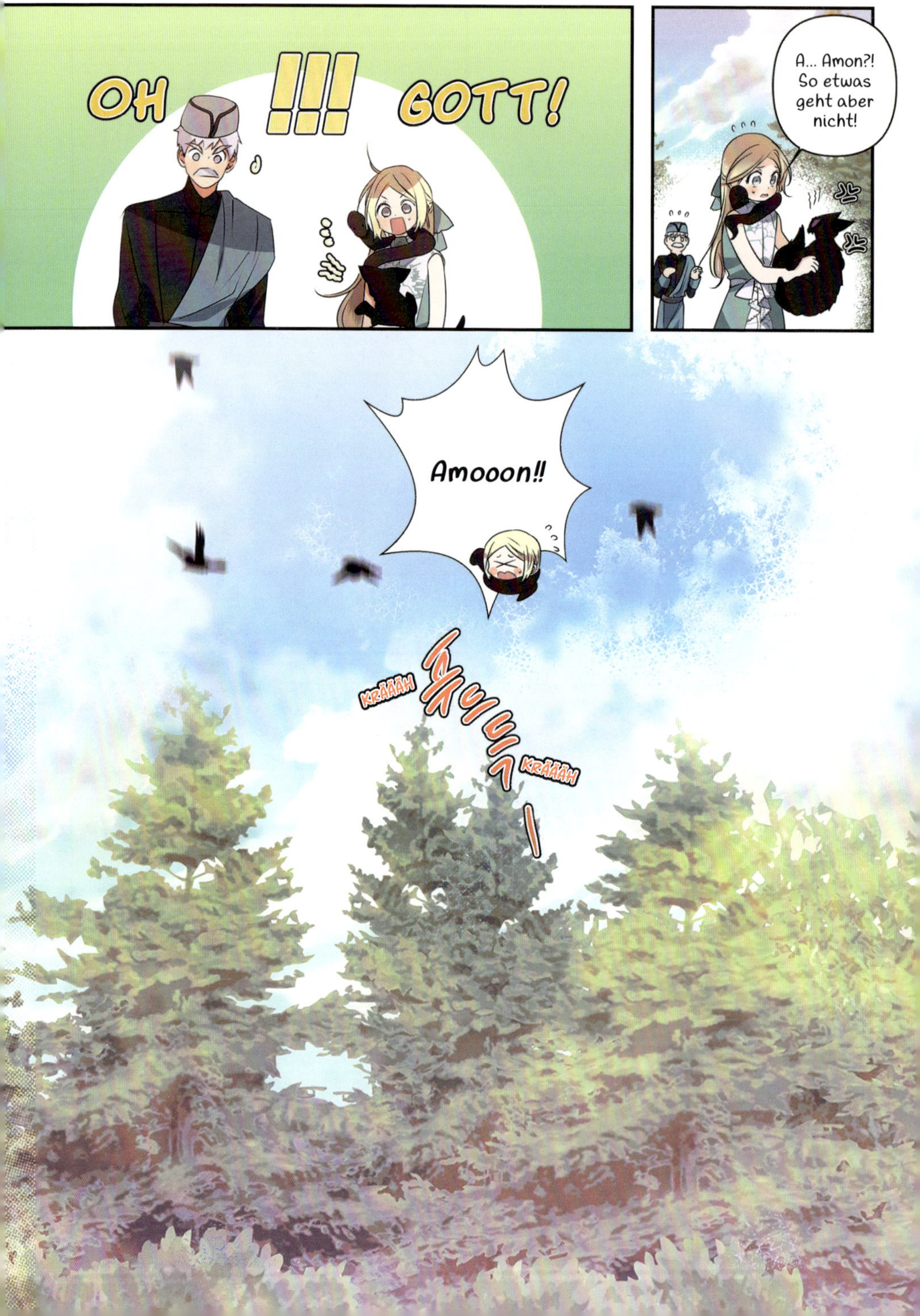
OH !!! GOTT!
A... Amon?! So etwas geht aber nicht!
Amooon!!
KRÄÄÄH
KRÄÄÄH

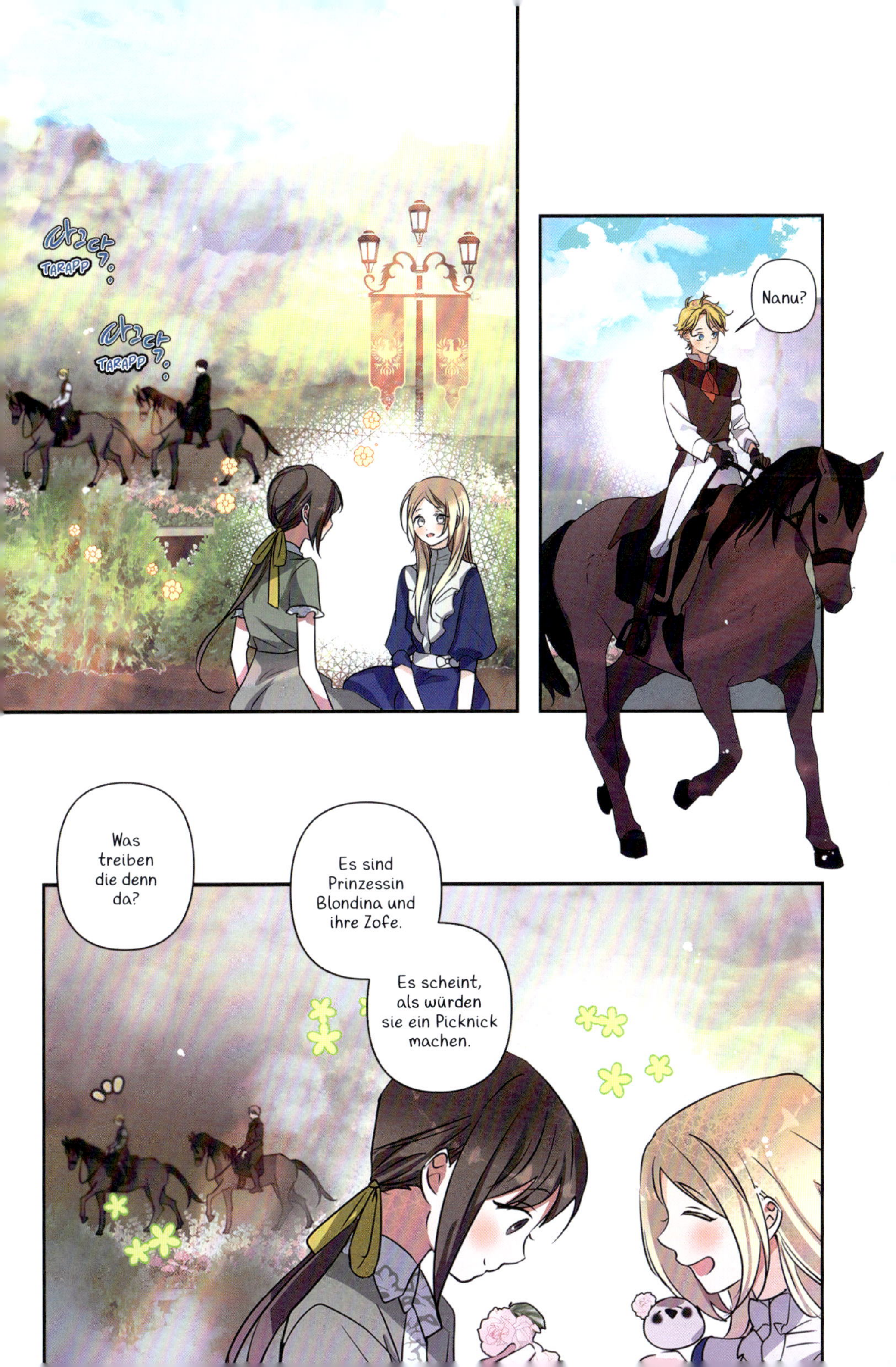

타그닥
TARAPP
타그닥
TARAPP
Nanu?
Was treiben die denn da?
Es sind Prinzessin Blondina und ihre Zofe.
Es scheint, als würden sie ein Picknick machen.

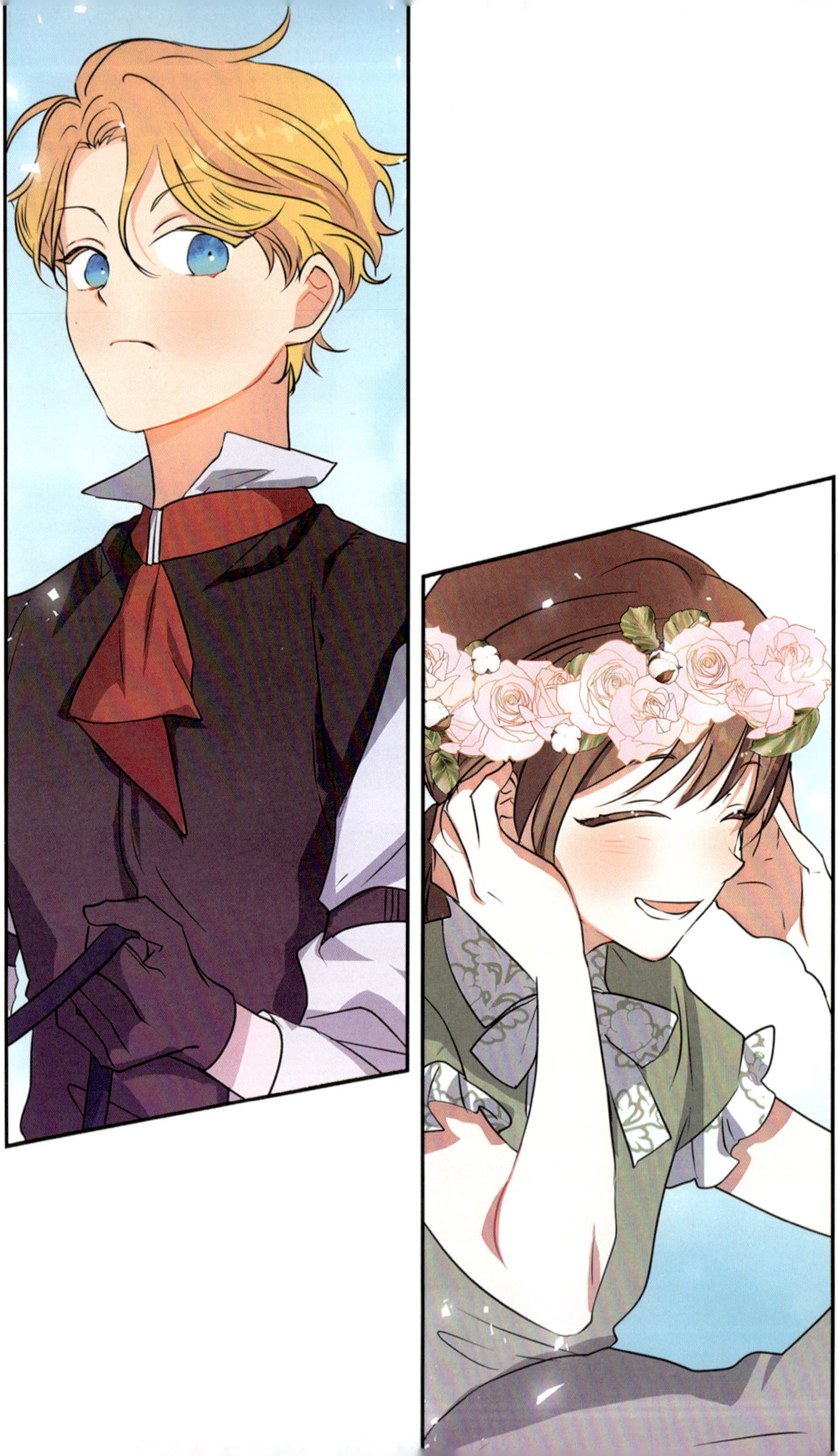

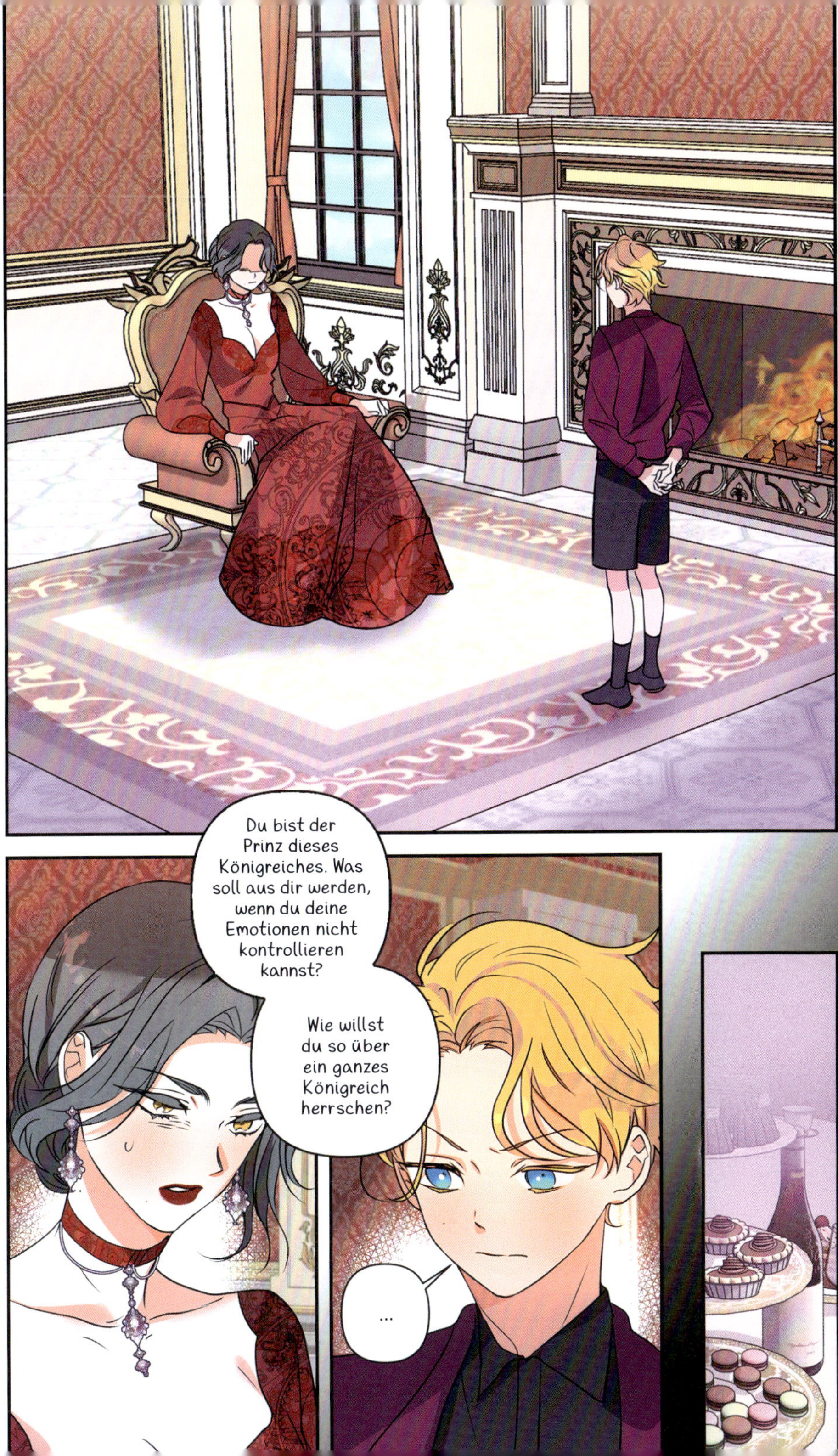
Du bist der Prinz dieses Königreiches. Was soll aus dir werden, wenn du deine Emotionen nicht kontrollieren kannst?
Wie willst du so über ein ganzes Königreich herrschen?
...

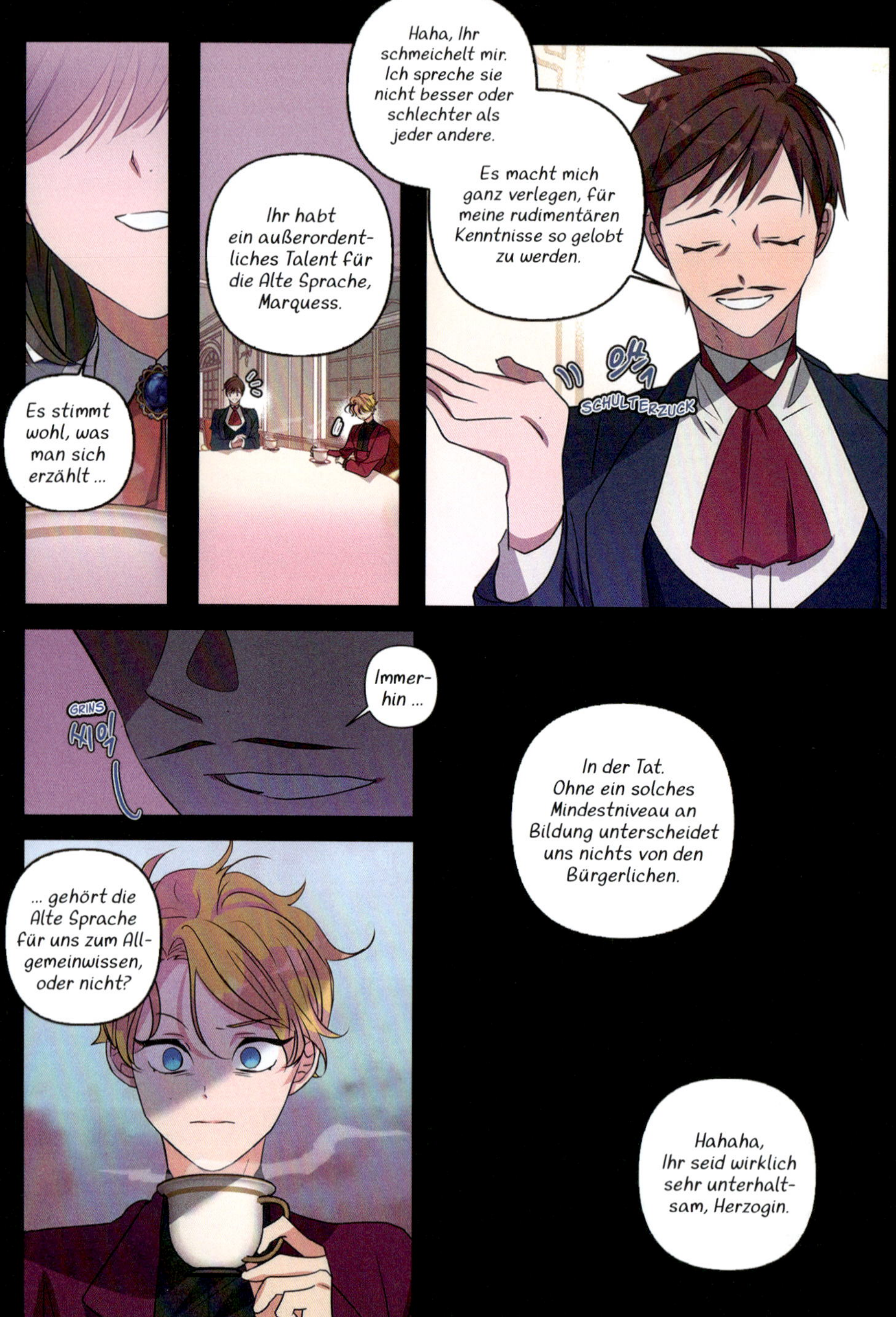
Es stimmt wohl, was man sich erzählt ...
Ihr habt ein außerordentliches Talent für die Alte Sprache, Marquess.
Haha, Ihr schmeichelt mir. Ich spreche sie nicht besser oder schlechter als jeder andere.
Es macht mich ganz verlegen, für meine rudimentären Kenntnisse so gelobt zu werden.
SCHULTERZUCK
GRINS
Immerhin ...
... gehört die Alte Sprache für uns zum Allgemeinwissen, oder nicht?
In der Tat. Ohne ein solches Mindestniveau an Bildung unterscheidet uns nichts von den Bürgerlichen.
Hahaha, Ihr seid wirklich sehr unterhaltsam, Herzogin.

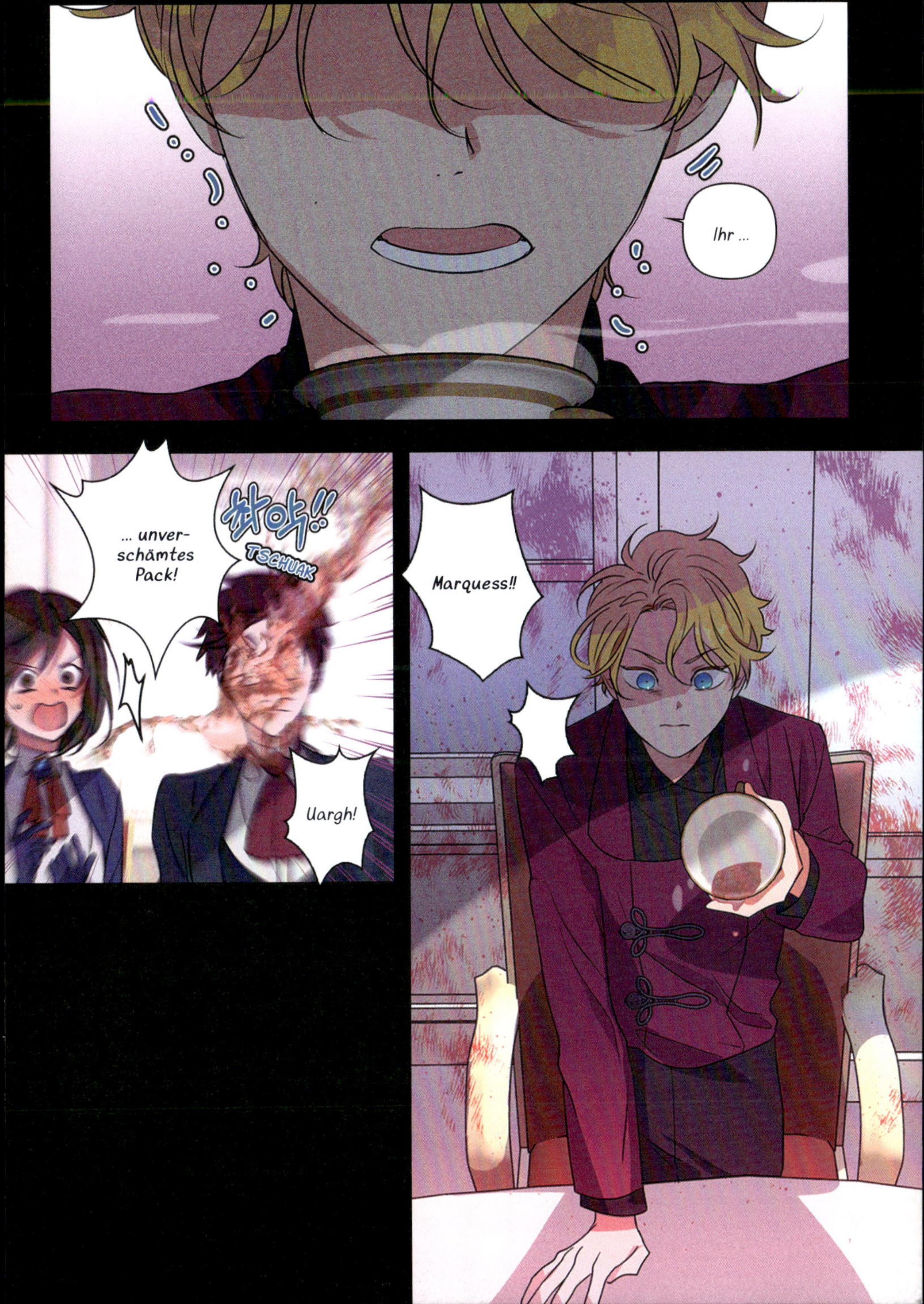
Ihr ...
... unver-
schämtes
Pack!
촤악!!
TSCHUAK
Uargh!
Marquess!!

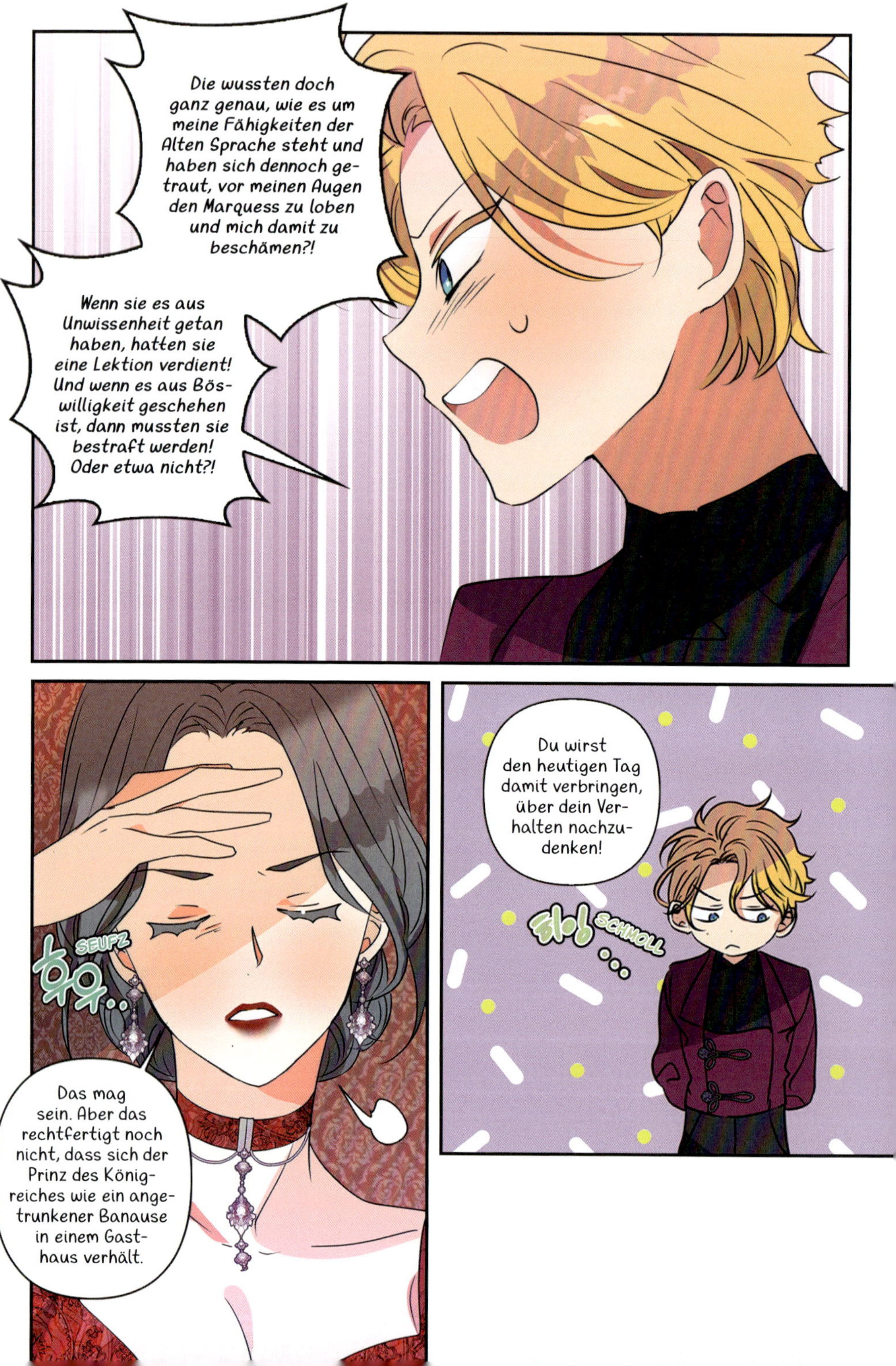
Die wussten doch ganz genau, wie es um meine Fähigkeiten der Alten Sprache steht und haben sich dennoch getraut, vor meinen Augen den Marquess zu loben und mich damit zu beschämen?!
Wenn sie es aus Unwissenheit getan haben, hatten sie eine Lektion verdient! Und wenn es aus Böswilligkeit geschehen ist, dann mussten sie bestraft werden! Oder etwa nicht?!
후우.. SEUFZ
Das mag sein. Aber das rechtfertigt noch nicht, dass sich der Prinz des Königreiches wie ein angetrunkener Banause in einem Gasthaus verhält.
Du wirst den heutigen Tag damit verbringen, über dein Verhalten nachzudenken!
히잉 SCHMOLL
...

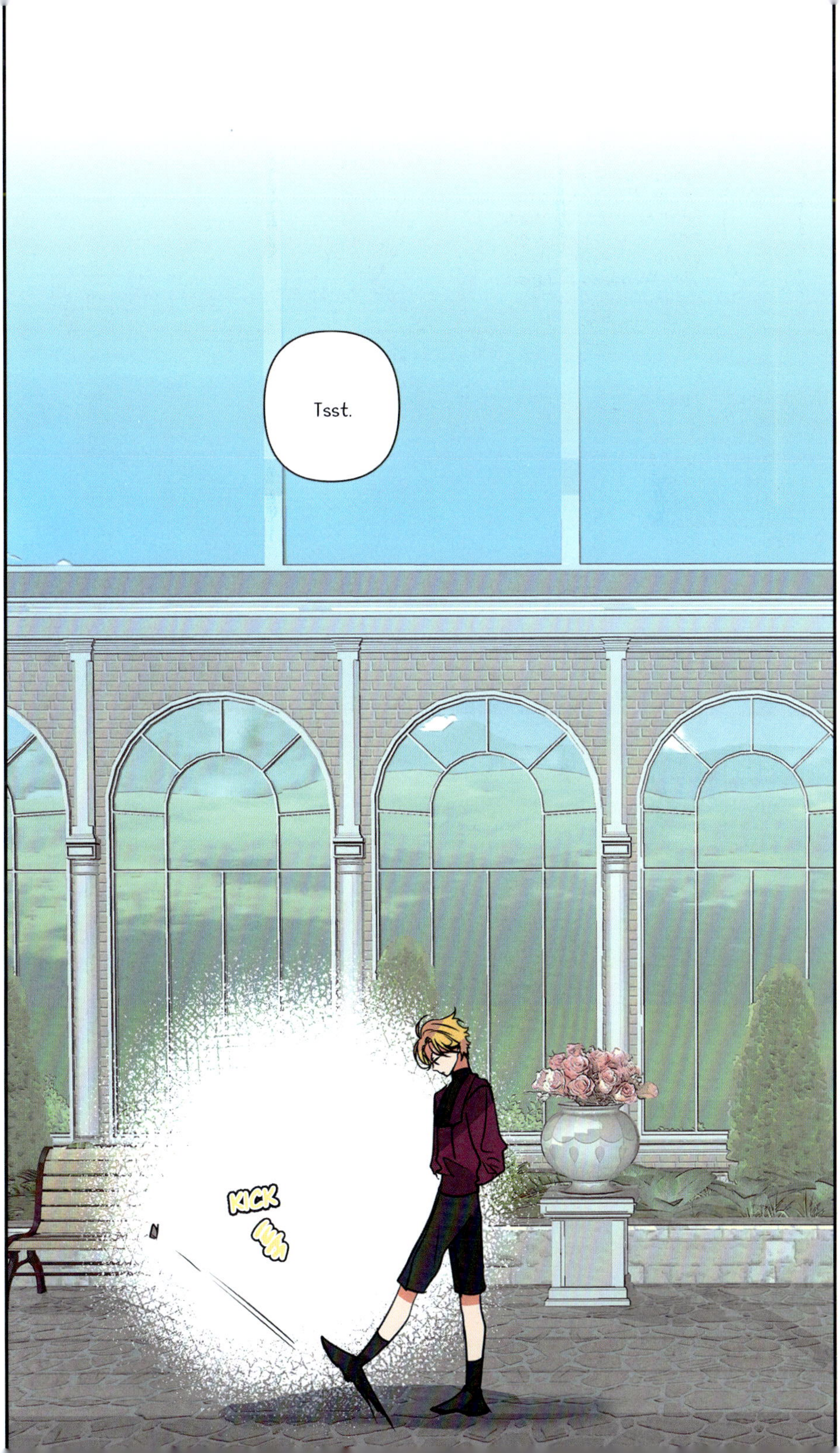
Tsst.
KICK

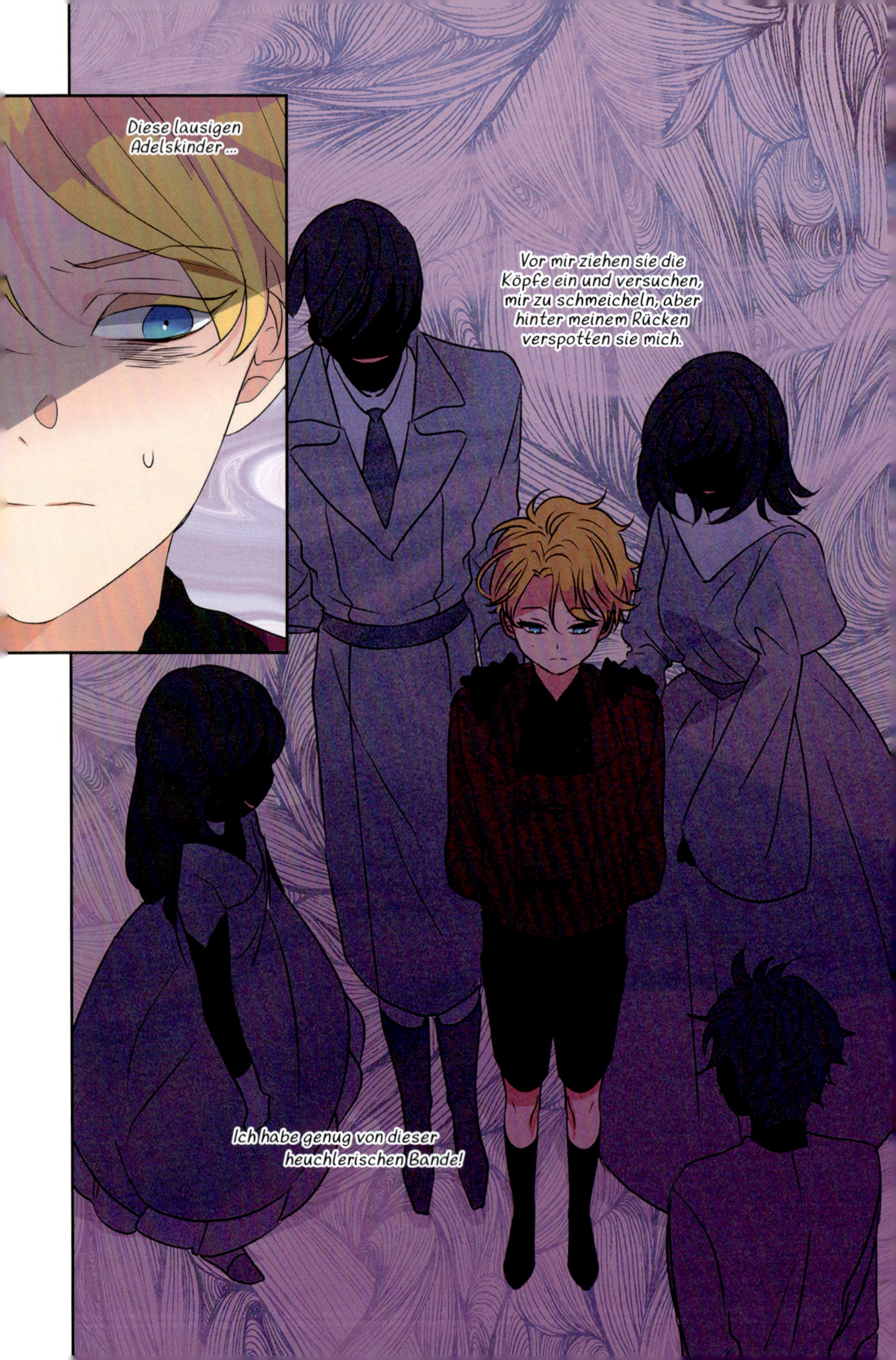
Diese lausigen Adelskinder ...
Vor mir ziehen sie die Köpfe ein und versuchen, mir zu schmeicheln, aber hinter meinem Rücken verspotten sie mich.
Ich habe genug von dieser heuchlerischen Bande!

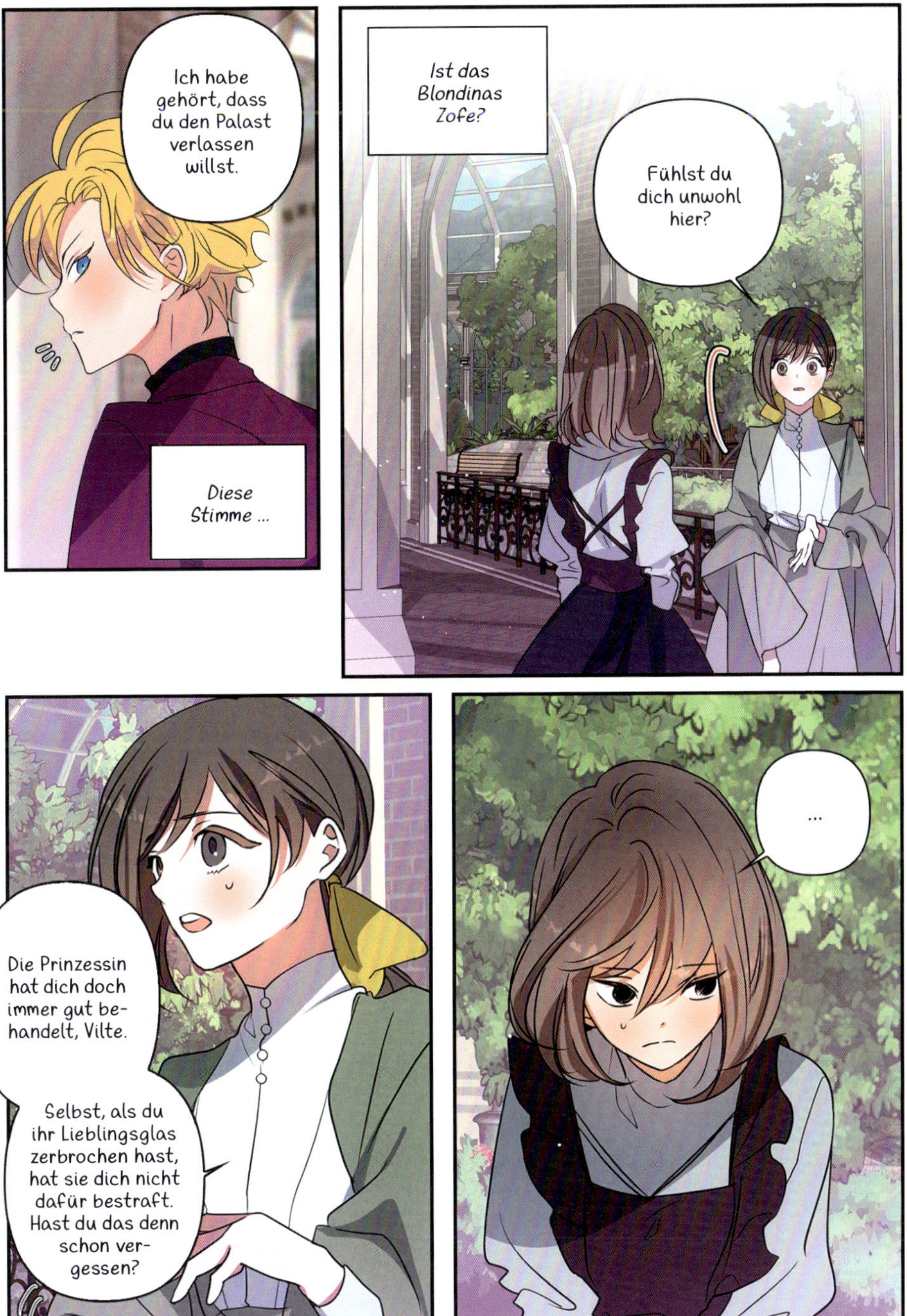
Ich habe gehört, dass du den Palast verlassen willst.
Diese Stimme ...
Ist das Blondinas Zofe?
Fühlst du dich unwohl hier?
Die Prinzessin hat dich doch immer gut behandelt, Vilte.
Selbst, als du ihr Lieblingsglas zerbrochen hast, hat sie dich nicht dafür bestraft. Hast du das denn schon vergessen?
...

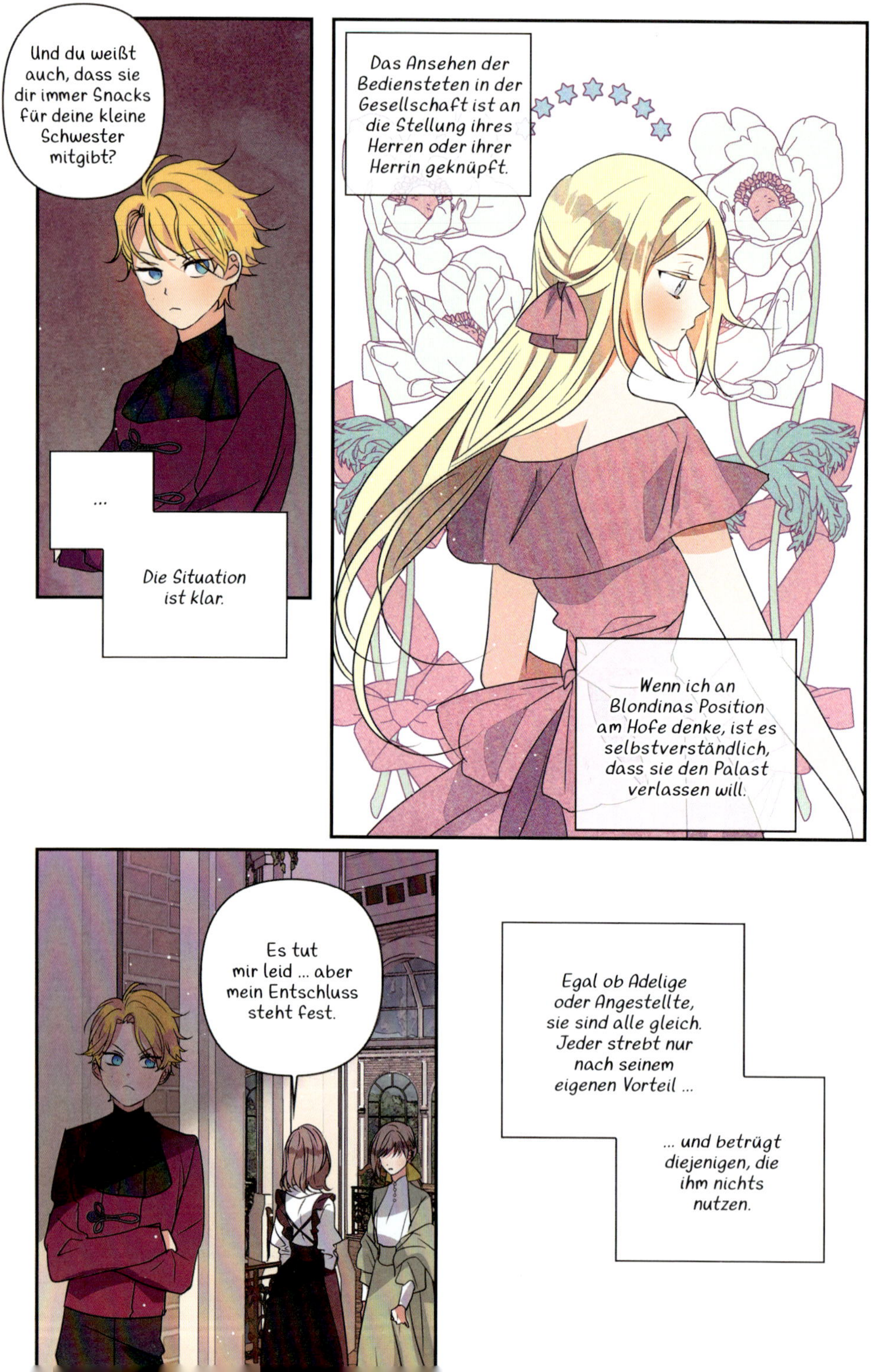
Und du weißt auch, dass sie dir immer Snacks für deine kleine Schwester mitgibt?
...
Die Situation ist klar.
Das Ansehen der Bediensteten in der Gesellschaft ist an die Stellung ihres Herren oder ihrer Herrin geknüpft.
Wenn ich an Blondinas Position am Hofe denke, ist es selbstverständlich, dass sie den Palast verlassen will.
Es tut mir leid ... aber mein Entschluss steht fest.
Egal ob Adelige oder Angestellte, sie sind alle gleich. Jeder strebt nur nach seinem eigenen Vorteil ...
... und betrügt diejenigen, die ihm nichts nutzen.

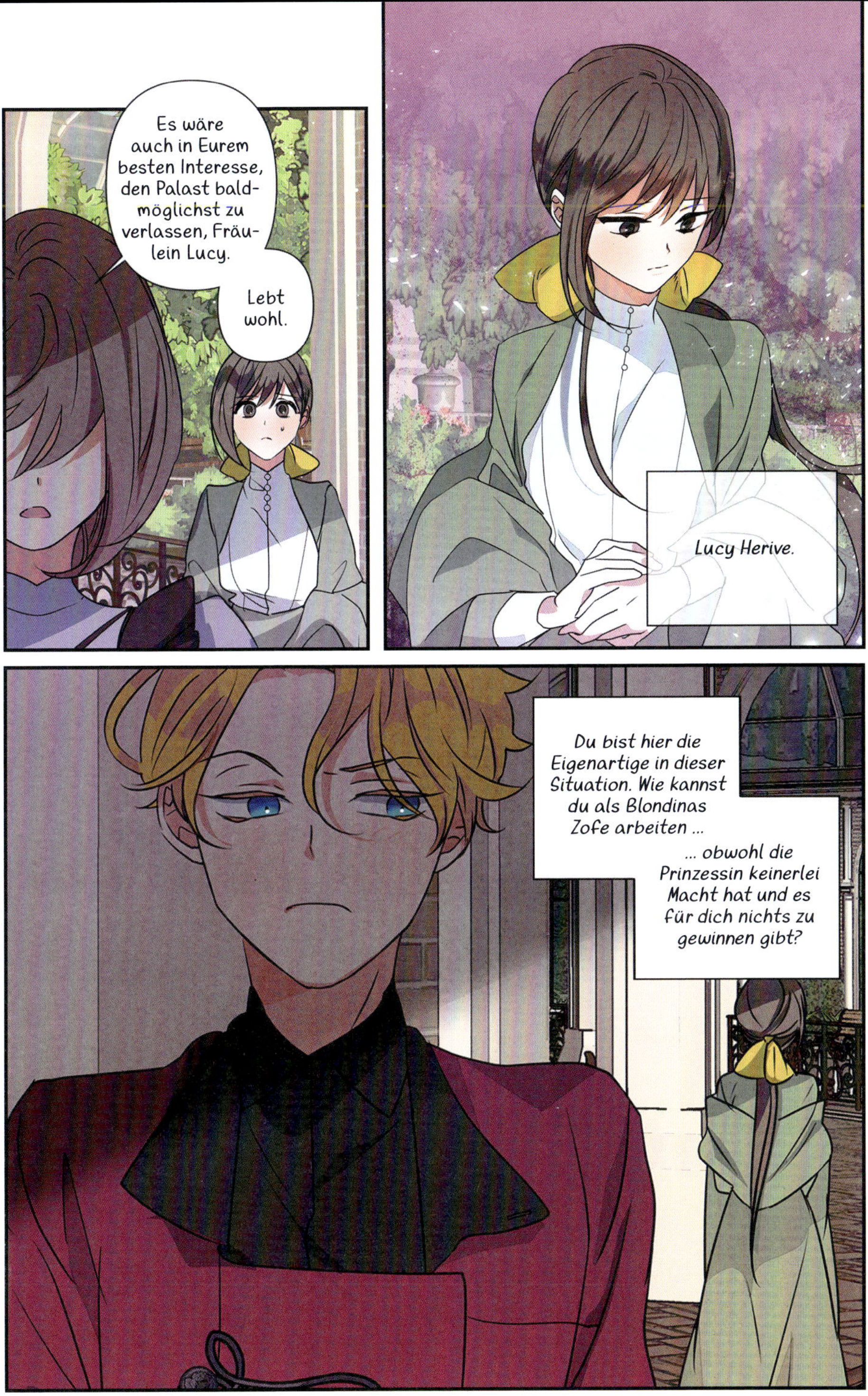
Es wäre auch in Eurem besten Interesse, den Palast bald-möglichst zu verlassen, Fräu-lein Lucy.
Lebt wohl.
Lucy Herive.
Du bist hier die Eigenartige in dieser Situation. Wie kannst du als Blondinas Zofe arbeiten ...
... obwohl die Prinzessin keinerlei Macht hat und es für dich nichts zu gewinnen gibt?

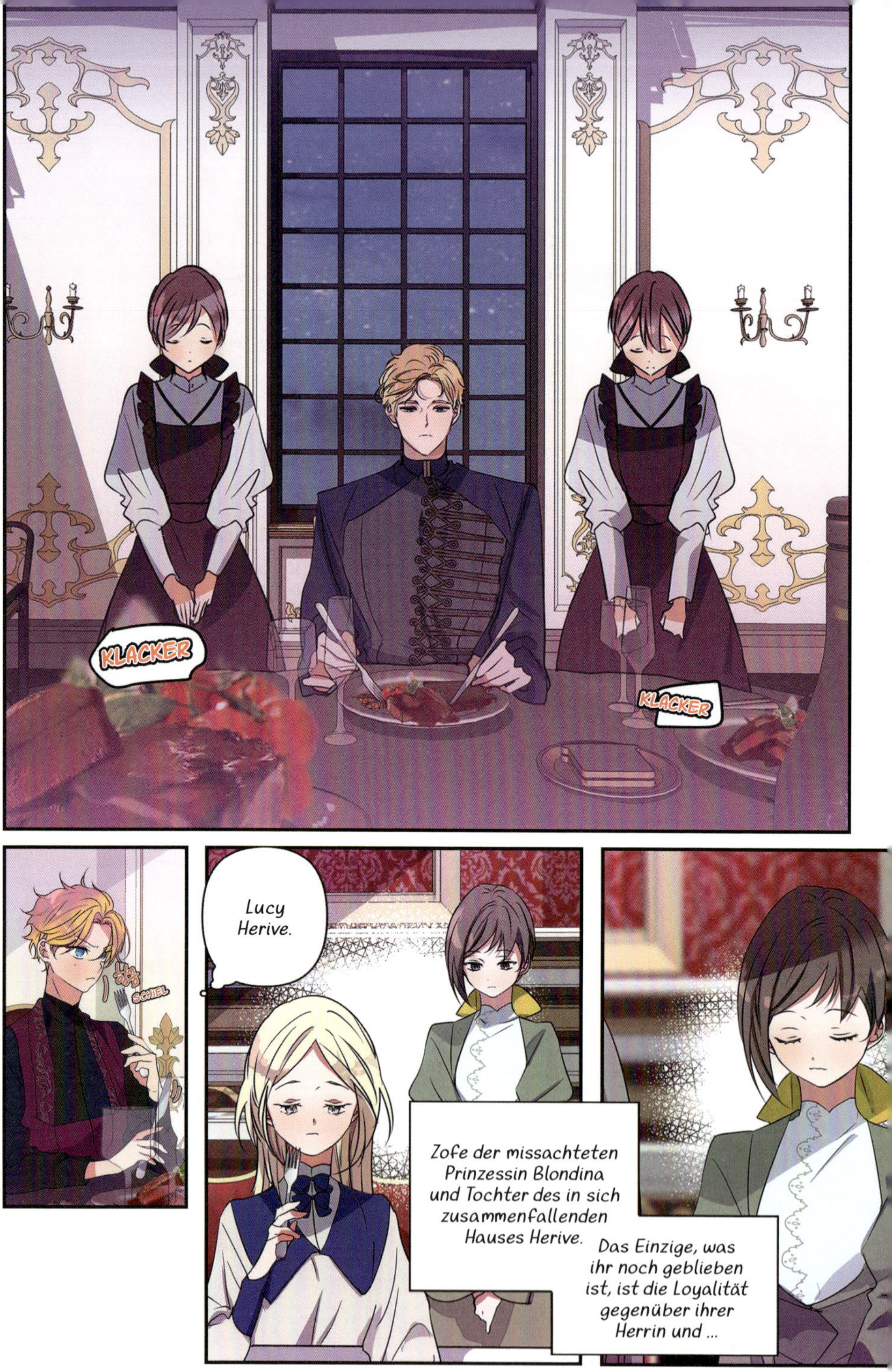
KLACKER
KLACKER
SCHIEL
Lucy Herive.
Zofe der missachteten Prinzessin Blondina und Tochter des in sich zusammenfallenden Hauses Herive.
Das Einzige, was ihr noch geblieben ist, ist die Loyalität gegenüber ihrer Herrin und ...

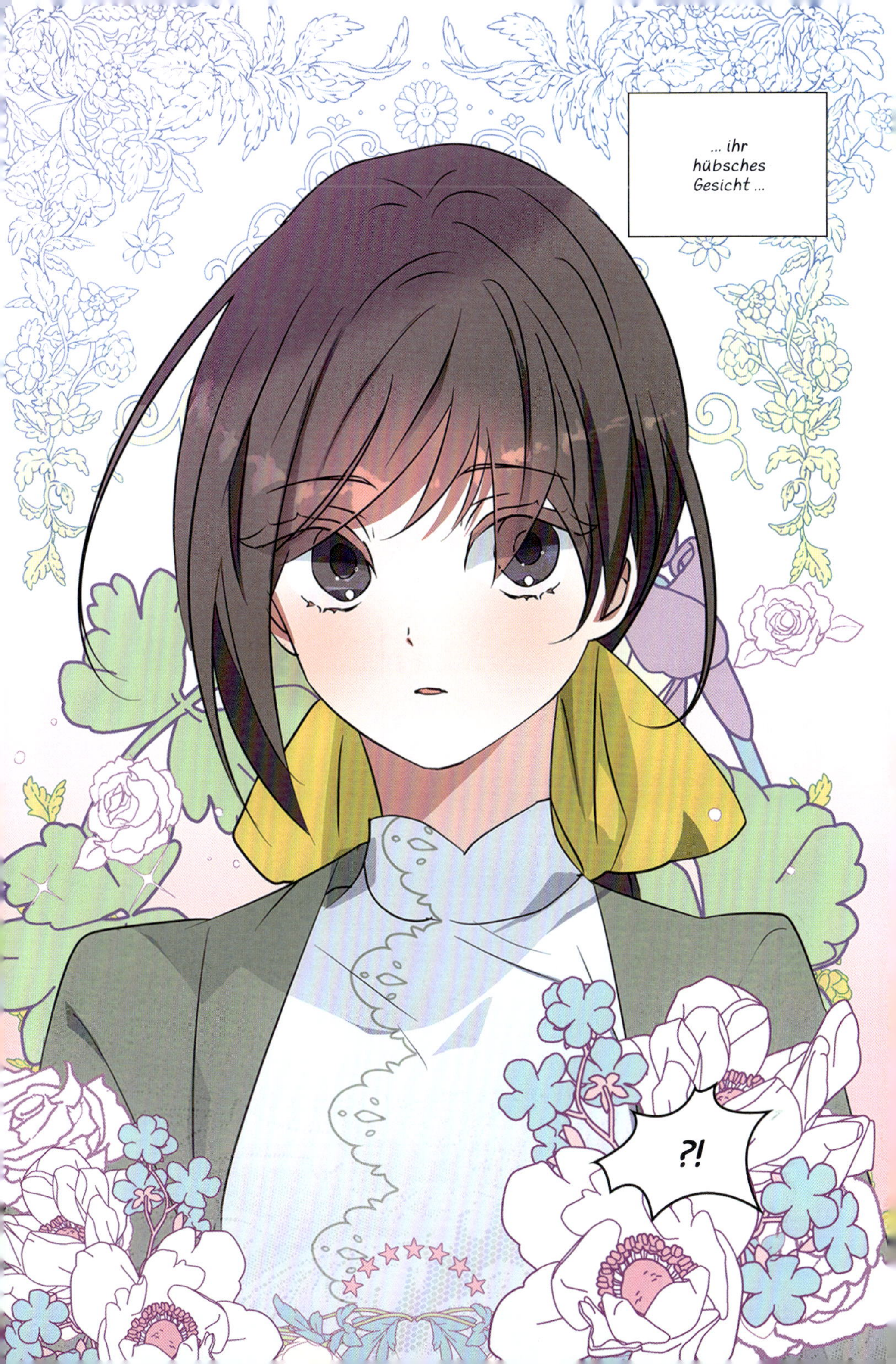
... ihr
hübsches
Gesicht ...
?!

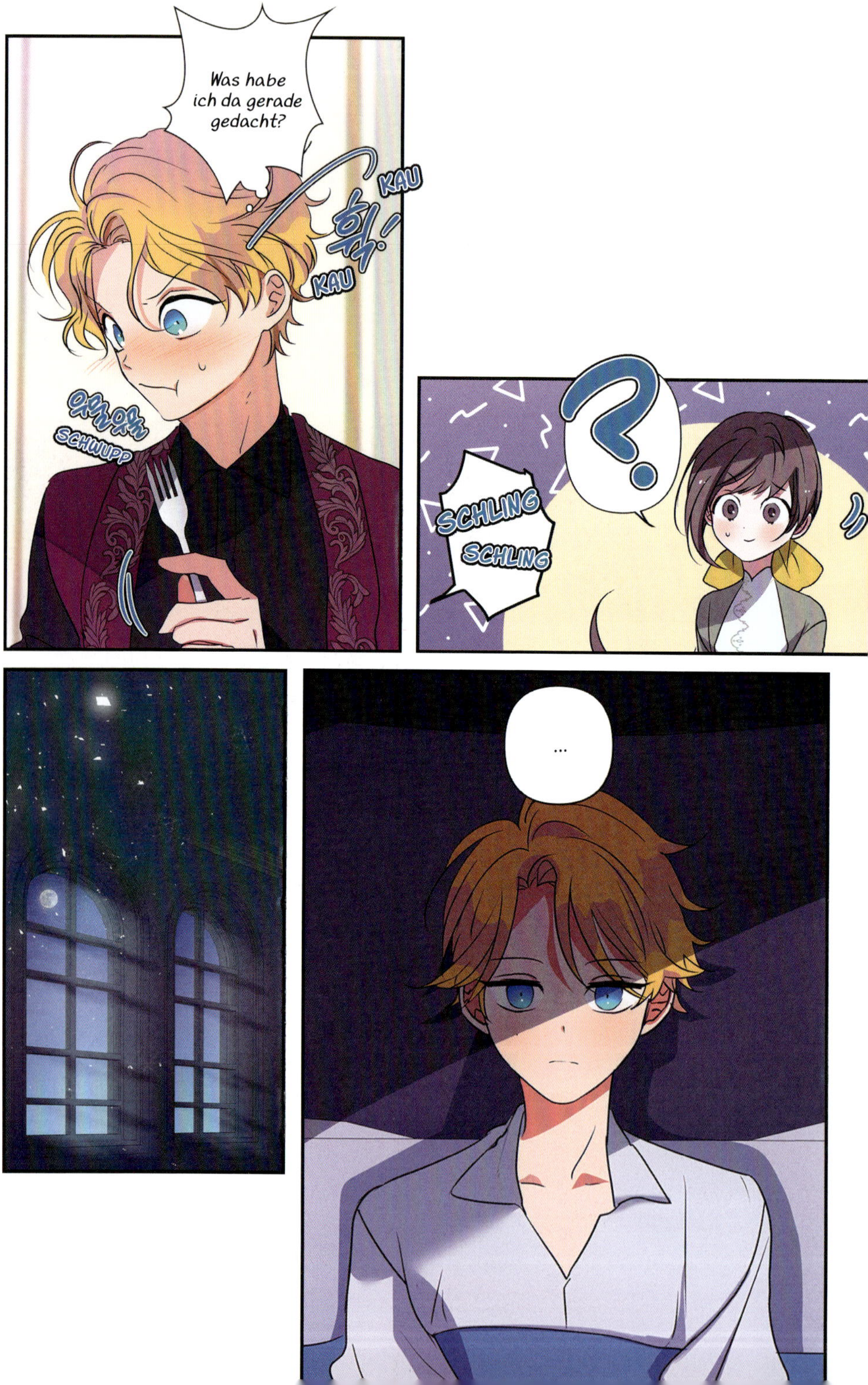
Was habe ich da gerade gedacht?
KAU
KAU
SCHWUPP
?
SCHLING
SCHLING
...

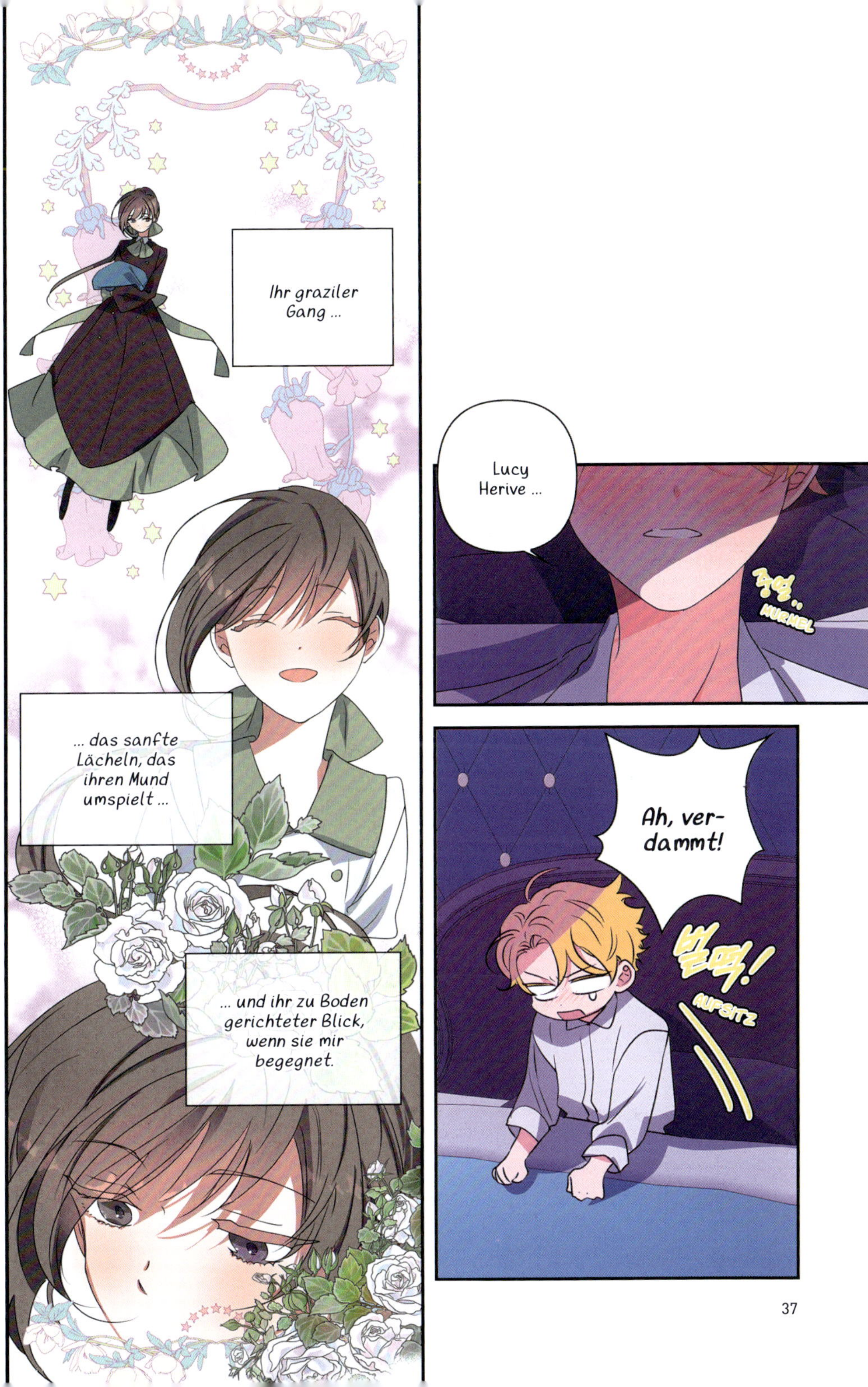

Ihr graziler Gang ...
... das sanfte Lächeln, das ihren Mund umspielt ...
... und ihr zu Boden gerichteter Blick, wenn sie mir begegnet.
Lucy Herive ...
중얼..
MURMEL
Ah, verdammt!
벌떡!
AUFSITZ

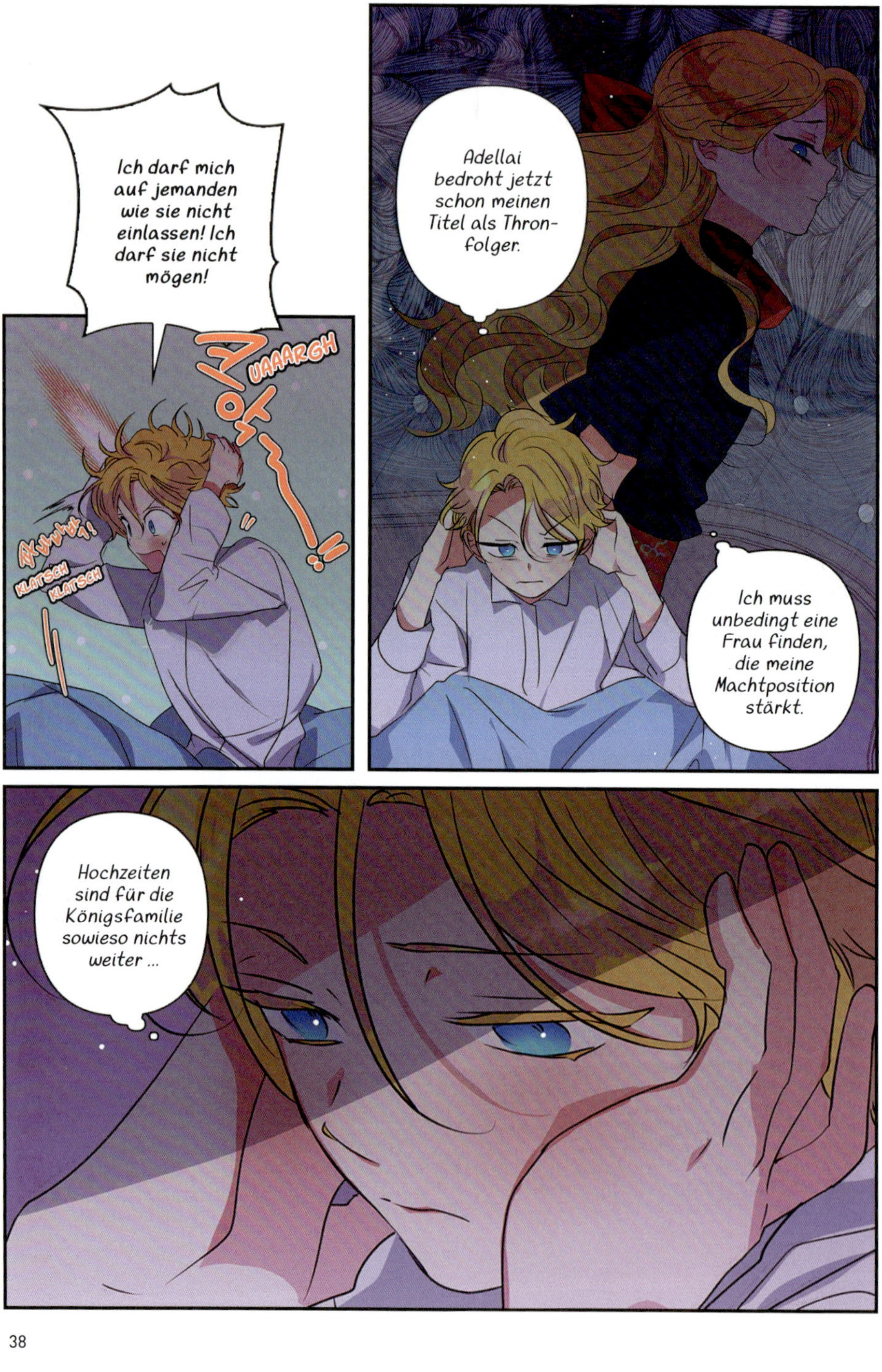
Ich darf mich auf jemanden wie sie nicht einlassen! Ich darf sie nicht mögen!
UAAARGH
KLATSCH
KLATSCH
Adellai bedroht jetzt schon meinen Titel als Thron-folger.
Ich muss unbedingt eine Frau finden, die meine Machtposition stärkt.
Hochzeiten sind für die Königsfamilie sowieso nichts weiter ...

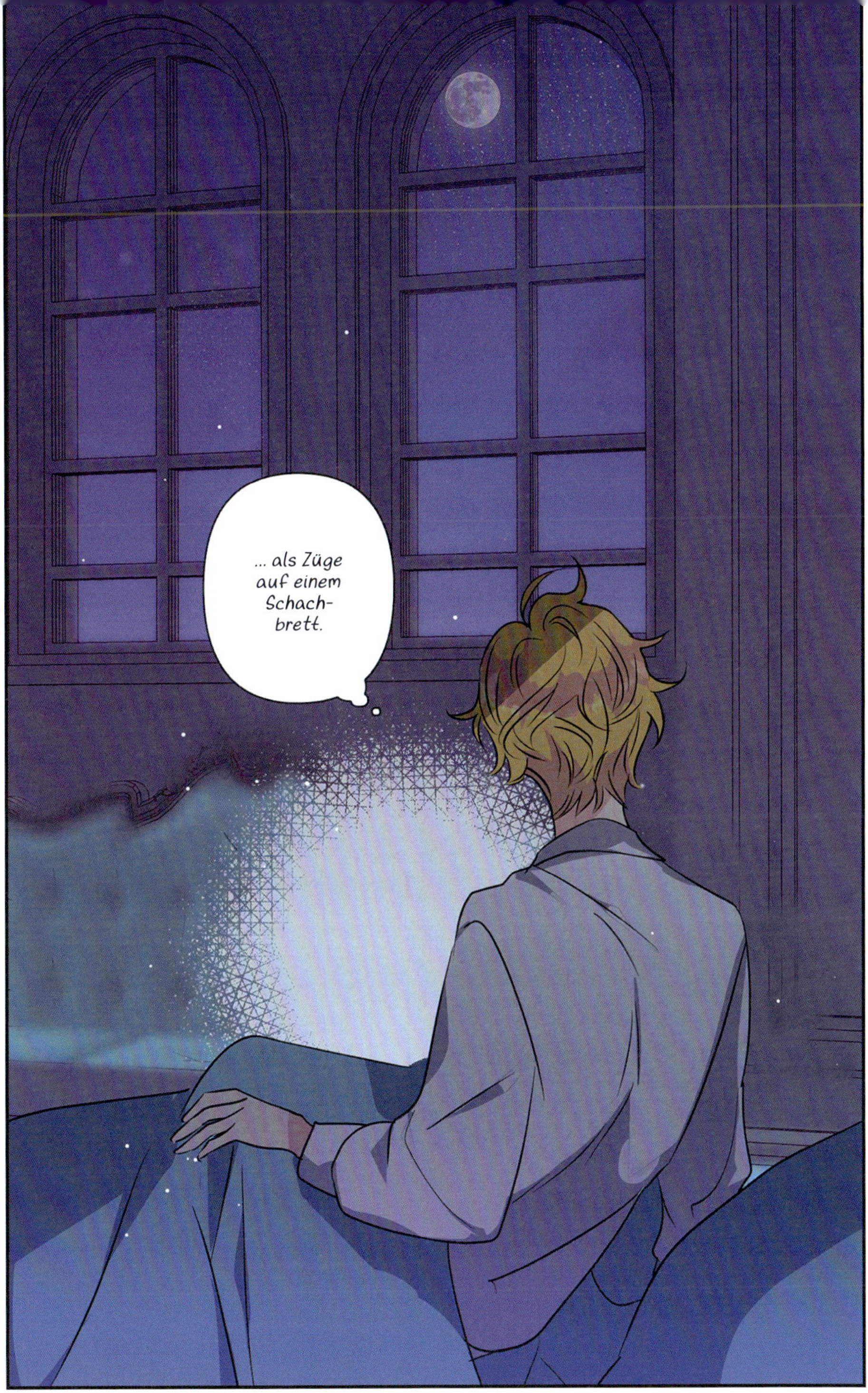
... als Züge auf einem Schach-brett.

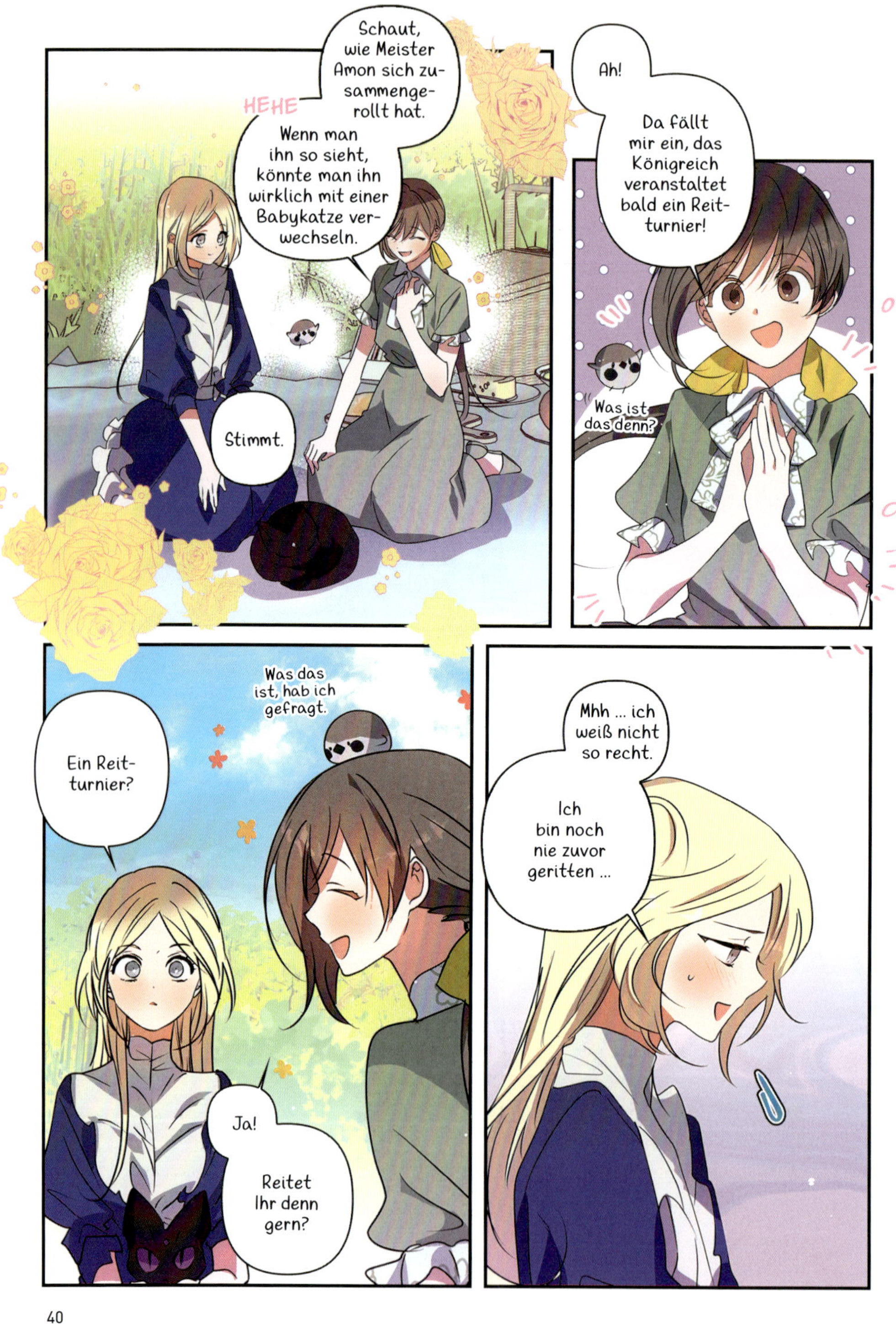
Schaut, wie Meister Amon sich zusammengerollt hat.
HEHE
Wenn man ihn so sieht, könnte man ihn wirklich mit einer Babykatze verwechseln.
Stimmt.
Ah!
Da fällt mir ein, das Königreich veranstaltet bald ein Reitturnier!
Was ist das denn?
Ein Reitturnier?
Was das ist, hab ich gefragt.
Ja!
Reitet Ihr denn gern?
Mhh ... ich weiß nicht so recht.
Ich bin noch nie zuvor geritten ...

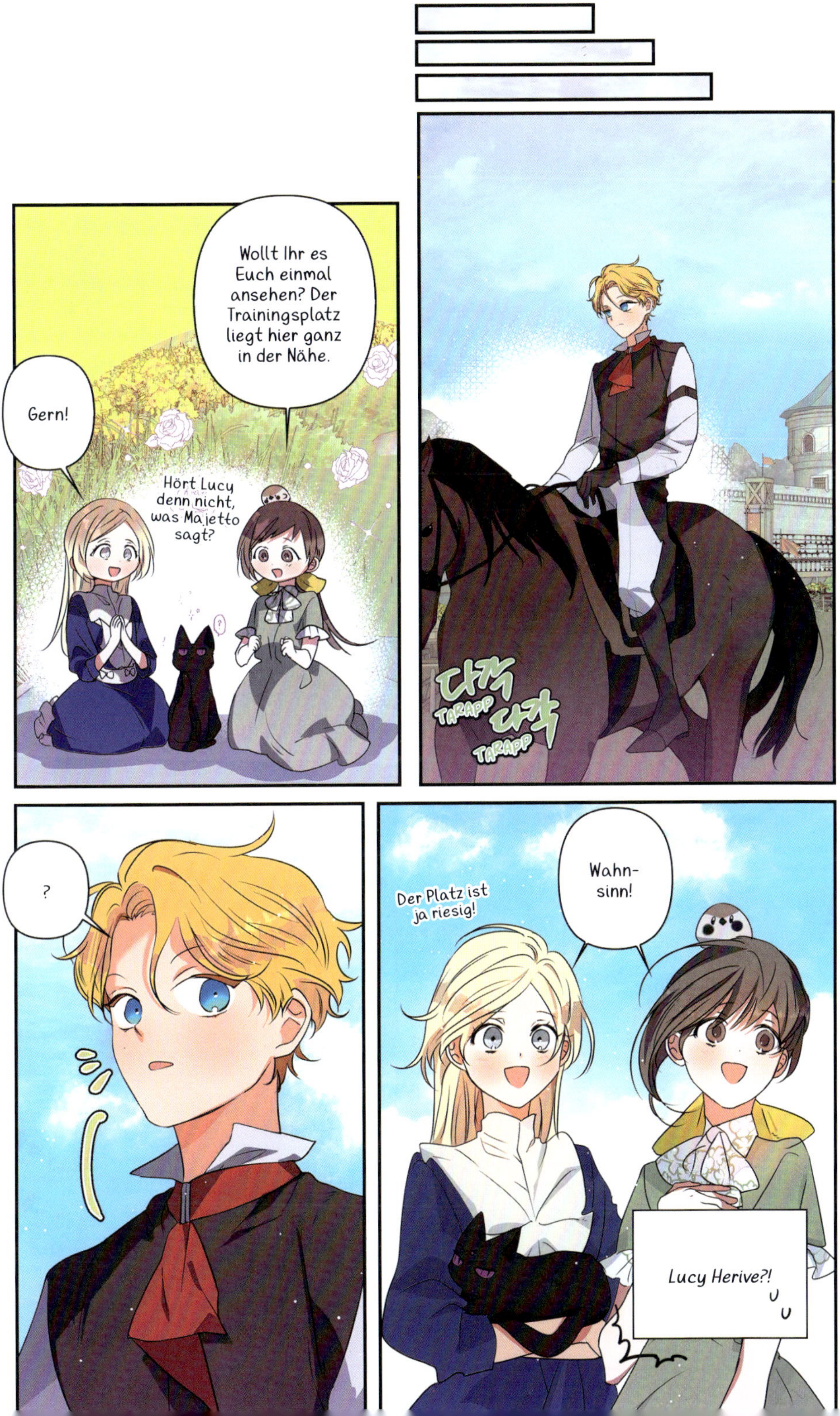

Wollt Ihr es Euch einmal ansehen? Der Trainingsplatz liegt hier ganz in der Nähe.
Gern!
Hört Lucy denn nicht, was Majetto sagt?
다각 TARAPP 다각 TARAPP
?
Wahn-sinn!
Der Platz ist ja riesig!
Lucy Herive?!

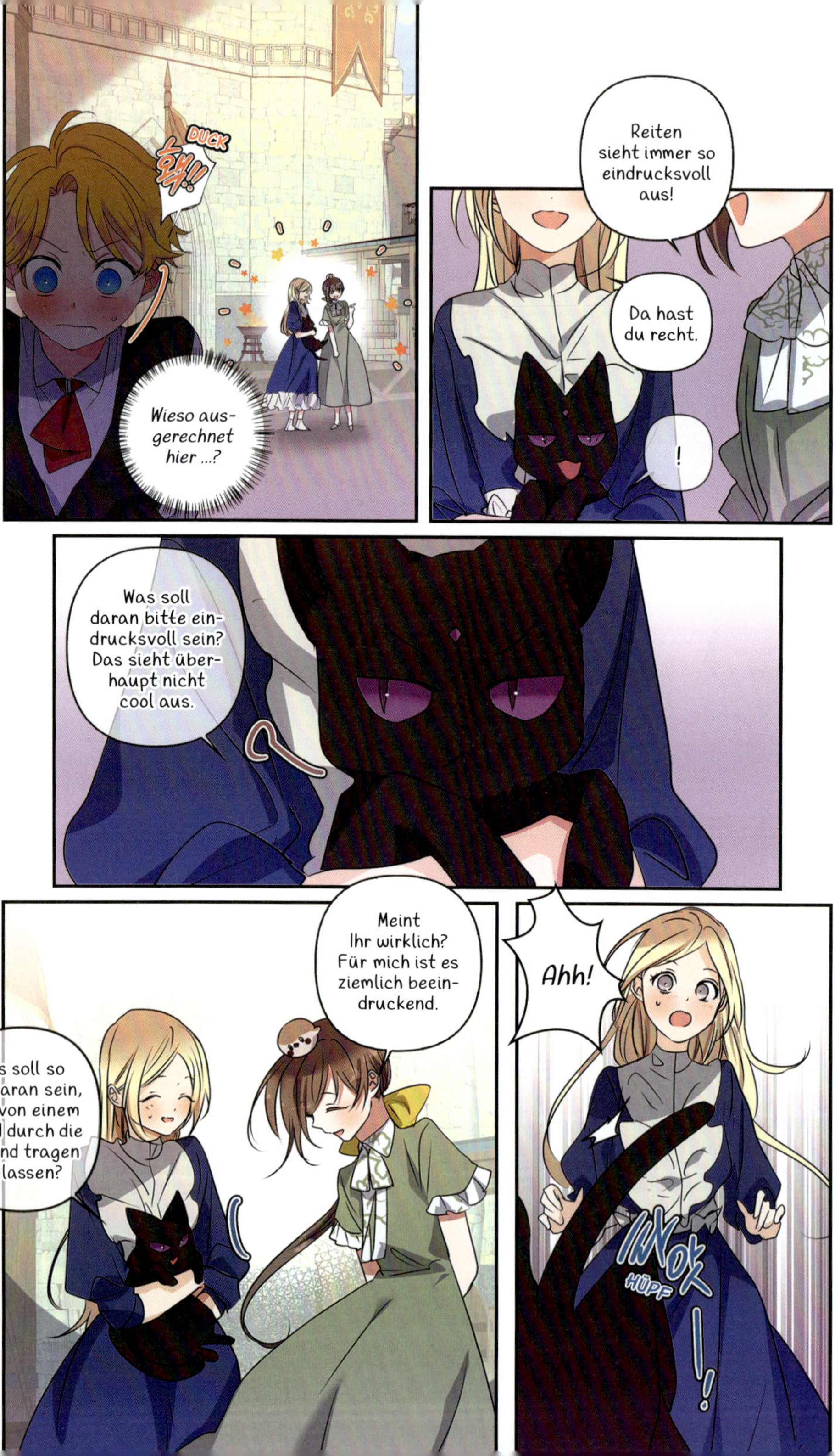

DUCK
꽥!!
Wieso ausgerechnet hier ...?
Reiten sieht immer so eindrucksvoll aus!
Da hast du recht.
!
Was soll daran bitte eindrucksvoll sein? Das sieht überhaupt nicht cool aus.
Meint Ihr wirklich? Für mich ist es ziemlich beeindruckend.
Was soll so toll daran sein, sich von einem Pferd durch die Gegend tragen zu lassen?
Ahh!
HÜPF
!!

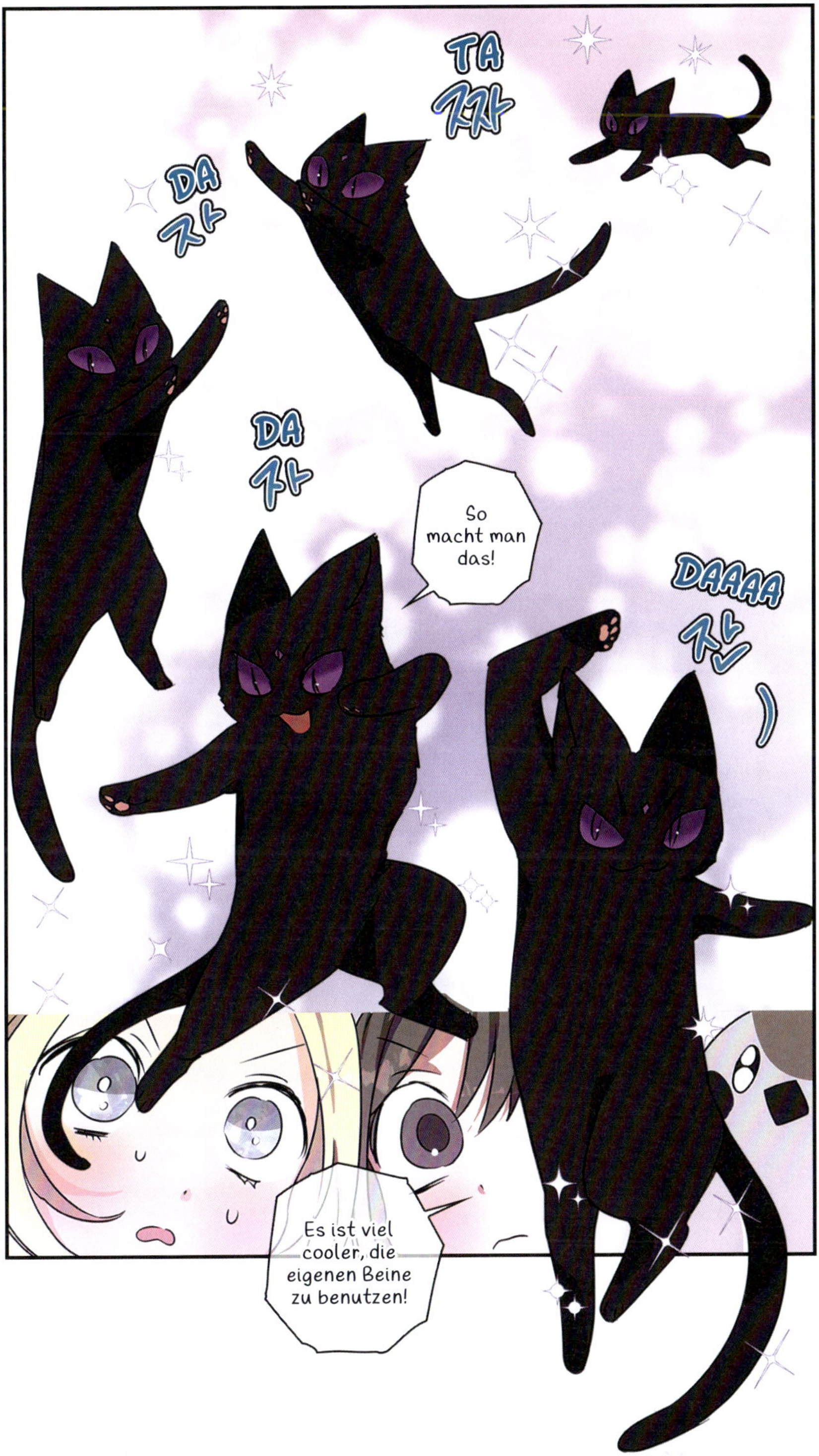
DA
TA
DA
So macht man das!
DAAAA
Es ist viel cooler, die eigenen Beine zu benutzen!

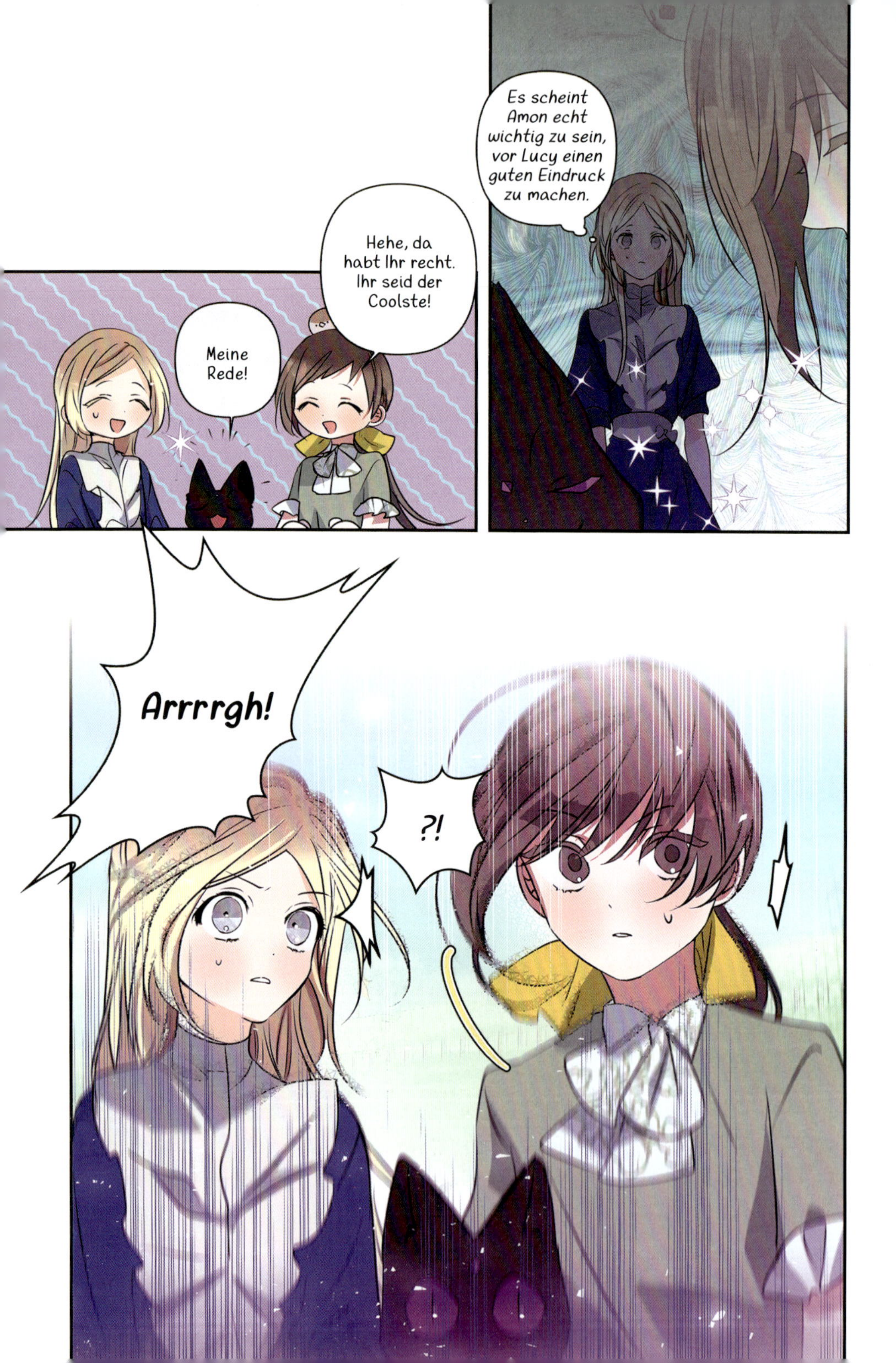
Meine Rede!
Hehe, da habt Ihr recht. Ihr seid der Coolste!
Es scheint Amon echt wichtig zu sein, vor Lucy einen guten Eindruck zu machen.
Arrrrgh!
?!

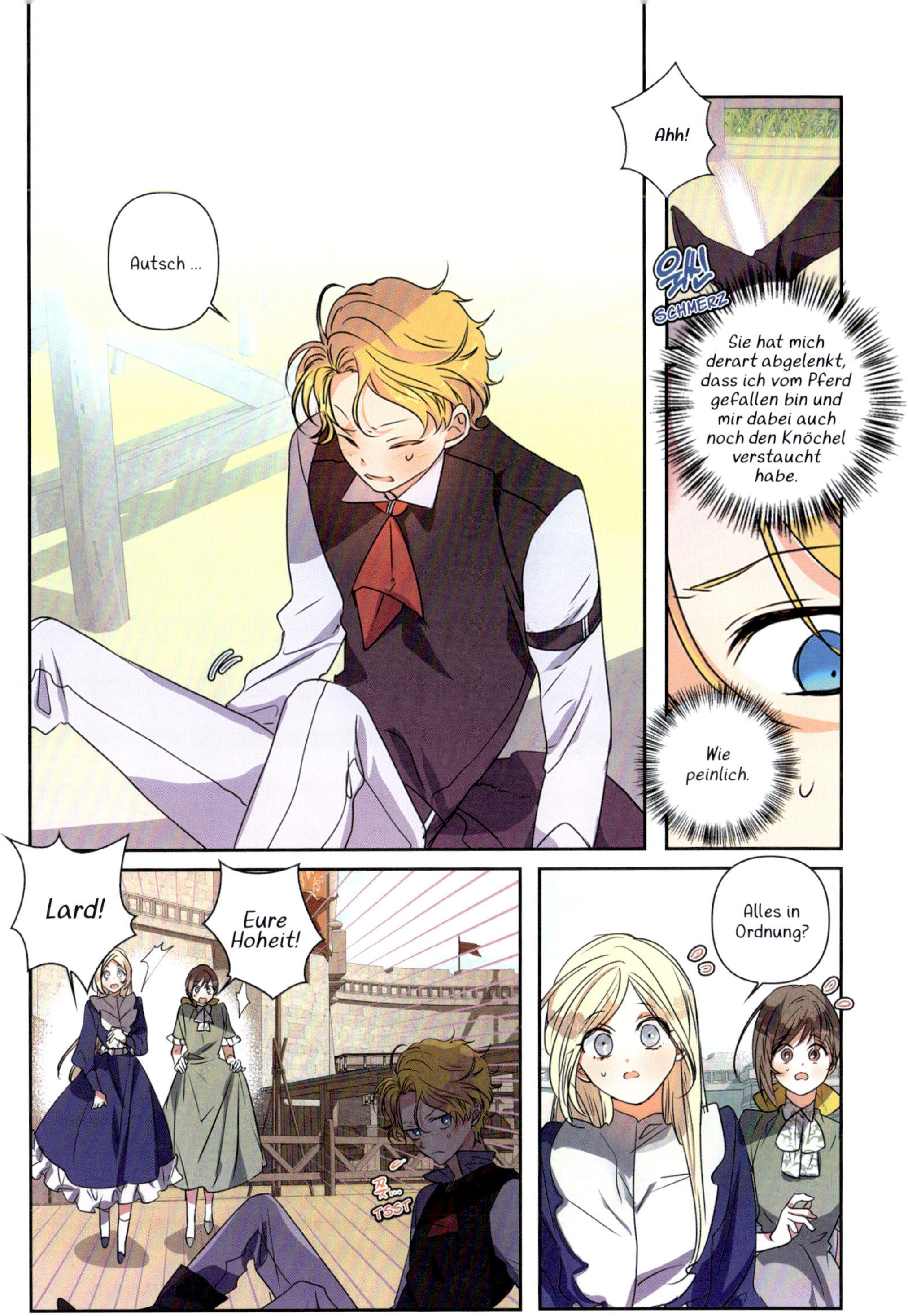
Autsch ...
Ahh!
SCHMERZ
Sie hat mich derart abgelenkt, dass ich vom Pferd gefallen bin und mir dabei auch noch den Knöchel verstaucht habe.
Wie peinlich.
Lard!
Eure Hoheit!
TSST
Alles in Ordnung?

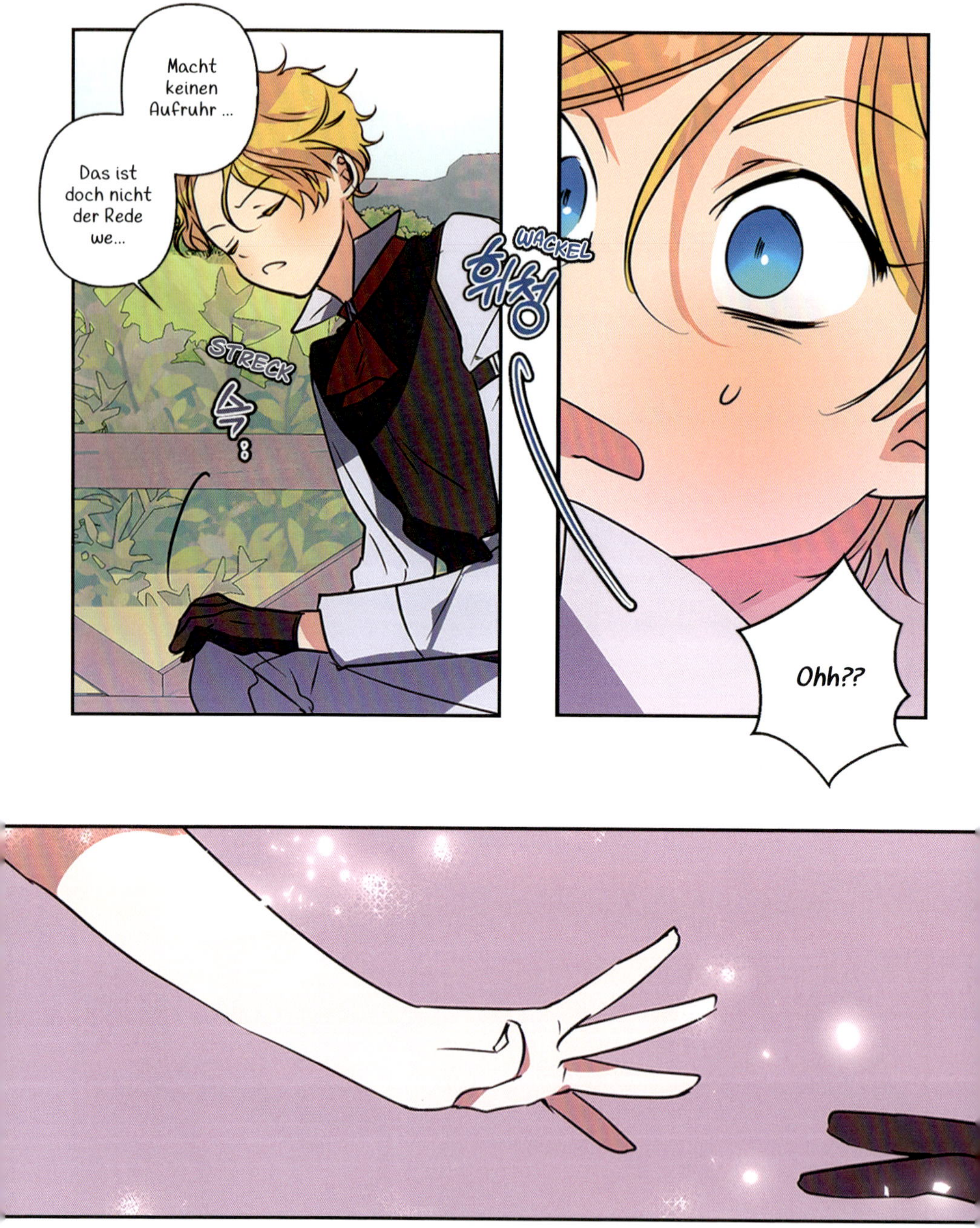
Macht keinen Aufruhr ...
Das ist doch nicht der Rede we...
STRECK
슥
WACKEL
휘청
Ohh??

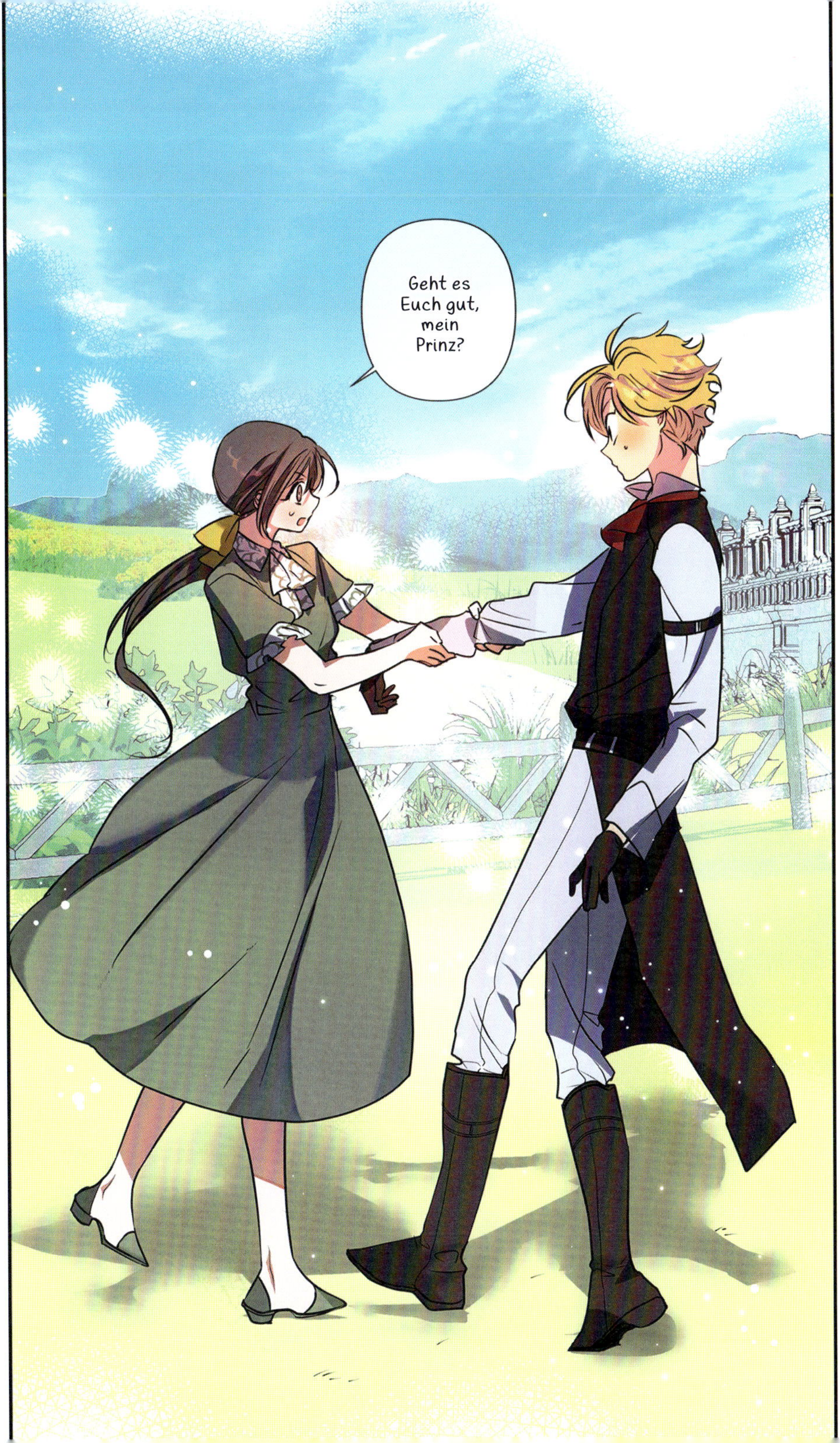
Geht es Euch gut, mein Prinz?

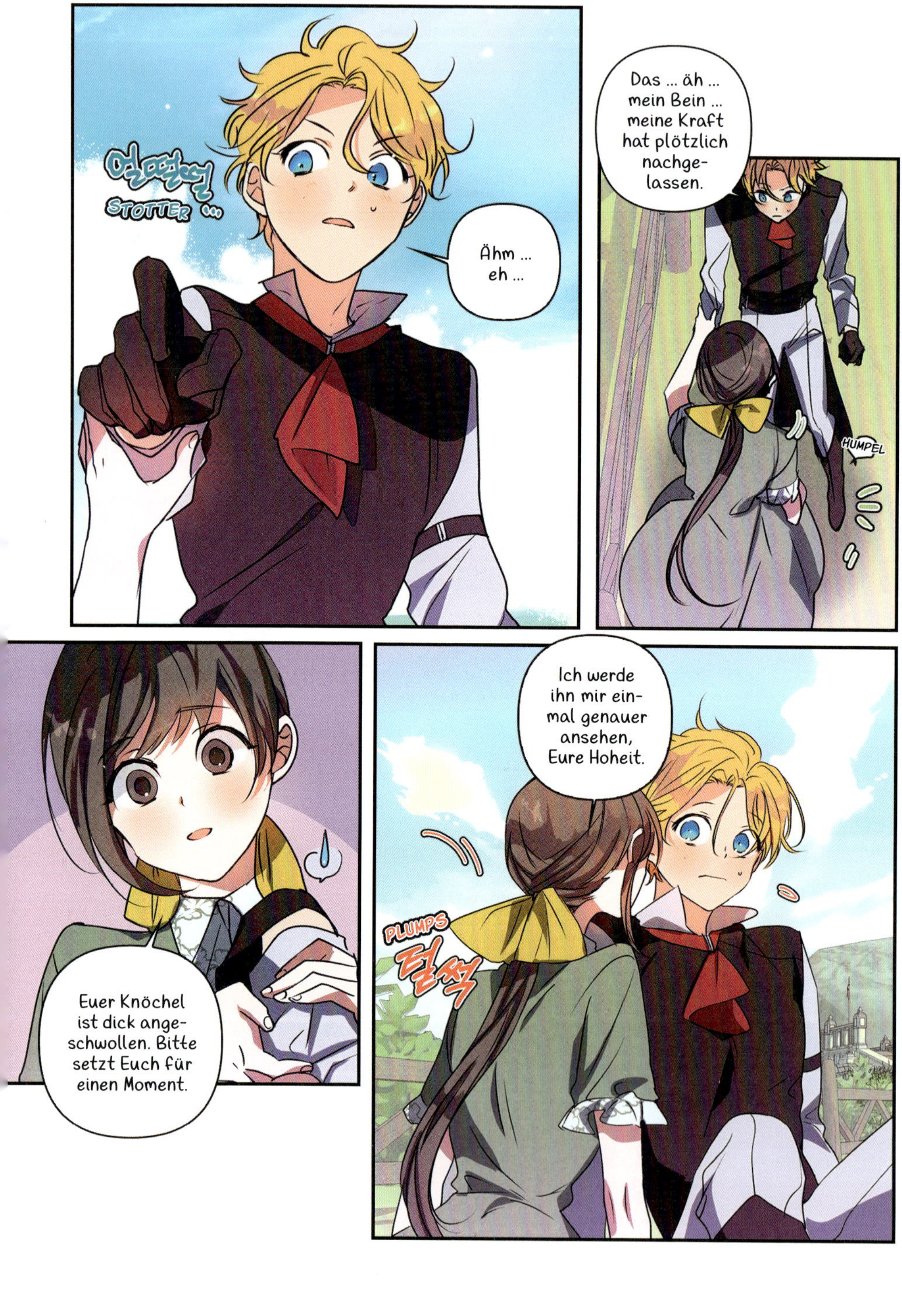

얼떨떨
STOTTER ...
Ähm ... eh ...
Das ... äh ... mein Bein ... meine Kraft hat plötzlich nachgelassen.
HUMPEL
Euer Knöchel ist dick angeschwollen. Bitte setzt Euch für einen Moment.
Ich werde ihn mir einmal genauer ansehen, Eure Hoheit.
PLUMPS
털썩

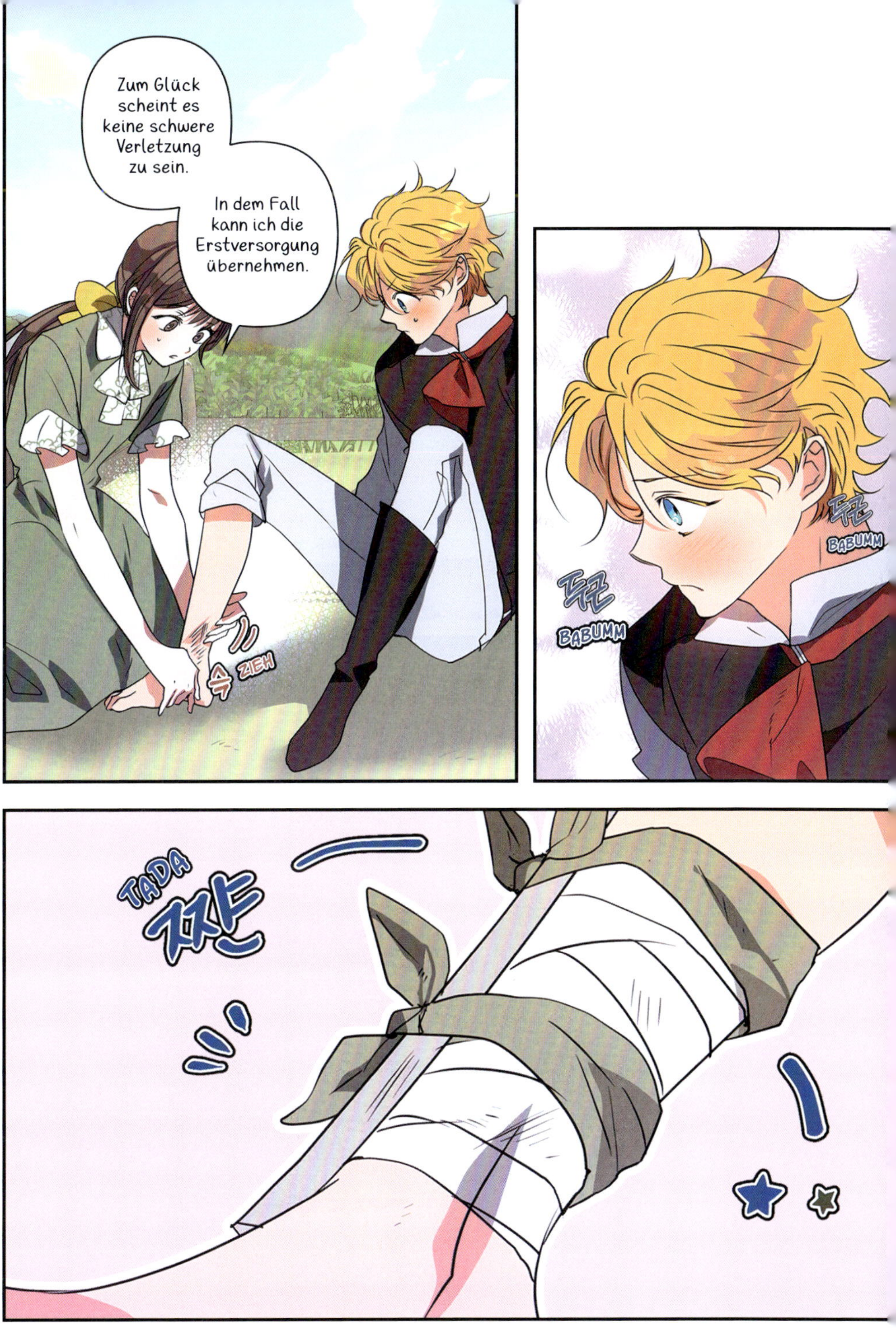

Zum Glück scheint es keine schwere Verletzung zu sein.
In dem Fall kann ich die Erstversorgung übernehmen.
ZIEH
BABUMM
BABUMM
TADA

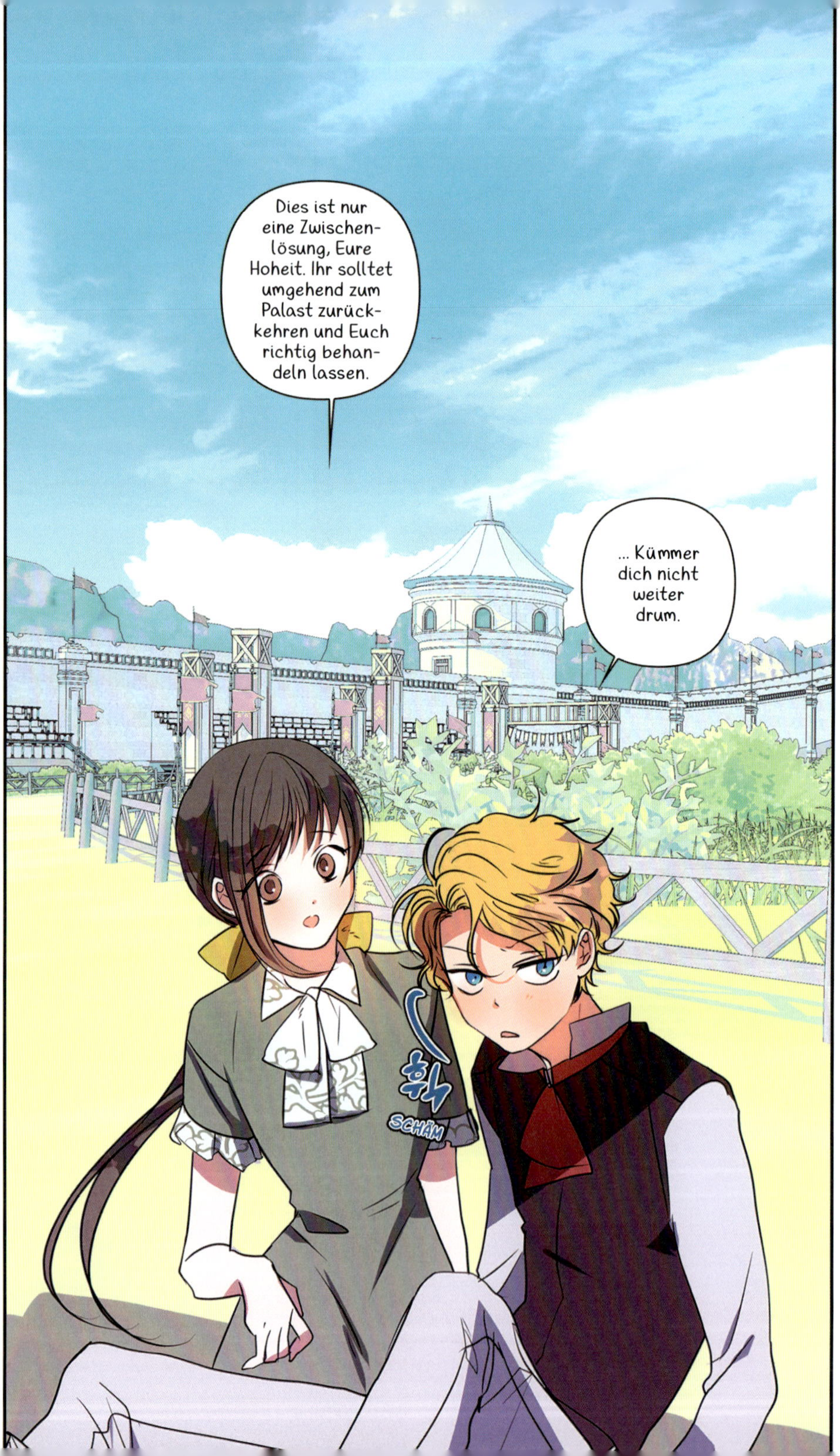
Dies ist nur eine Zwischenlösung, Eure Hoheit. Ihr solltet umgehend zum Palast zurückkehren und Euch richtig behandeln lassen.
... Kümmer dich nicht weiter drum.
SCHÄM

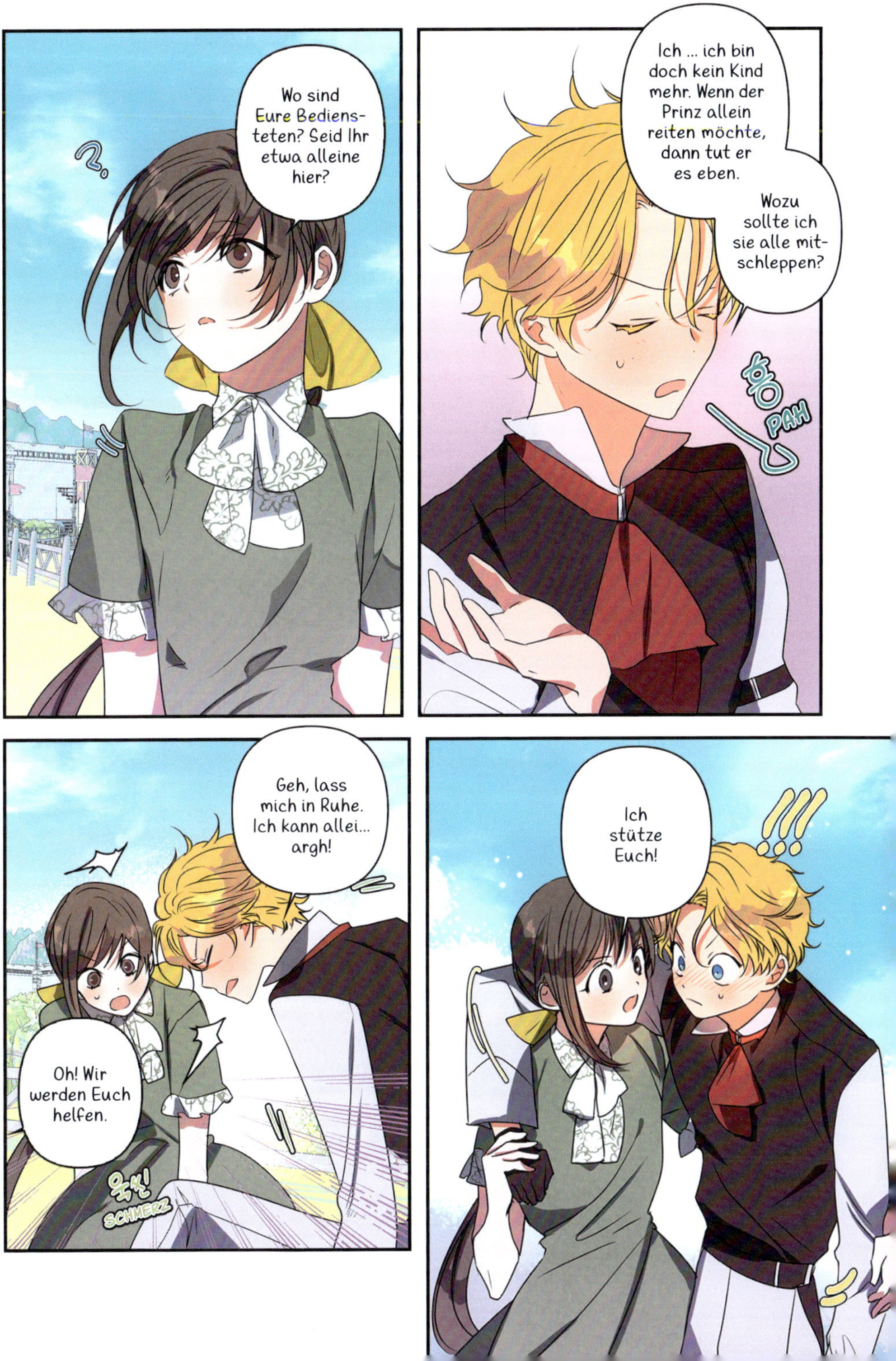
Wo sind Eure Bediens-teten? Seid Ihr etwa alleine hier?
Ich ... ich bin doch kein Kind mehr. Wenn der Prinz allein reiten möchte, dann tut er es eben.
Wozu sollte ich sie alle mit-schleppen?
PAH
Geh, lass mich in Ruhe. Ich kann allei... argh!
Oh! Wir werden Euch helfen.
SCHMERZ
Ich stütze Euch!
!!!

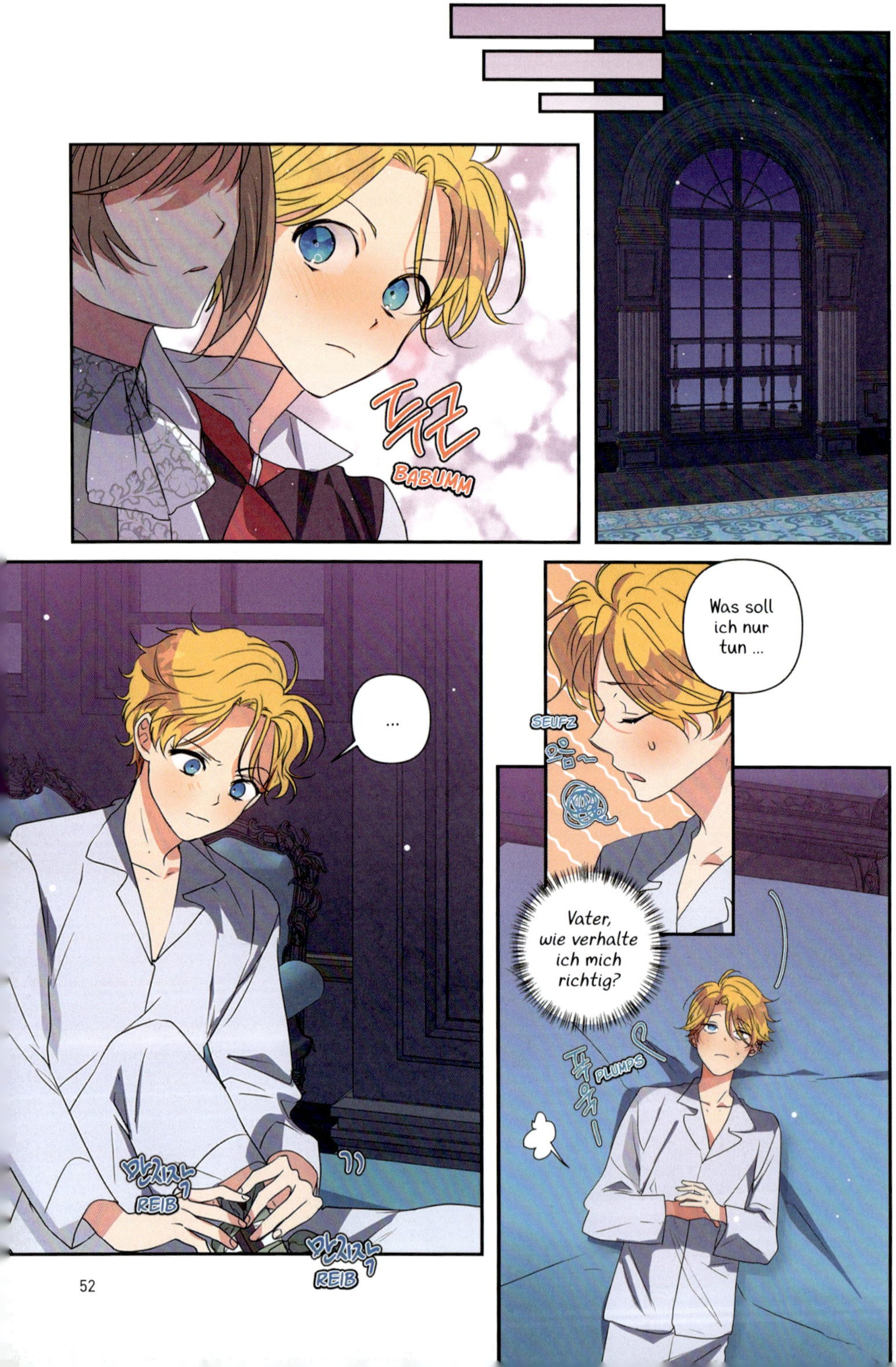

두근
BABUMM
...
만지작
REIB
만지작
REIB
Was soll ich nur tun ...
SEUFZ
음~
Vater, wie verhalte ich mich richtig?
PLUMPS

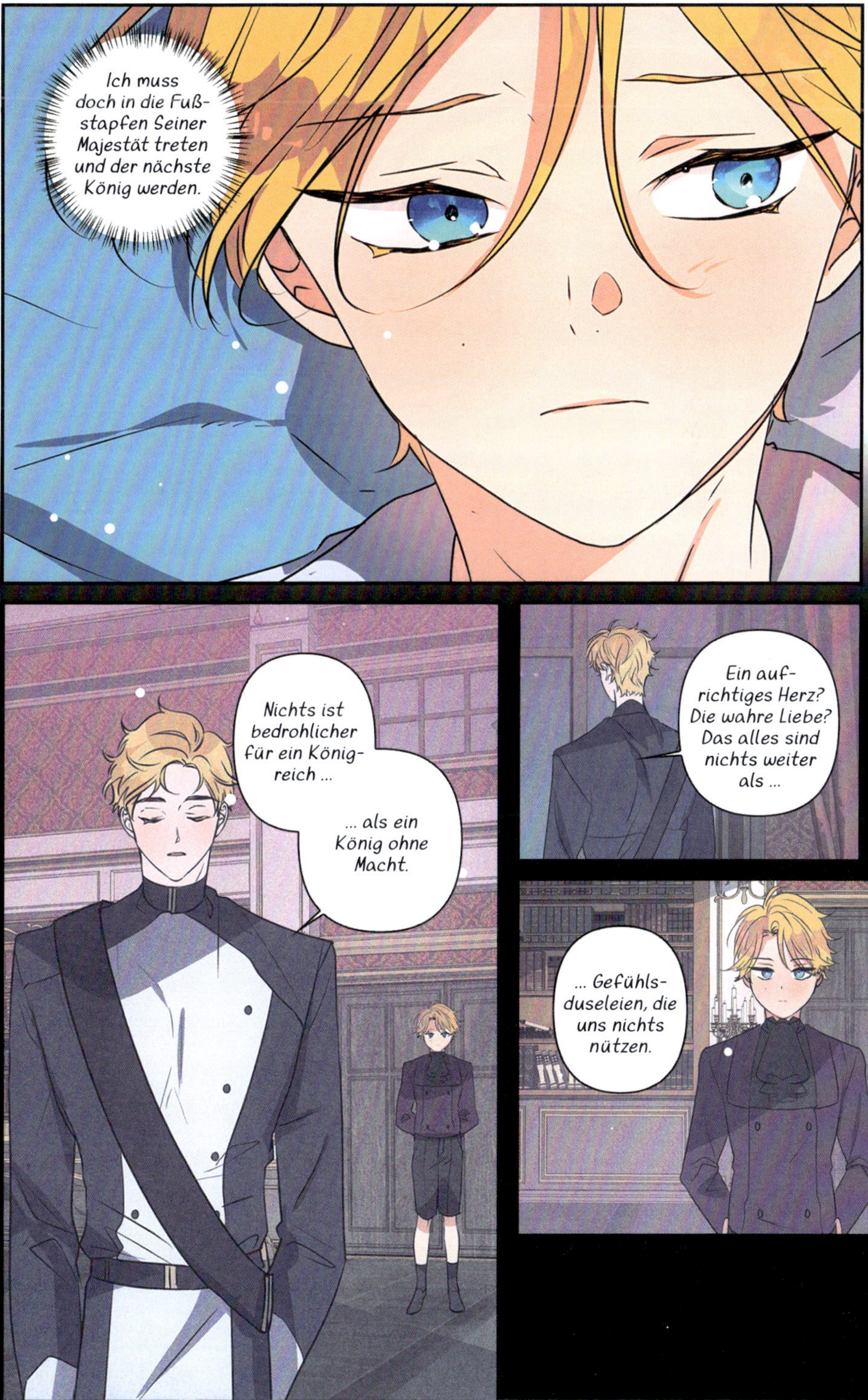
Ich muss doch in die Fuß-stapfen Seiner Majestät treten und der nächste König werden.
Nichts ist bedrohlicher für ein König-reich ...
... als ein König ohne Macht.
Ein auf-richtiges Herz? Die wahre Liebe? Das alles sind nichts weiter als ...
... Gefühls-duseleien, die uns nichts nützen.

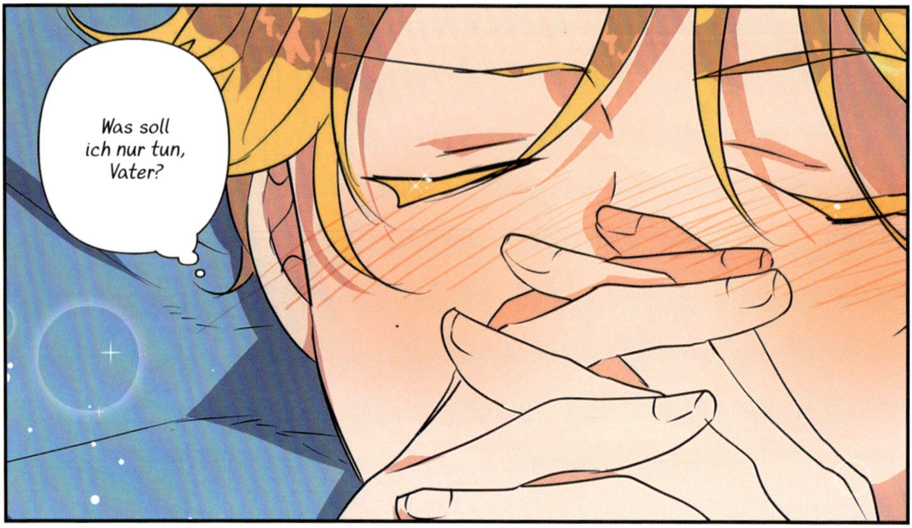
Was soll ich nur tun, Vater?

Lucy ist ...

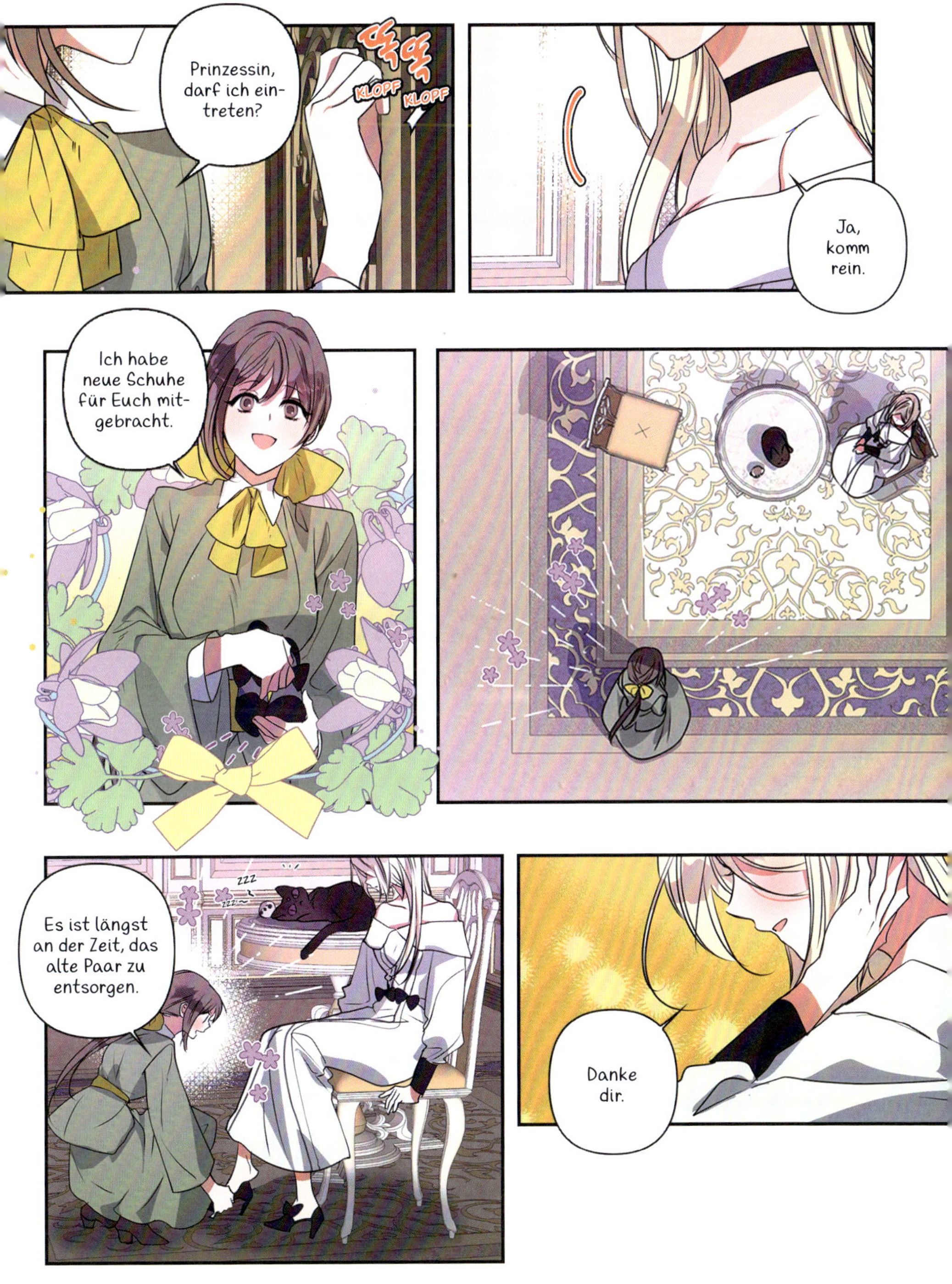
Prinzessin, darf ich eintreten?
KLOPF KLOPF
Ja, komm rein.
Ich habe neue Schuhe für Euch mitgebracht.
Es ist längst an der Zeit, das alte Paar zu entsorgen.
Danke dir.

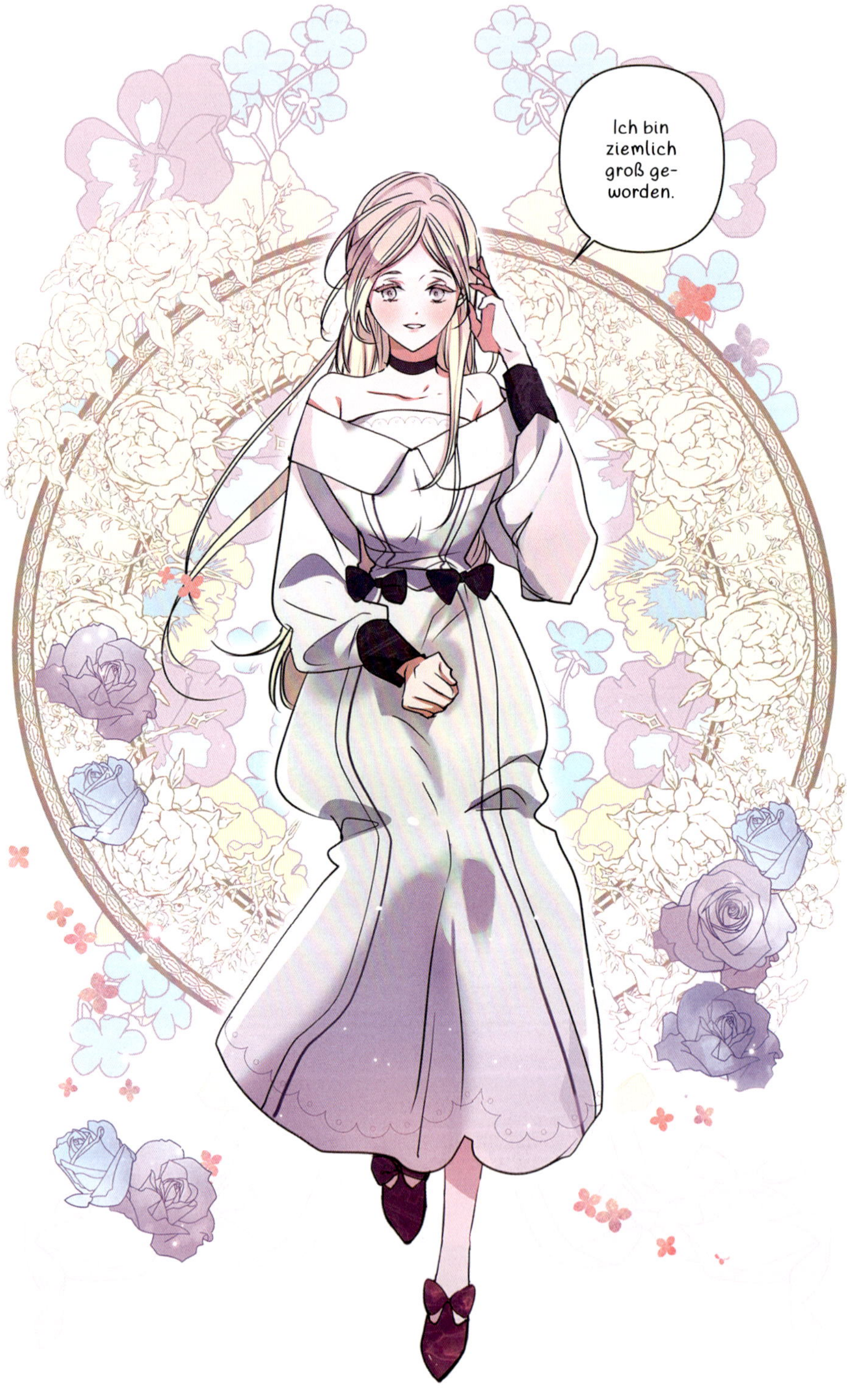
Ich bin ziemlich groß ge- worden.

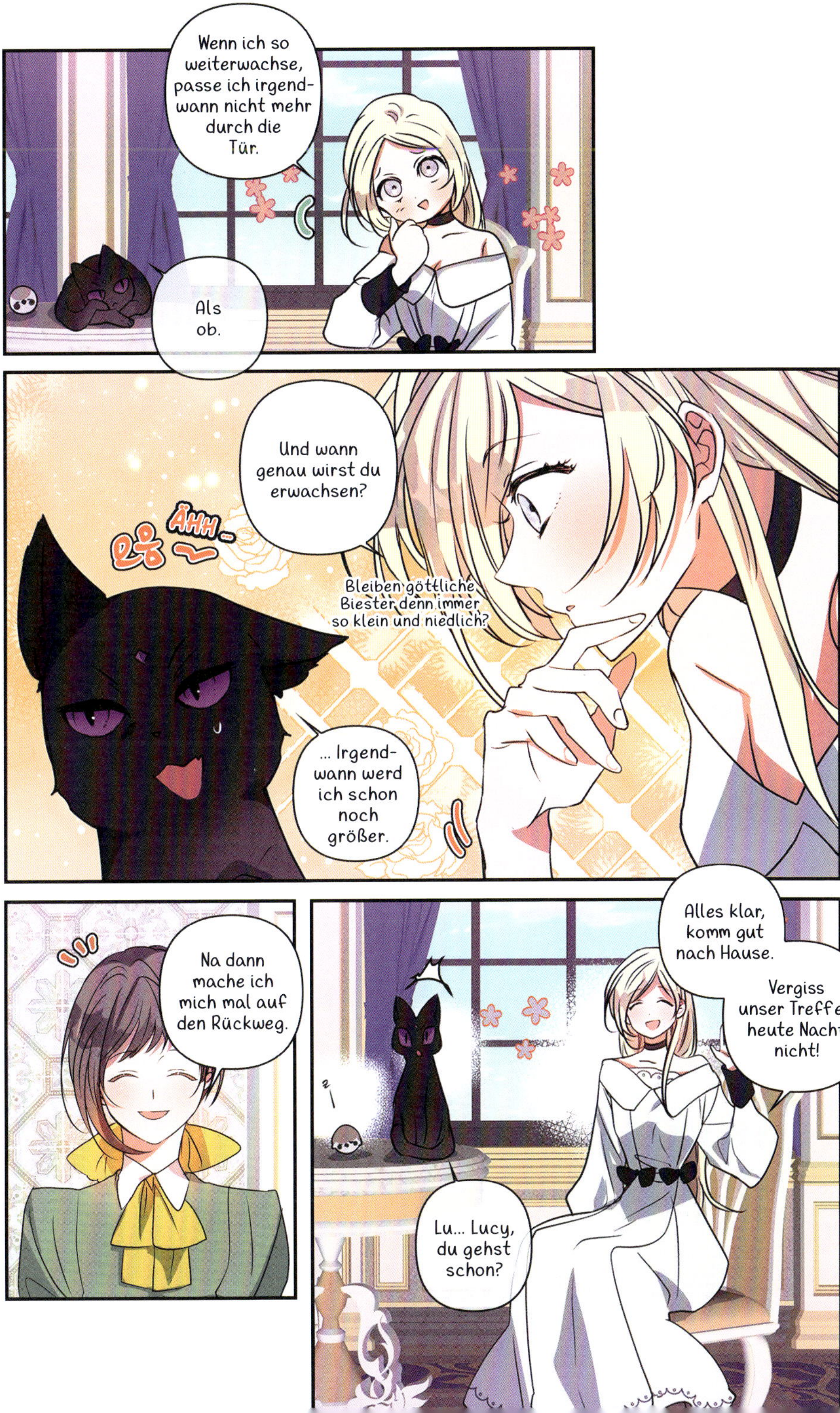
Wenn ich so weiterwachse, passe ich irgendwann nicht mehr durch die Tür.
Als ob.
Und wann genau wirst du erwachsen?
ÄHH~
Bleiben göttliche Biester denn immer so klein und niedlich?
... Irgendwann werd ich schon noch größer.
Na dann mache ich mich mal auf den Rückweg.
Alles klar, komm gut nach Hause.
Vergiss unser Treffen heute Nacht nicht!
Lu... Lucy, du gehst schon?

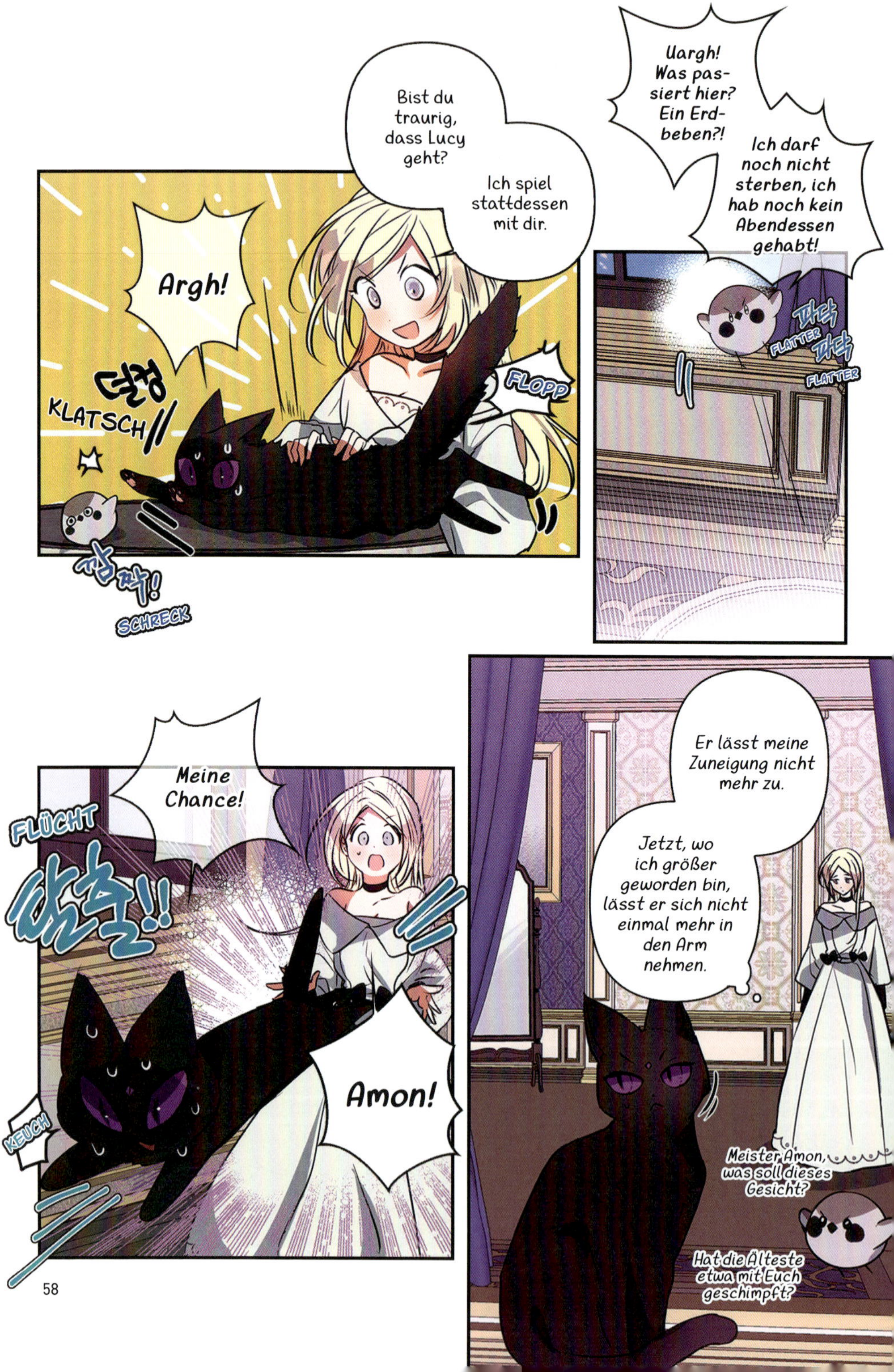
Uargh! Was passiert hier? Ein Erdbeben?!
Ich darf noch nicht sterben, ich hab noch kein Abendessen gehabt!
Bist du traurig, dass Lucy geht?
Ich spiel stattdessen mit dir.
Argh!
덜렁
KLATSCH
FLOPP
깜짝!
SCHRECK
파닥
FLATTER
파닥
FLATTER
Er lässt meine Zuneigung nicht mehr zu.
Jetzt, wo ich größer geworden bin, lässt er sich nicht einmal mehr in den Arm nehmen.
Meister Amon, was soll dieses Gesicht?
Hat die Älteste etwa mit Euch geschimpft?
Meine Chance!
FLÜCHT
탈출!!
Amon!
KEUCH

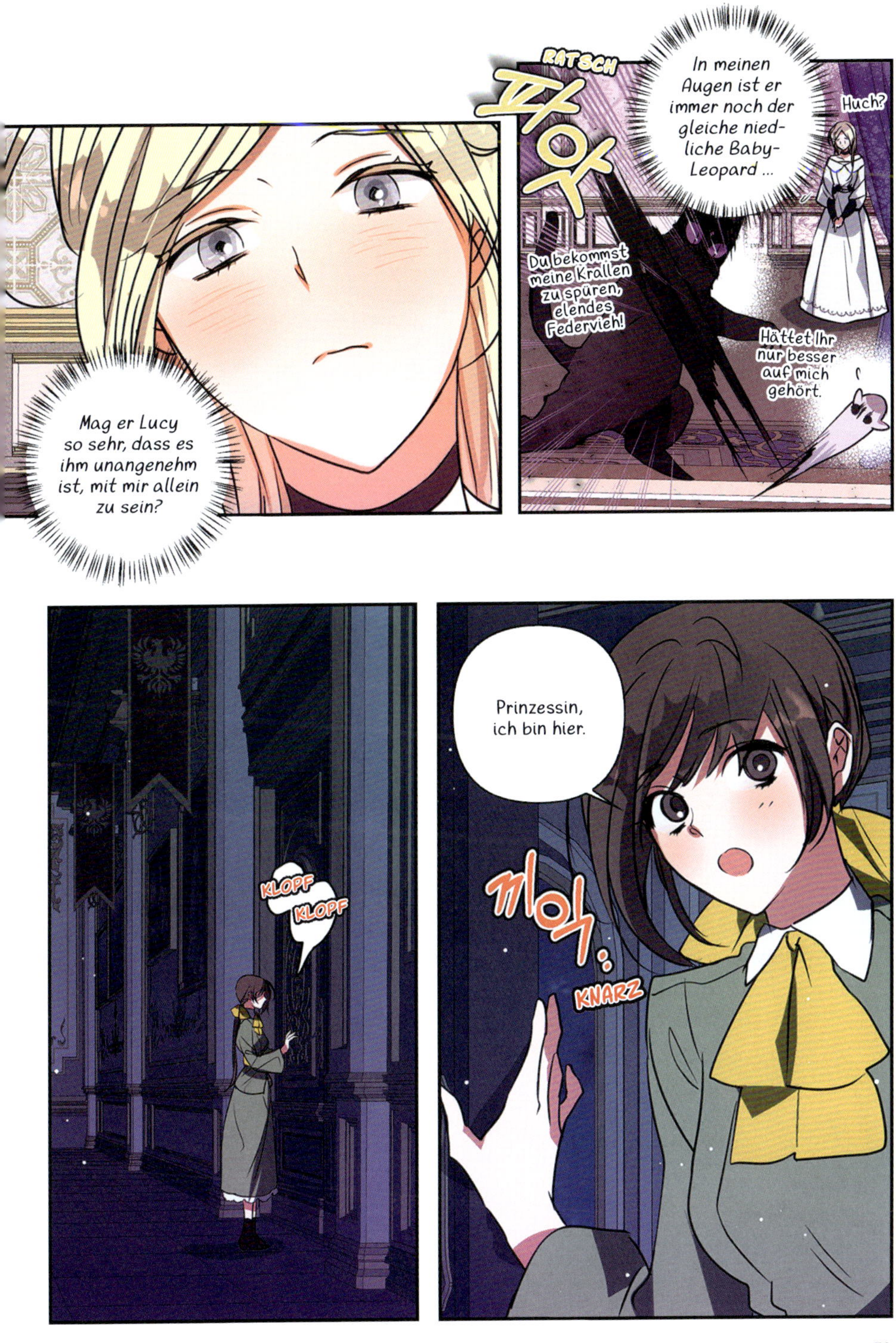
Mag er Lucy so sehr, dass es ihm unangenehm ist, mit mir allein zu sein?
RATSCH
In meinen Augen ist er immer noch der gleiche niedliche Baby-Leopard ...
Huch?
Du bekommst meine Krallen zu spüren, elendes Federvieh!
Hättet Ihr nur besser auf mich gehört.
KLOPF KLOPF
Prinzessin, ich bin hier.
KNARZ

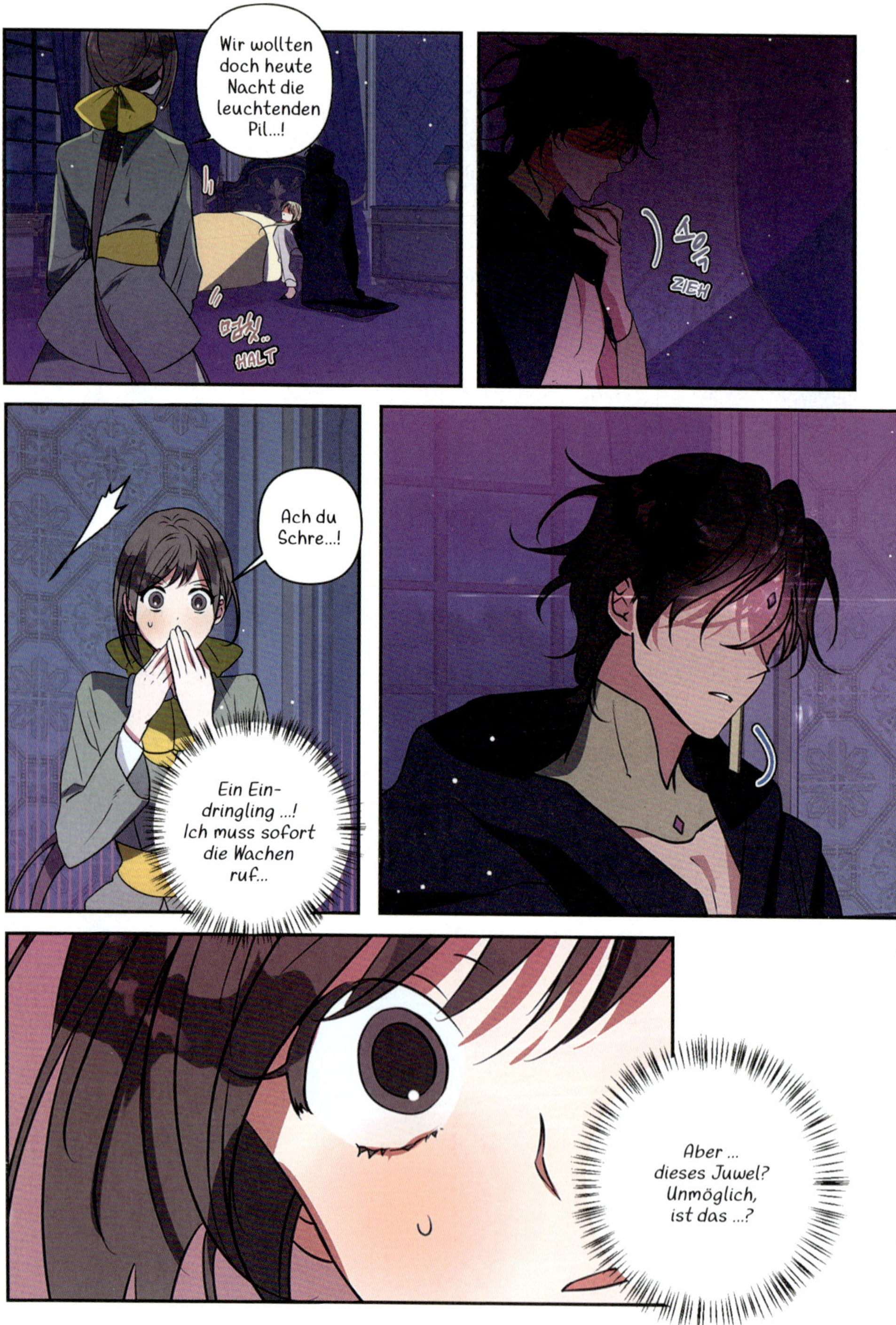
Wir wollten doch heute Nacht die leuchtenden Pil...!
멈칫..
HALT
스윽
ZIEH
Ach du Schre...!
Ein Eindringling ...! Ich muss sofort die Wachen ruf...
Aber ... dieses Juwel? Unmöglich, ist das ...?

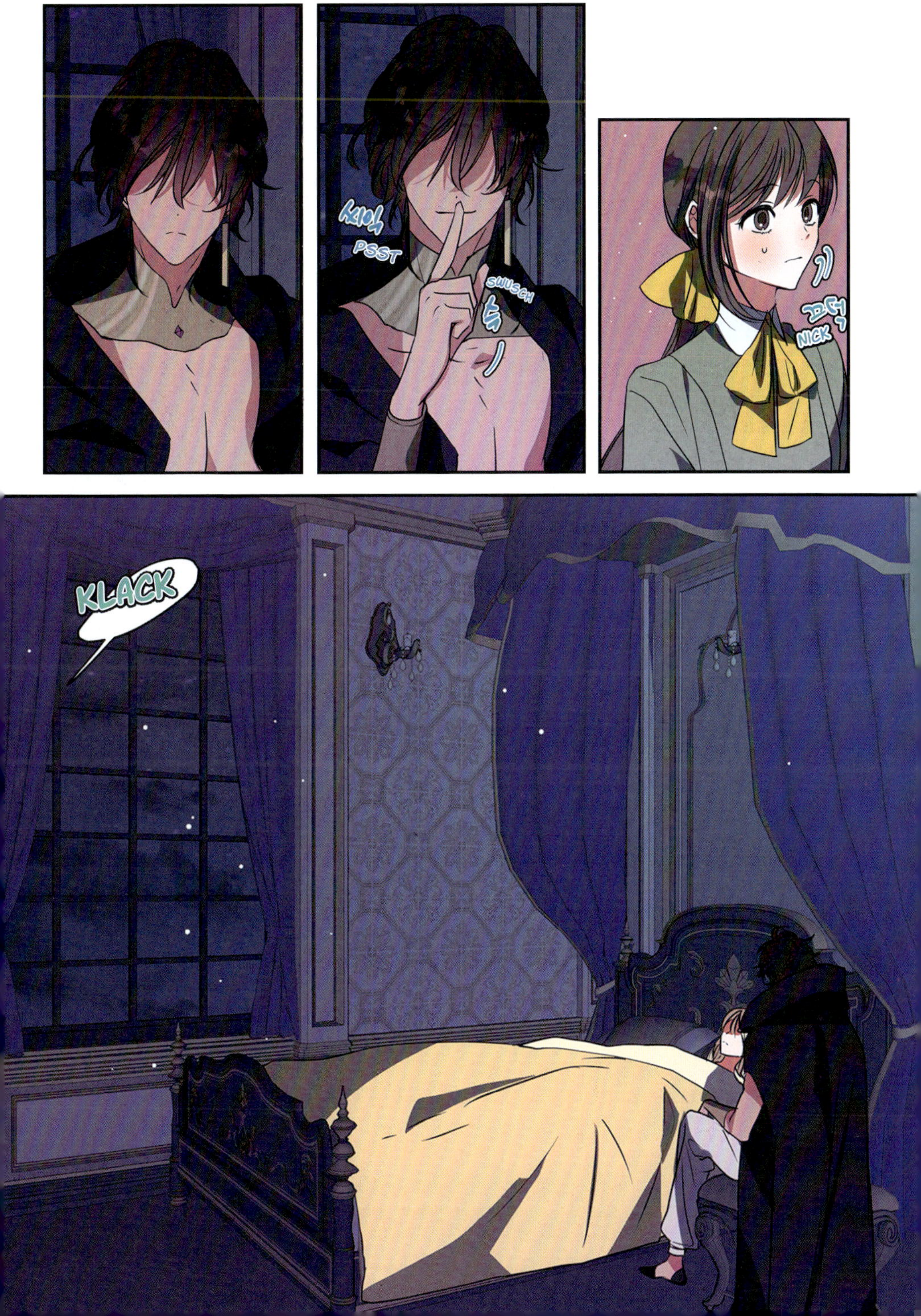
PSST
SWUSCH
NICK
KLACK

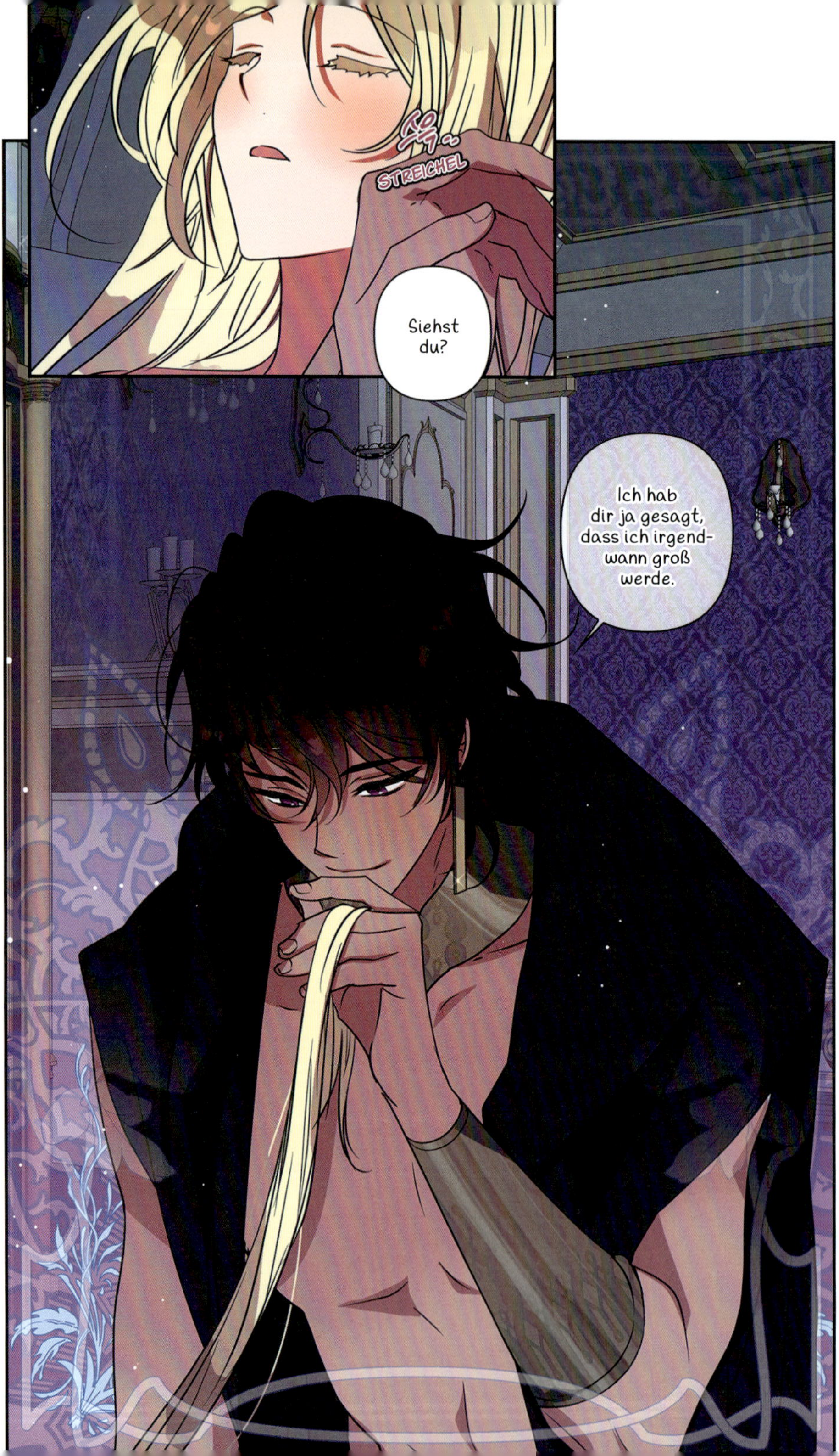

STREICHEL
Siehst du?
Ich hab dir ja gesagt, dass ich irgend-wann groß werde.

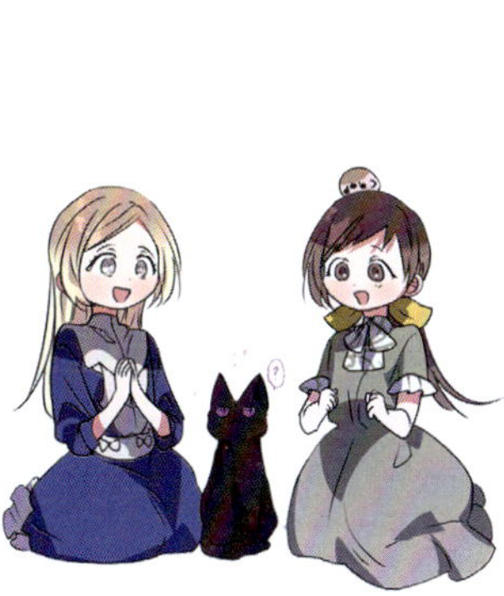

5

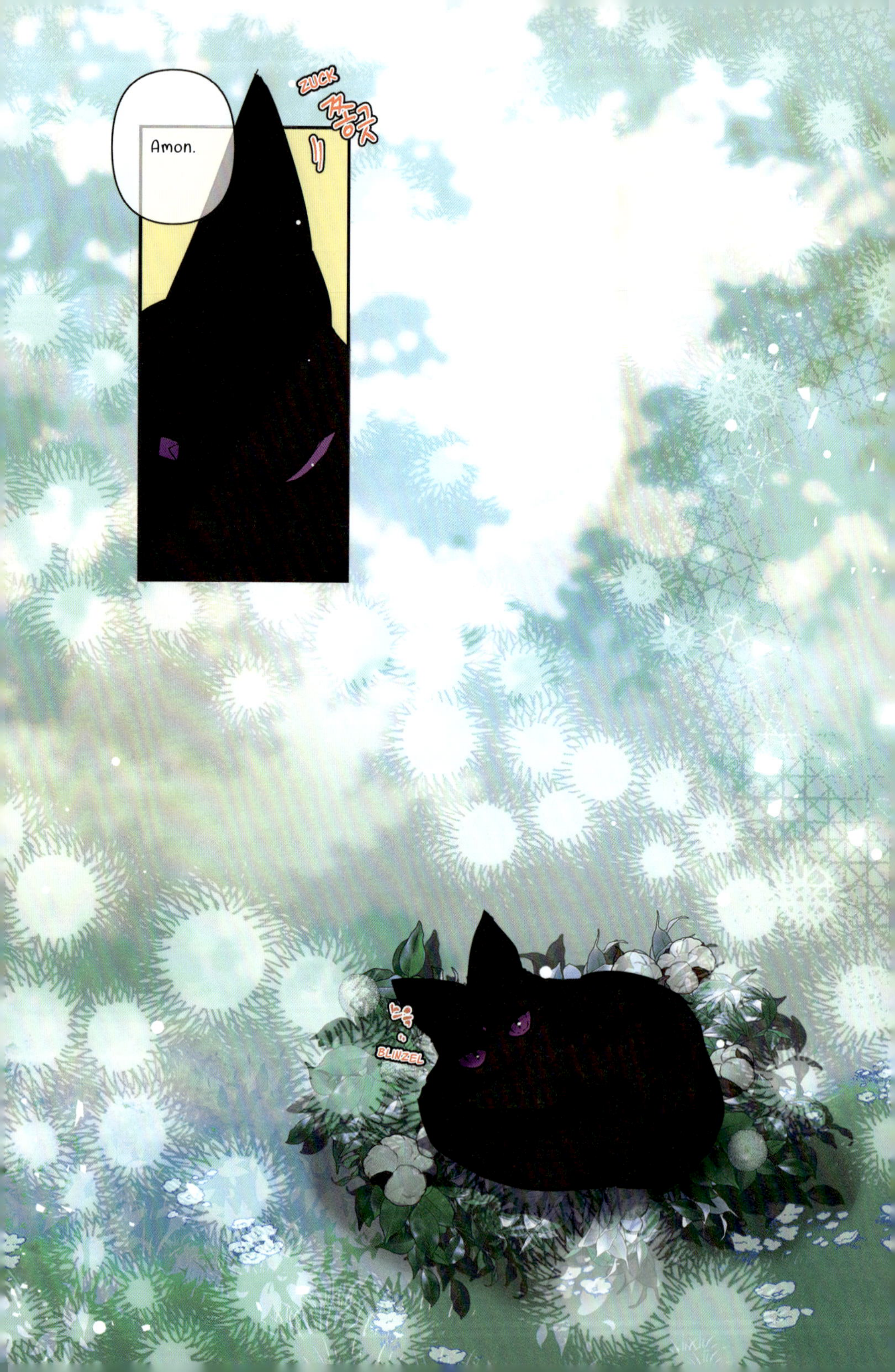
Amon.
ZUCK
쫑긋
BLINZEL

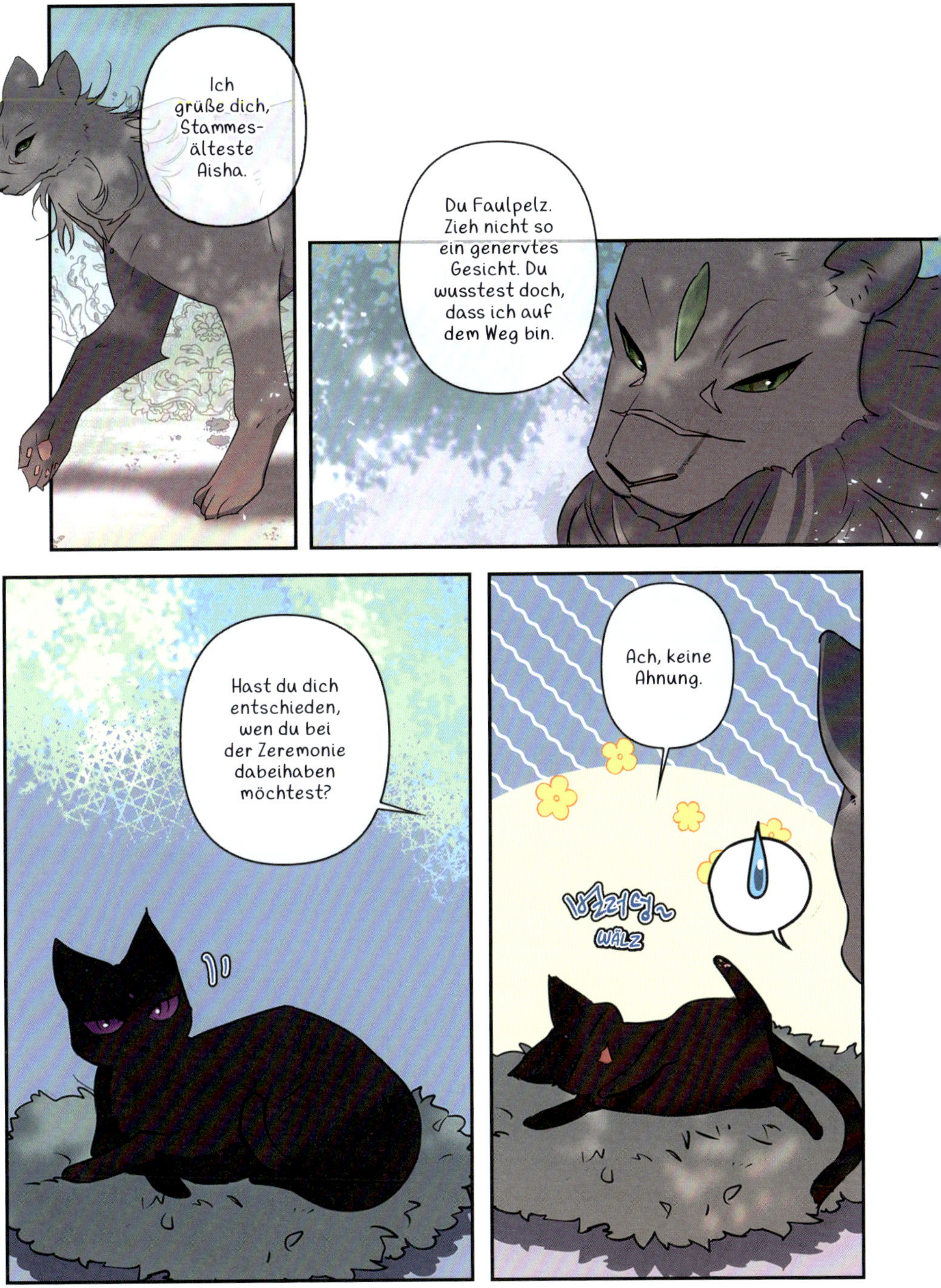

Ich grüße dich, Stammes-älteste Aisha.
Du Faulpelz. Zieh nicht so ein genervtes Gesicht. Du wusstest doch, dass ich auf dem Weg bin.
Hast du dich entschieden, wen du bei der Zeremonie dabeihaben möchtest?
Ach, keine Ahnung.
WÄLZ

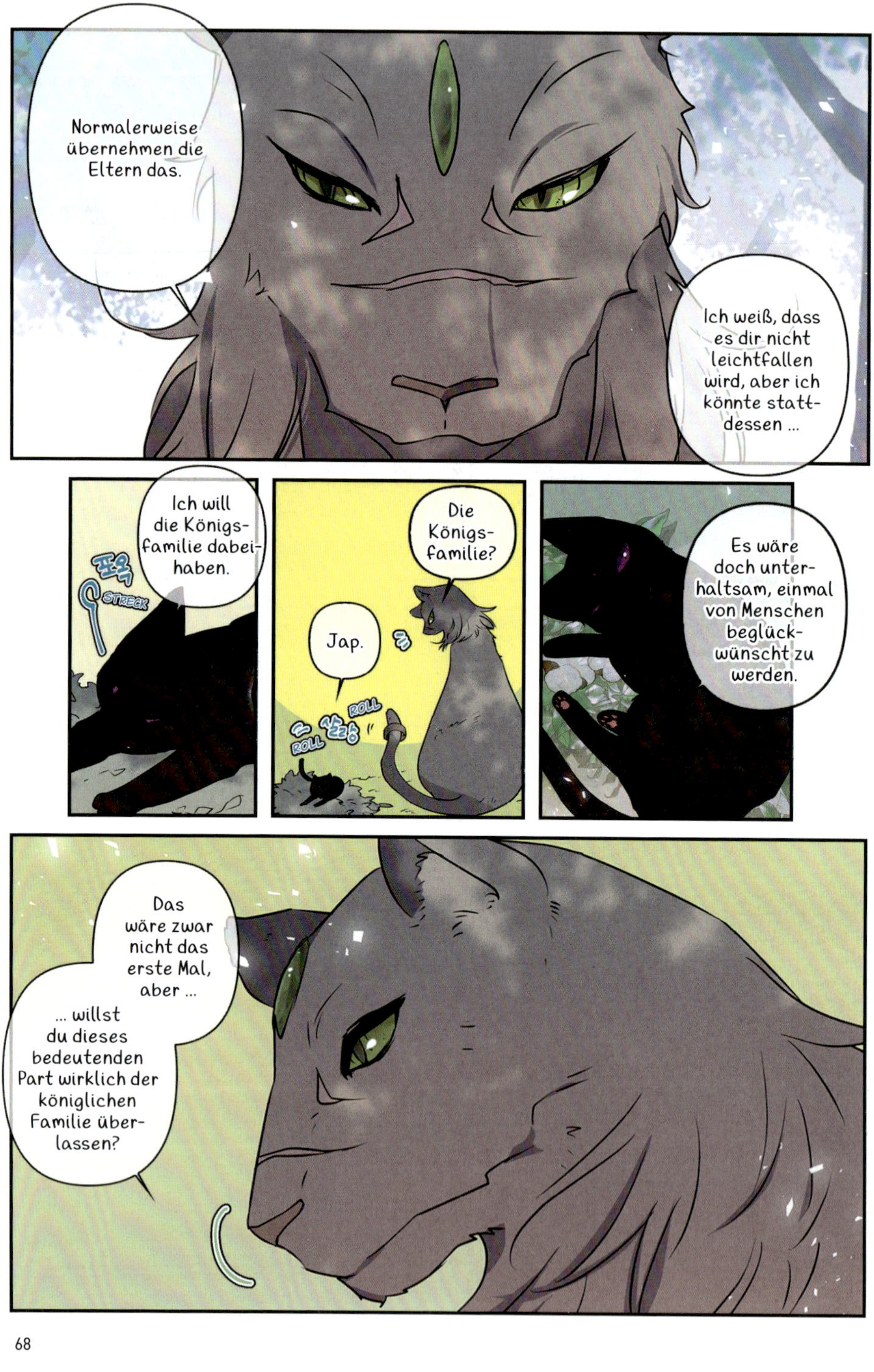
Normalerweise übernehmen die Eltern das.
Ich weiß, dass es dir nicht leichtfallen wird, aber ich könnte stattdessen ...
Ich will die Königsfamilie dabeihaben.
STRECK
Die Königsfamilie?
Jap.
ROLL
ROLL
Es wäre doch unterhaltsam, einmal von Menschen beglückwünscht zu werden.
Das wäre zwar nicht das erste Mal, aber ...
... willst du dieses bedeutenden Part wirklich der königlichen Familie überlassen?

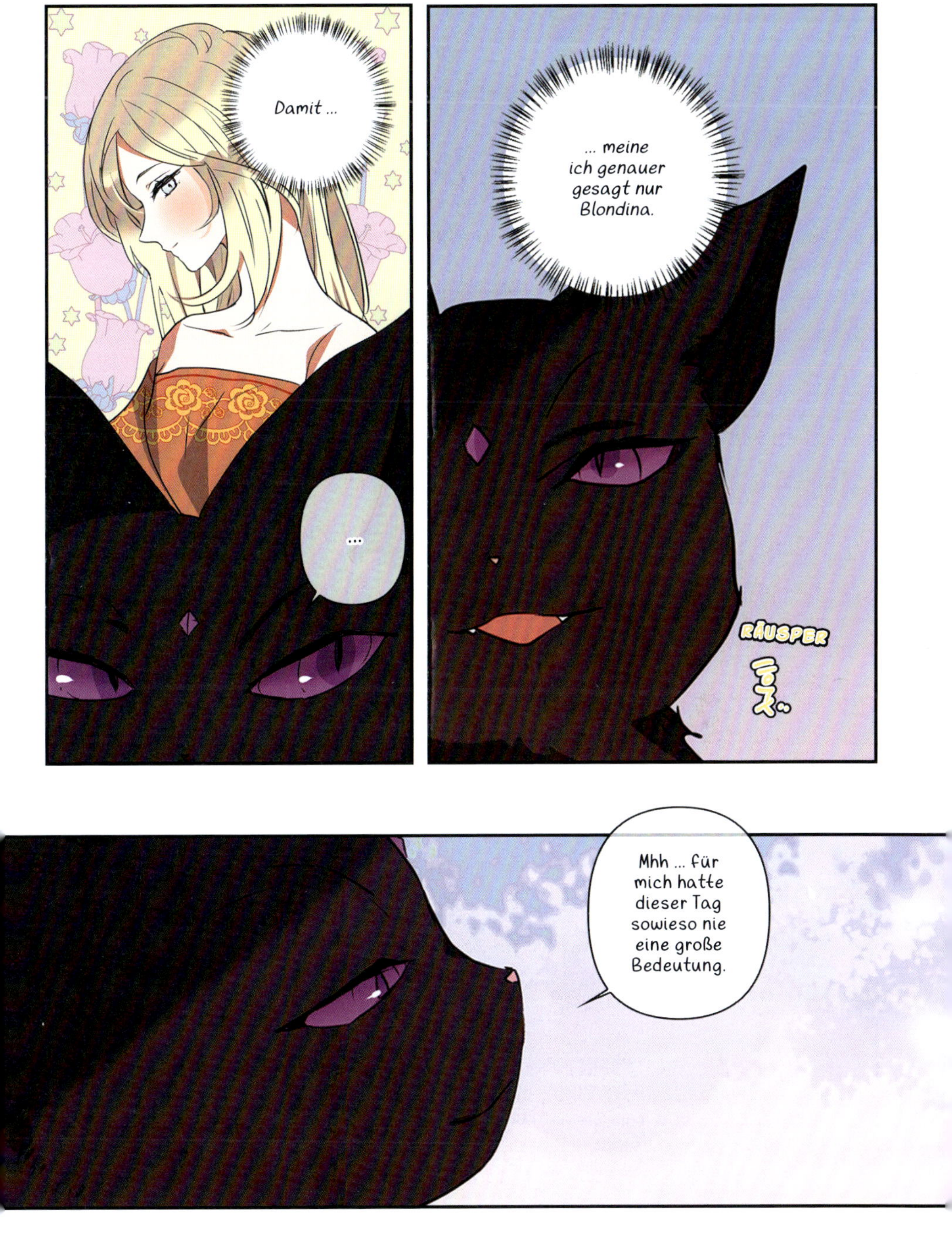

Damit ...
...
... meine ich genauer gesagt nur Blondina.
RÄUSPER
Mhh ... für mich hatte dieser Tag sowieso nie eine große Bedeutung.

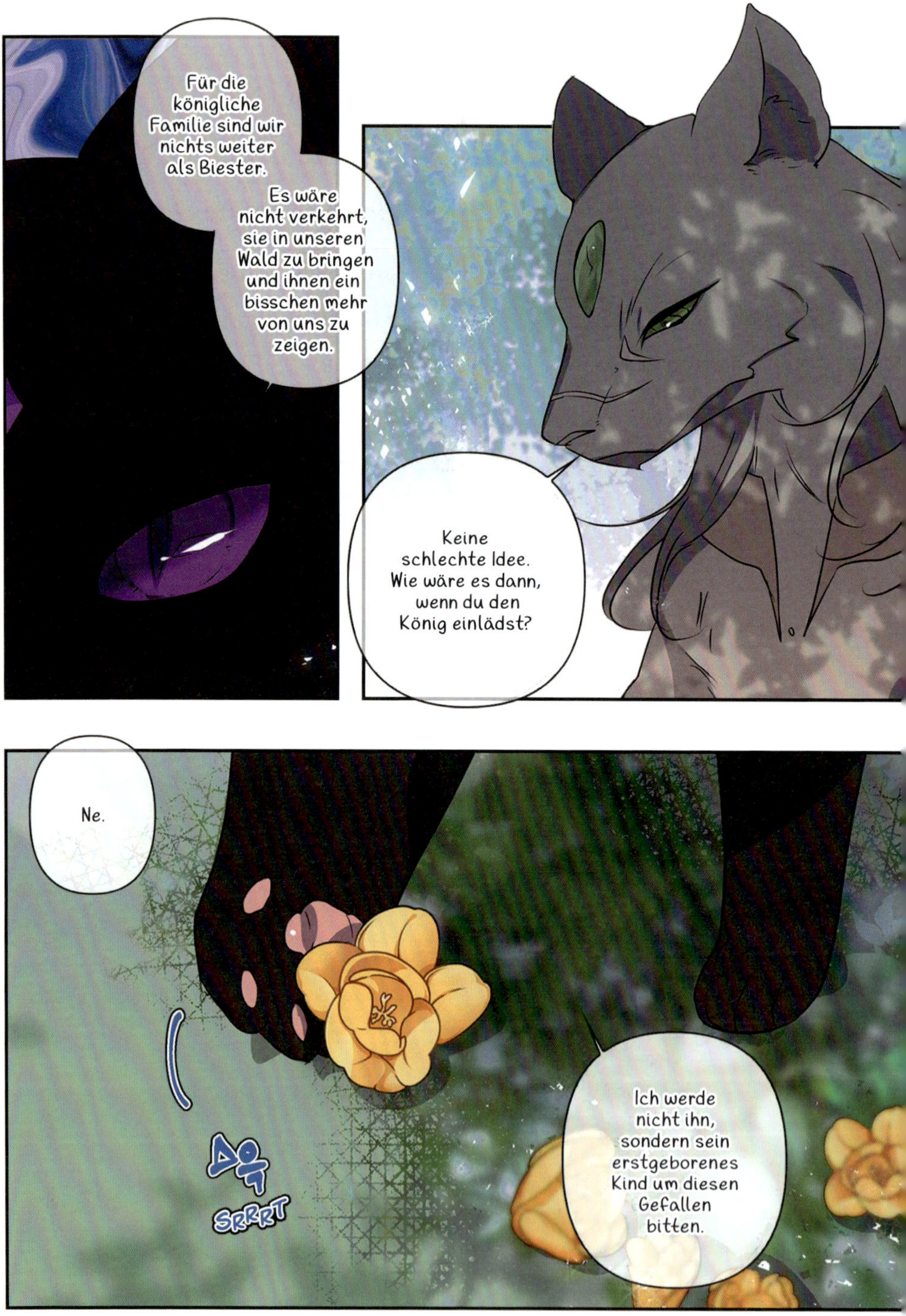
Für die königliche Familie sind wir nichts weiter als Biester.
Es wäre nicht verkehrt, sie in unseren Wald zu bringen und ihnen ein bisschen mehr von uns zu zeigen.
Keine schlechte Idee. Wie wäre es dann, wenn du den König einlädst?
Ne.
SRRRT
Ich werde nicht ihn, sondern sein erstgeborenes Kind um diesen Gefallen bitten.

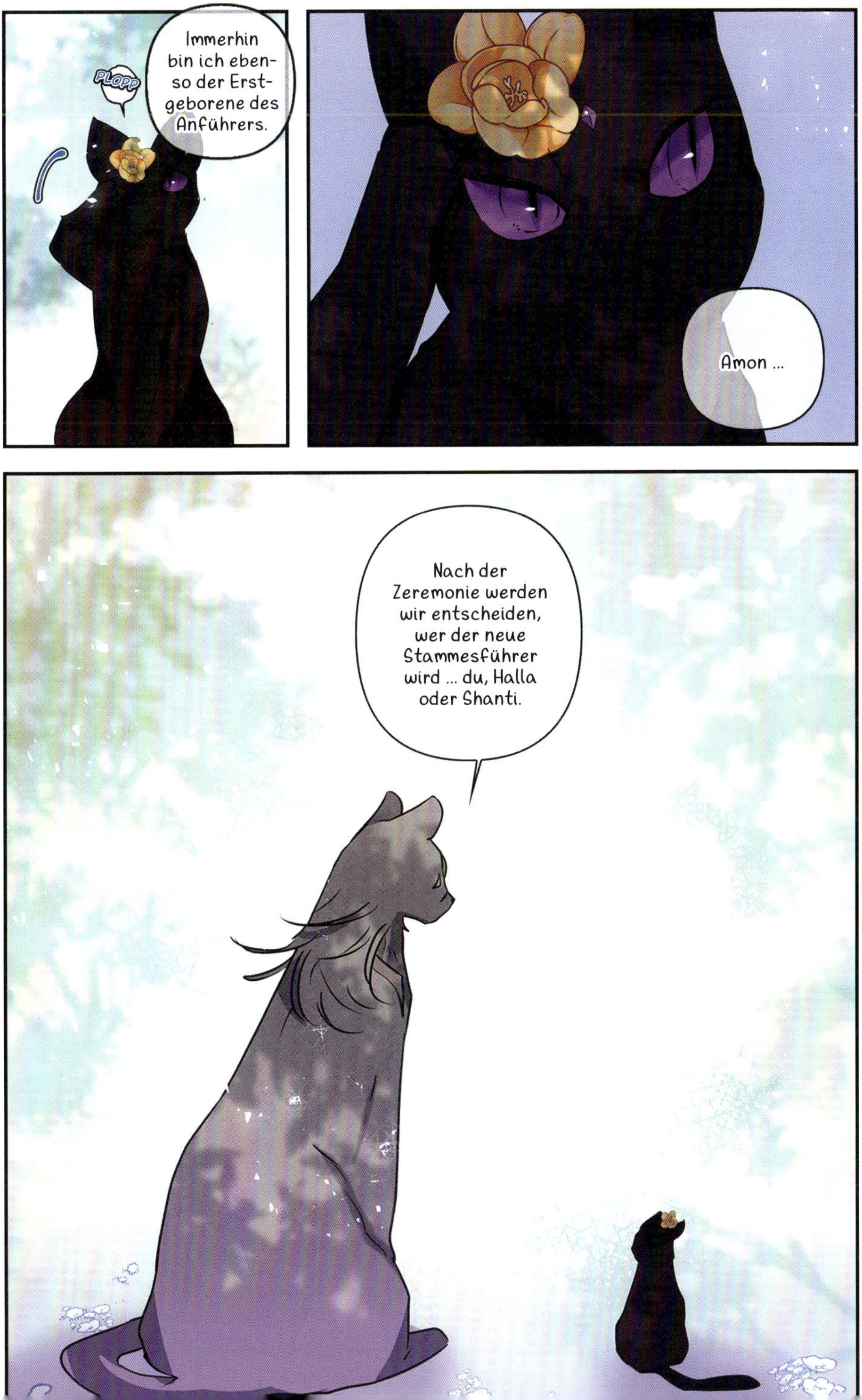

Immerhin bin ich ebenso der Erstgeborene des Anführers.
PLOPP
Amon ...
Nach der Zeremonie werden wir entscheiden, wer der neue Stammesführer wird ... du, Halla oder Shanti.

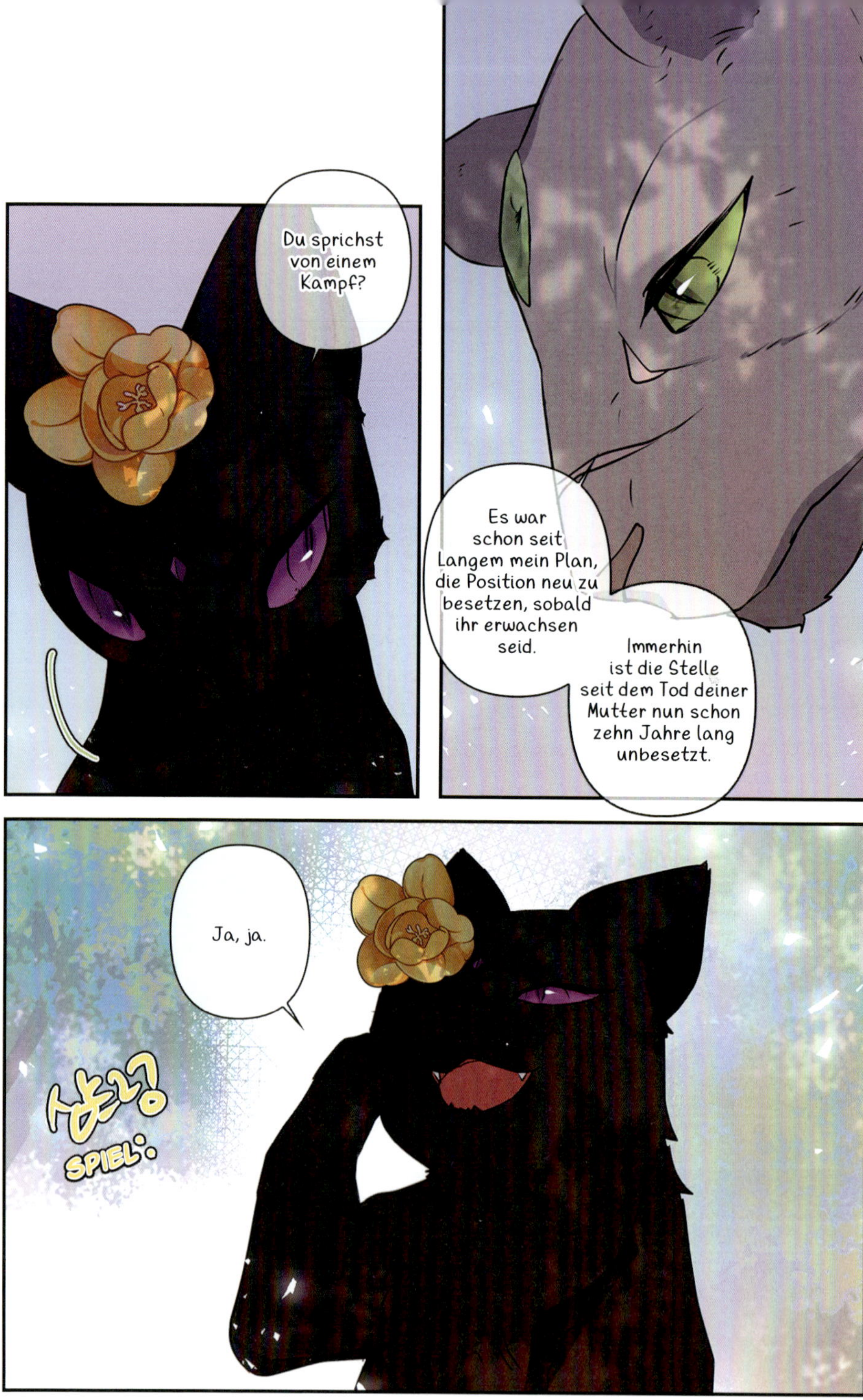
Du sprichst von einem Kampf?
Es war schon seit Langem mein Plan, die Position neu zu besetzen, sobald ihr erwachsen seid.
Immerhin ist die Stelle seit dem Tod deiner Mutter nun schon zehn Jahre lang unbesetzt.
Ja, ja.
SPIEL

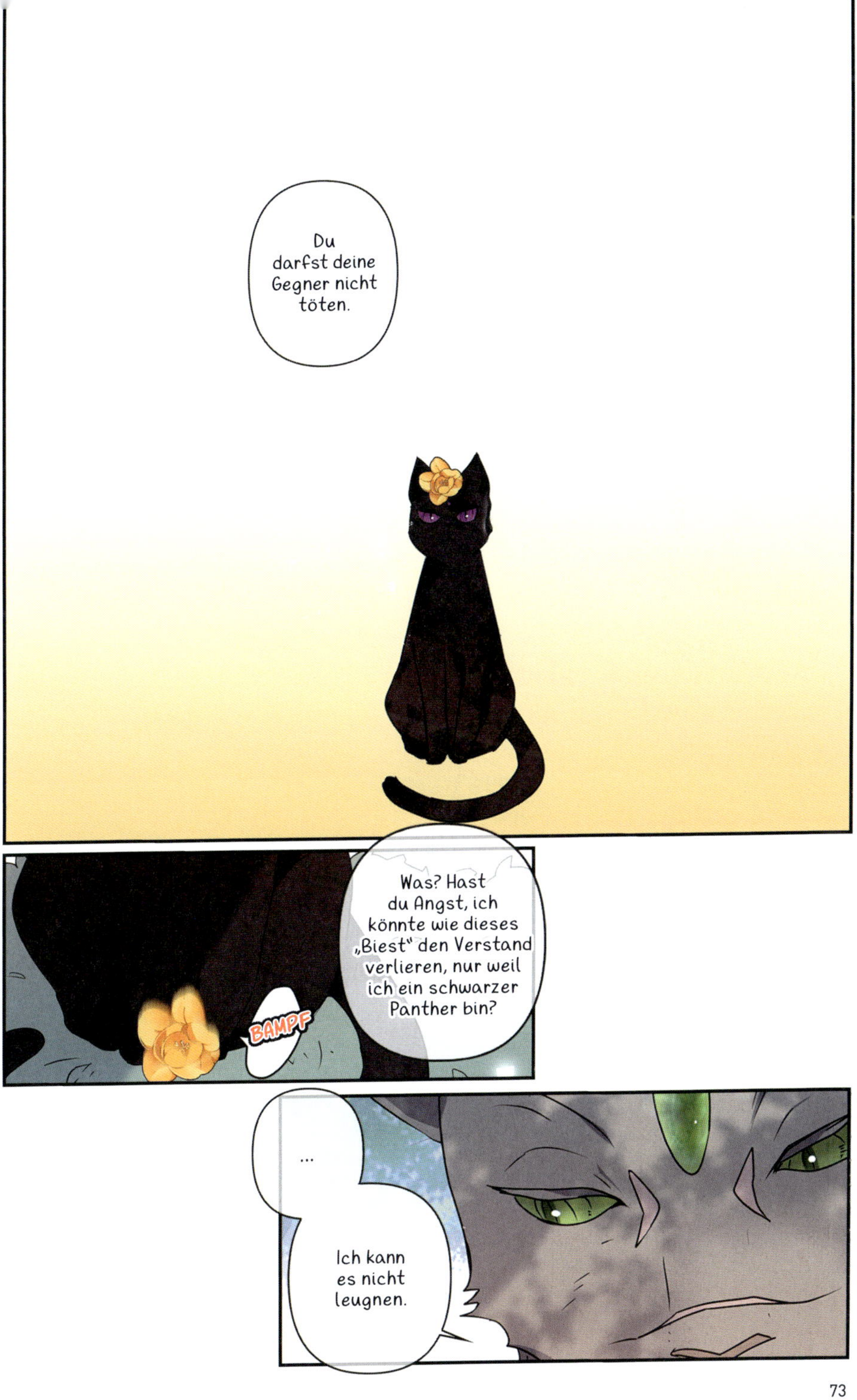
Du darfst deine Gegner nicht töten.
Was? Hast du Angst, ich könnte wie dieses „Biest“ den Verstand verlieren, nur weil ich ein schwarzer Panther bin?
BAMPF
...
Ich kann es nicht leugnen.

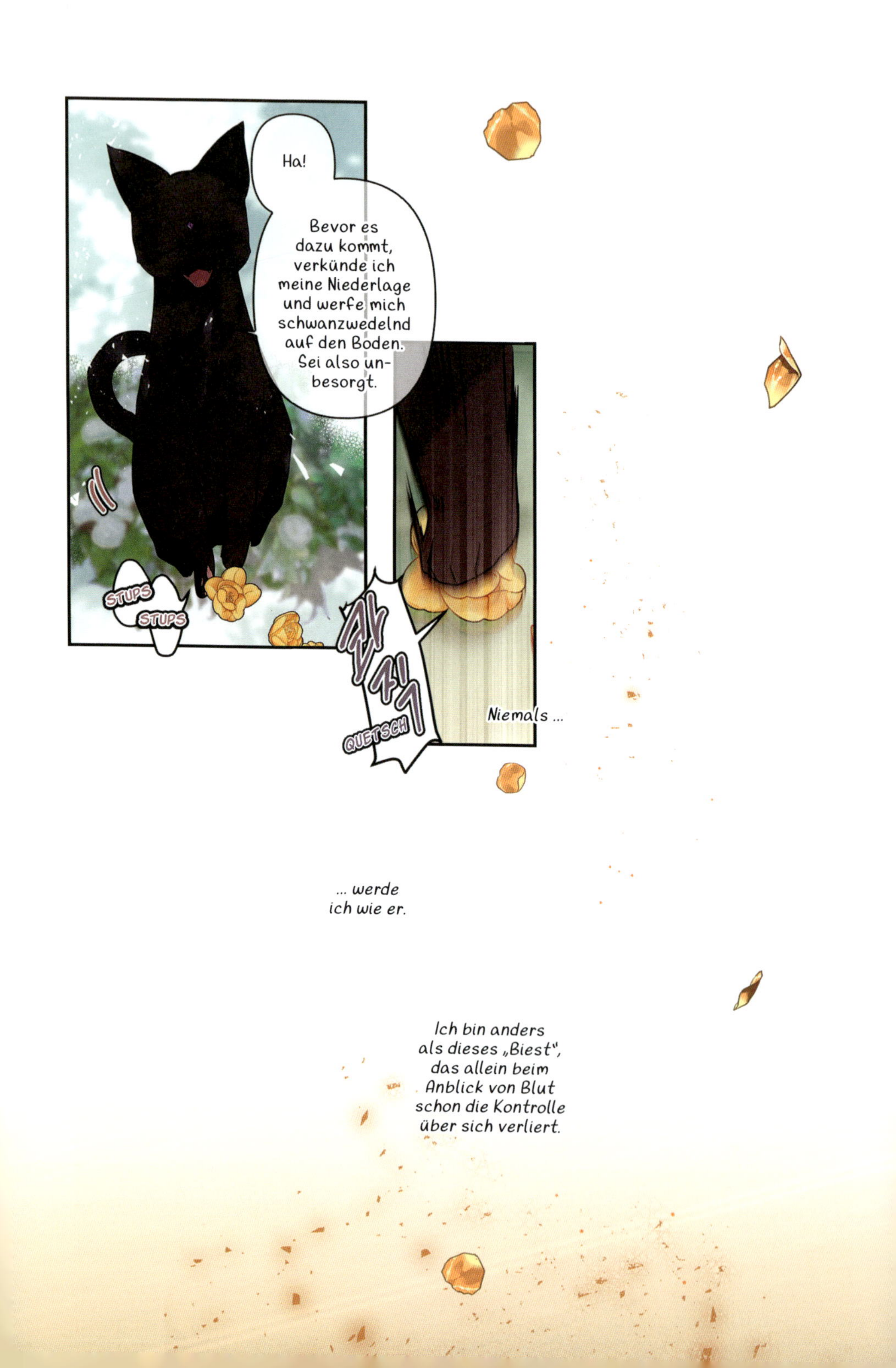
Ha!
Bevor es dazu kommt, verkünde ich meine Niederlage und werfe mich schwanzwedelnd auf den Boden. Sei also unbesorgt.
STUPS
STUPS
QUETSCH
Niemals ...
... werde ich wie er.
Ich bin anders als dieses „Biest“, das allein beim Anblick von Blut schon die Kontrolle über sich verliert.

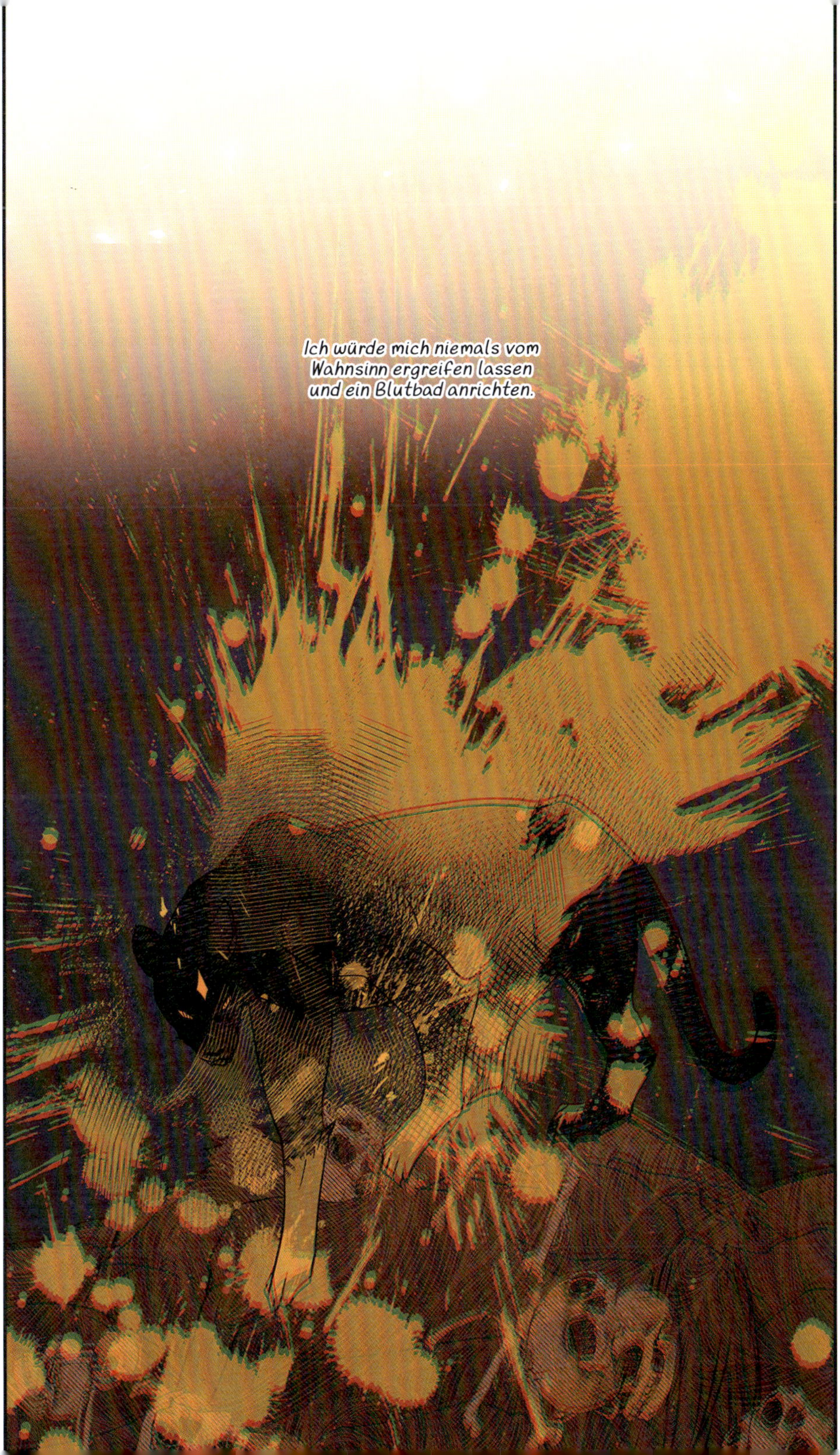
Ich würde mich niemals vom
Wahnsinn ergreifen lassen
und ein Blutbad anrichten.

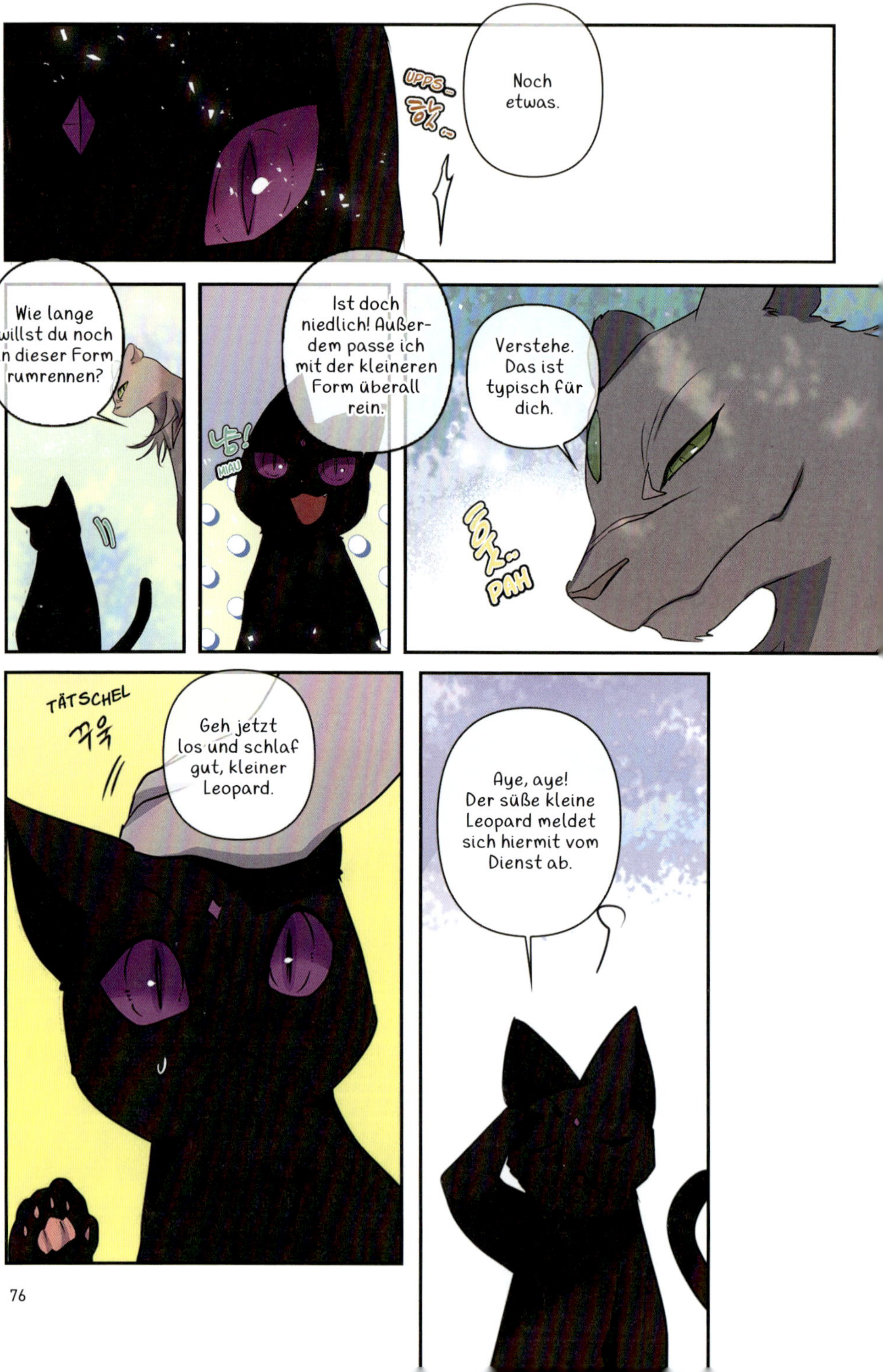

UPPS~
헛~
Noch etwas.
Wie lange willst du noch in dieser Form rumrennen?
Ist doch niedlich! Außerdem passe ich mit der kleineren Form überall rein.
냥!
MIAU
Verstehe. Das ist typisch für dich.
PAH
TÄTSCHEL
꾸욱
Geh jetzt los und schlaf gut, kleiner Leopard.
Aye, aye! Der süße kleine Leopard meldet sich hiermit vom Dienst ab.

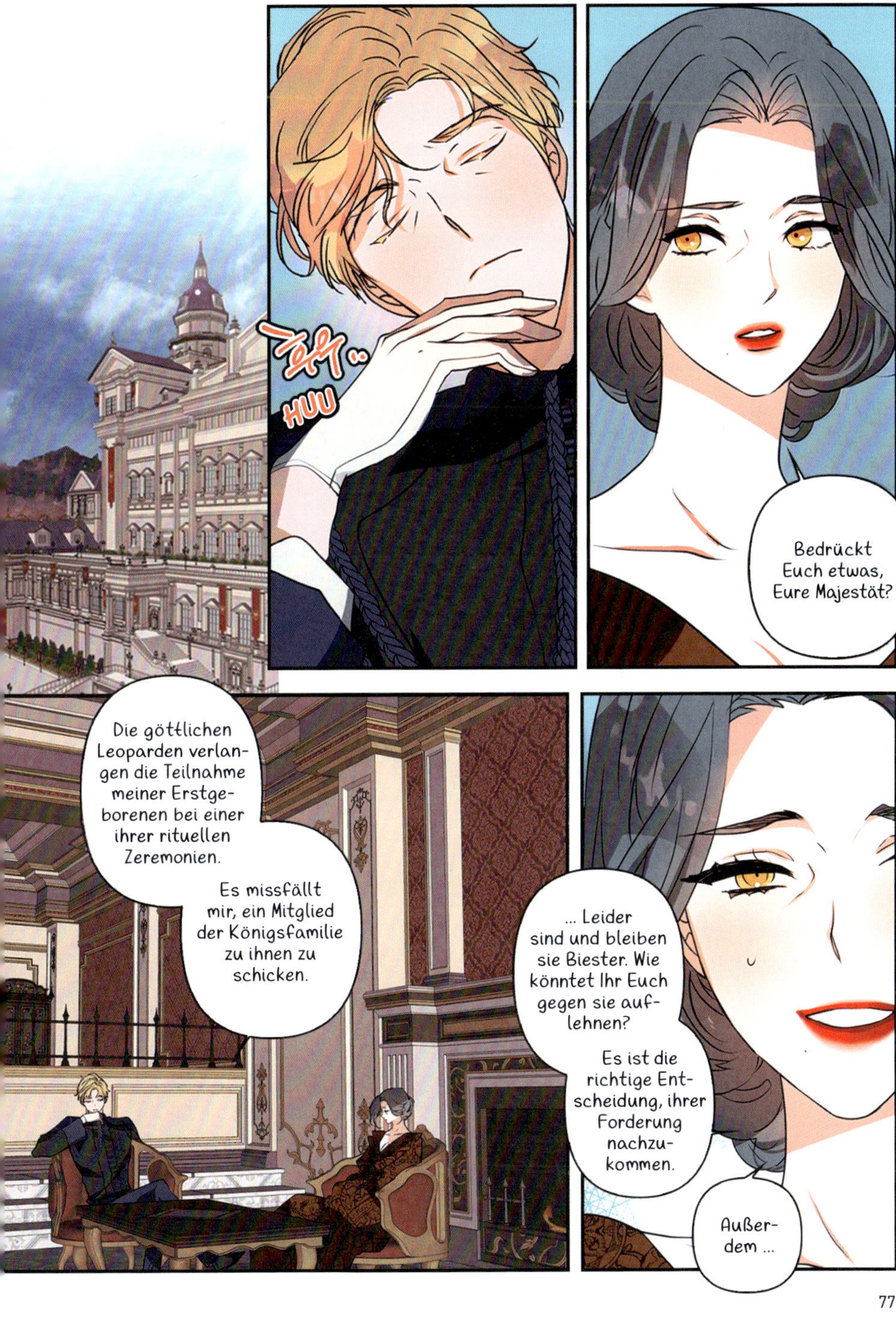

HUU
Bedrückt Euch etwas, Eure Majestät?
Die göttlichen Leoparden verlangen die Teilnahme meiner Erstgeborenen bei einer ihrer rituellen Zeremonien.
Es missfällt mir, ein Mitglied der Königsfamilie zu ihnen zu schicken.
... Leider sind und bleiben sie Biester. Wie könntet Ihr Euch gegen sie auflehnen?
Es ist die richtige Entscheidung, ihrer Forderung nachzukommen.
Außerdem ...

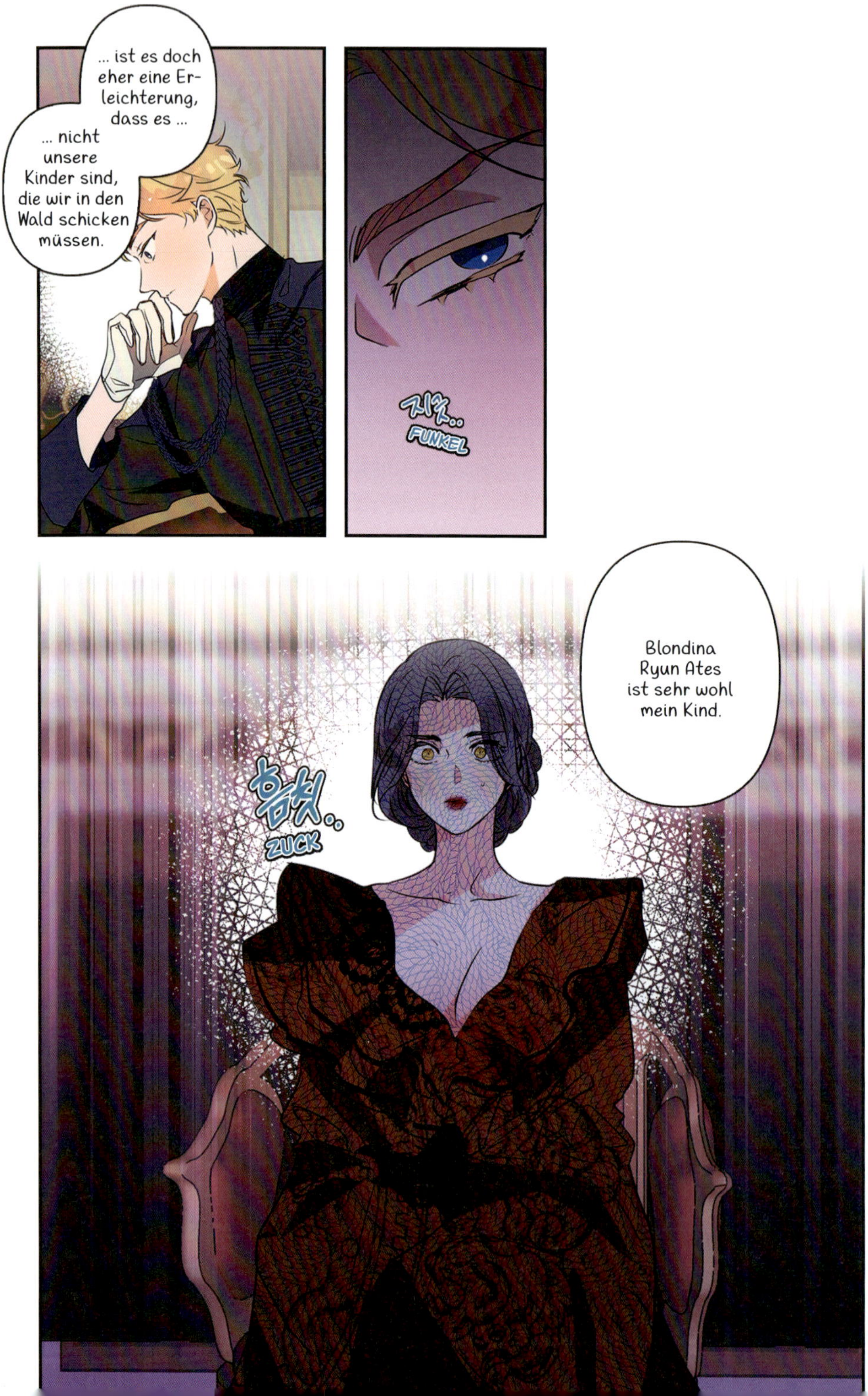

... ist es doch eher eine Erleichterung, dass es ...
... nicht unsere Kinder sind, die wir in den Wald schicken müssen.
FUNKEL
Blondina Ryun Ates ist sehr wohl mein Kind.
흠칫..
ZUCK

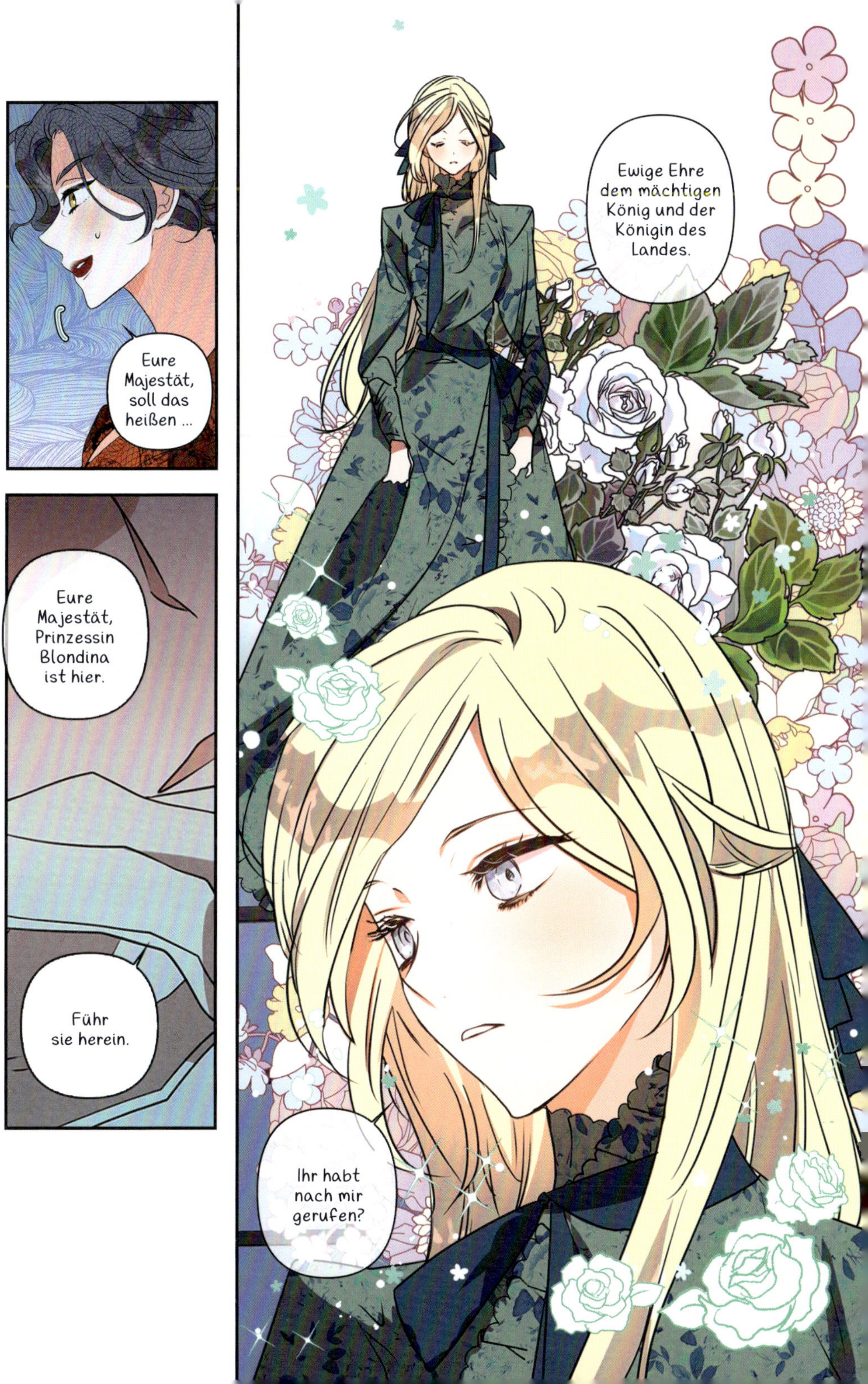
Eure Majestät, soll das heißen ...
Eure Majestät, Prinzessin Blondina ist hier.
Führ sie herein.
Ewige Ehre dem mächtigen König und der Königin des Landes.
Ihr habt nach mir gerufen?

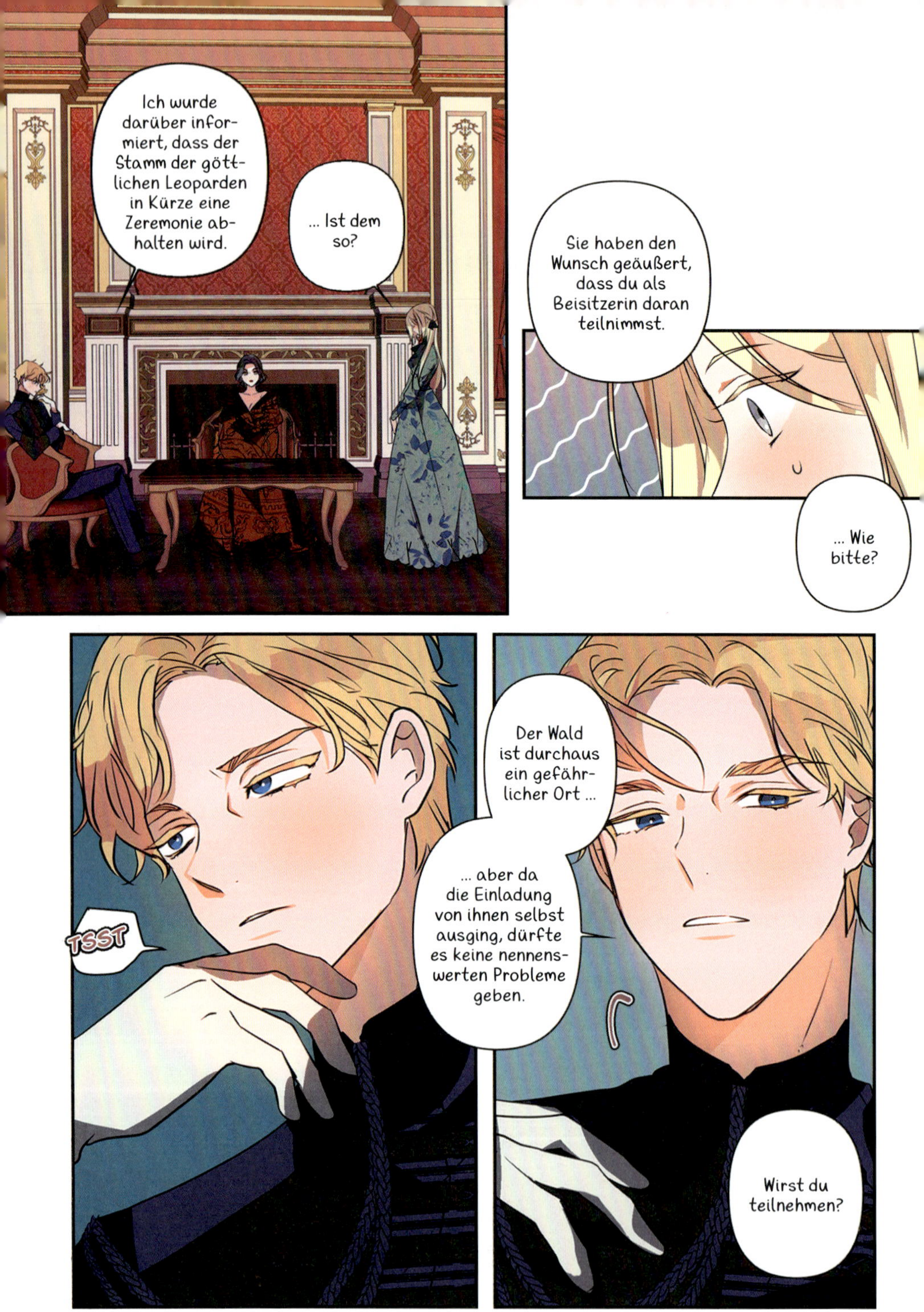
Ich wurde darüber informiert, dass der Stamm der göttlichen Leoparden in Kürze eine Zeremonie abhalten wird.
... Ist dem so?
Sie haben den Wunsch geäußert, dass du als Beisitzerin daran teilnimmst.
... Wie bitte?
TSST
Der Wald ist durchaus ein gefährlicher Ort ...
... aber da die Einladung von ihnen selbst ausging, dürfte es keine nennenswerten Probleme geben.
Wirst du teilnehmen?

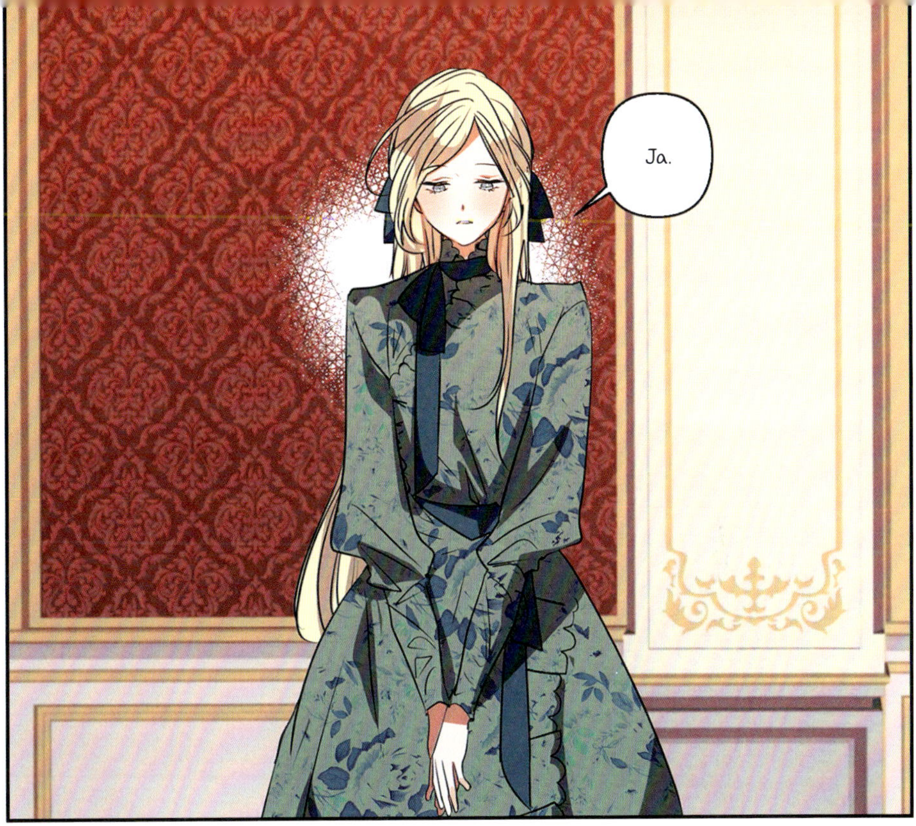
Ja.

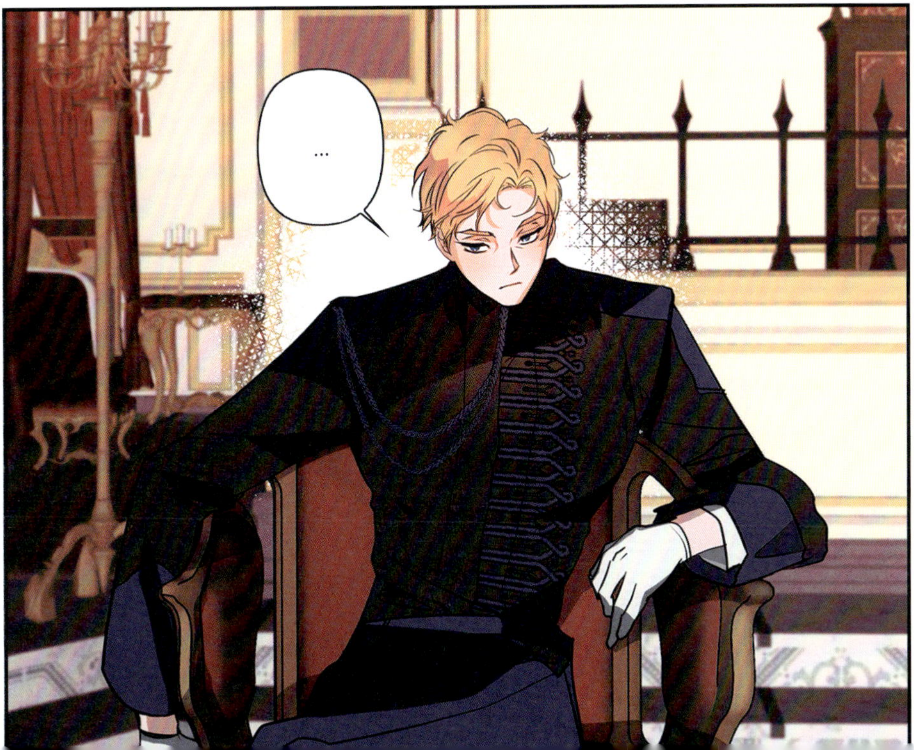
...

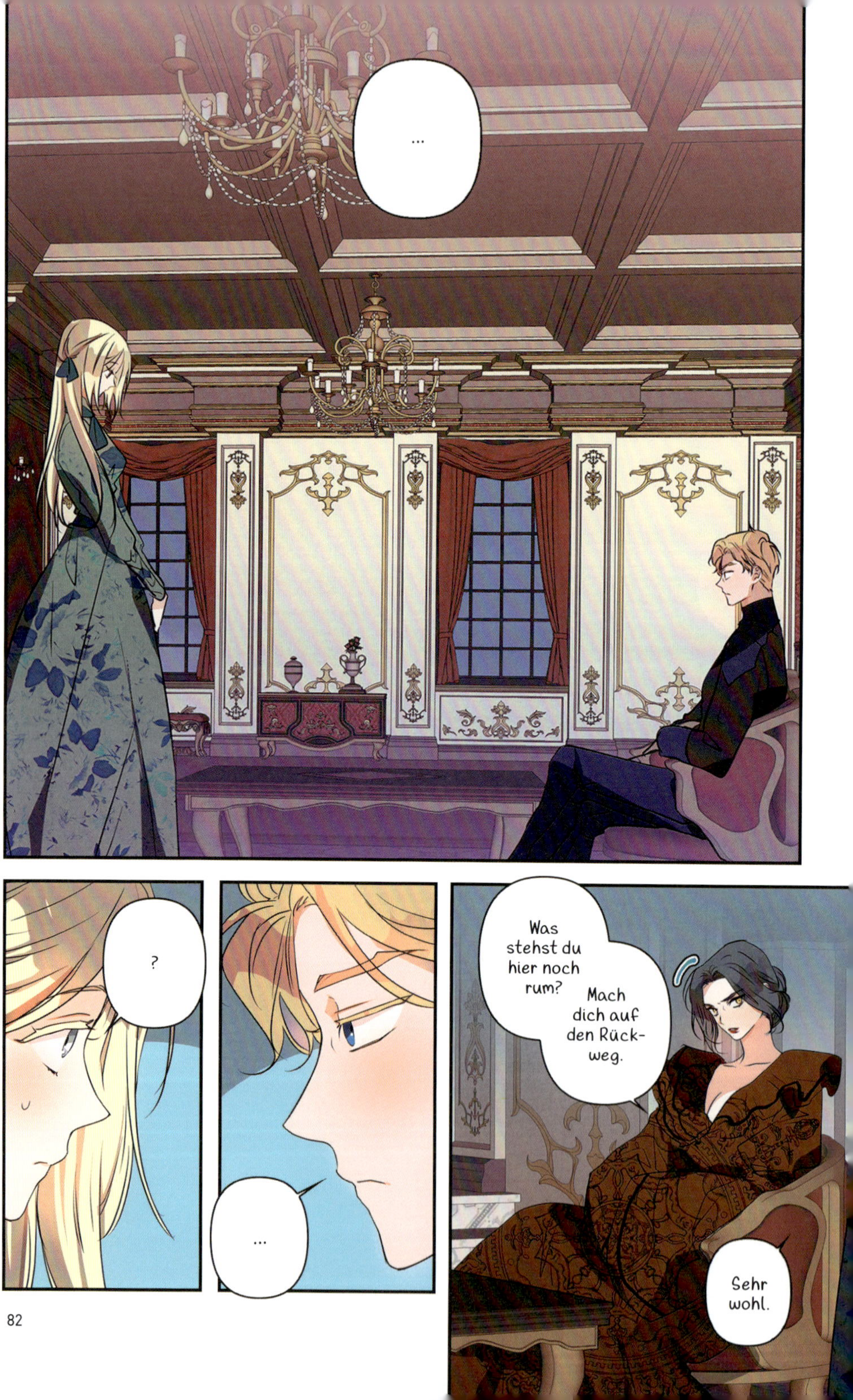
...
?
...
Was stehst du hier noch rum?
Mach dich auf den Rück-weg.
Sehr wohl.

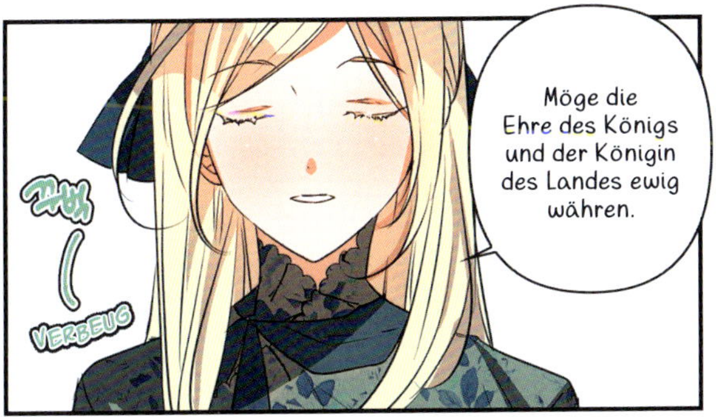
꾸벅
VERBEUG
Möge die Ehre des Königs und der Königin des Landes ewig währen.

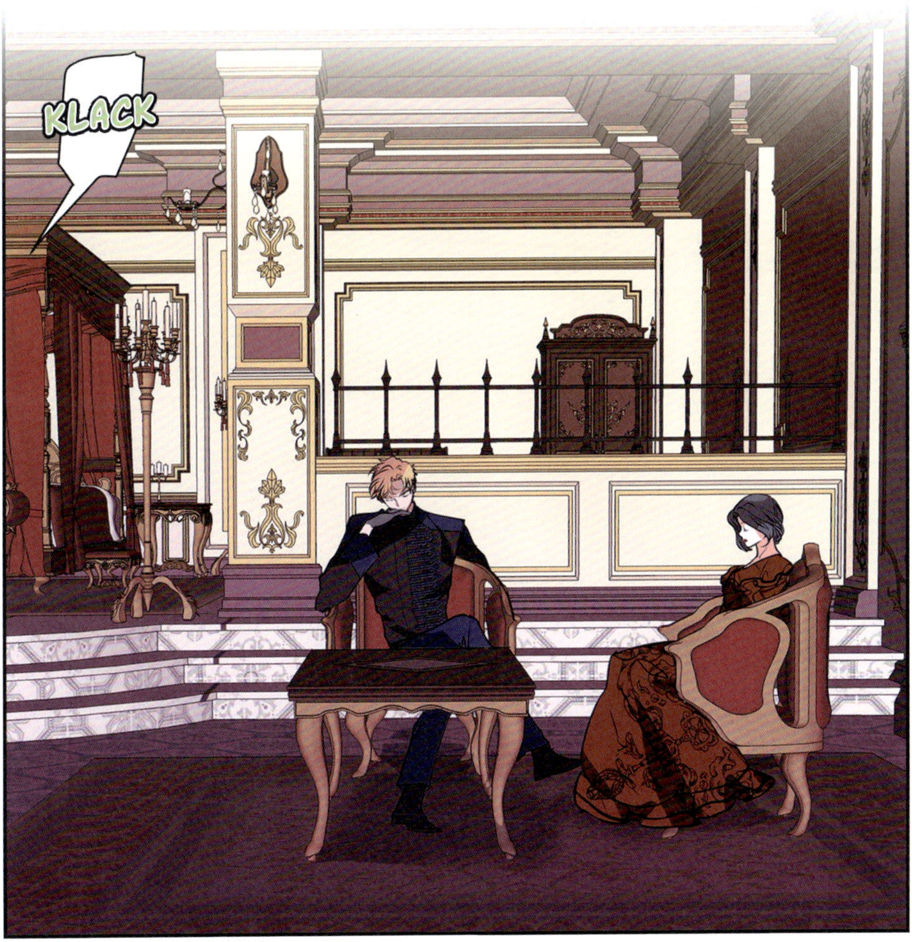
KLACK

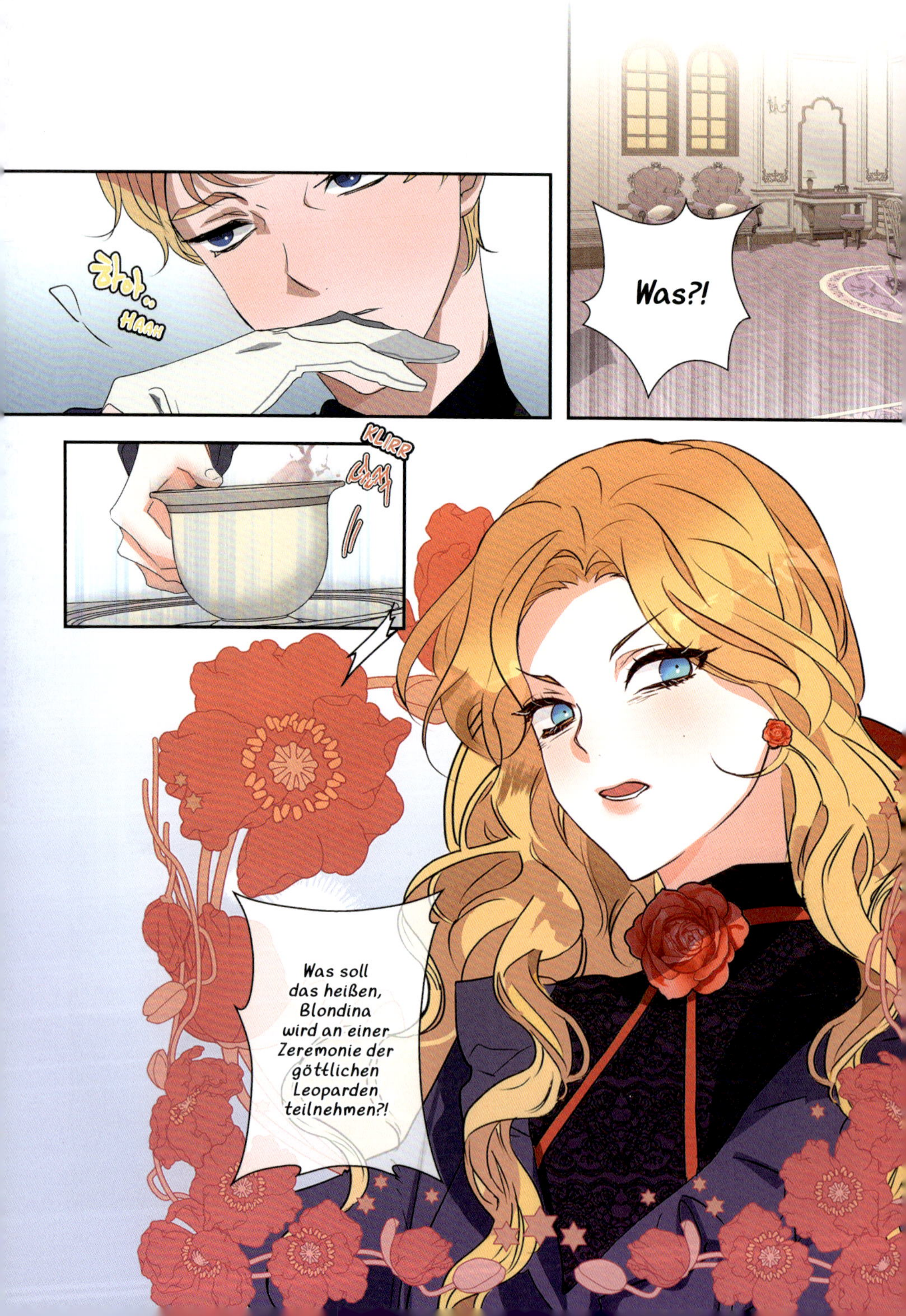
하아..
HAAH
Was?!
KLIRR
Was soll das heißen, Blondina wird an einer Zeremonie der göttlichen Leoparden teilnehmen?!

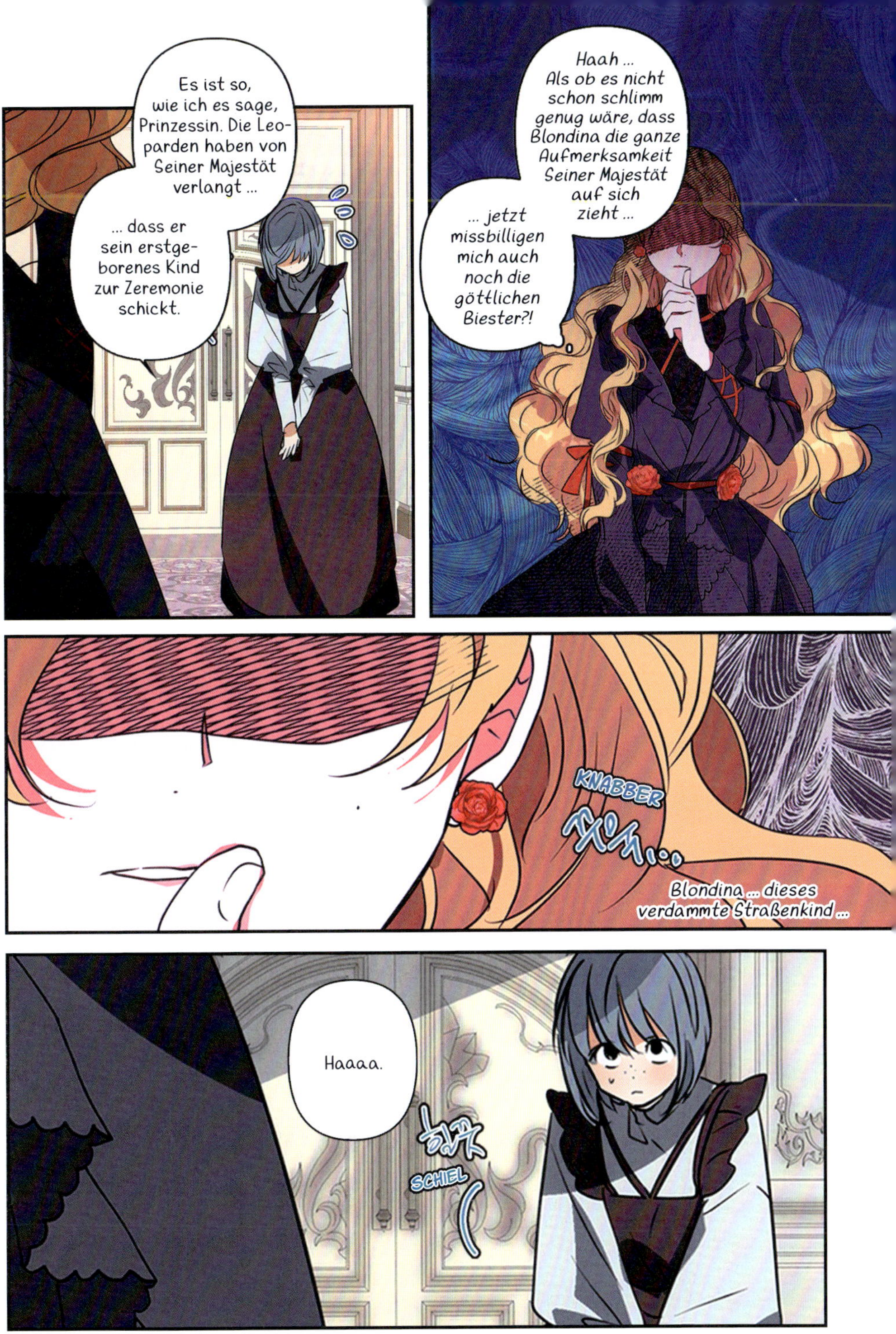

Es ist so, wie ich es sage, Prinzessin. Die Leoparden haben von Seiner Majestät verlangt ...
... dass er sein erstgeborenes Kind zur Zeremonie schickt.
Haah ... Als ob es nicht schon schlimm genug wäre, dass Blondina die ganze Aufmerksamkeit Seiner Majestät auf sich zieht ...
... jetzt missbilligen mich auch noch die göttlichen Biester?!
KNABBER
Blondina ... dieses verdammte Straßenkind ...
Haaaa.
SCHIEL

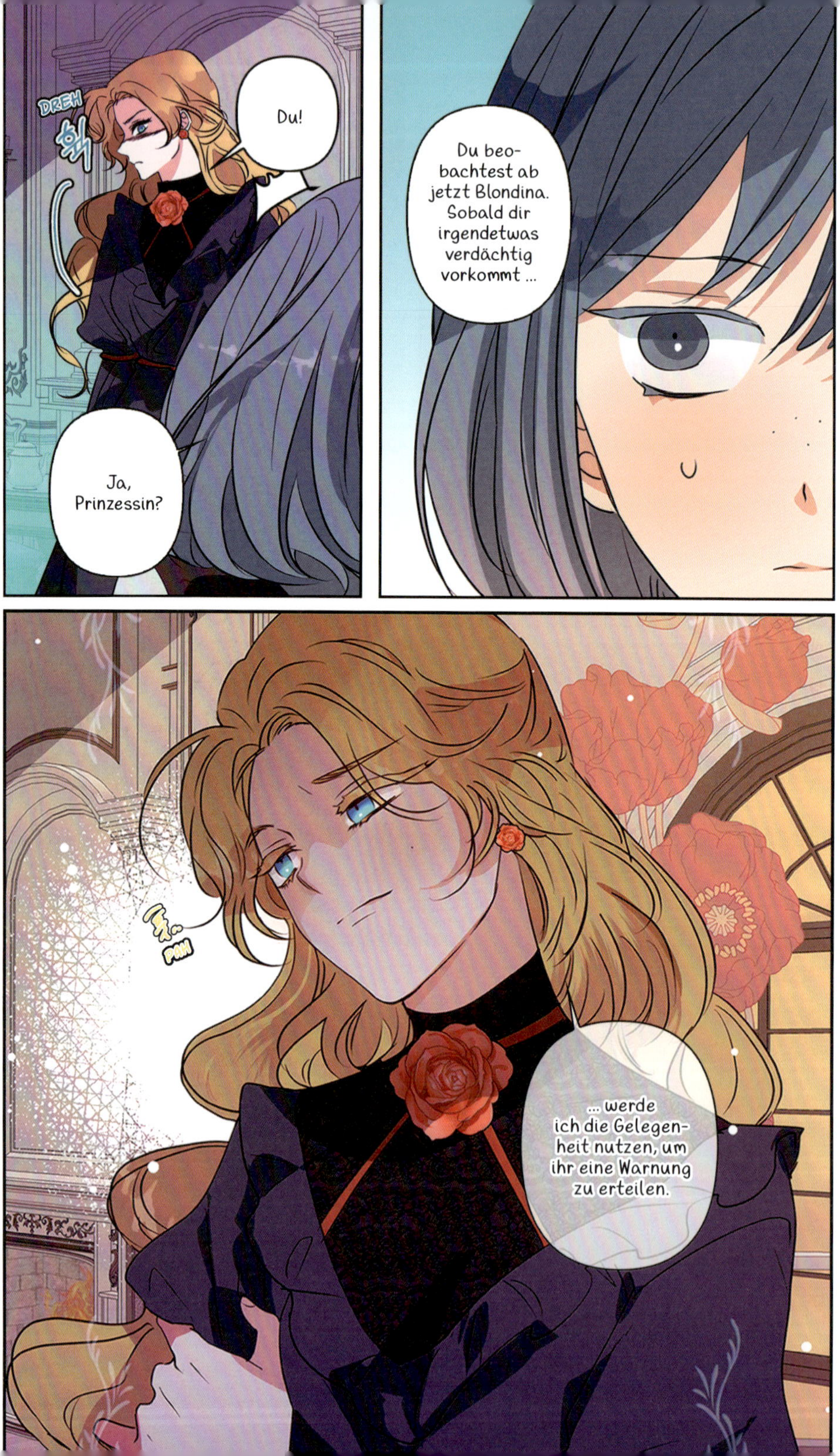
DREH
Du!
Ja, Prinzessin?
Du beobachtest ab jetzt Blondina. Sobald dir irgendetwas verdächtig vorkommt ...
PAH
... werde ich die Gelegenheit nutzen, um ihr eine Warnung zu erteilen.

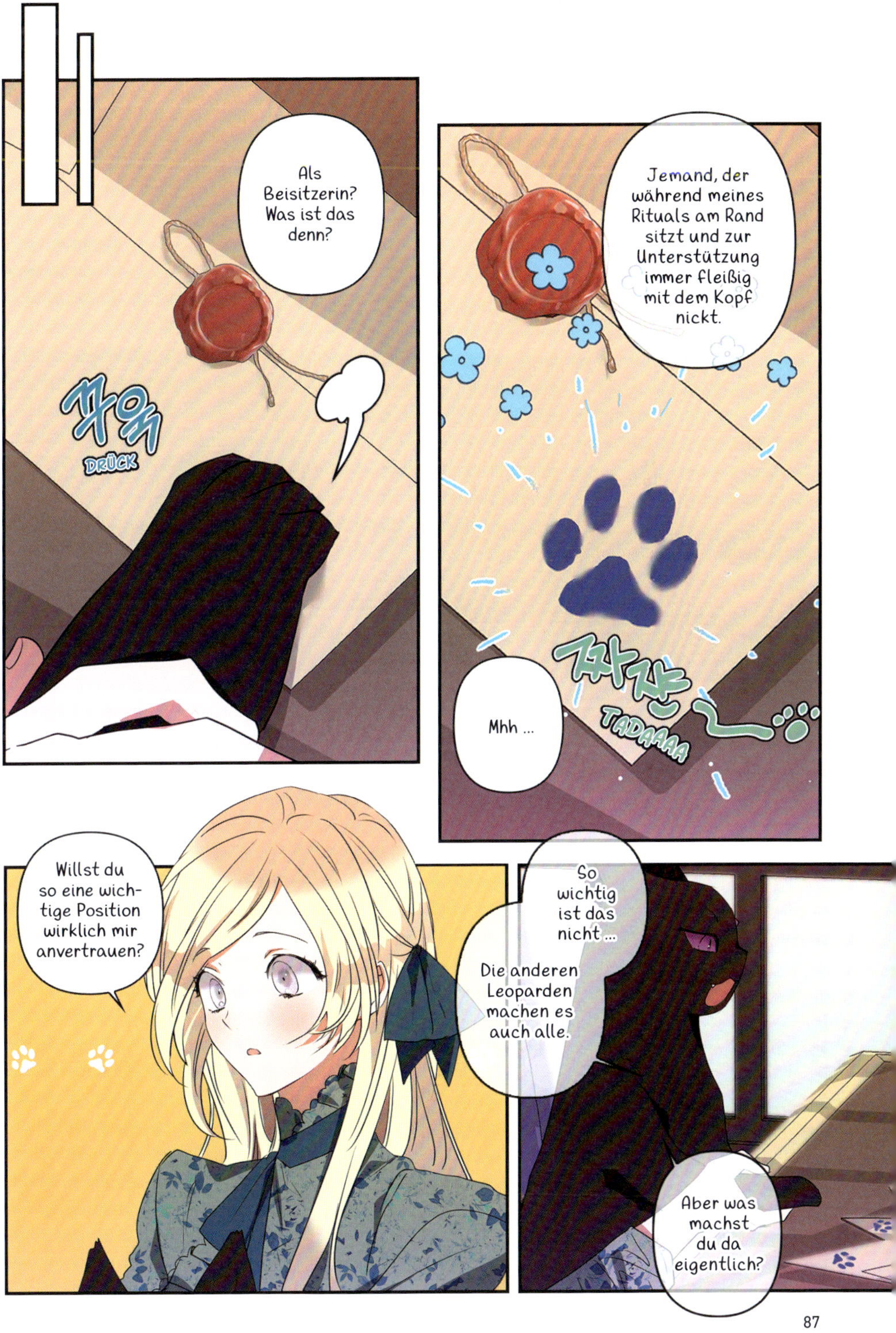
Als Beisitzerin? Was ist das denn?
DRÜCK
Jemand, der während meines Rituals am Rand sitzt und zur Unterstützung immer fleißig mit dem Kopf nickt.
Mhh ...
TADAAAA
Willst du so eine wichtige Position wirklich mir anvertrauen?
So wichtig ist das nicht ...
Die anderen Leoparden machen es auch alle.
Aber was machst du da eigentlich?

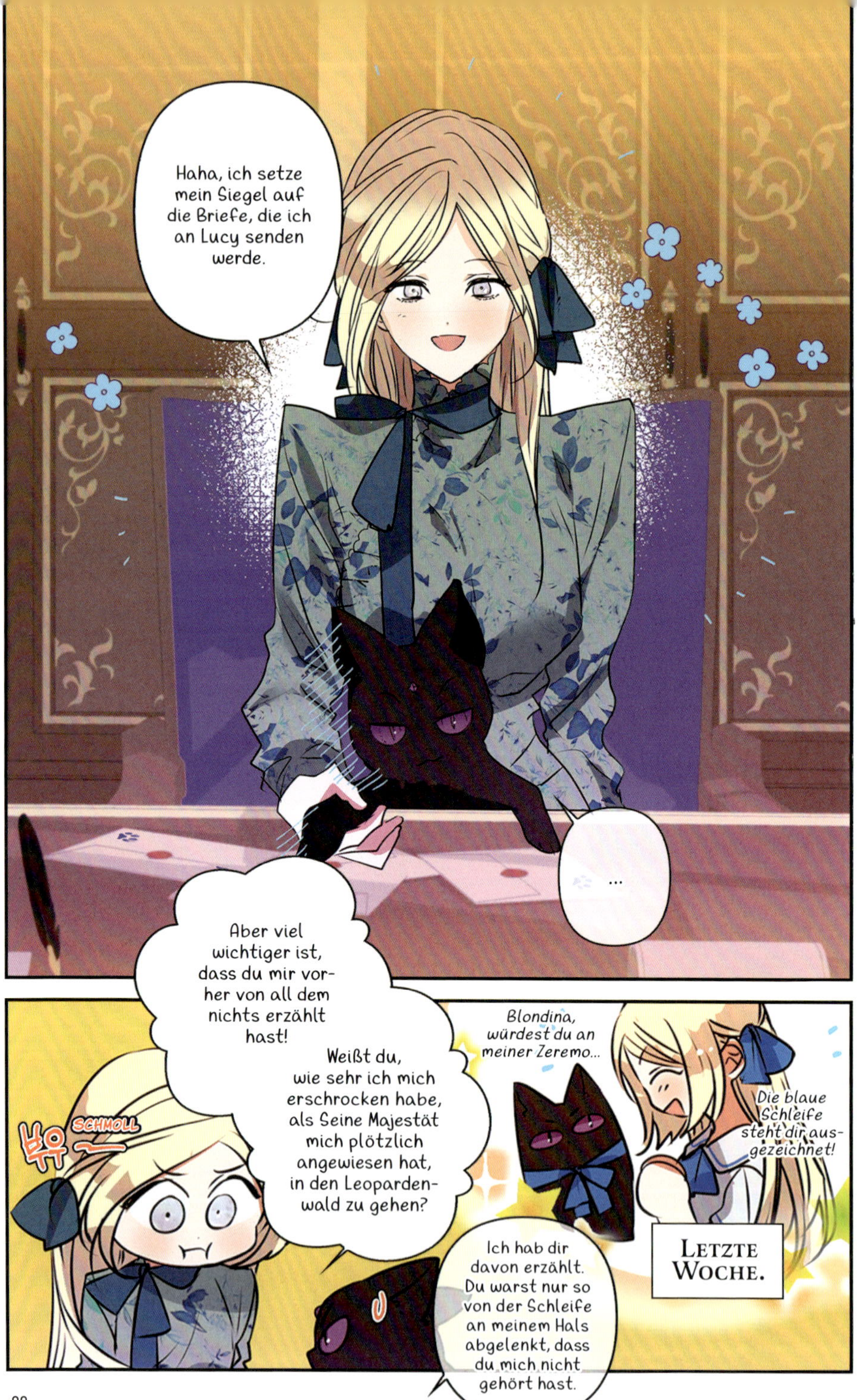

Haha, ich setze mein Siegel auf die Briefe, die ich an Lucy senden werde.
...
Aber viel wichtiger ist, dass du mir vorher von all dem nichts erzählt hast!
Weißt du, wie sehr ich mich erschrocken habe, als Seine Majestät mich plötzlich angewiesen hat, in den Leopardenwald zu gehen?
뿌우~
SCHMOLL
Blondina, würdest du an meiner Zeremo...
Die blaue Schleife steht dir ausgezeichnet!
LETZTE WOCHE.
Ich hab dir davon erzählt. Du warst nur so von der Schleife an meinem Hals abgelenkt, dass du mich nicht gehört hast.

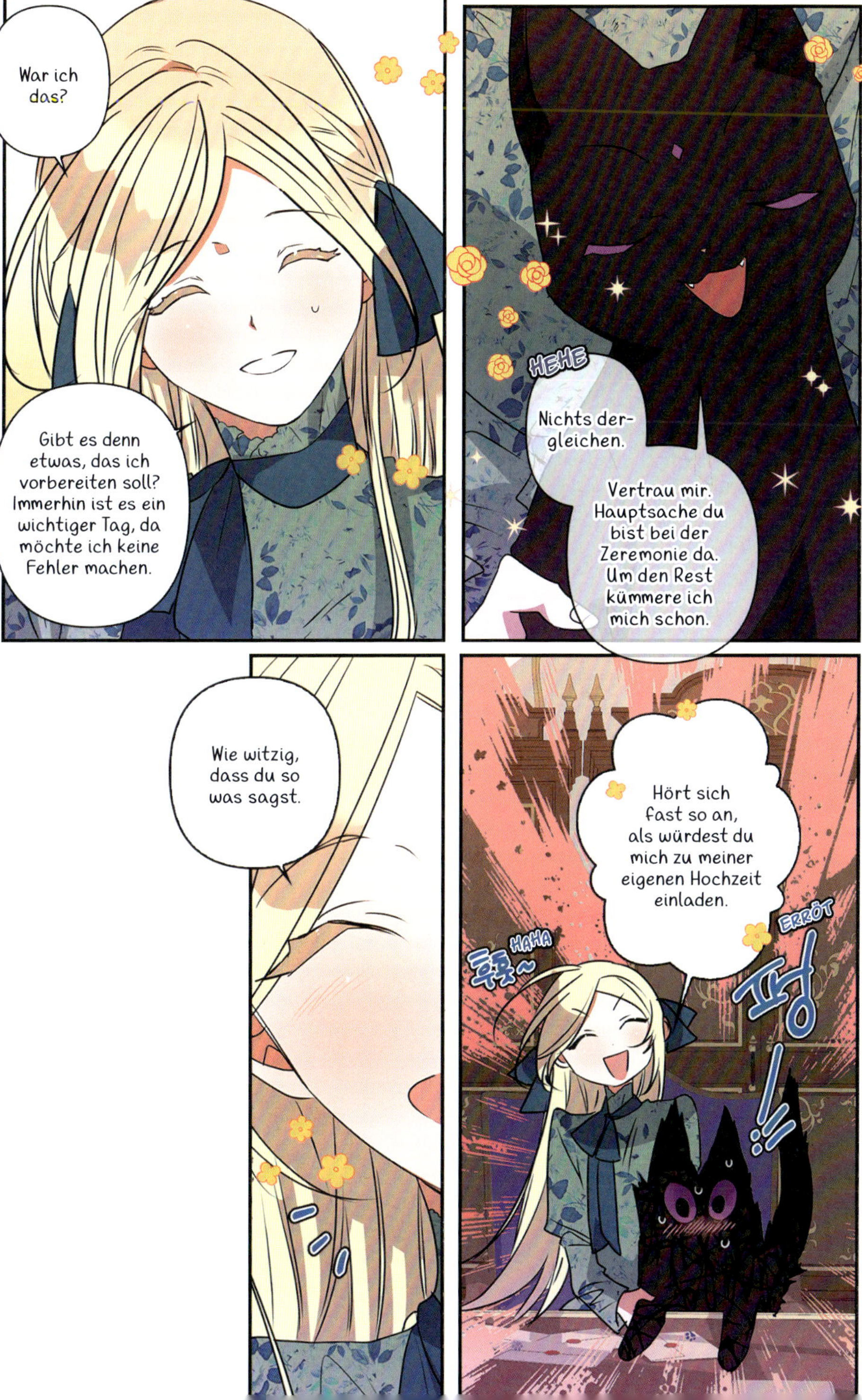
War ich das?
Gibt es denn etwas, das ich vorbereiten soll? Immerhin ist es ein wichtiger Tag, da möchte ich keine Fehler machen.
HEHE
Nichts dergleichen.
Vertrau mir. Hauptsache du bist bei der Zeremonie da. Um den Rest kümmere ich mich schon.
Wie witzig, dass du so was sagst.
Hört sich fast so an, als würdest du mich zu meiner eigenen Hochzeit einladen.
HAHA
후훗~
ERRÖT
펑
!!

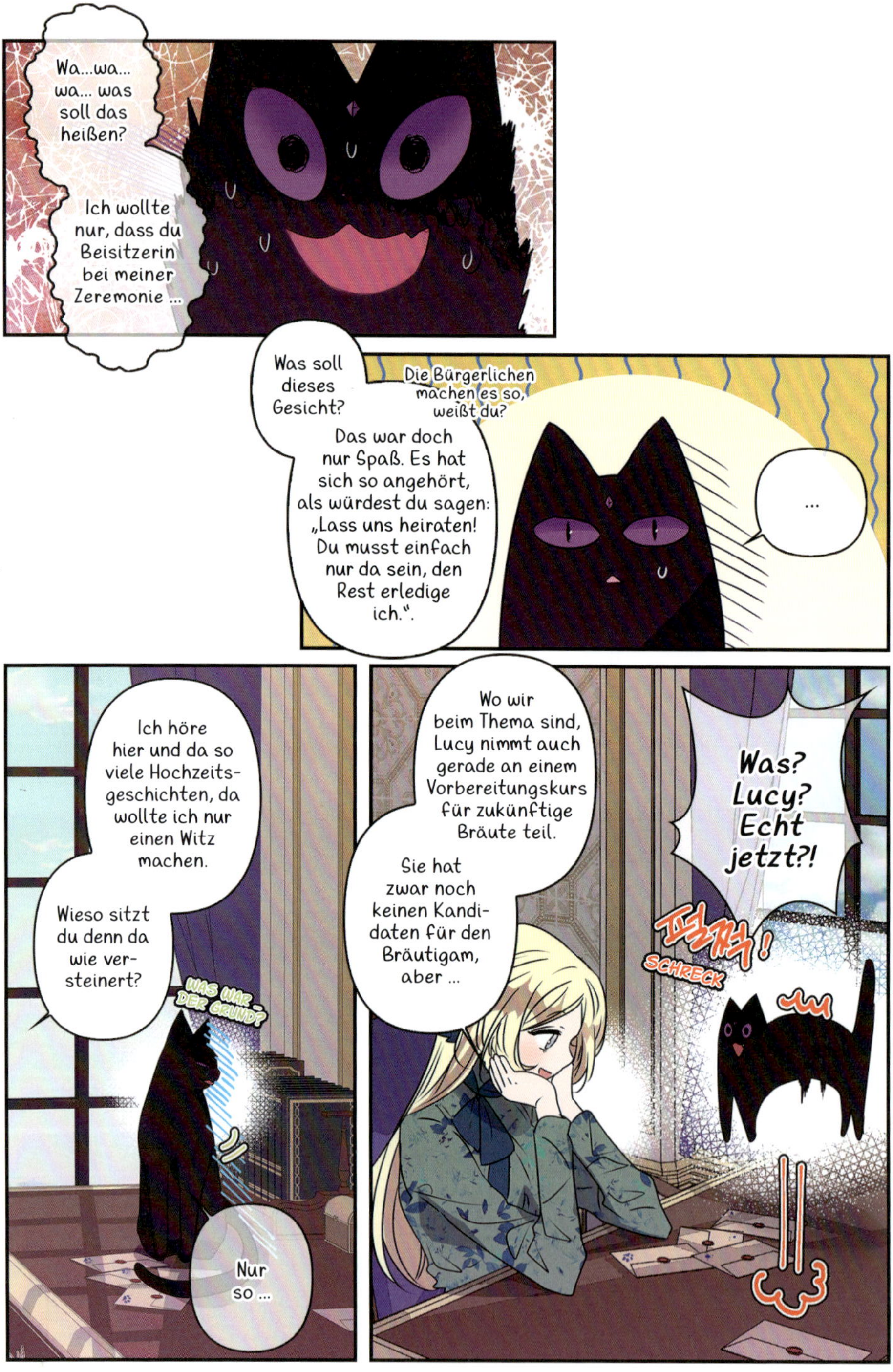
Wa…wa… wa… was soll das heißen?
Ich wollte nur, dass du Beisitzerin bei meiner Zeremonie …
Was soll dieses Gesicht?
Die Bürgerlichen machen es so, weißt du?
Das war doch nur Spaß. Es hat sich so angehört, als würdest du sagen: „Lass uns heiraten! Du musst einfach nur da sein, den Rest erledige ich.“.
…
Ich höre hier und da so viele Hochzeits-geschichten, da wollte ich nur einen Witz machen.
Wieso sitzt du denn da wie ver-steinert?
WAS WAR DER GRUND?
Nur so …
Wo wir beim Thema sind, Lucy nimmt auch gerade an einem Vorbereitungskurs für zukünftige Bräute teil.
Sie hat zwar noch keinen Kandi-daten für den Bräutigam, aber …
Was? Lucy? Echt jetzt?!
SCHRECK

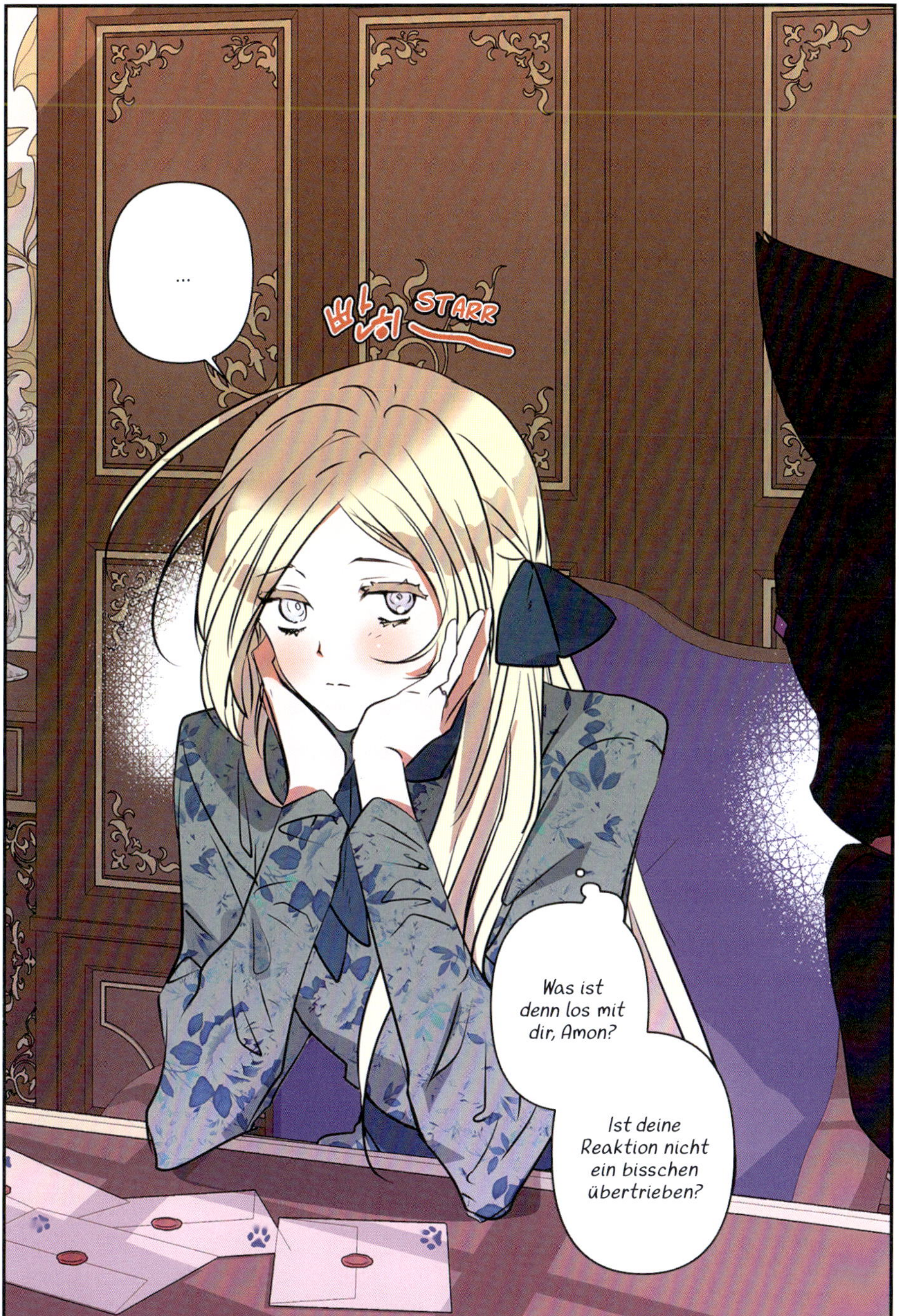
...
빤히
STARR
Was ist denn los mit dir, Amon?
Ist deine Reaktion nicht ein bisschen übertrieben?

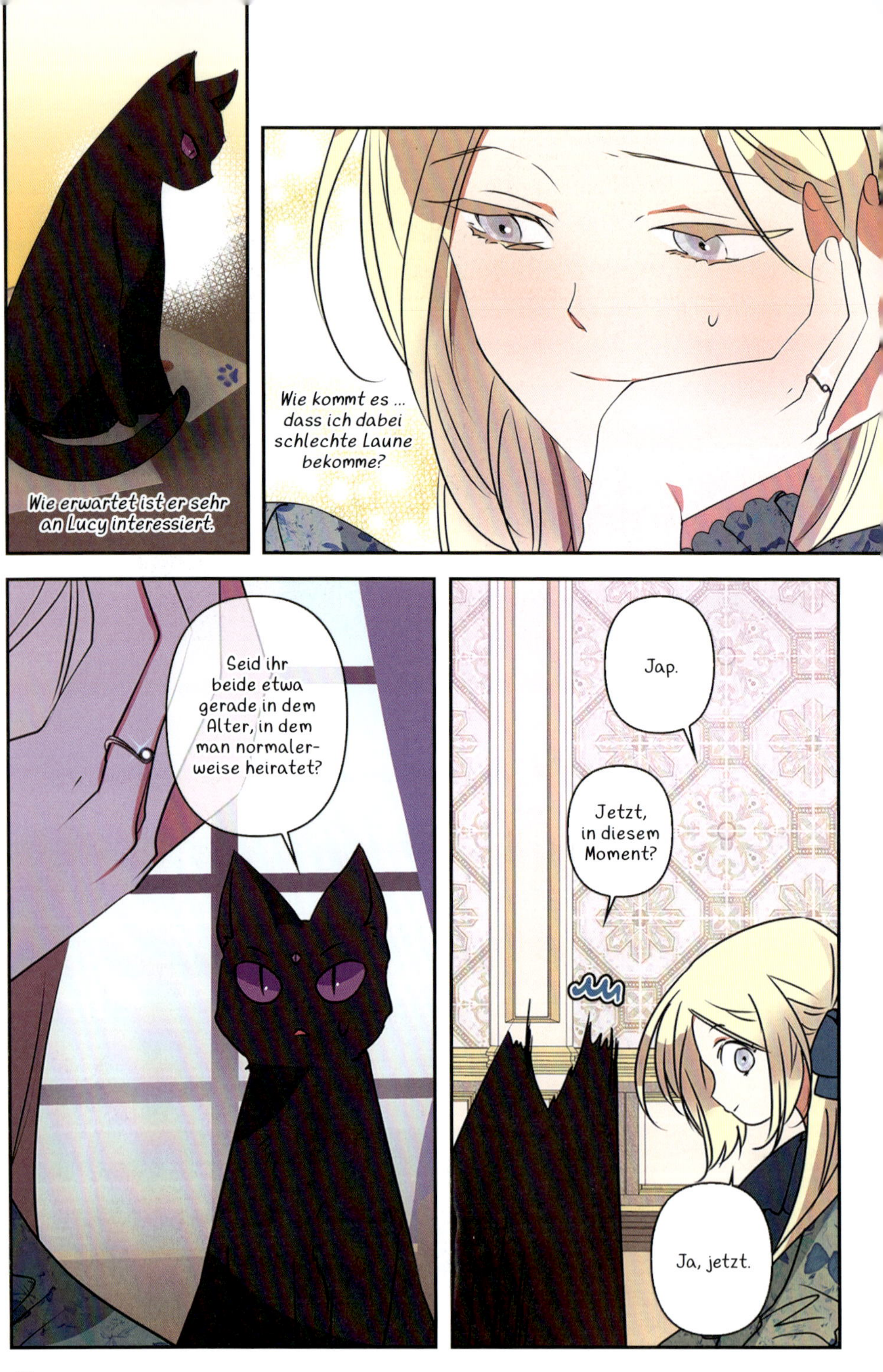
Wie erwartet ist er sehr an Lucy interessiert.
Wie kommt es ... dass ich dabei schlechte Laune bekomme?
Seid ihr beide etwa gerade in dem Alter, in dem man normalerweise heiratet?
Jap.
Jetzt, in diesem Moment?
Ja, jetzt.

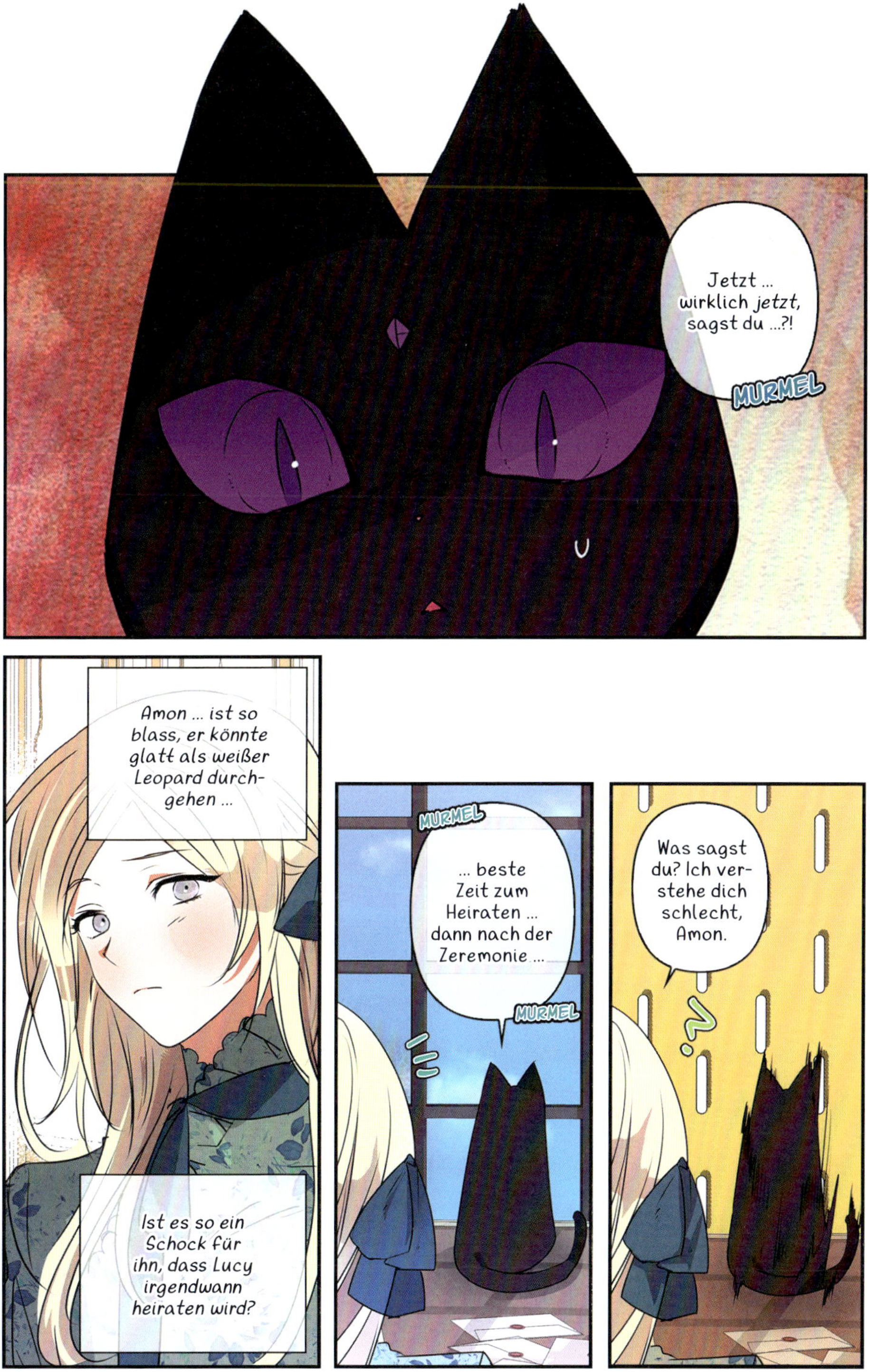
Jetzt ... wirklich jetzt, sagst du ...?!
MURMEL
Amon ... ist so blass, er könnte glatt als weißer Leopard durchgehen ...
Ist es so ein Schock für ihn, dass Lucy irgendwann heiraten wird?
MURMEL
... beste Zeit zum Heiraten ... dann nach der Zeremonie ...
MURMEL
Was sagst du? Ich verstehe dich schlecht, Amon.

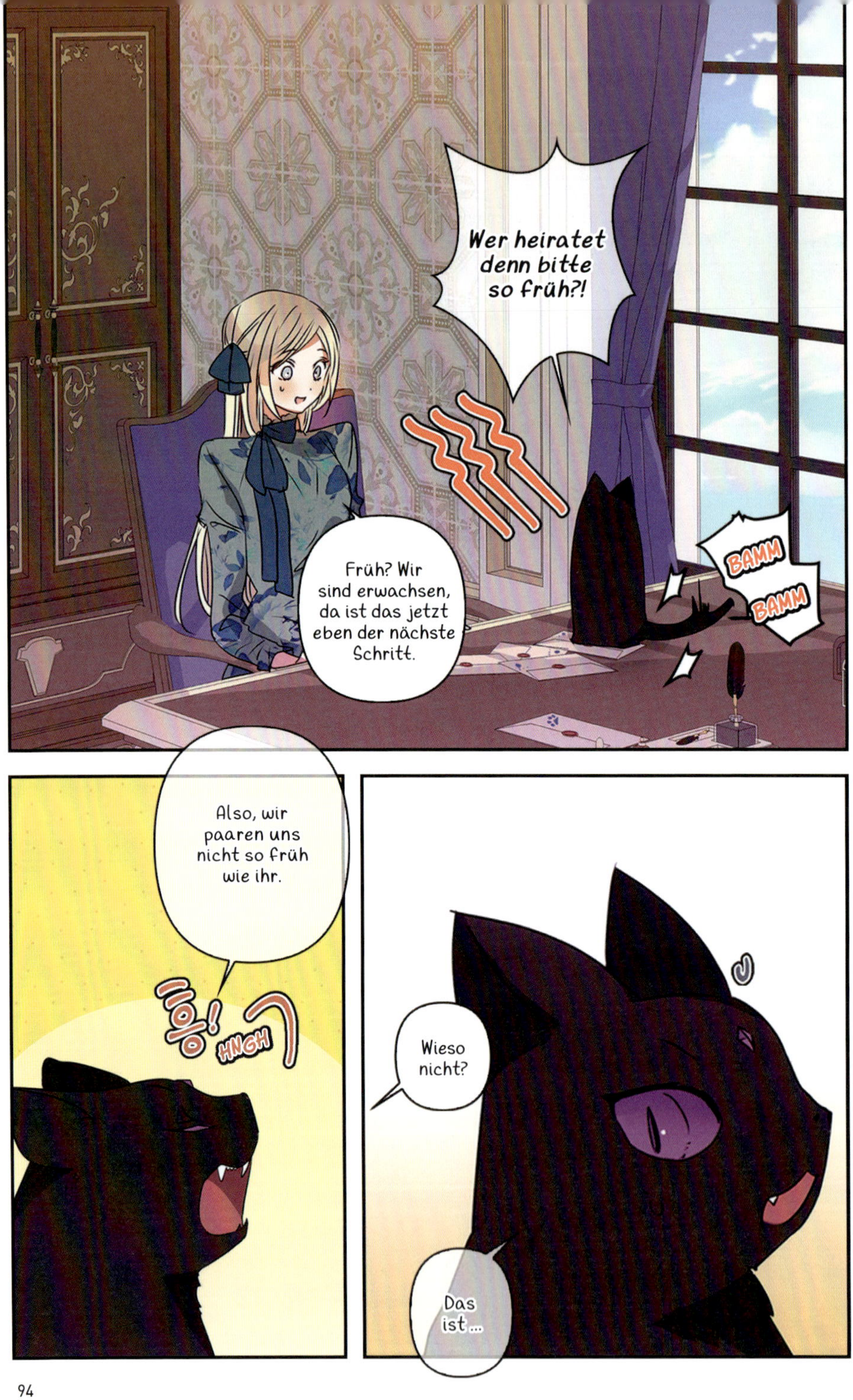
Wer heiratet denn bitte so früh?!
BAMM
BAMM
Früh? Wir sind erwachsen, da ist das jetzt eben der nächste Schritt.
Also, wir paaren uns nicht so früh wie ihr.
HNGH
Wieso nicht?
Das ist ...

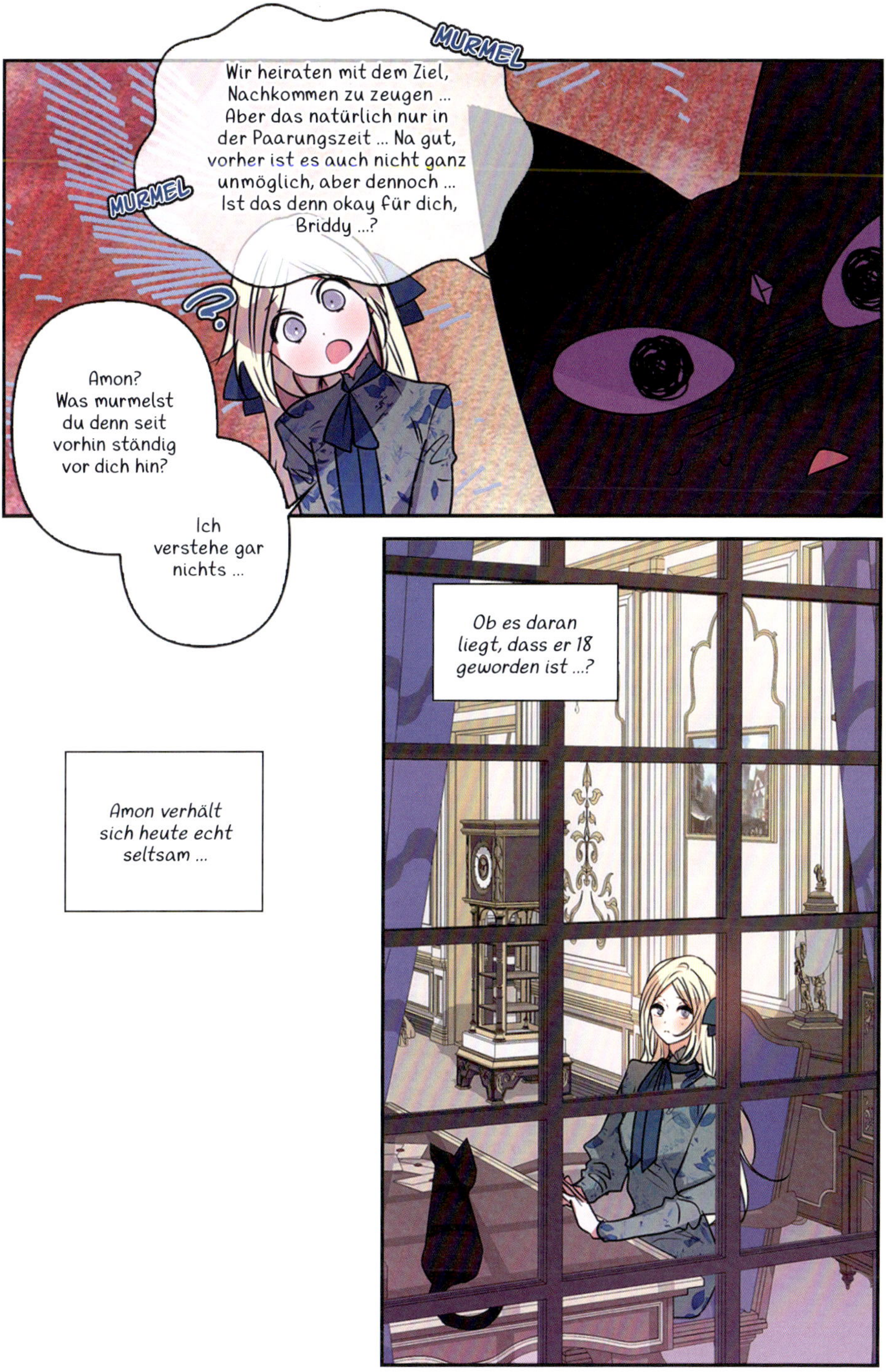
MURMEL
Wir heiraten mit dem Ziel, Nachkommen zu zeugen ... Aber das natürlich nur in der Paarungszeit ... Na gut, vorher ist es auch nicht ganz unmöglich, aber dennoch ... Ist das denn okay für dich, Briddy ...?
MURMEL
?
Amon? Was murmelst du denn seit vorhin ständig vor dich hin?
Ich verstehe gar nichts ...
Amon verhält sich heute echt seltsam ...
Ob es daran liegt, dass er 18 geworden ist ...?

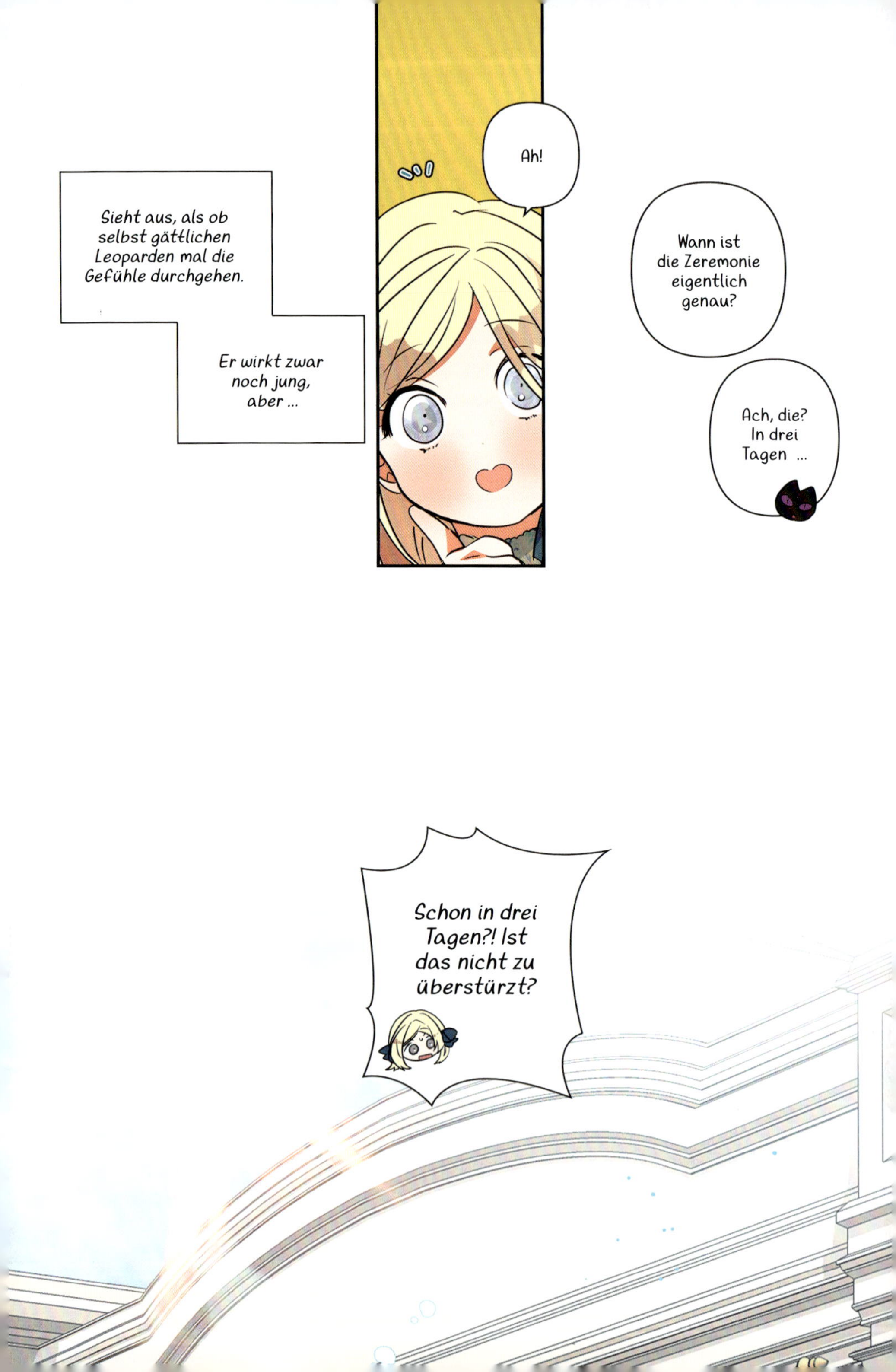
Sieht aus, als ob selbst gättlichen Leoparden mal die Gefühle durchgehen.
Er wirkt zwar noch jung, aber ...
Ah!
Wann ist die Zeremonie eigentlich genau?
Ach, die? In drei Tagen ...
Schon in drei Tagen?! Ist das nicht zu überstürzt?

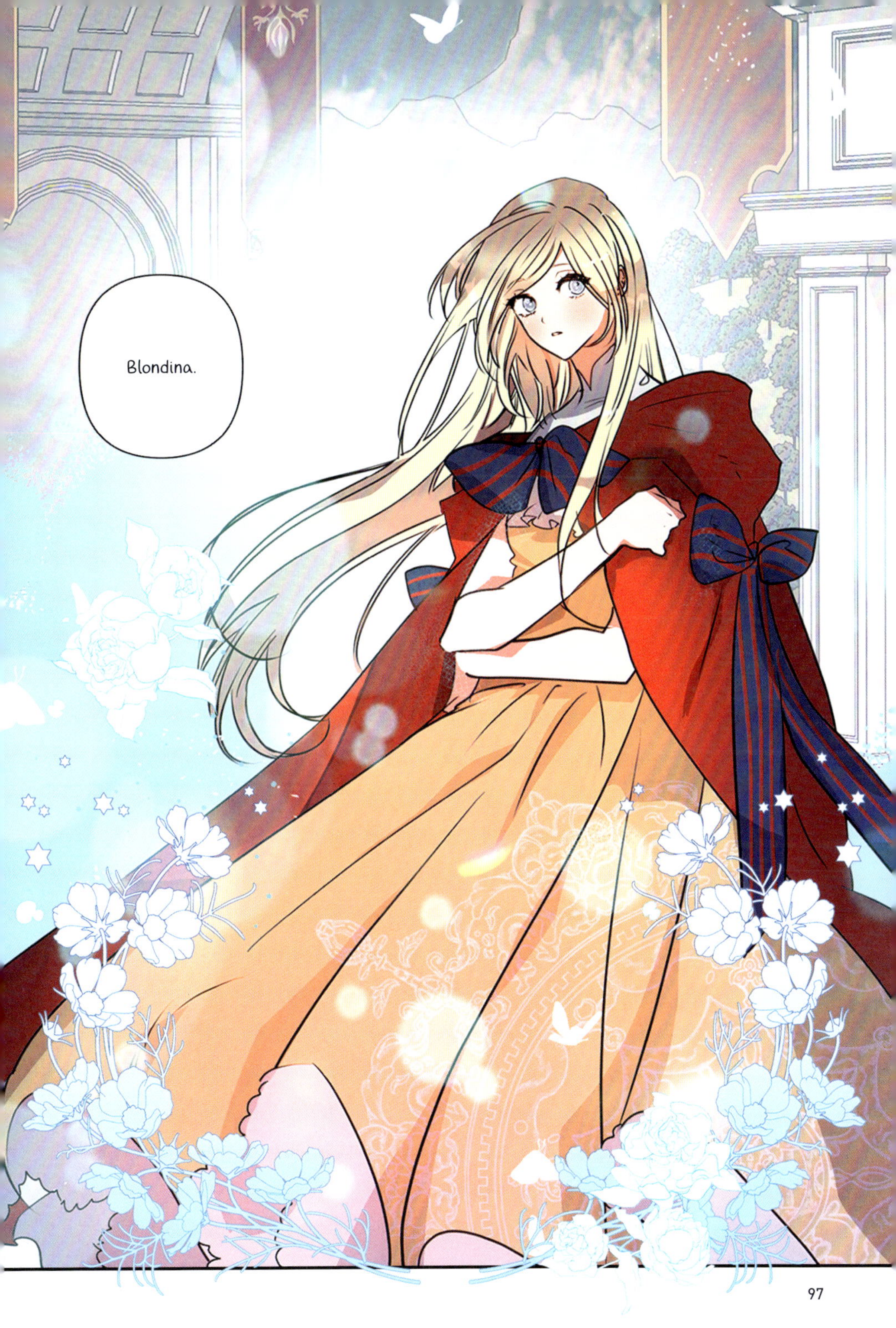
Blondina.

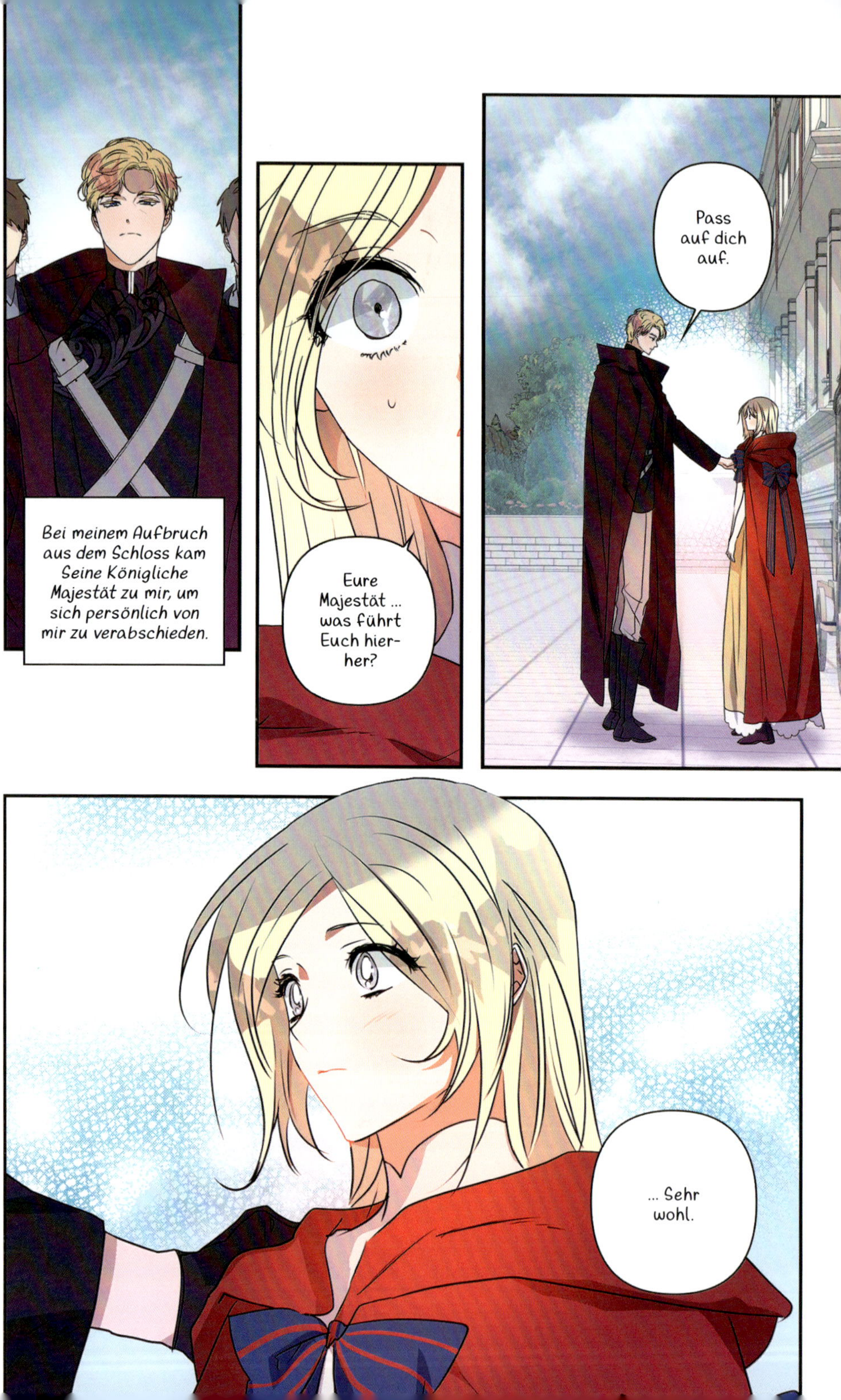
Bei meinem Aufbruch aus dem Schloss kam Seine Königliche Majestät zu mir, um sich persönlich von mir zu verabschieden.
Eure Majestät ... was führt Euch hier-her?
Pass auf dich auf.
... Sehr wohl.

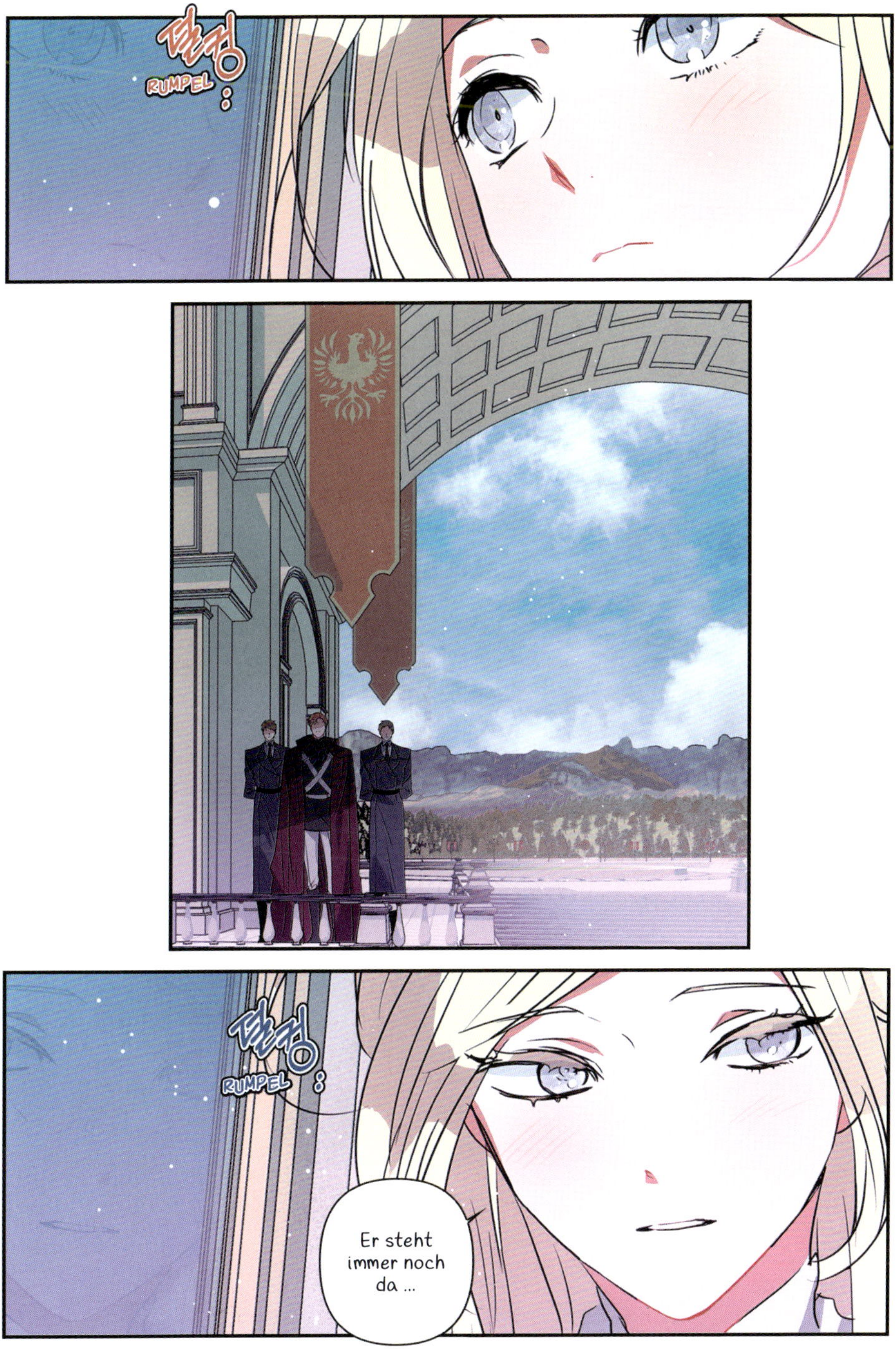
덜컹
RUMPEL
덜컹
RUMPEL
Er steht immer noch da ...

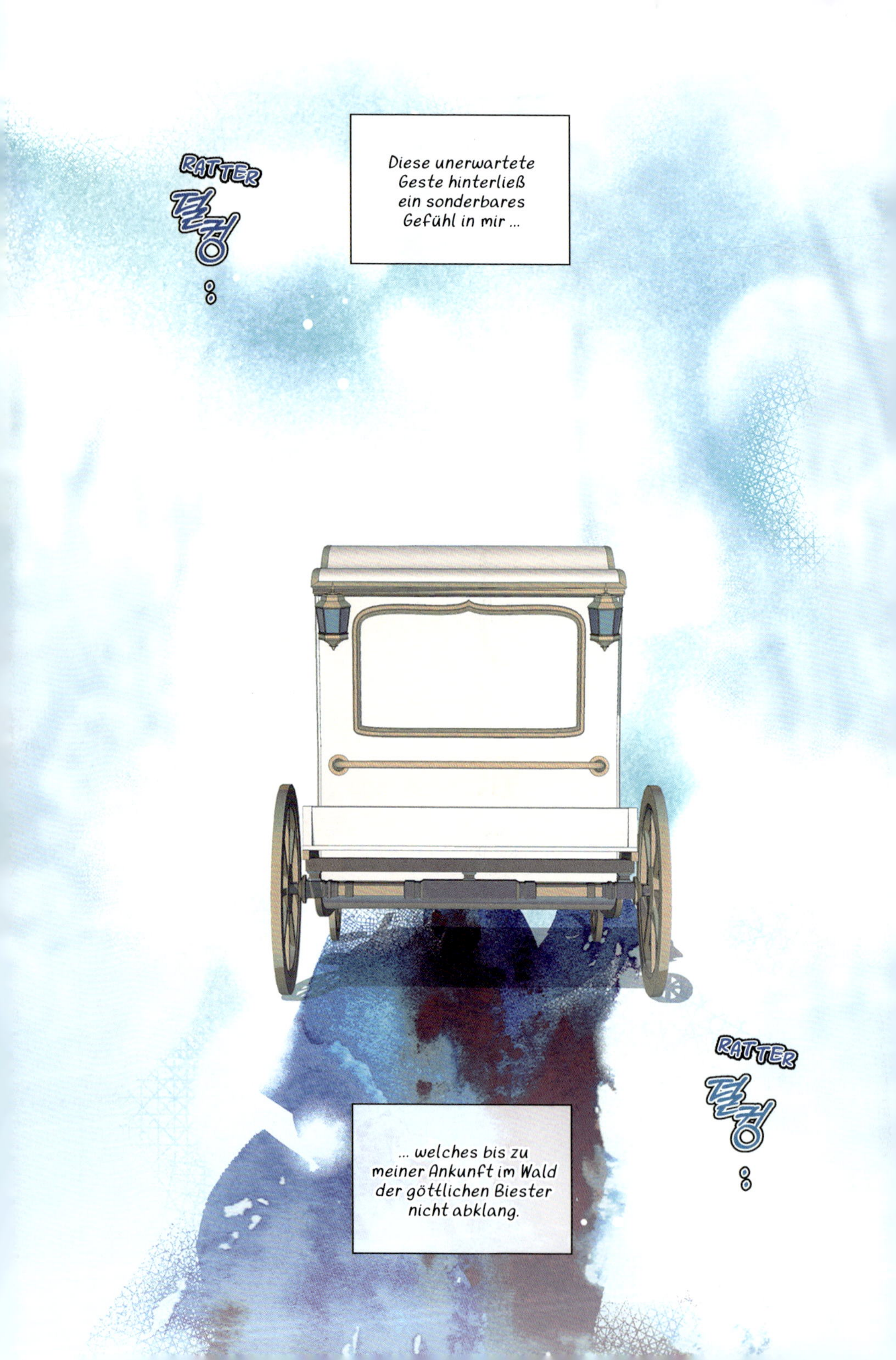
RATTER
덜컹
Diese unerwartete Geste hinterließ ein sonderbares Gefühl in mir …
RATTER
덜컹
… welches bis zu meiner Ankunft im Wald der göttlichen Biester nicht abklang.

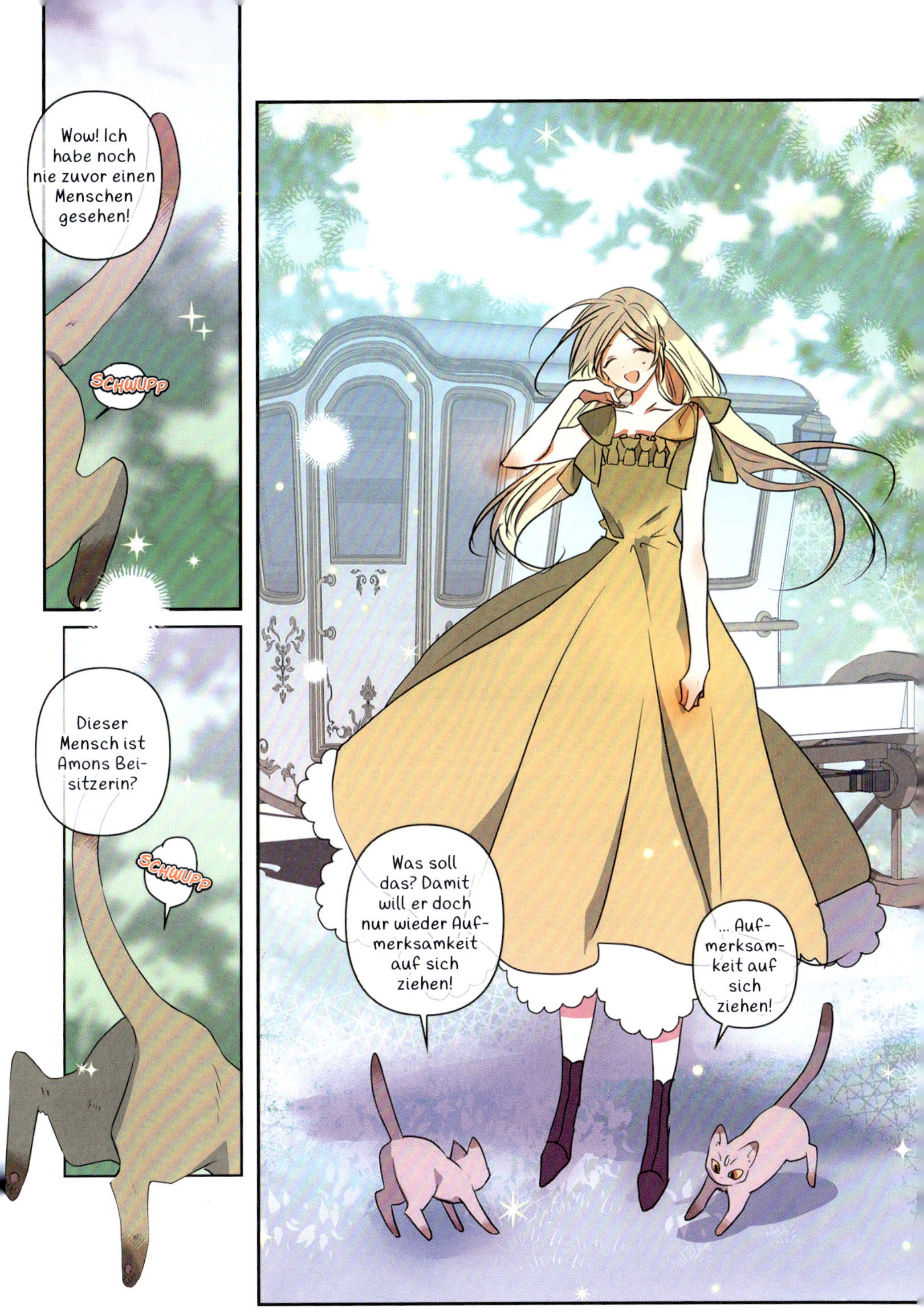

Wow! Ich habe noch nie zuvor einen Menschen gesehen!
SCHWUPP
Dieser Mensch ist Amons Beisitzerin?
SCHWUPP
Was soll das? Damit will er doch nur wieder Aufmerksamkeit auf sich ziehen!
... Aufmerksamkeit auf sich ziehen!

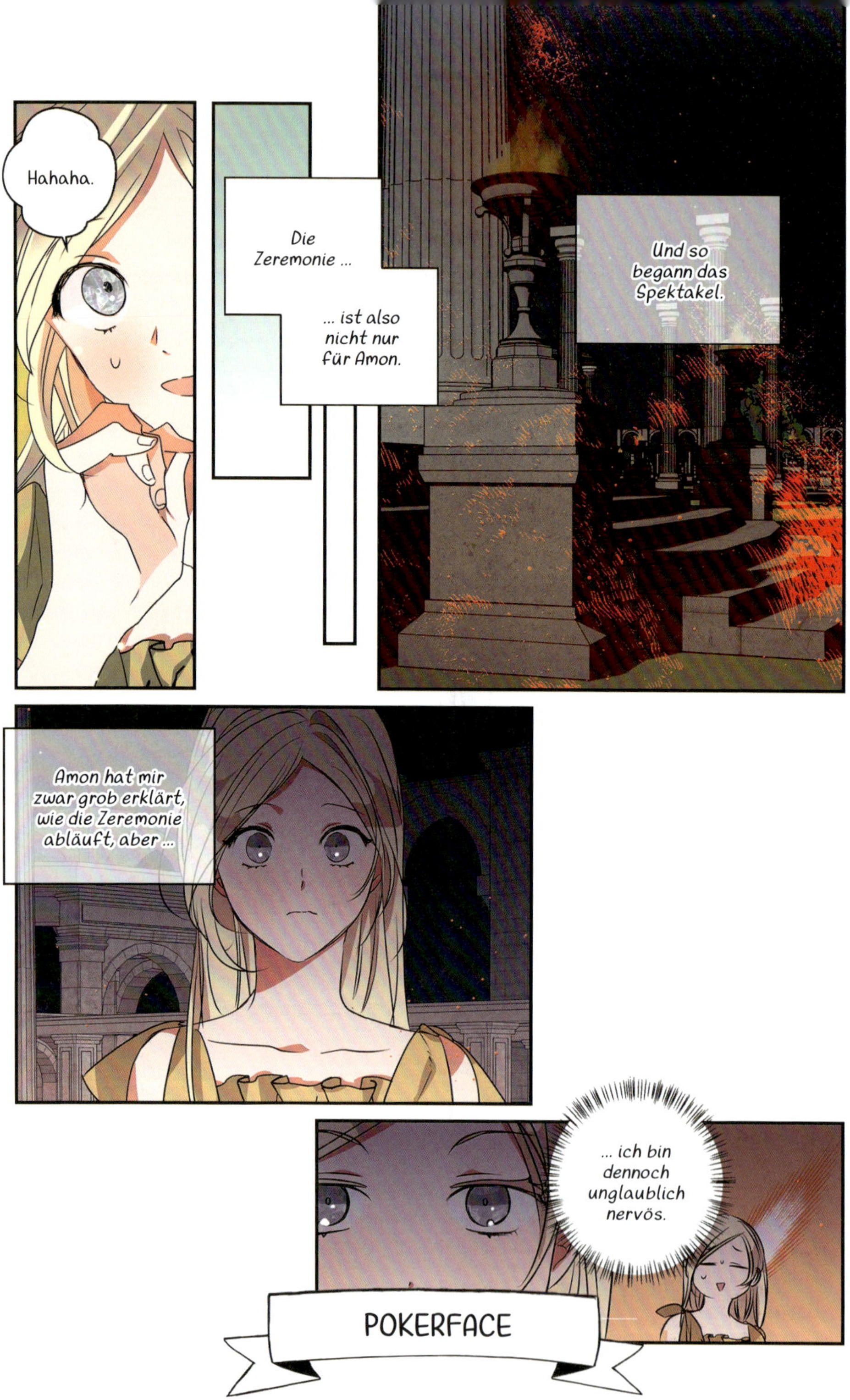
Hahaha.
Die Zeremonie ...
... ist also nicht nur für Amon.
Und so begann das Spektakel.
Amon hat mir zwar grob erklärt, wie die Zeremonie abläuft, aber ...
... ich bin dennoch unglaublich nervös.
POKERFACE

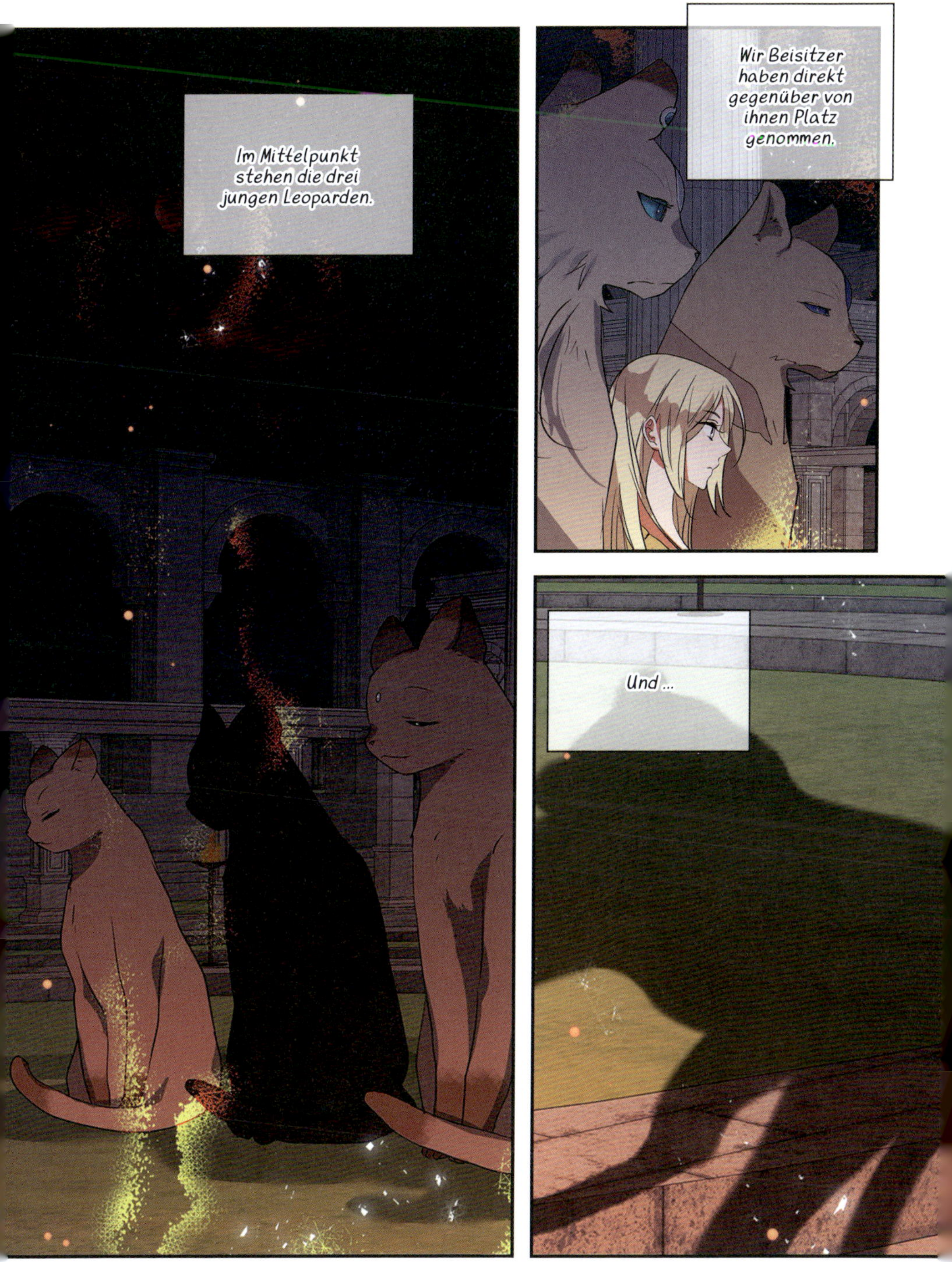
Im Mittelpunkt stehen die drei jungen Leoparden.
Wir Beisitzer haben direkt gegenüber von ihnen Platz genommen.
Und ...

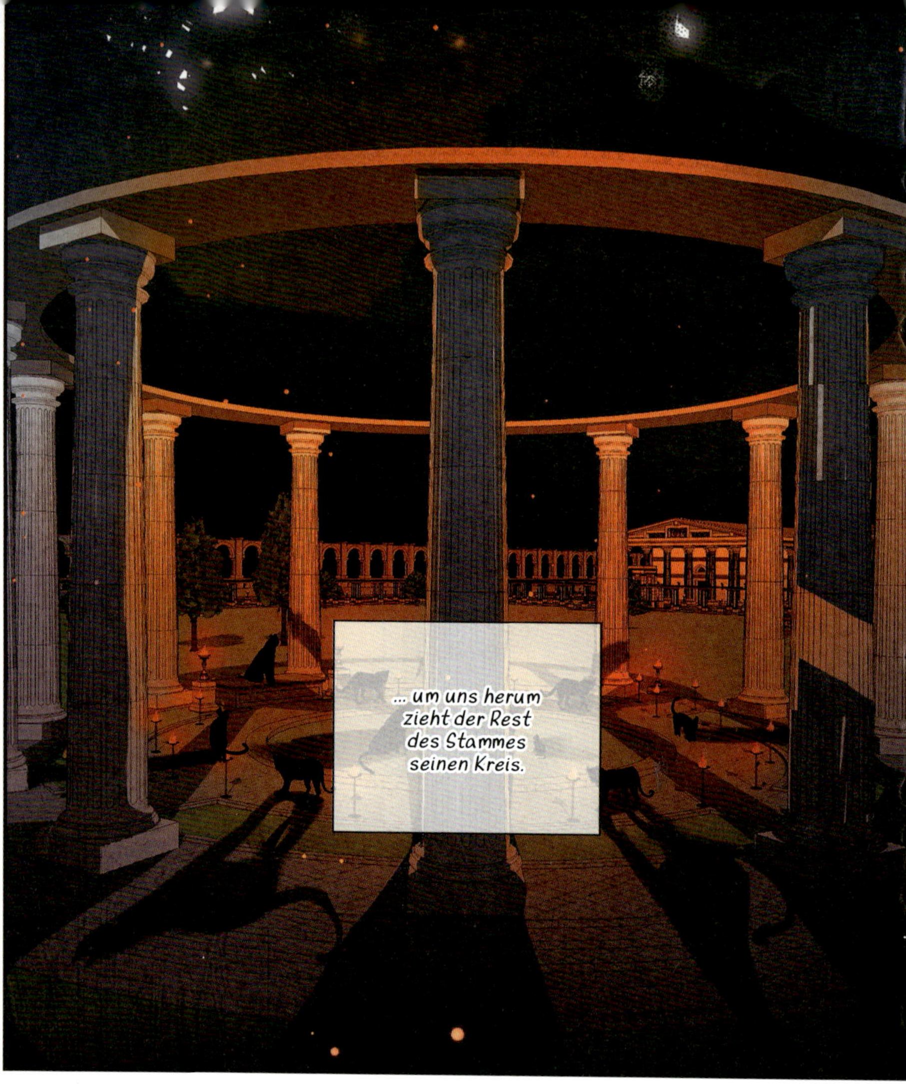
... um uns herum zieht der Rest des Stammes seinen Kreis.

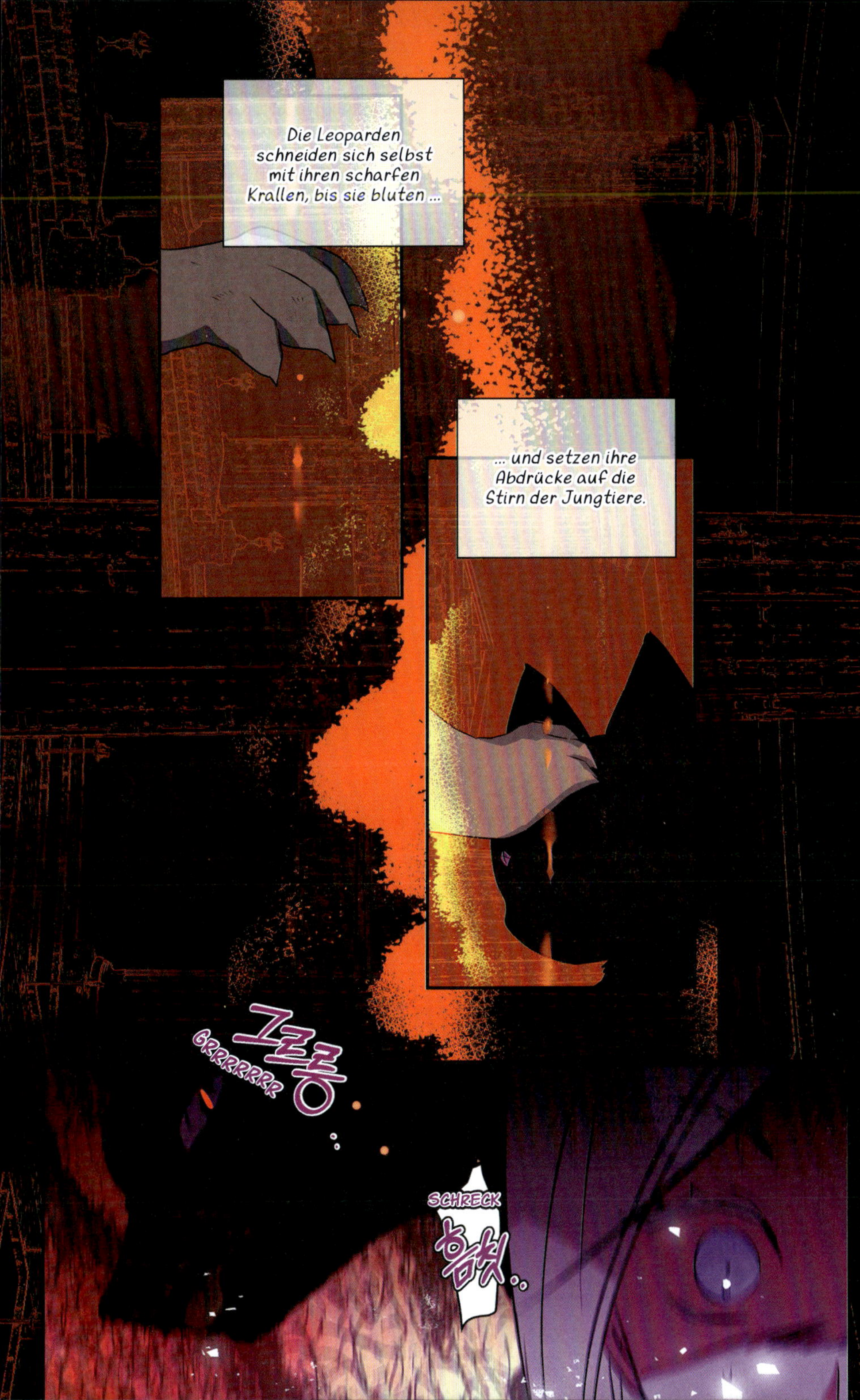
Die Leoparden schneiden sich selbst mit ihren scharfen Krallen, bis sie bluten ...
... und setzen ihre Abdrücke auf die Stirn der Jungtiere.
그르릉
GRRRRRRR
SCHRECK
흠칫..

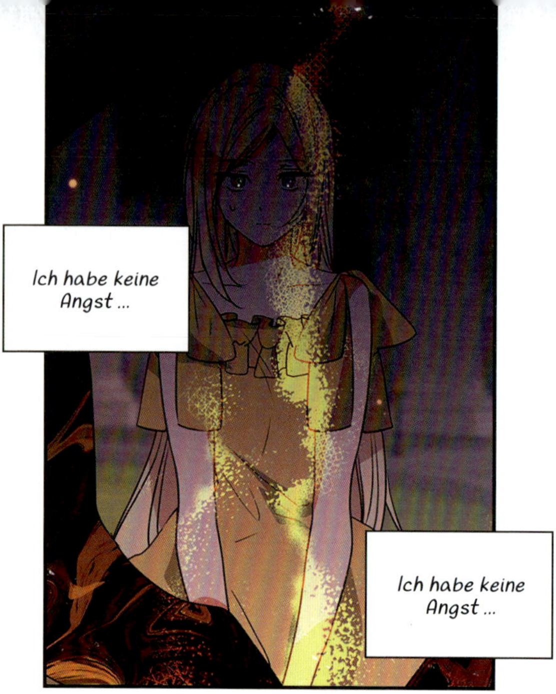
Ich habe keine Angst ...
Ich habe keine Angst ...

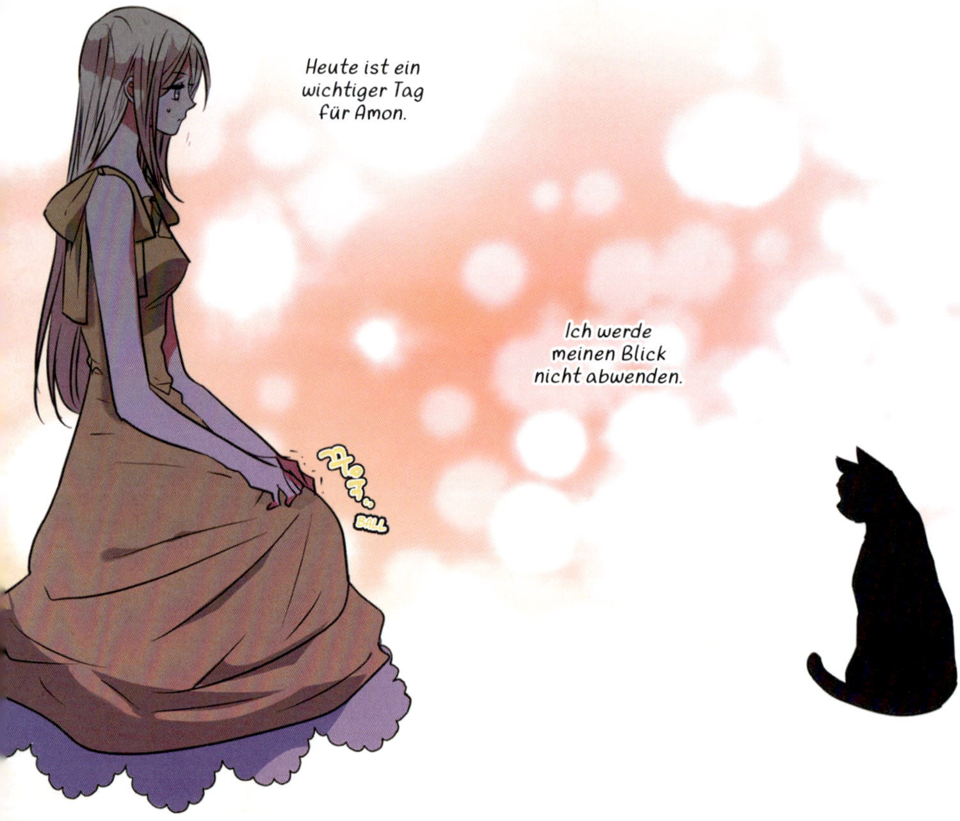
Heute ist ein wichtiger Tag für Amon.
Ich werde meinen Blick nicht abwenden.
BALL

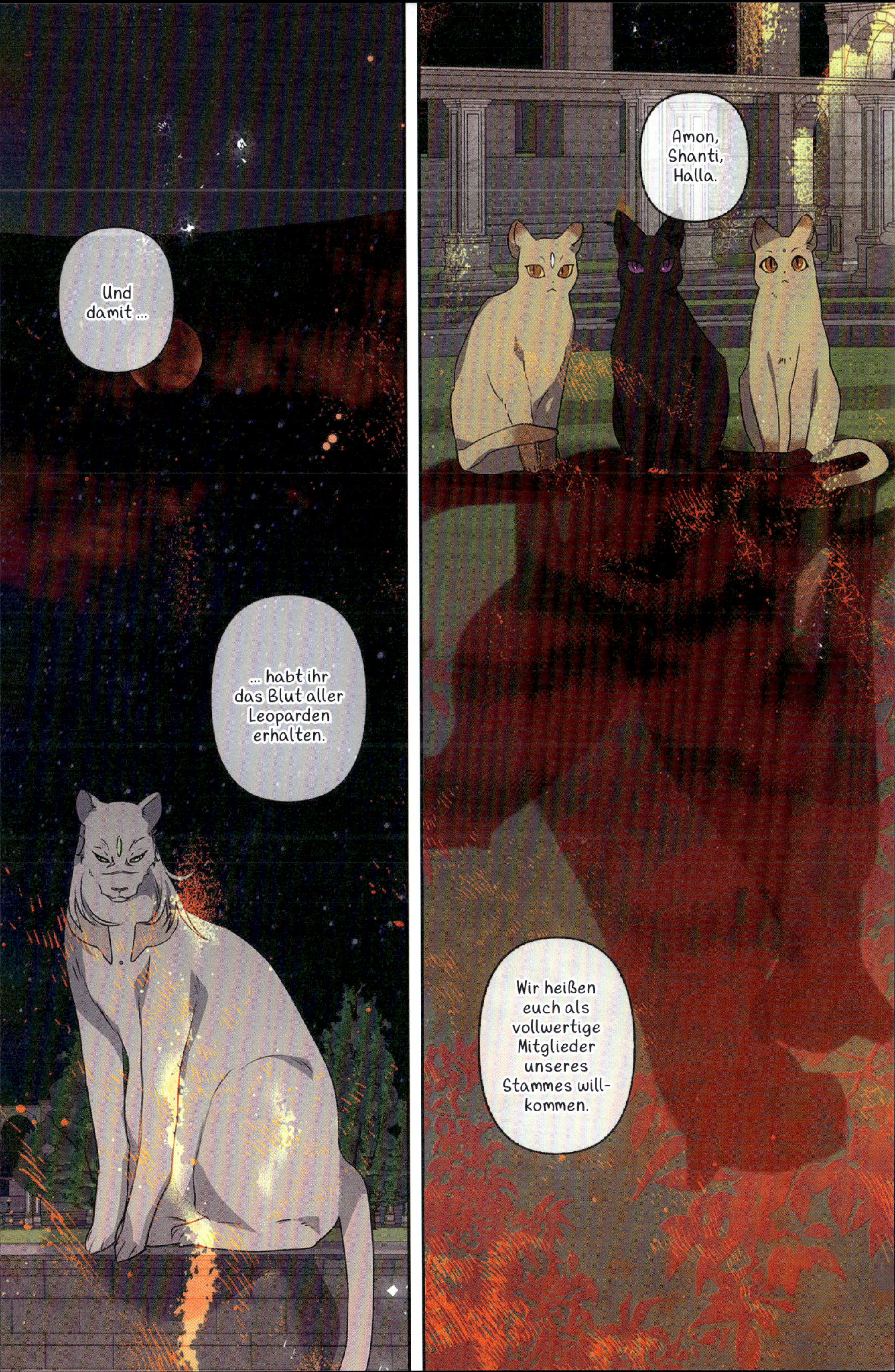
Und damit ...
... habt ihr das Blut aller Leoparden erhalten.
Amon, Shanti, Halla.
Wir heißen euch als vollwertige Mitglieder unseres Stammes willkommen.

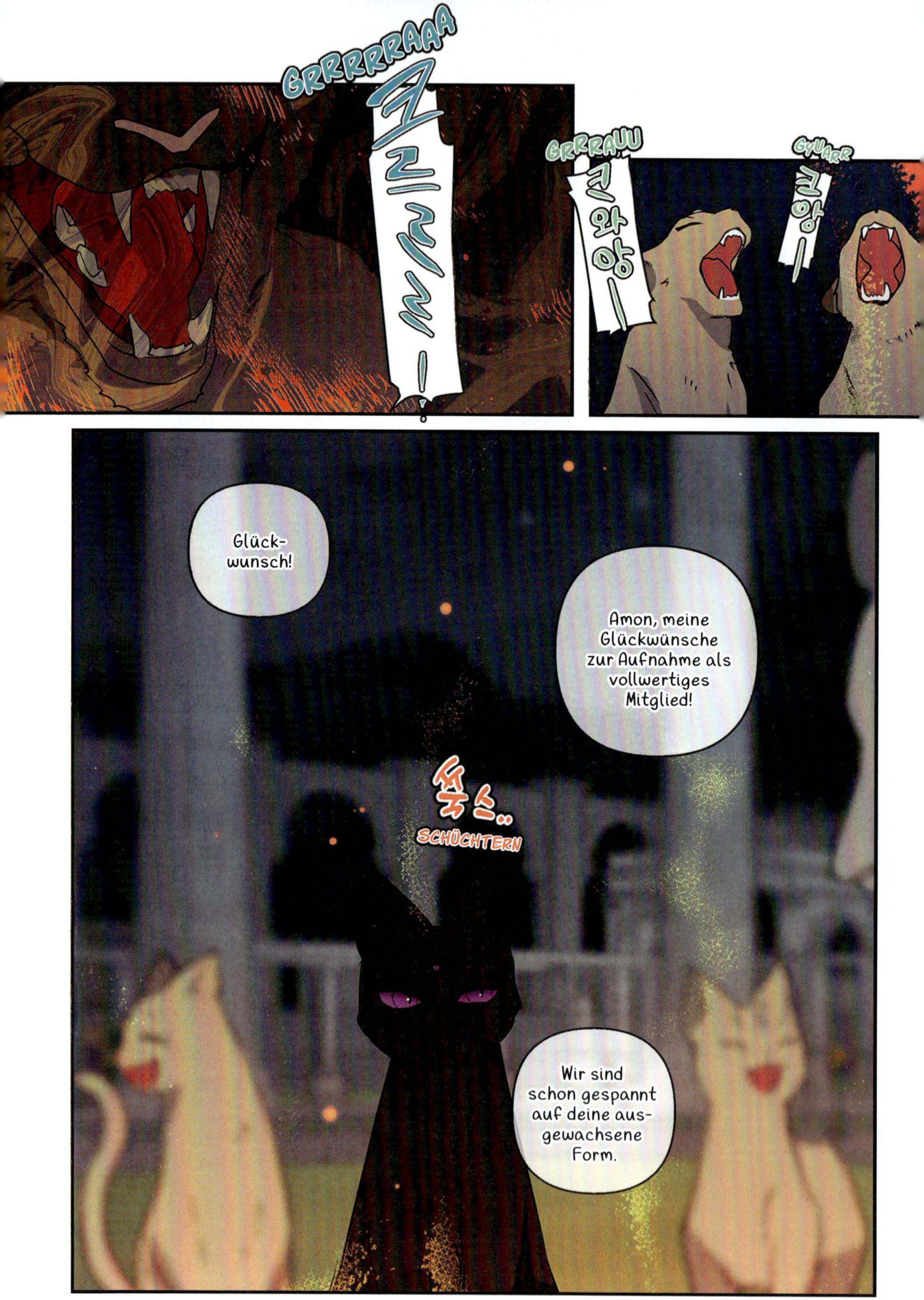

GRRRRRAAA
크르르르—!
GRRRAUU
크와앙—
GYUARR
크앙—
Glück-
wunsch!
Amon, meine Glückwünsche zur Aufnahme als vollwertiges Mitglied!
쑥스..
SCHÜCHTERN
Wir sind schon gespannt auf deine ausgewachsene Form.

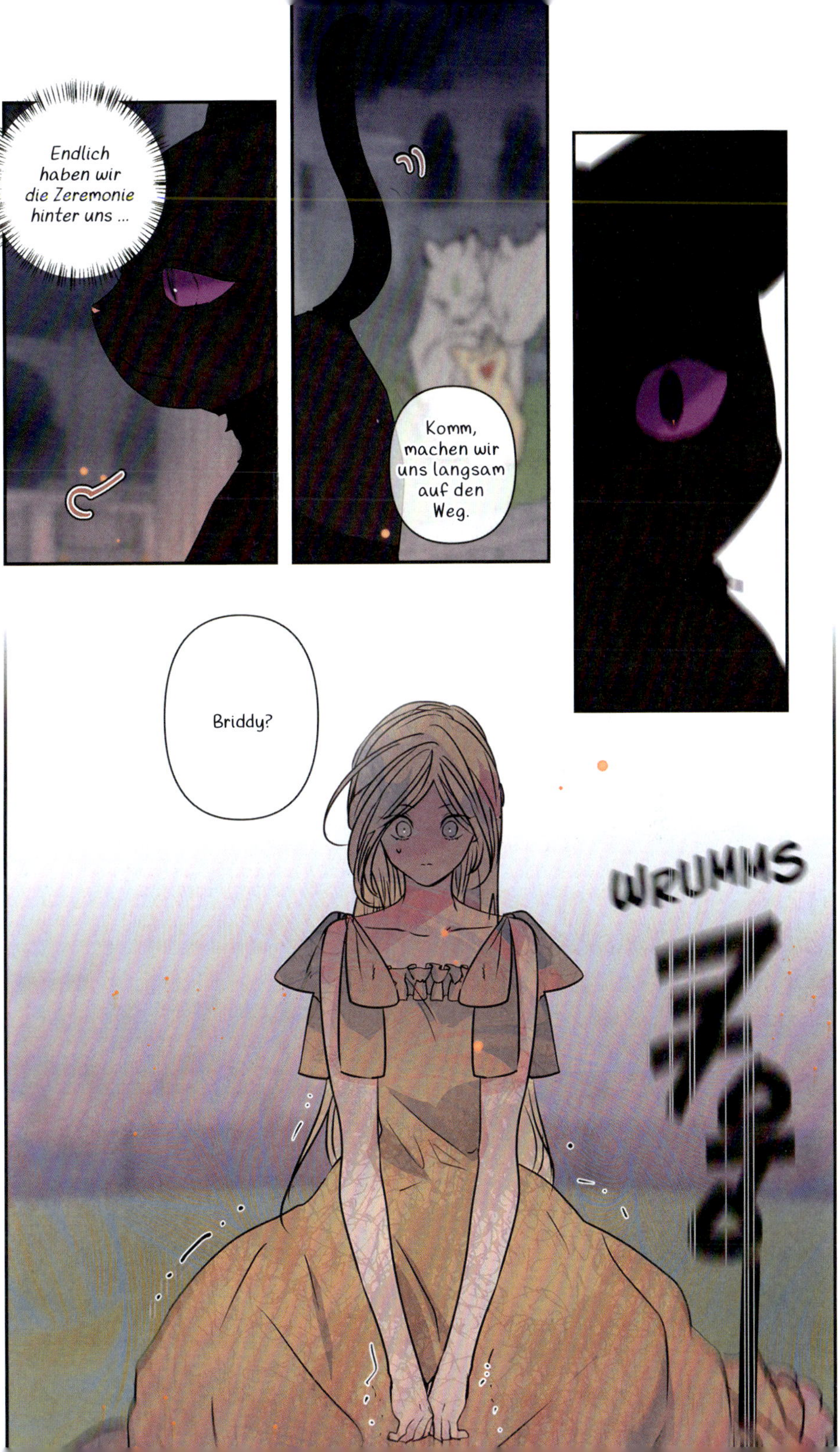
Endlich haben wir die Zeremonie hinter uns ...
Komm, machen wir uns langsam auf den Weg.
Briddy?
WRUMMS

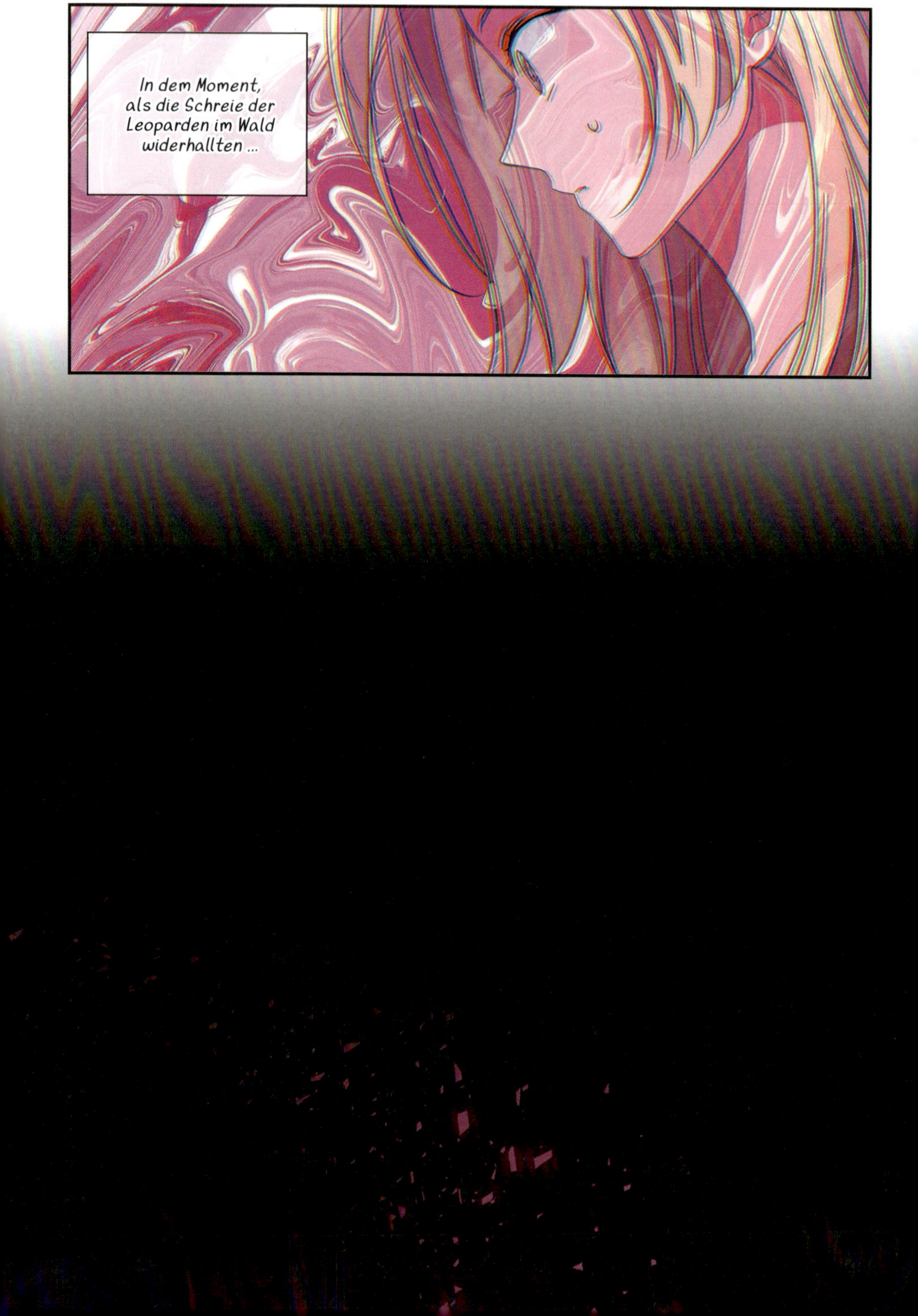
In dem Moment, als die Schreie der Leoparden im Wald widerhallten ...

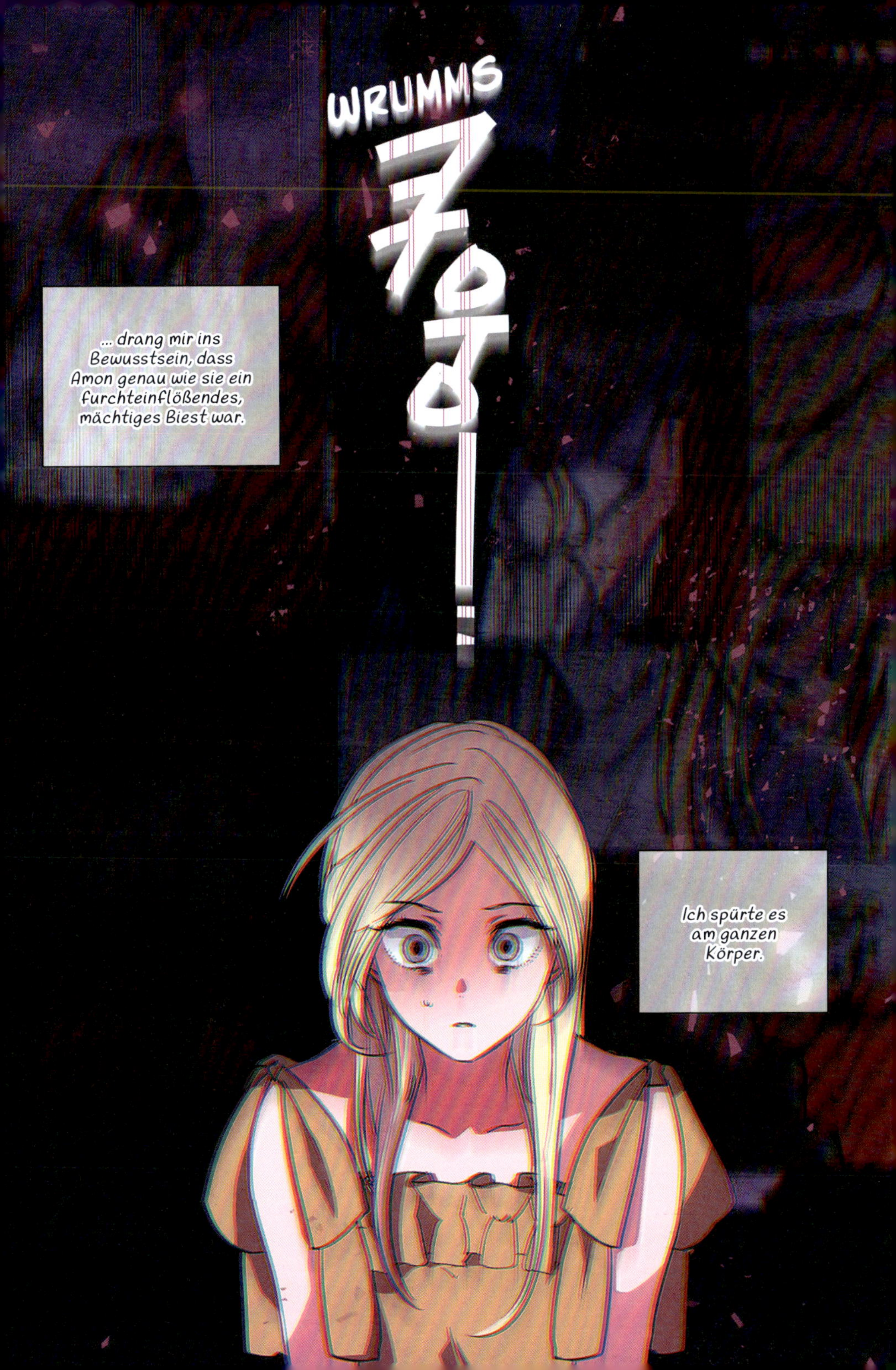
WRUMMS
... drang mir ins Bewusstsein, dass Amon genau wie sie ein furchteinflößendes, mächtiges Biest war.
Ich spürte es am ganzen Körper.

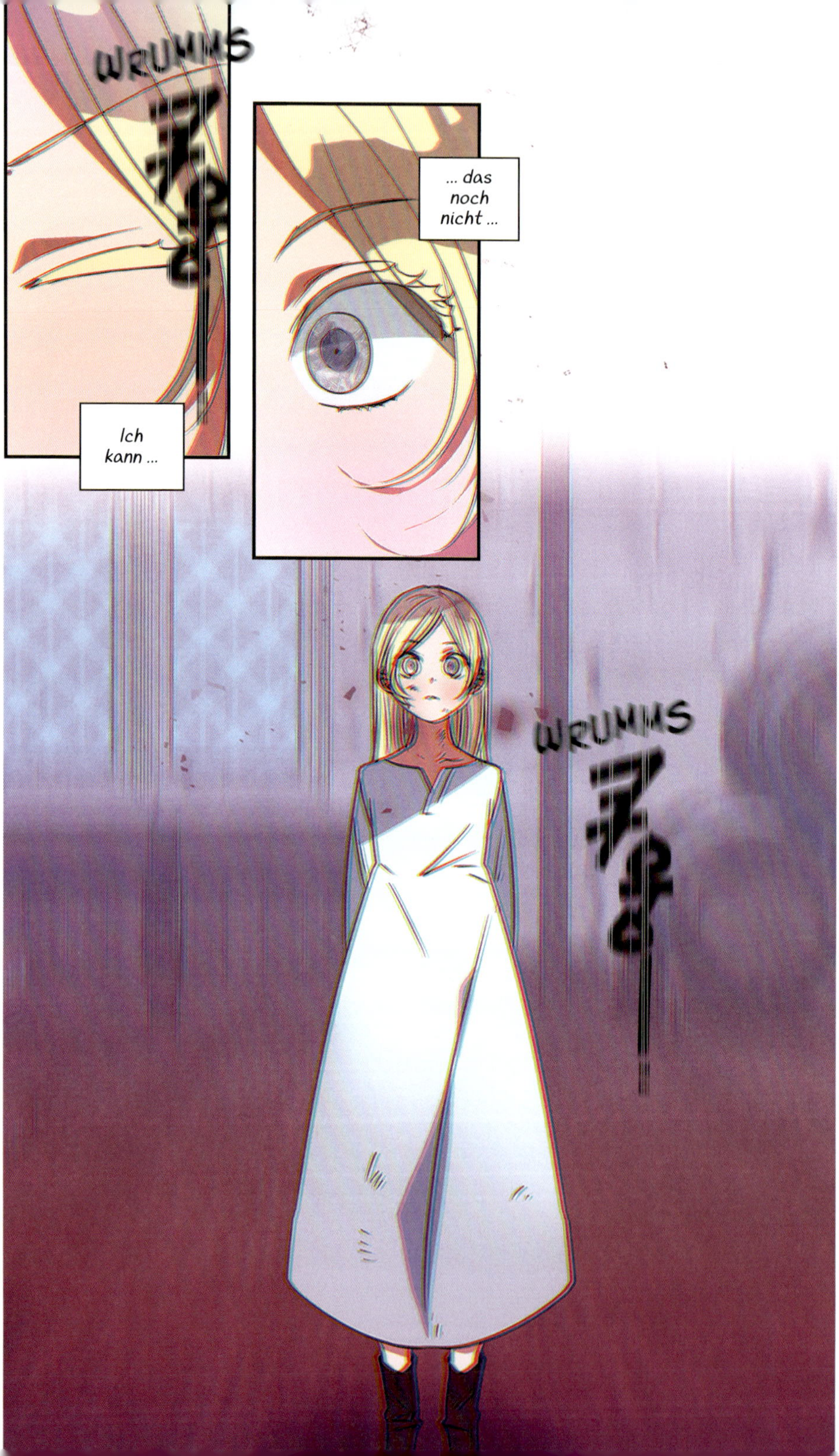
WRUMMS
Ich kann ...
... das noch nicht ...
WRUMMS

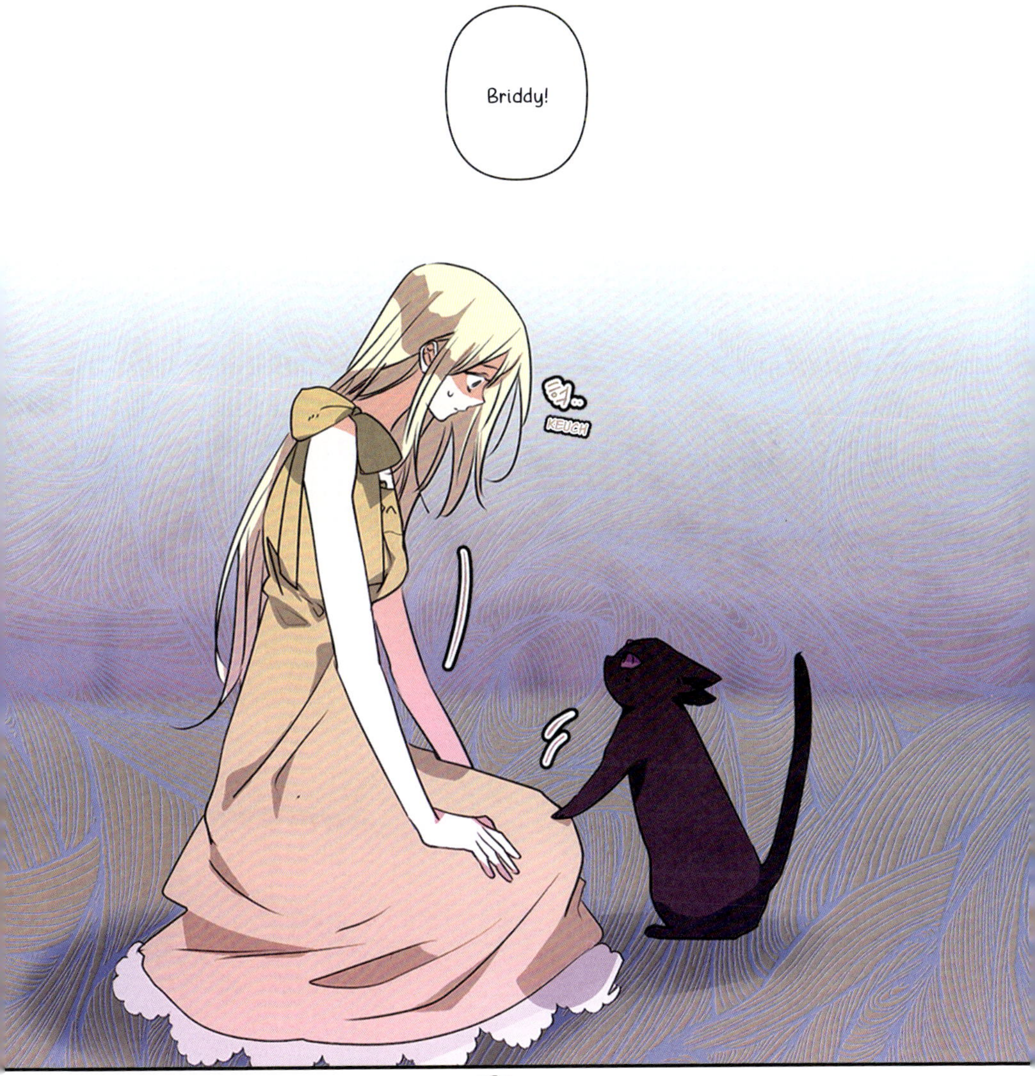
Briddy!
헉..
KEUCH
꾸욱..
DRÜCK

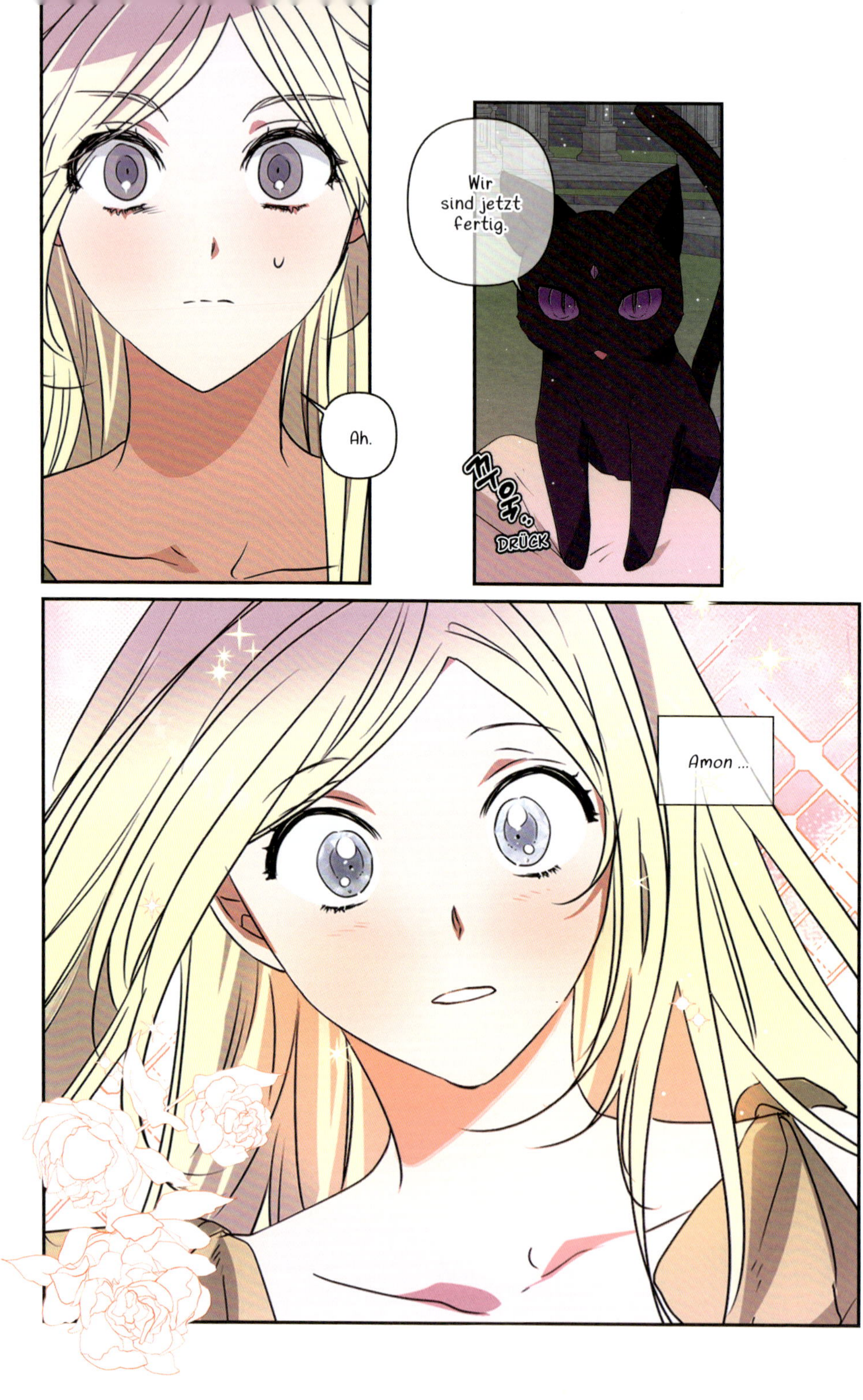
Ah.
Wir sind jetzt fertig.
DRÜCK
Amon ...

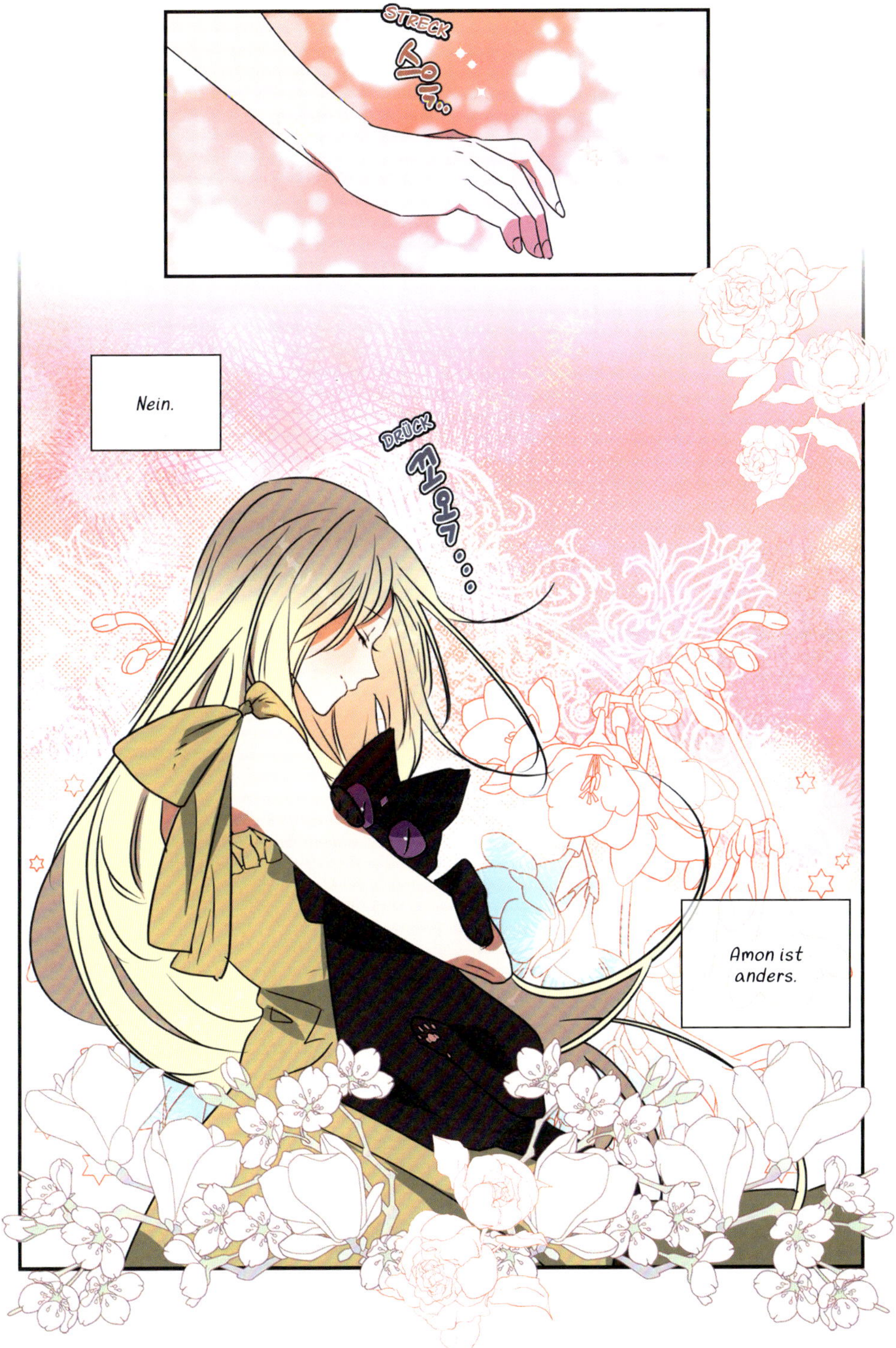
STRECK
Nein.
DRÜCK
Amon ist anders.

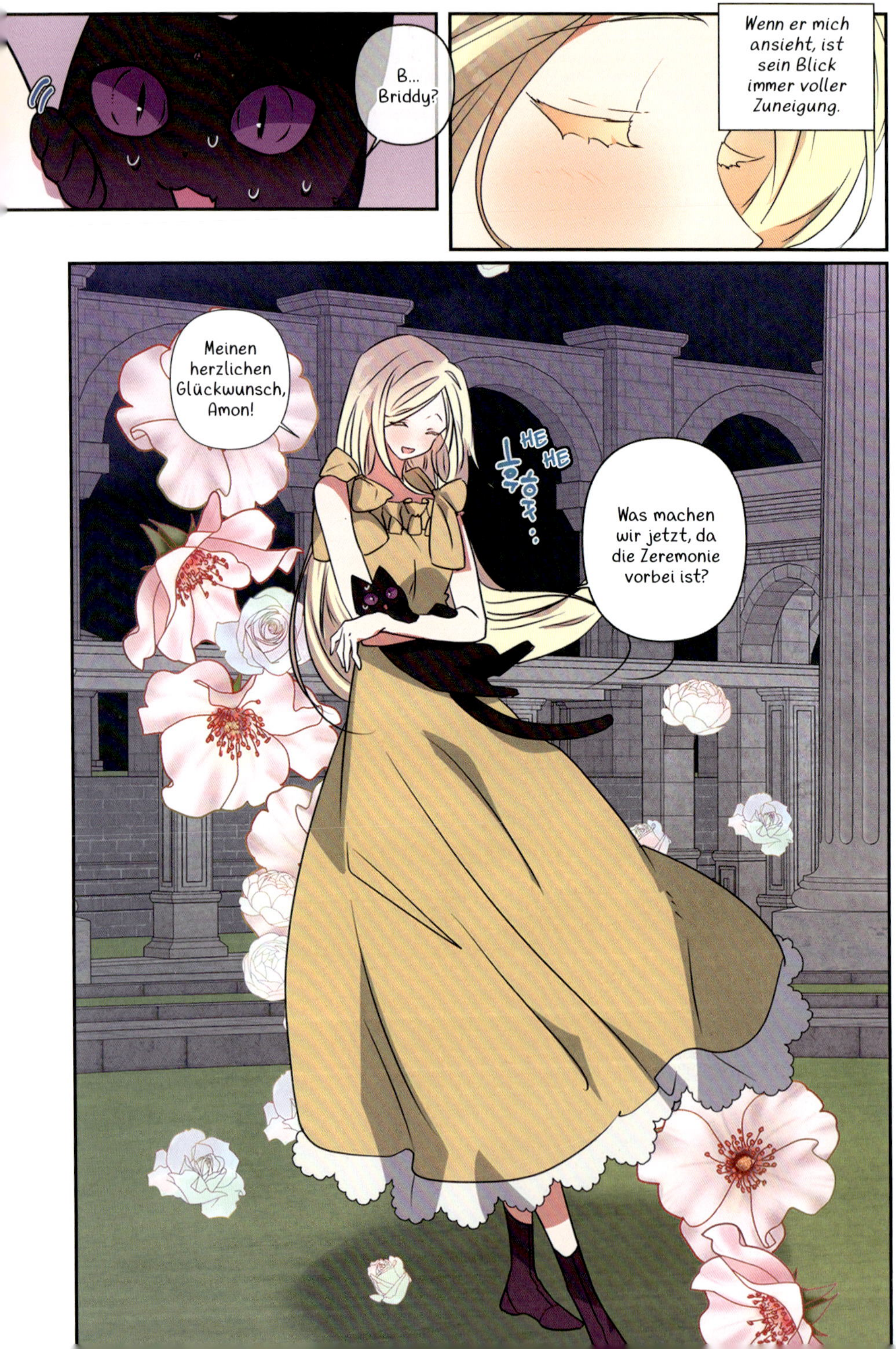
B... Briddy?
Wenn er mich ansieht, ist sein Blick immer voller Zuneigung.
Meinen herzlichen Glückwunsch, Amon!
HE HE
Was machen wir jetzt, da die Zeremonie vorbei ist?

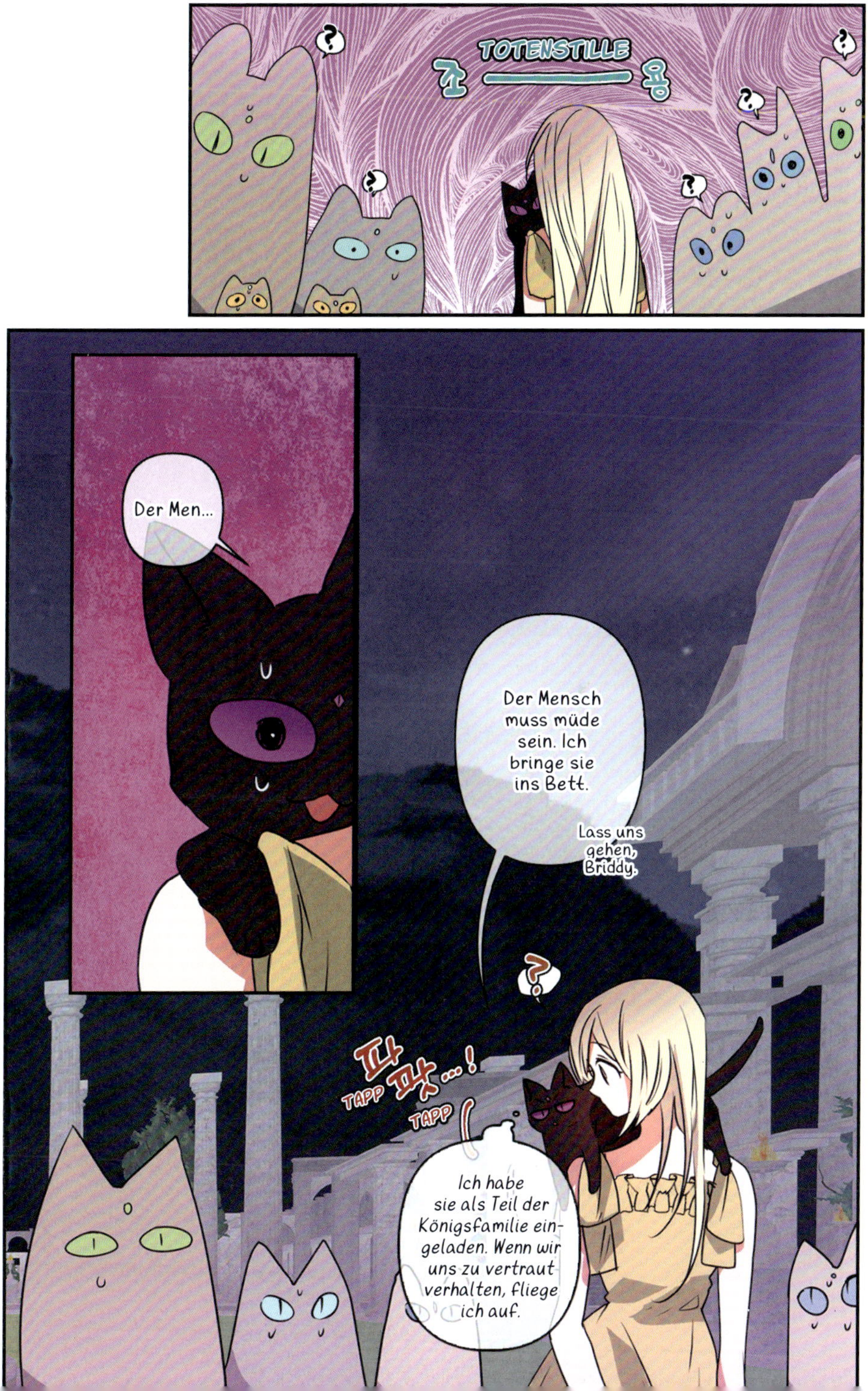
TOTENSTILLE
조 용
Der Men...
Der Mensch muss müde sein. Ich bringe sie ins Bett.
Lass uns gehen, Briddy.
파 팍...!
TAPP
TAPP
Ich habe sie als Teil der Königsfamilie eingeladen. Wenn wir uns zu vertraut verhalten, fliege ich auf.

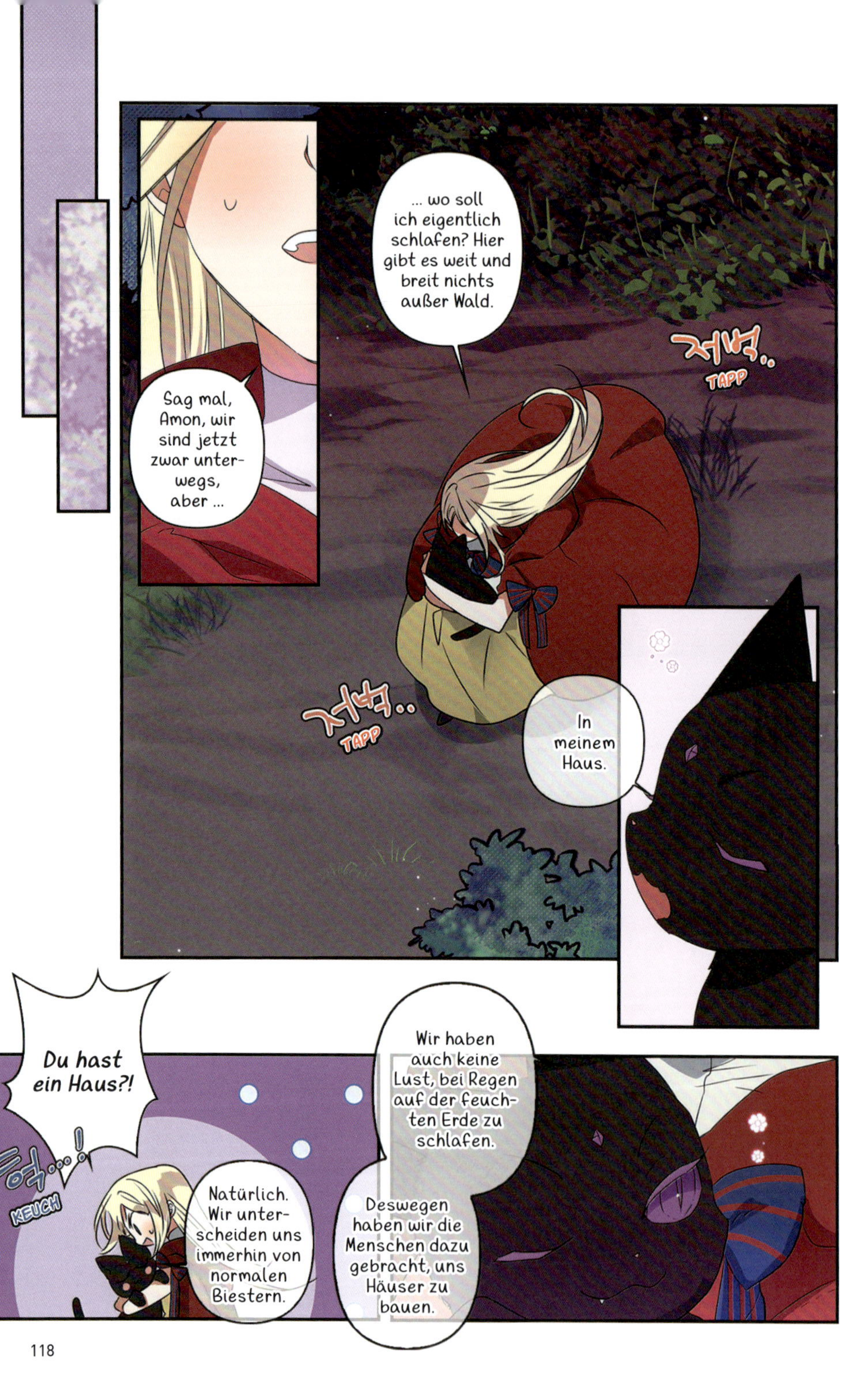
Sag mal, Amon, wir sind jetzt zwar unterwegs, aber ...
... wo soll ich eigentlich schlafen? Hier gibt es weit und breit nichts außer Wald.
저벅..
TAPP
저벅..
TAPP
In meinem Haus.
Du hast ein Haus?!
헉...!
KEUCH
Natürlich. Wir unterscheiden uns immerhin von normalen Biestern.
Wir haben auch keine Lust, bei Regen auf der feuchten Erde zu schlafen.
Deswegen haben wir die Menschen dazu gebracht, uns Häuser zu bauen.

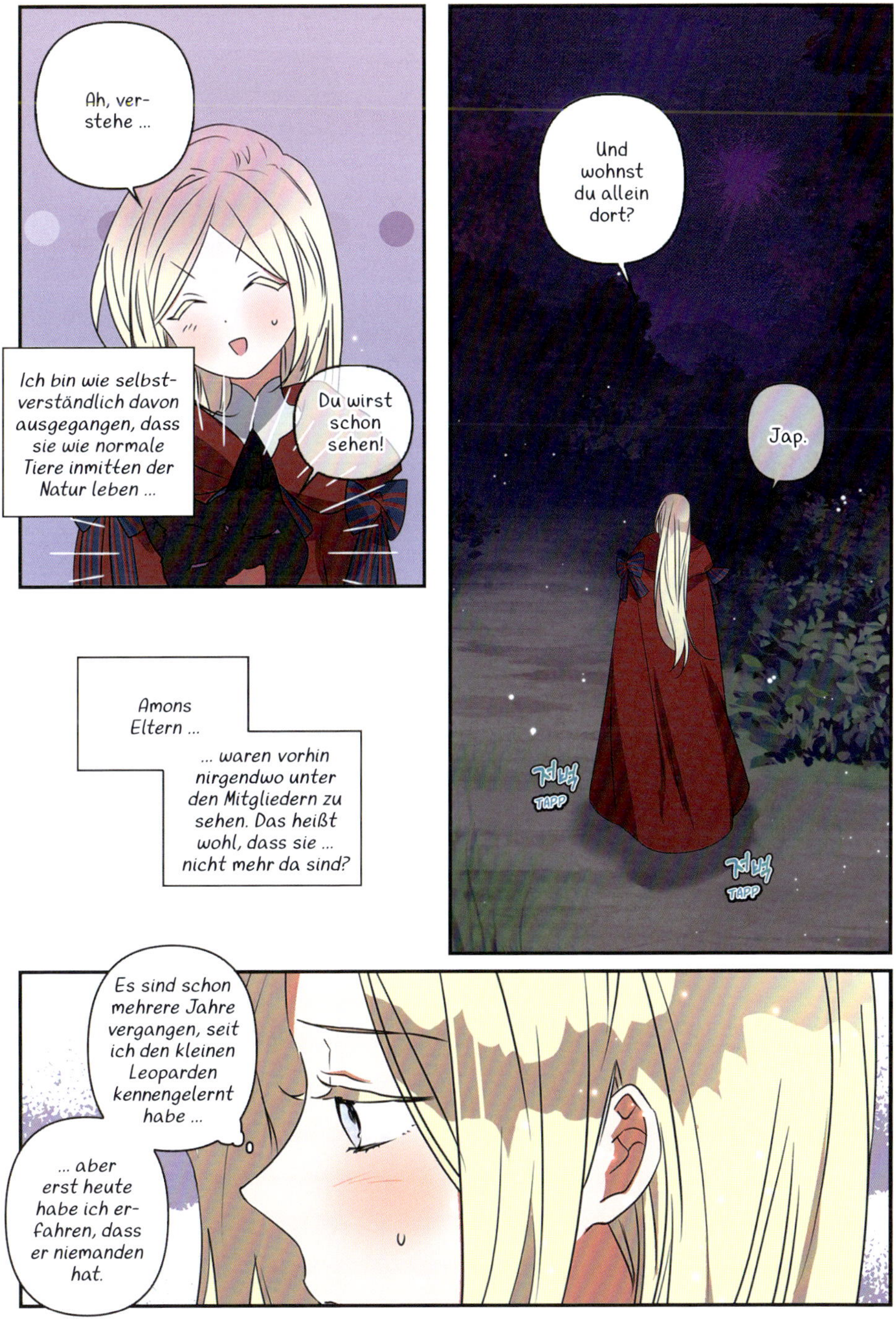
Ah, verstehe ...
Ich bin wie selbstverständlich davon ausgegangen, dass sie wie normale Tiere inmitten der Natur leben ...
Du wirst schon sehen!
Und wohnst du allein dort?
Jap.
Amons Eltern ...
... waren vorhin nirgendwo unter den Mitgliedern zu sehen. Das heißt wohl, dass sie ... nicht mehr da sind?
TAPP
TAPP
Es sind schon mehrere Jahre vergangen, seit ich den kleinen Leoparden kennengelernt habe ...
... aber erst heute habe ich erfahren, dass er niemanden hat.

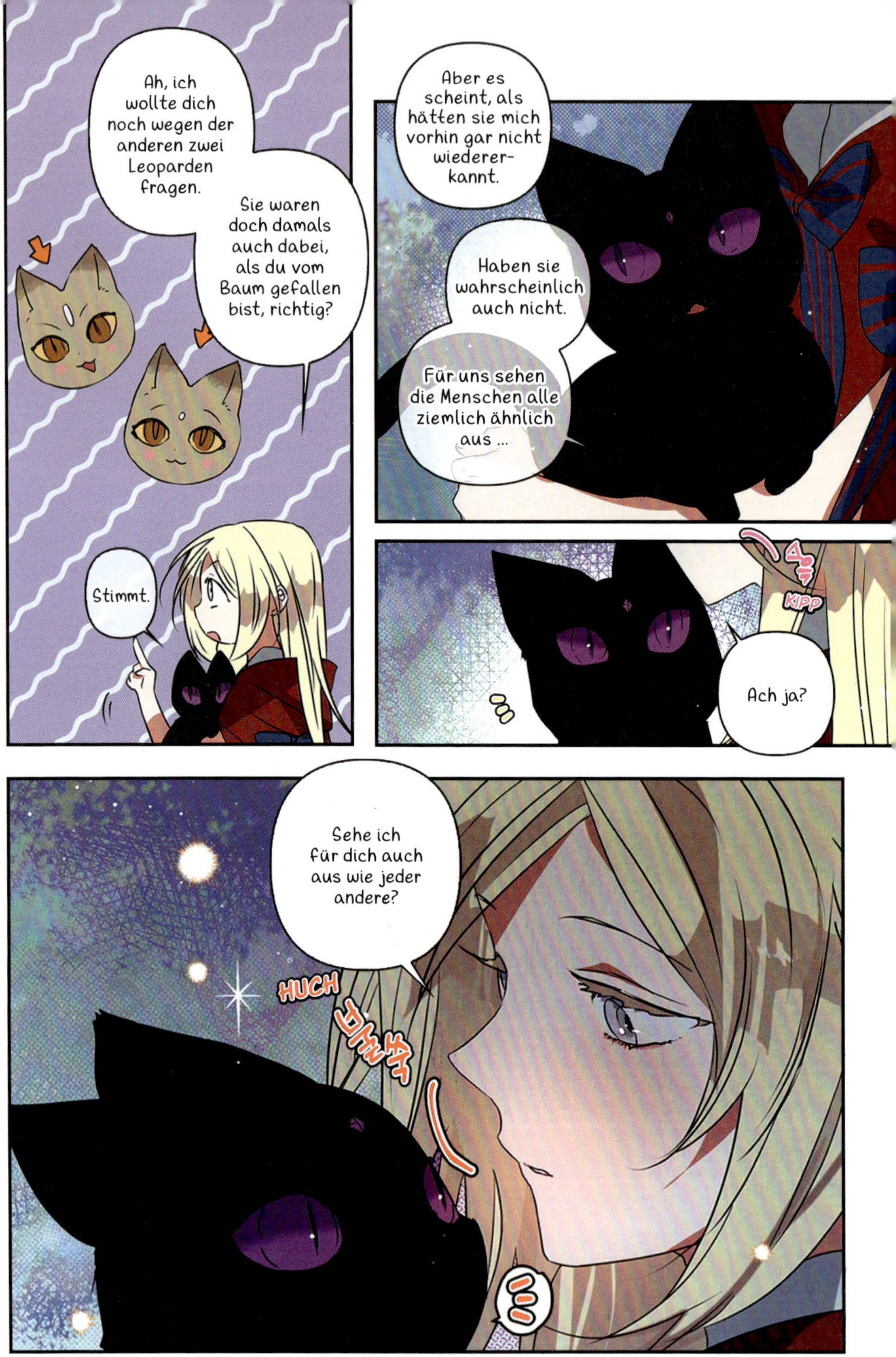
Ah, ich wollte dich noch wegen der anderen zwei Leoparden fragen.
Sie waren doch damals auch dabei, als du vom Baum gefallen bist, richtig?
Stimmt.
Aber es scheint, als hätten sie mich vorhin gar nicht wiedererkannt.
Haben sie wahrscheinlich auch nicht.
Für uns sehen die Menschen alle ziemlich ähnlich aus ...
KIPP
Ach ja?
Sehe ich für dich auch aus wie jeder andere?
HUCH

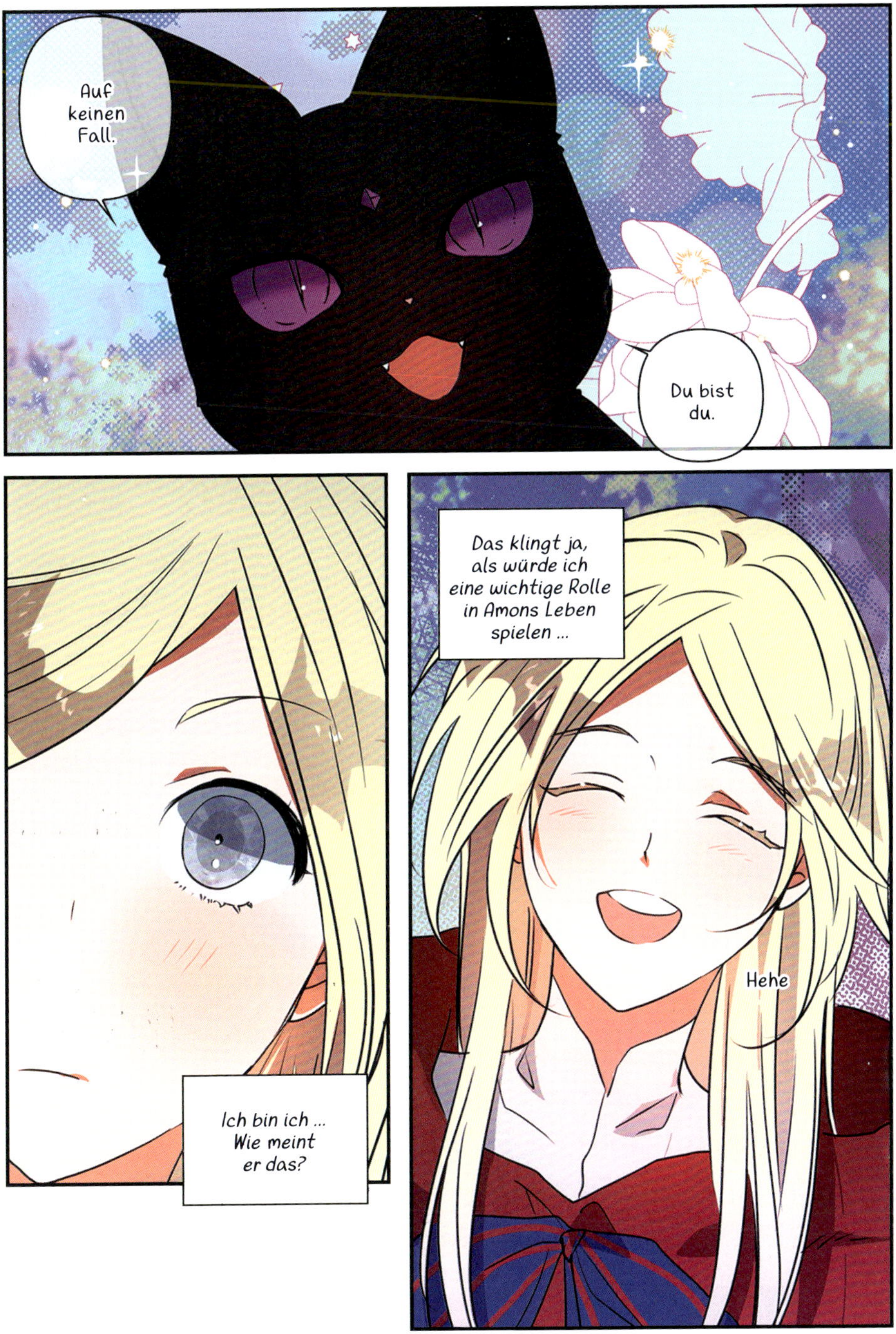
Auf keinen Fall.
Du bist du.
Das klingt ja, als würde ich eine wichtige Rolle in Amons Leben spielen ...
Ich bin ich ... Wie meint er das?
Hehe

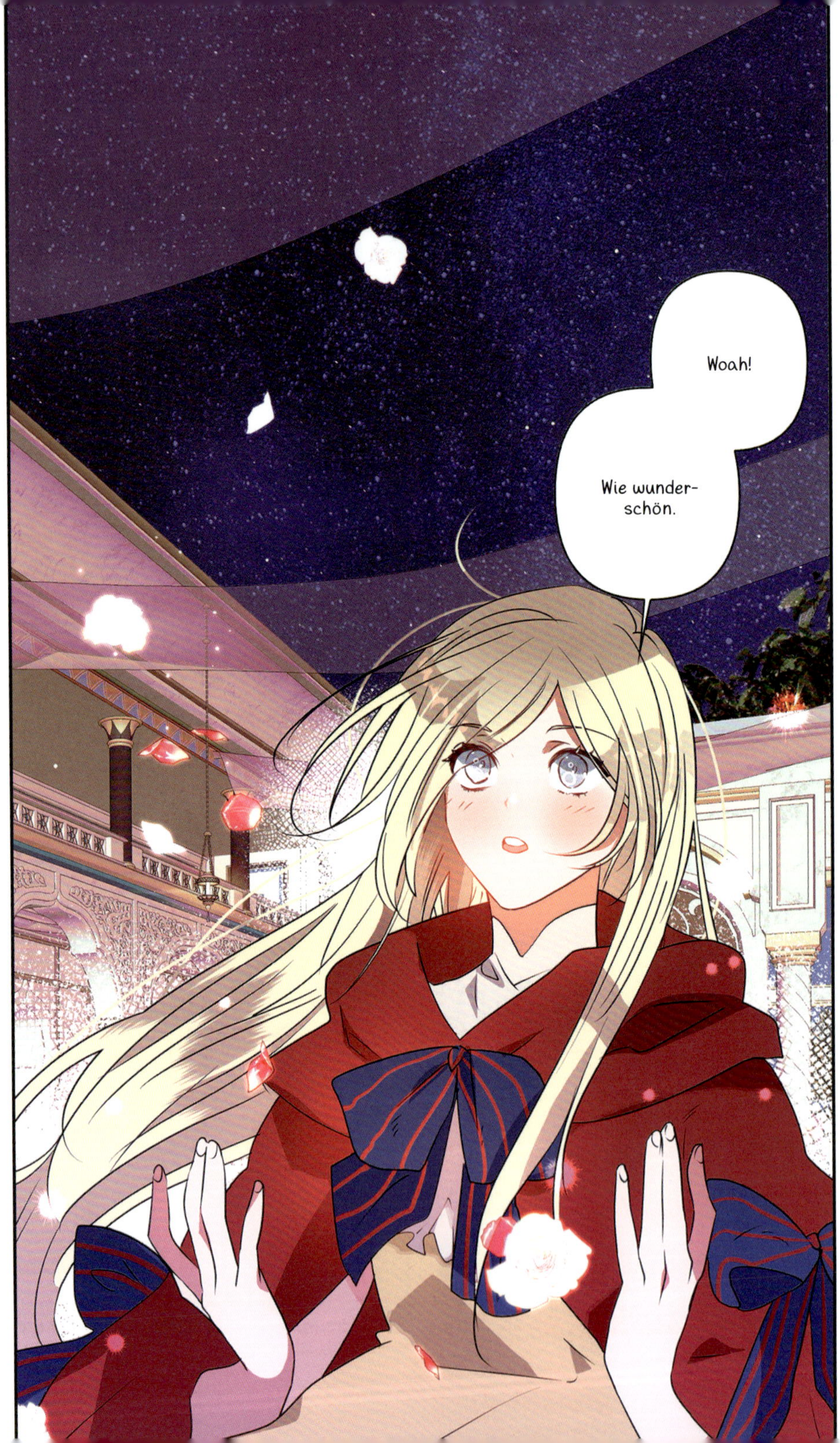
Woah!
Wie wunder-
schön.

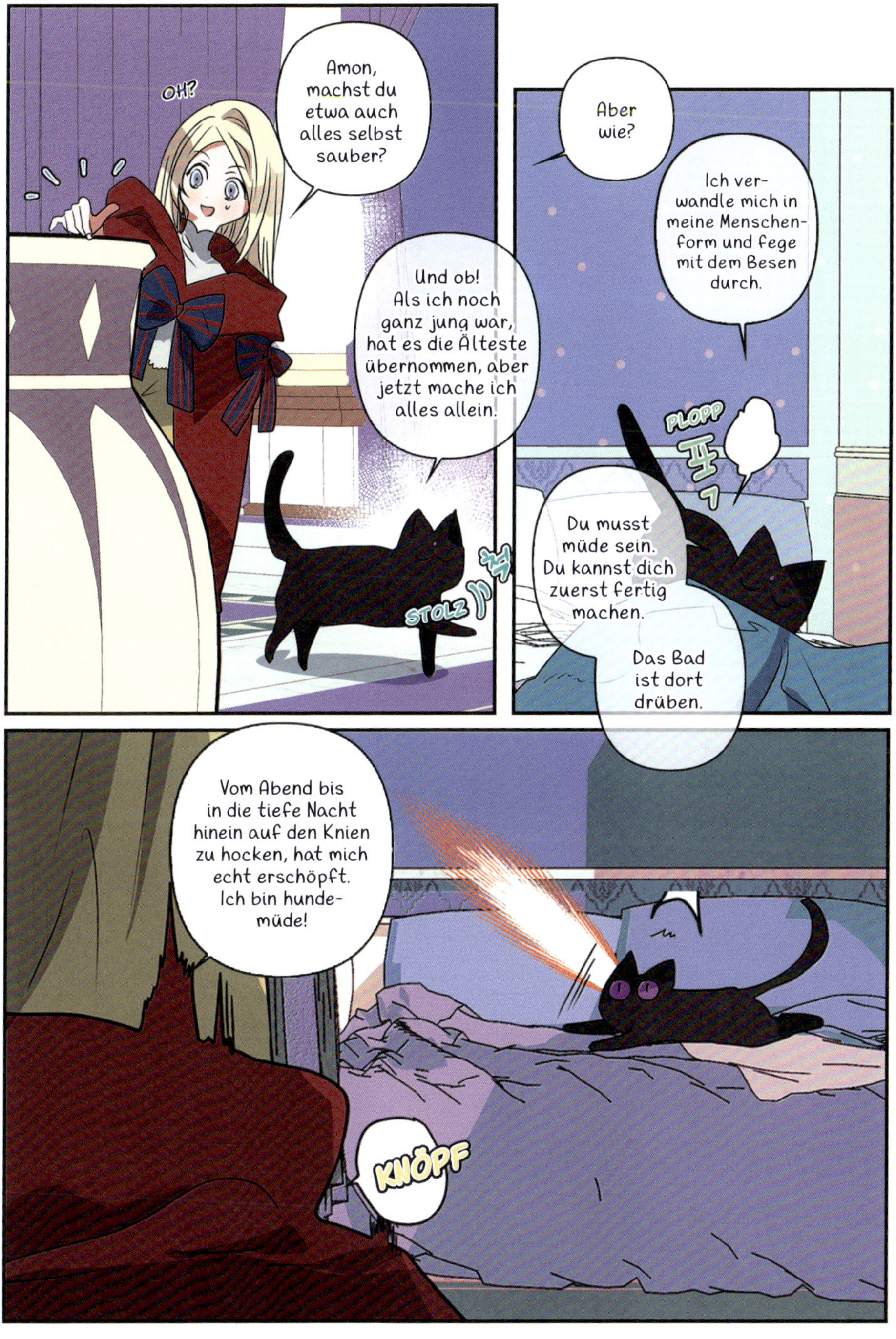
OH?
Amon, machst du etwa auch alles selbst sauber?
Und ob! Als ich noch ganz jung war, hat es die Älteste übernommen, aber jetzt mache ich alles allein.
STOLZ
Aber wie?
Ich verwandle mich in meine Menschenform und fege mit dem Besen durch.
PLOPP
Du musst müde sein. Du kannst dich zuerst fertig machen.
Das Bad ist dort drüben.
Vom Abend bis in die tiefe Nacht hinein auf den Knien zu hocken, hat mich echt erschöpft. Ich bin hundemüde!
KNÖPF

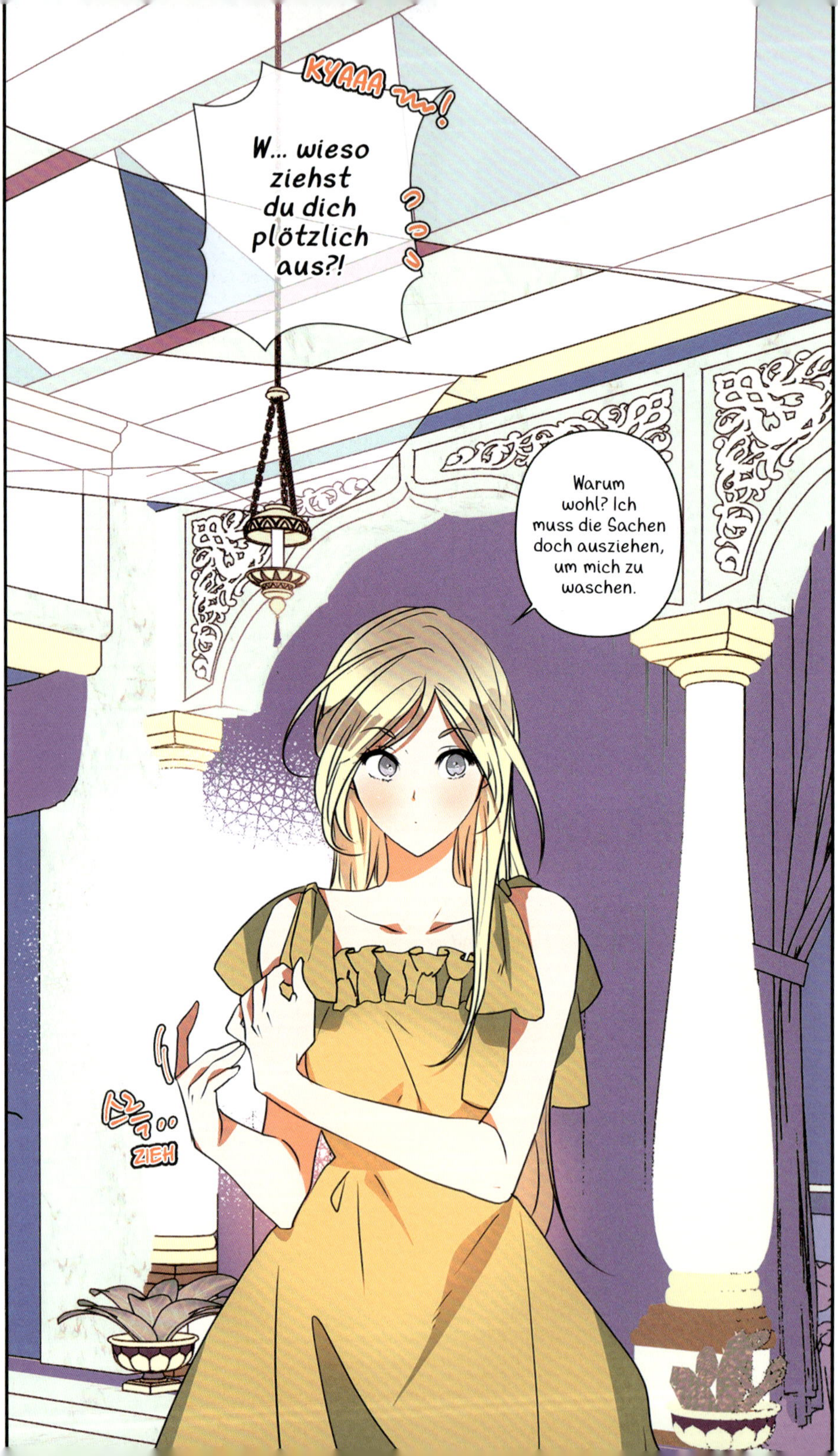
KYAAA ~!
W... wieso ziehst du dich plötzlich aus?!
Warum wohl? Ich muss die Sachen doch ausziehen, um mich zu waschen.
ZIEH

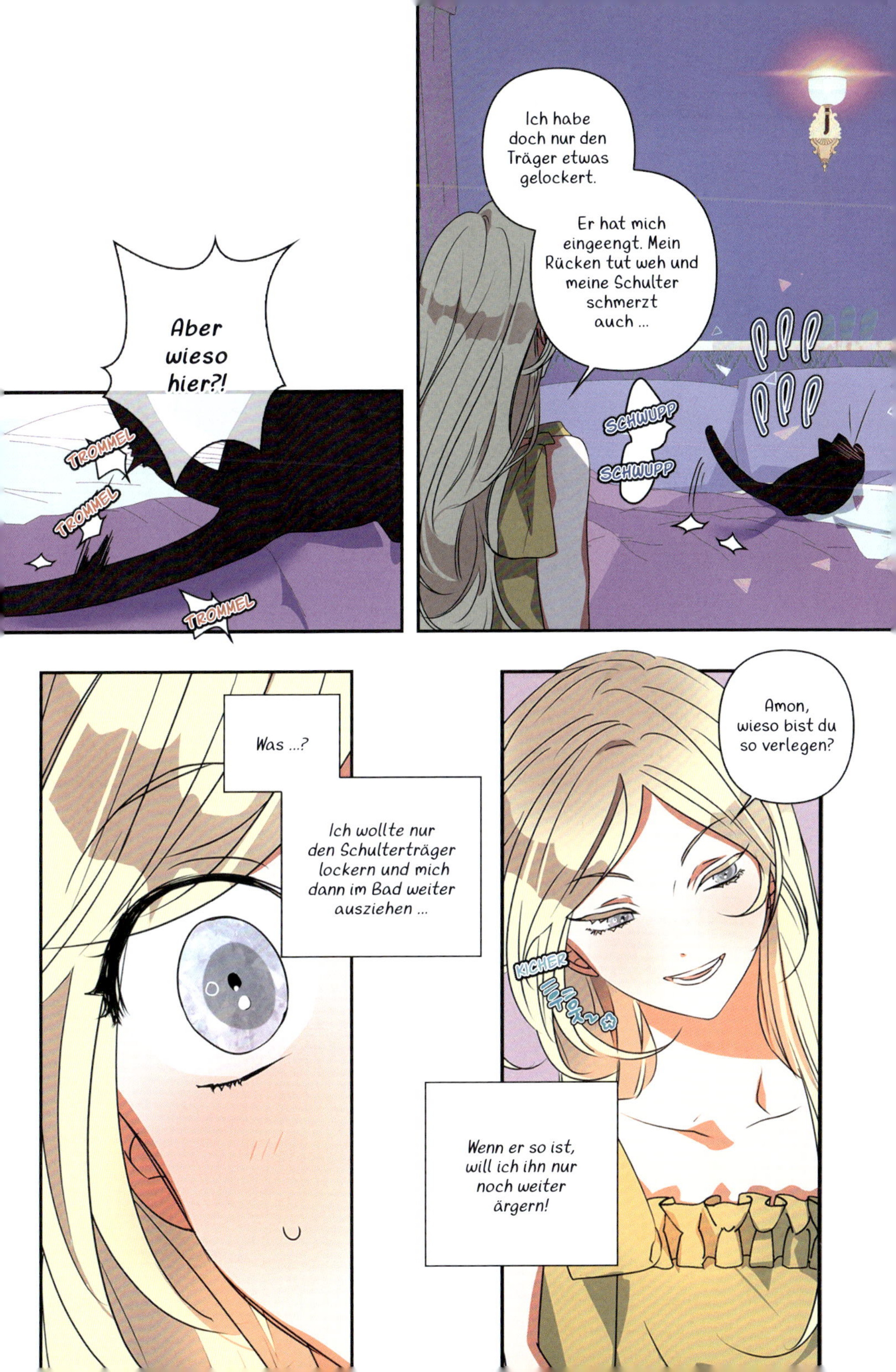
Aber wieso hier?!
TROMMEL
TROMMEL
TROMMEL
Ich habe doch nur den Träger etwas gelockert.
Er hat mich eingeengt. Mein Rücken tut weh und meine Schulter schmerzt auch ...
SCHWUPP
SCHWUPP
Was ...?
Ich wollte nur den Schulterträger lockern und mich dann im Bad weiter ausziehen ...
Amon, wieso bist du so verlegen?
KICHER
Wenn er so ist, will ich ihn nur noch weiter ärgern!

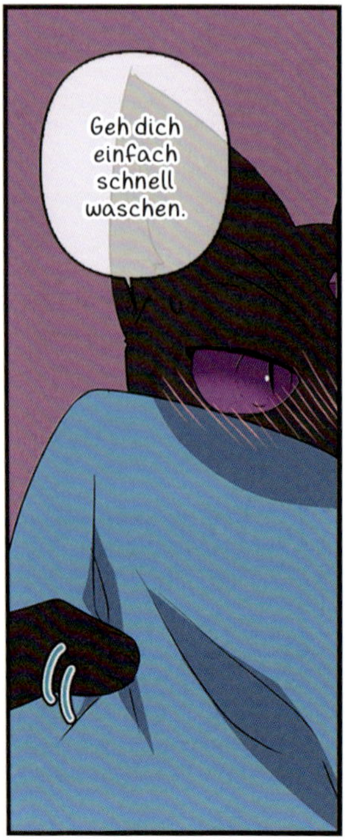
Geh dich einfach schnell waschen.

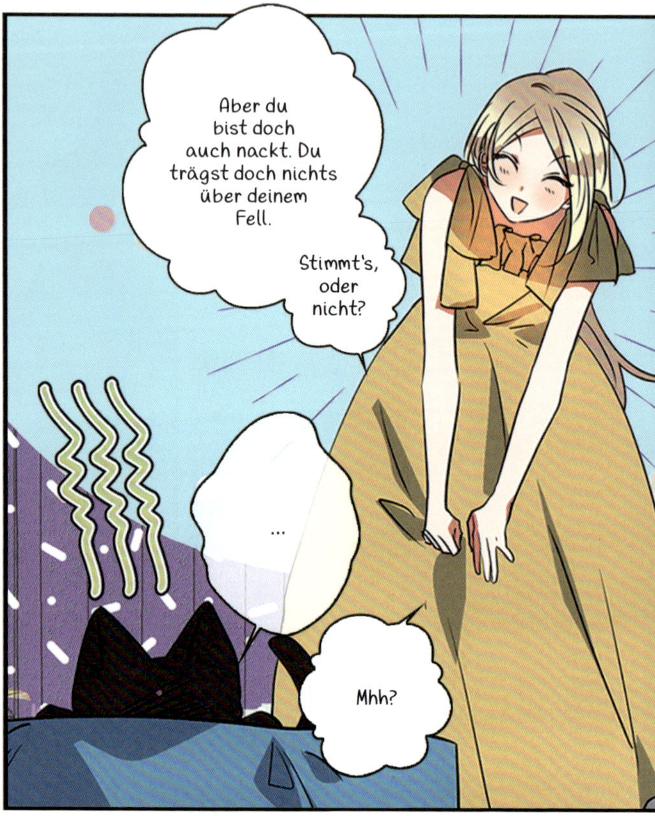
Aber du bist doch auch nackt. Du trägst doch nichts über deinem Fell.
Stimmt's, oder nicht?
...
Mhh?

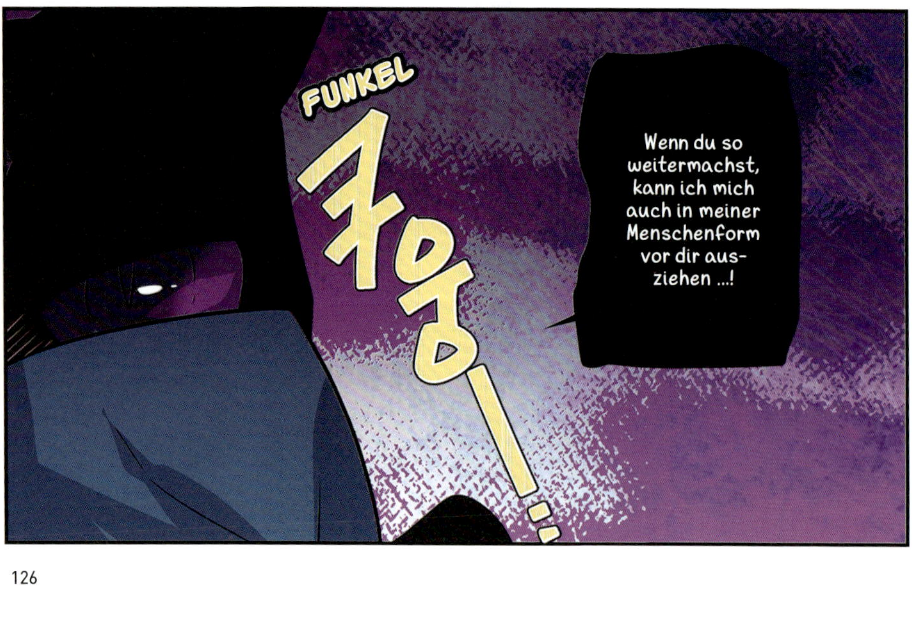
FUNKEL
Wenn du so weitermachst, kann ich mich auch in meiner Menschenform vor dir ausziehen ...!

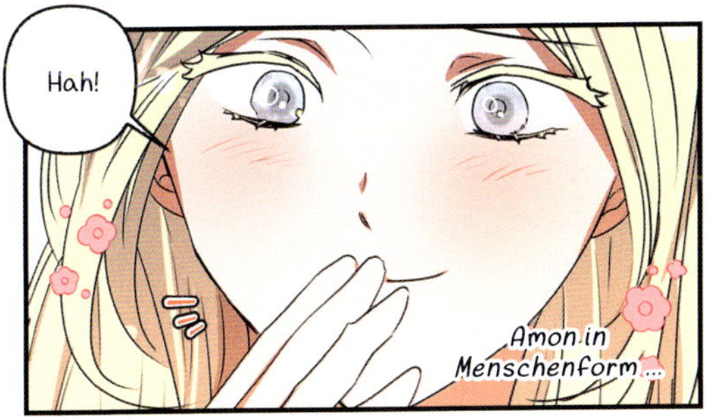
Hah!
Amon in Menschenform ...

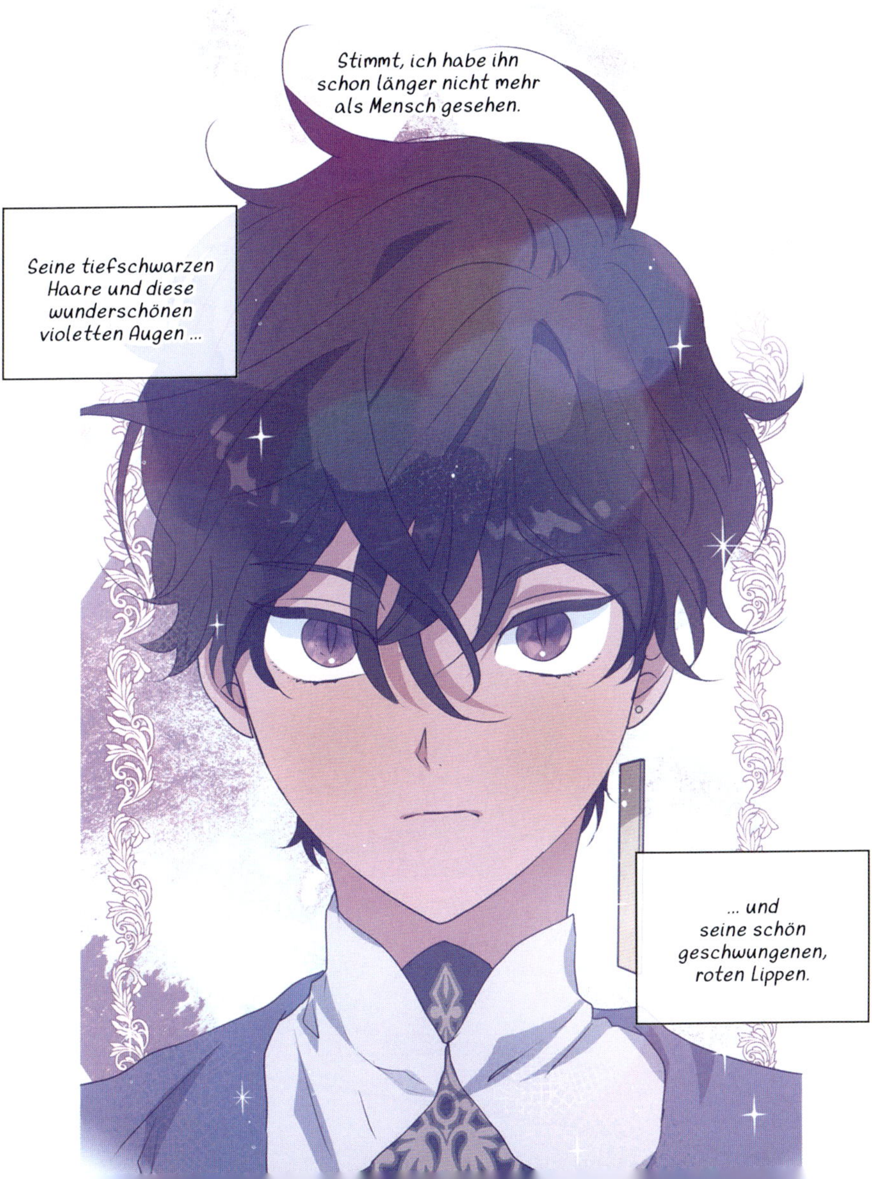
Stimmt, ich habe ihn schon länger nicht mehr als Mensch gesehen.
Seine tiefschwarzen Haare und diese wunderschönen violetten Augen ...
... und seine schön geschwungenen, roten Lippen.

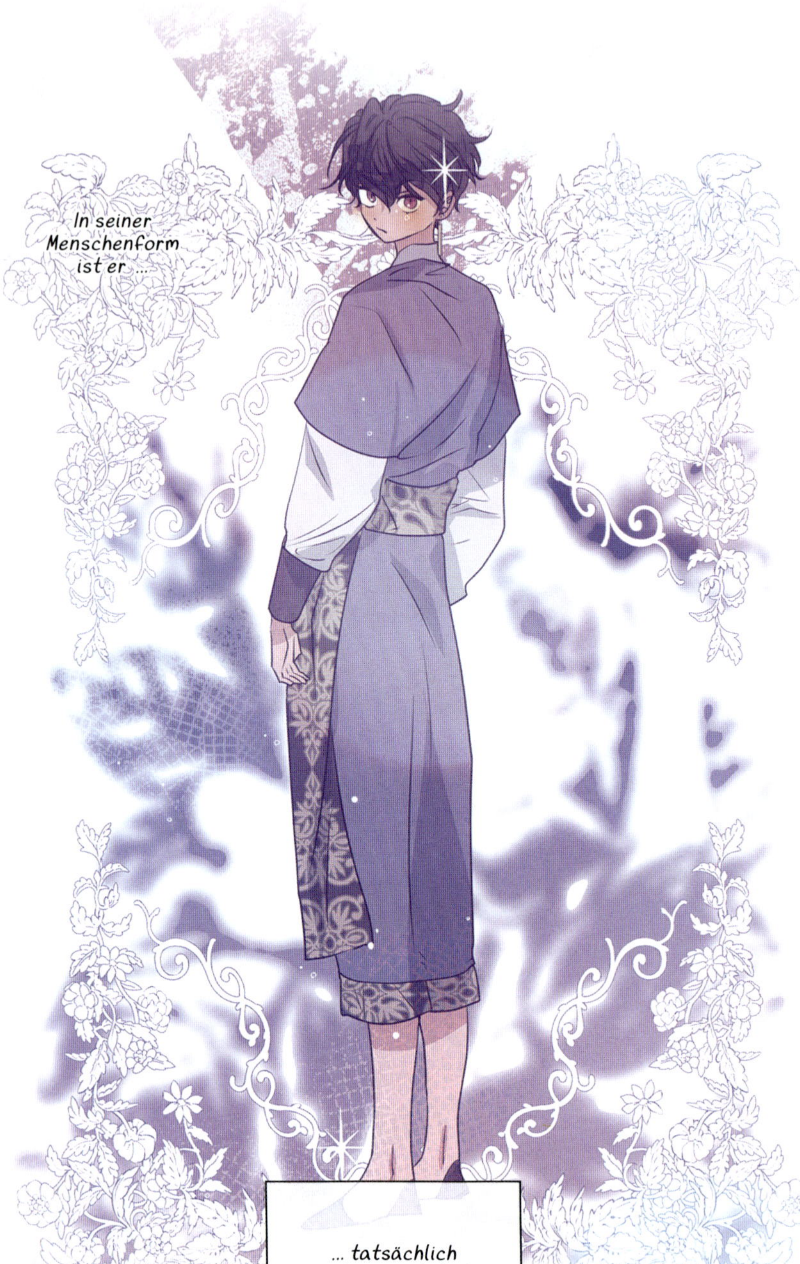
In seiner Menschenform ist er ...
... tatsächlich außergewöhnlich schön ...

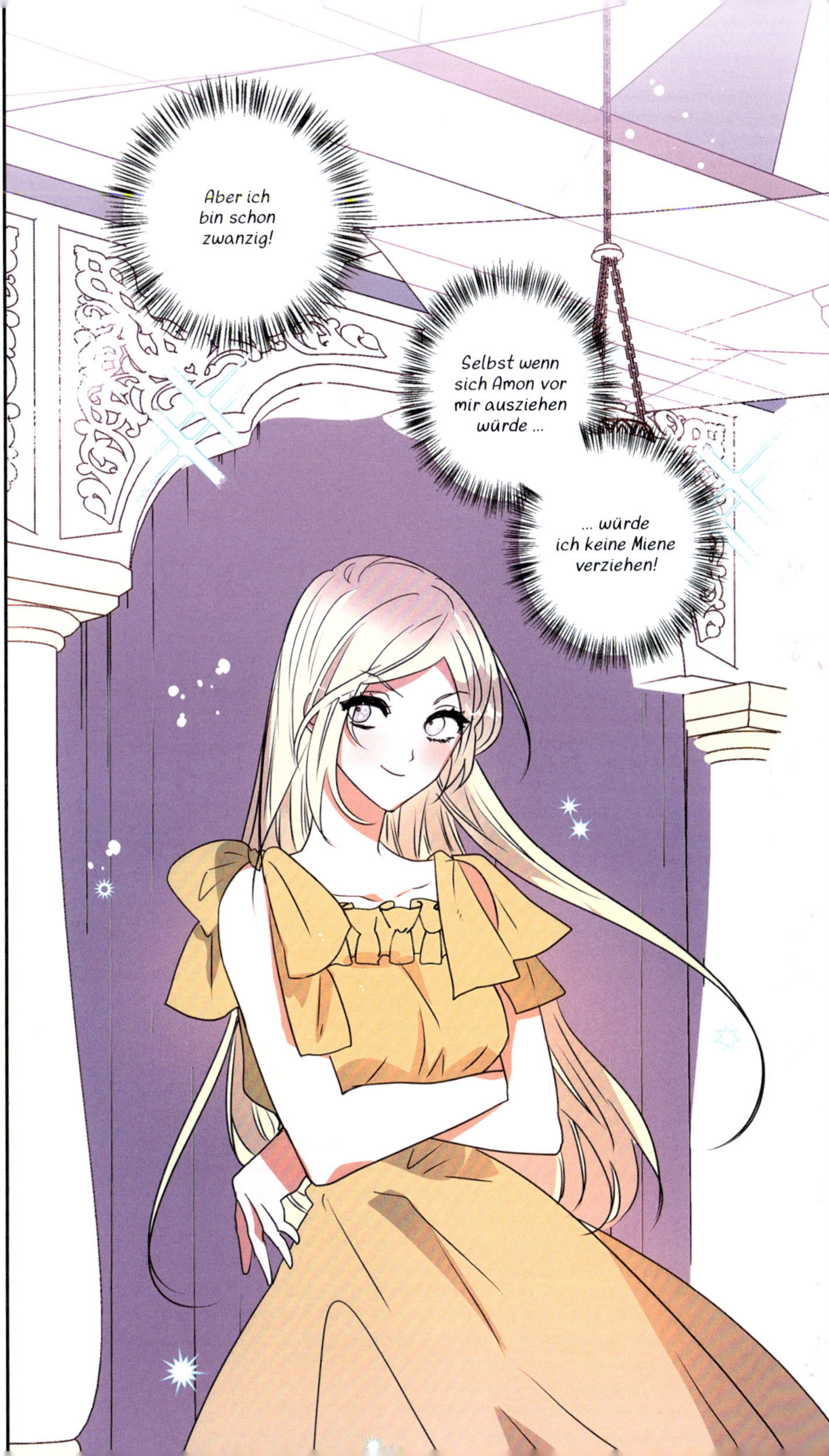
Aber ich bin schon zwanzig!
Selbst wenn sich Amon vor mir ausziehen würde ...
... würde ich keine Miene verziehen!

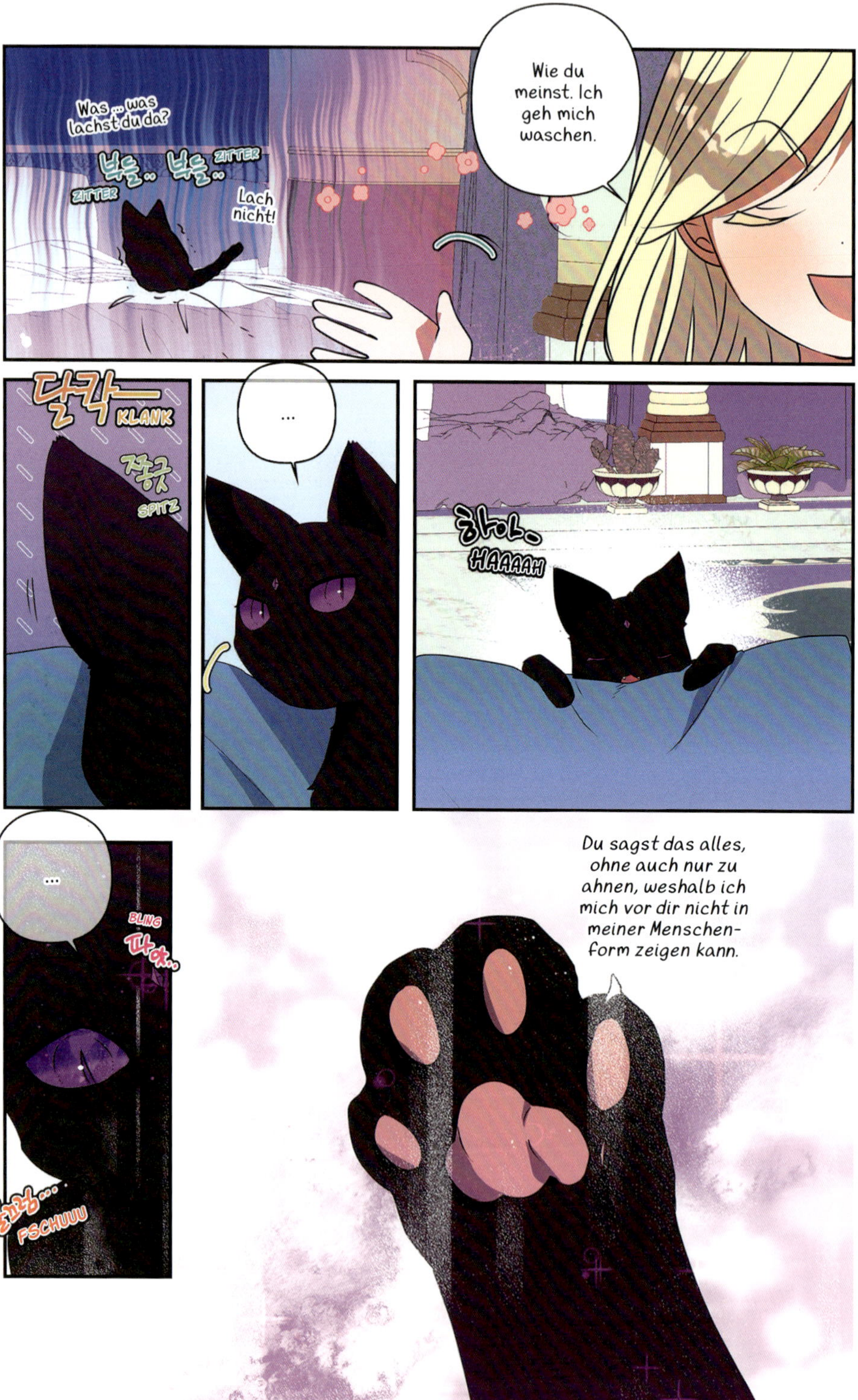

Was ... was lachst du da?
부들.. 부들..
ZITTER
ZITTER
Lach nicht!
Wie du meinst. Ich geh mich waschen.
달칵
KLANK
쫑긋
SPITZ
...
하아..
HAAAAH
...
BLING
파아..
몰래..
FSCHUUU
Du sagst das alles, ohne auch nur zu ahnen, weshalb ich mich vor dir nicht in meiner Menschen-form zeigen kann.

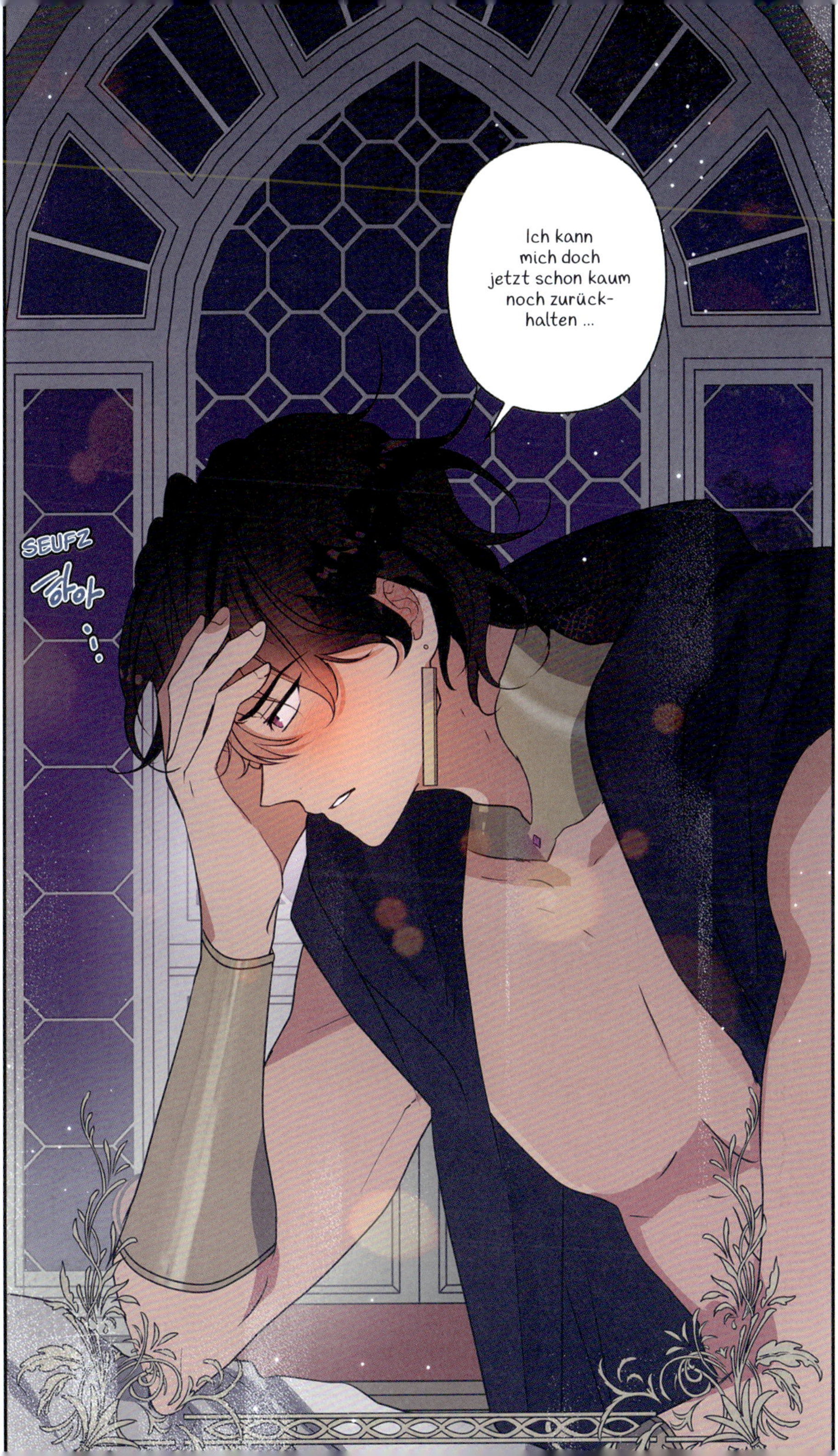
Ich kann mich doch jetzt schon kaum noch zurück-halten ...
SEUFZ
하아
...

6

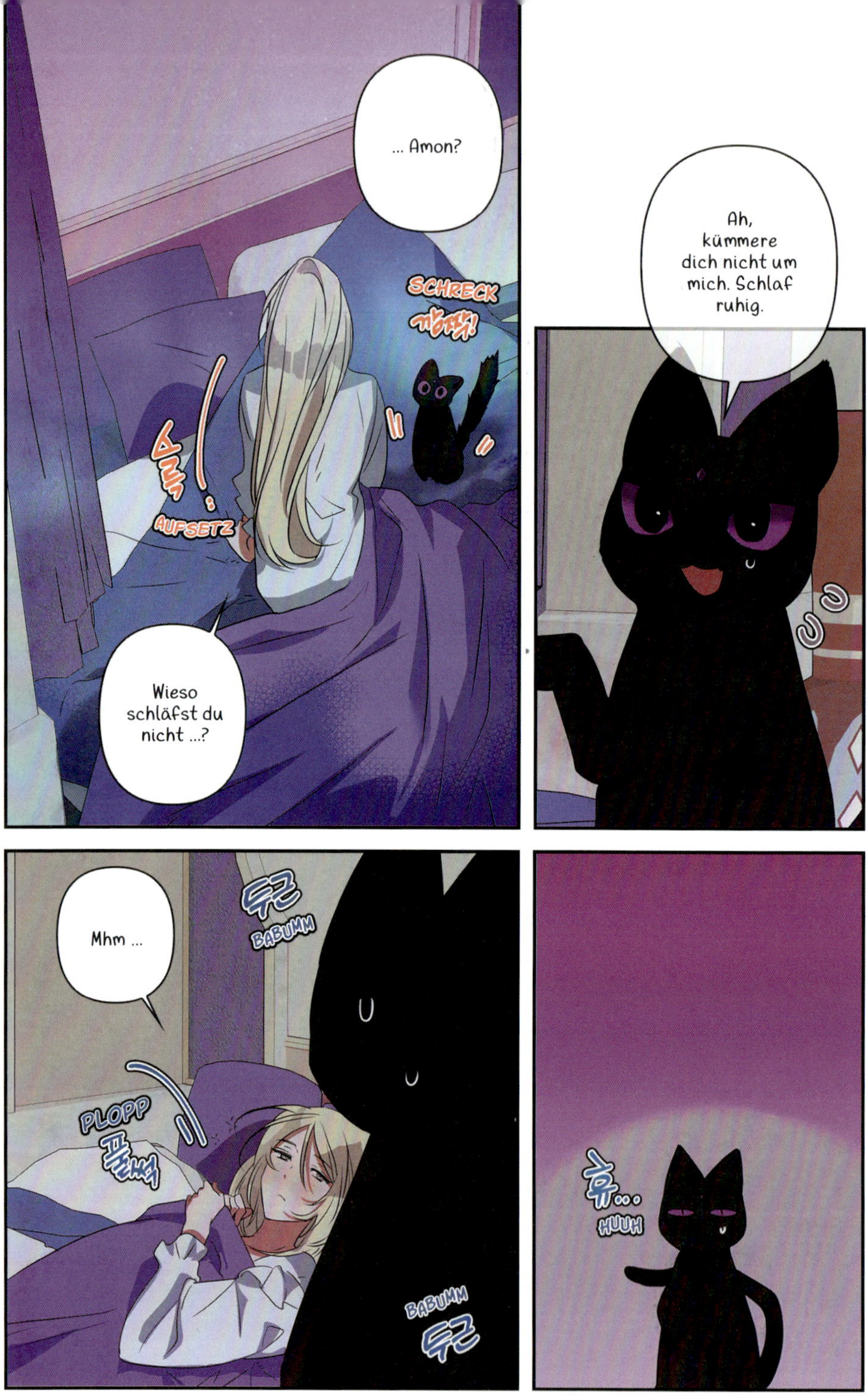

... Amon?
SCHRECK
AUFSETZ
Wieso schläfst du nicht ...?
Ah, kümmere dich nicht um mich. Schlaf ruhig.
BABUMM
Mhm ...
PLOPP
BABUMM
HUUH

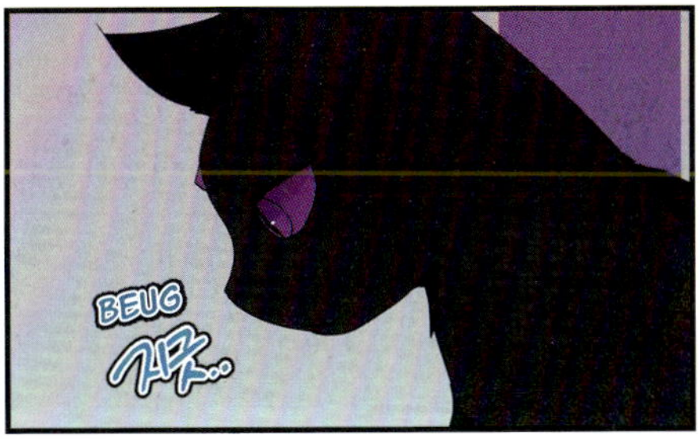
BEUG

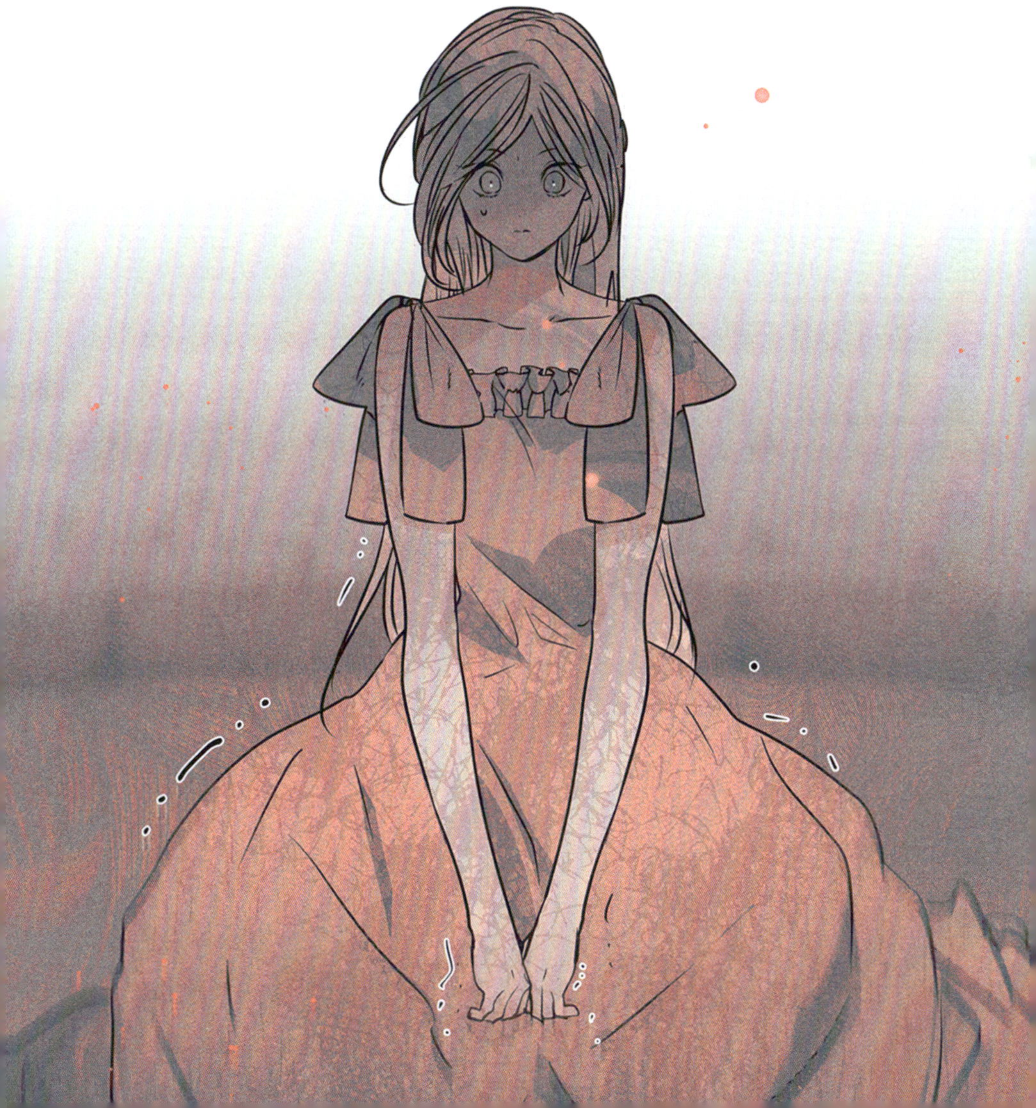

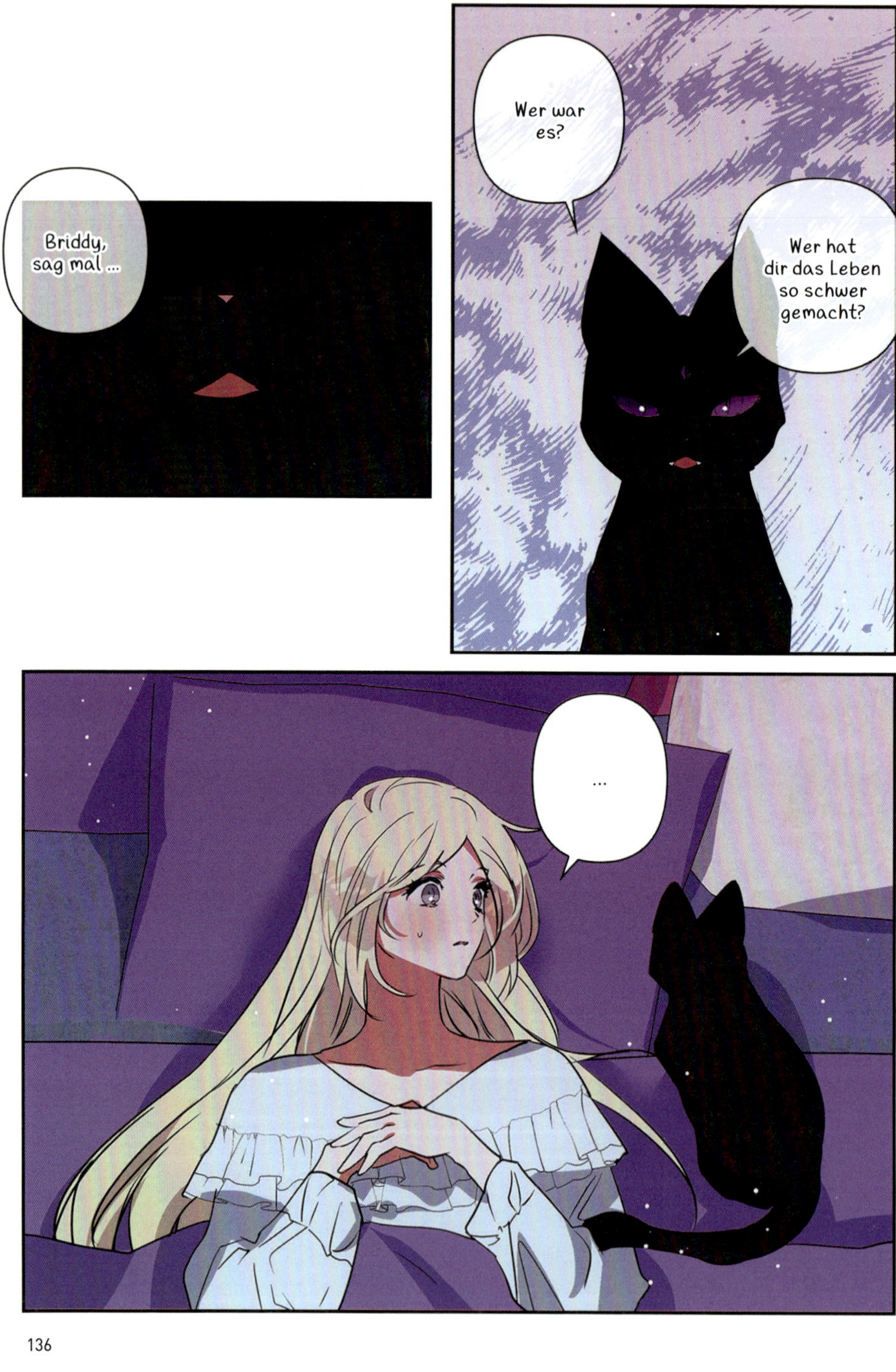
Briddy, sag mal …
Wer war es?
Wer hat dir das Leben so schwer gemacht?
…

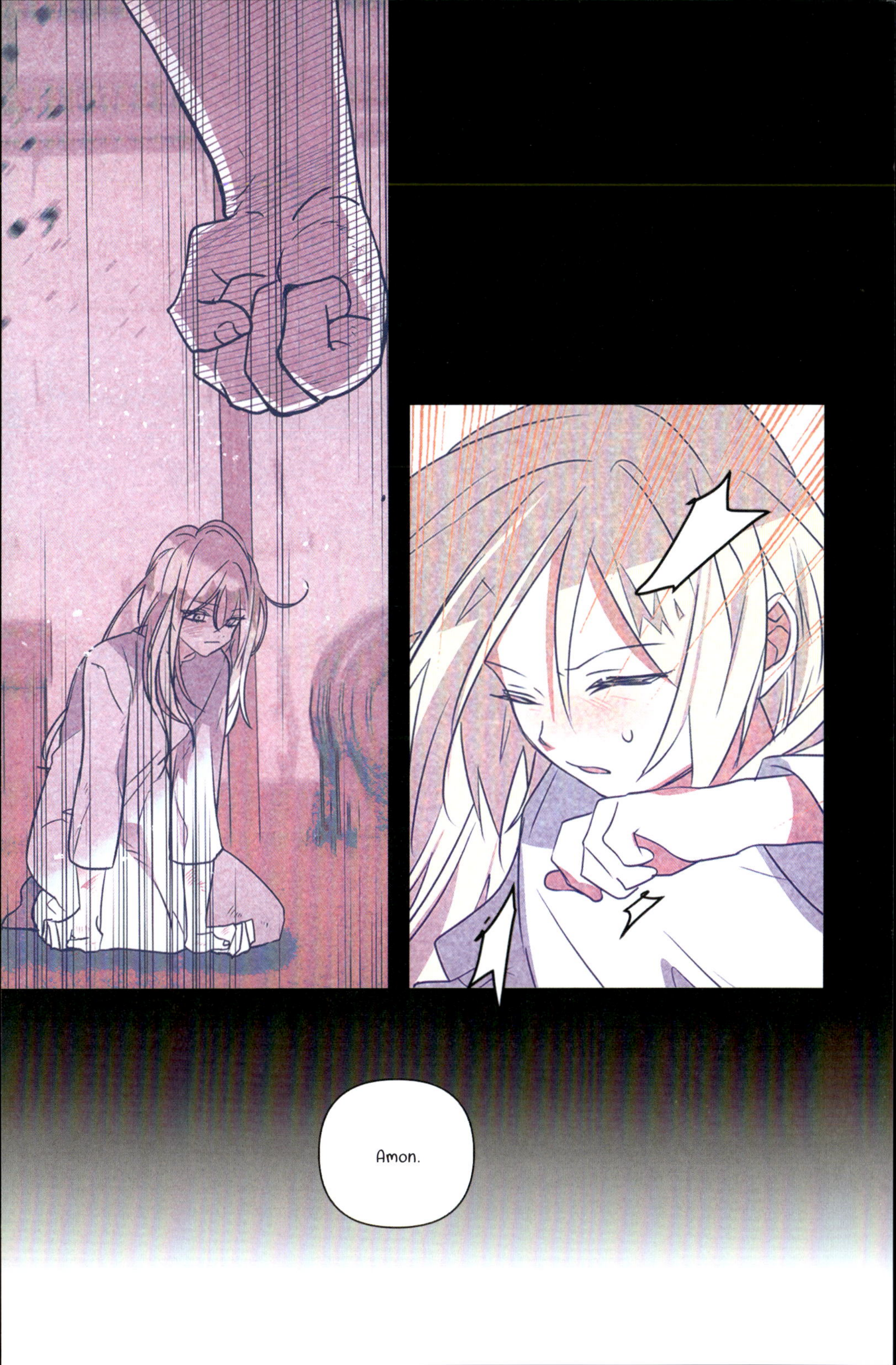
Amon.

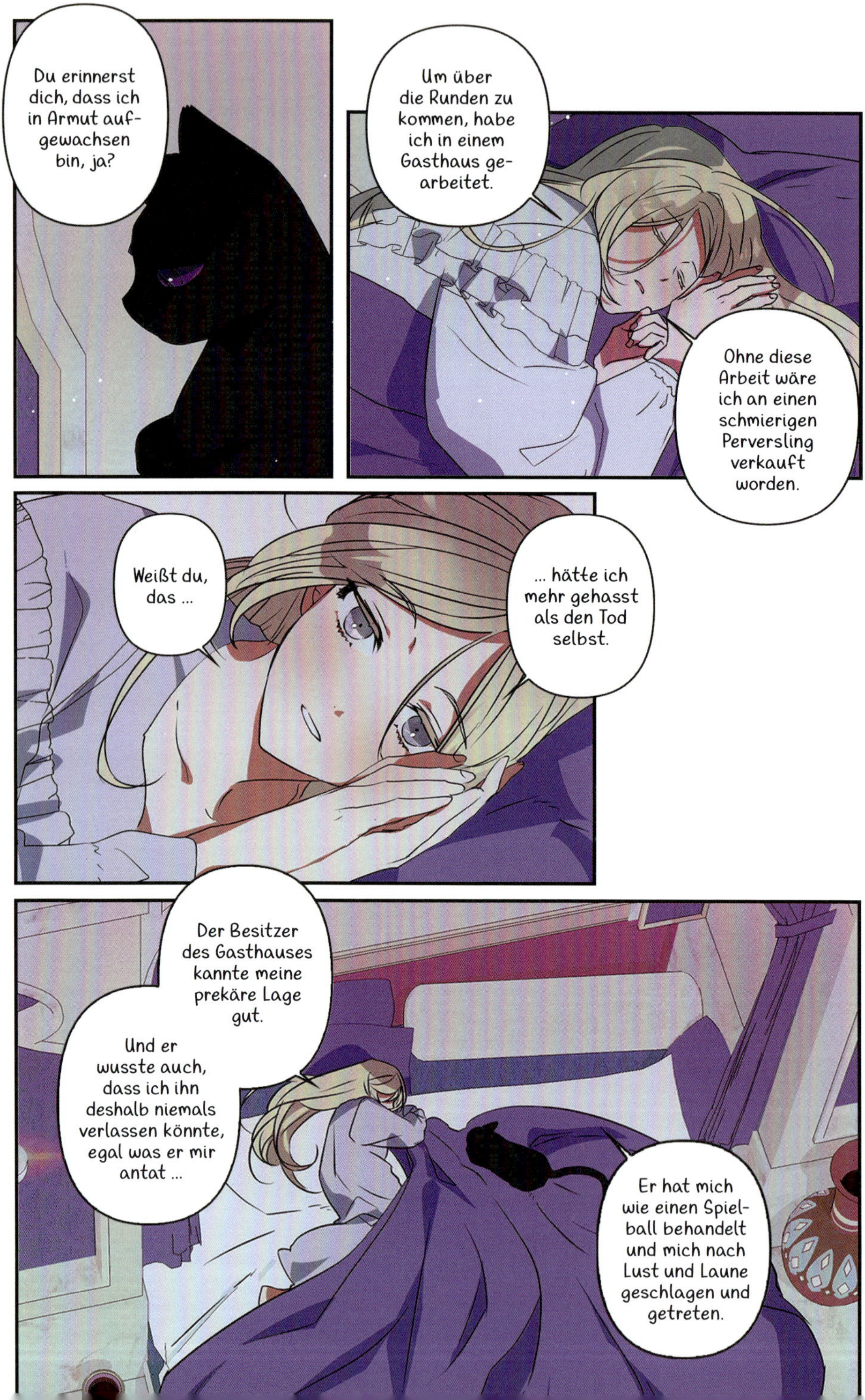
Du erinnerst dich, dass ich in Armut aufgewachsen bin, ja?
Um über die Runden zu kommen, habe ich in einem Gasthaus gearbeitet.
Ohne diese Arbeit wäre ich an einen schmierigen Perversling verkauft worden.
Weißt du, das ...
... hätte ich mehr gehasst als den Tod selbst.
Der Besitzer des Gasthauses kannte meine prekäre Lage gut.
Und er wusste auch, dass ich ihn deshalb niemals verlassen könnte, egal was er mir antat ...
Er hat mich wie einen Spielball behandelt und mich nach Lust und Laune geschlagen und getreten.

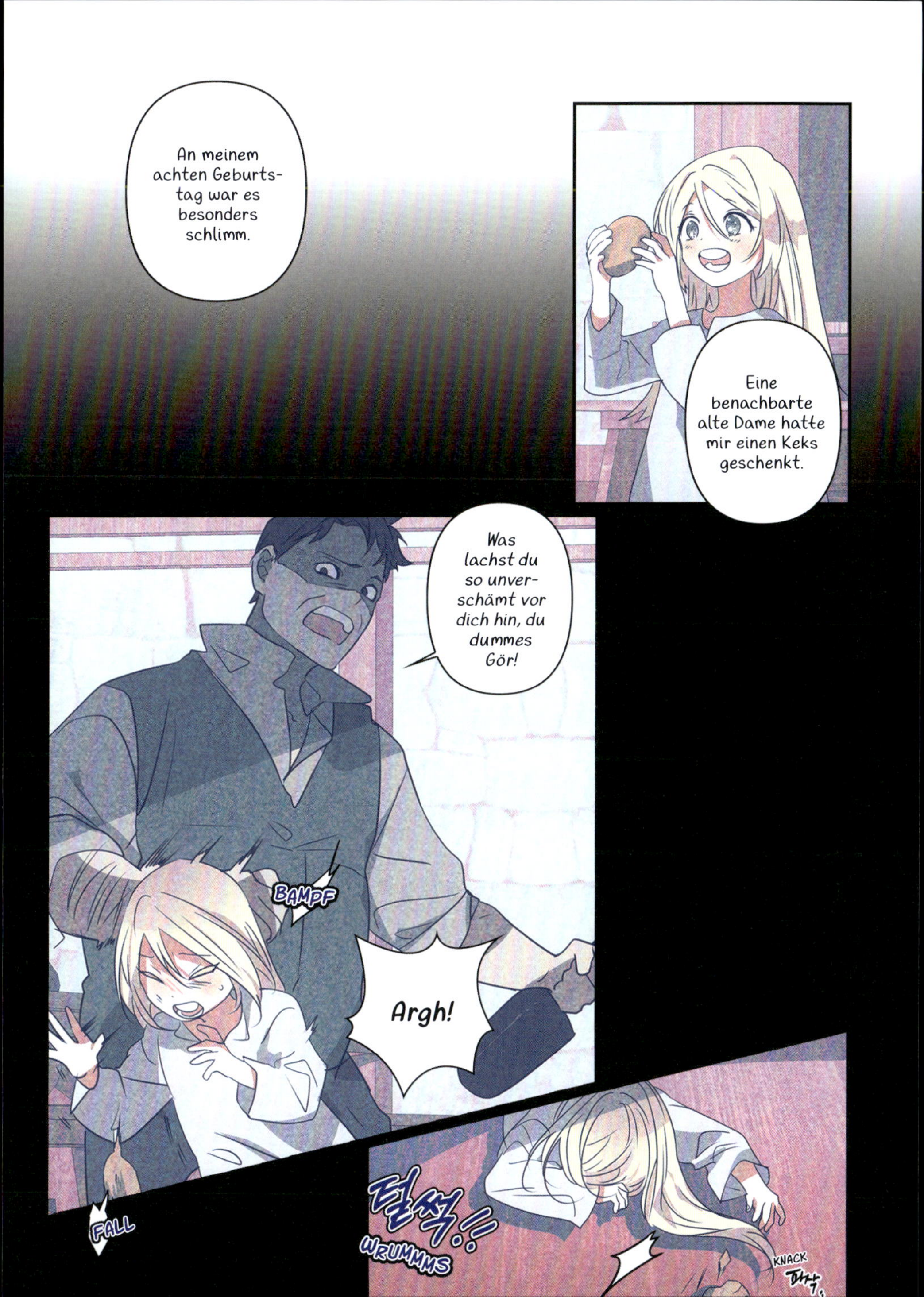

An meinem achten Geburtstag war es besonders schlimm.
Eine benachbarte alte Dame hatte mir einen Keks geschenkt.
Was lachst du so unverschämt vor dich hin, du dummes Gör!
BAMPF
Argh!
FALL
털썩!!
WRUMMMS
KNACK

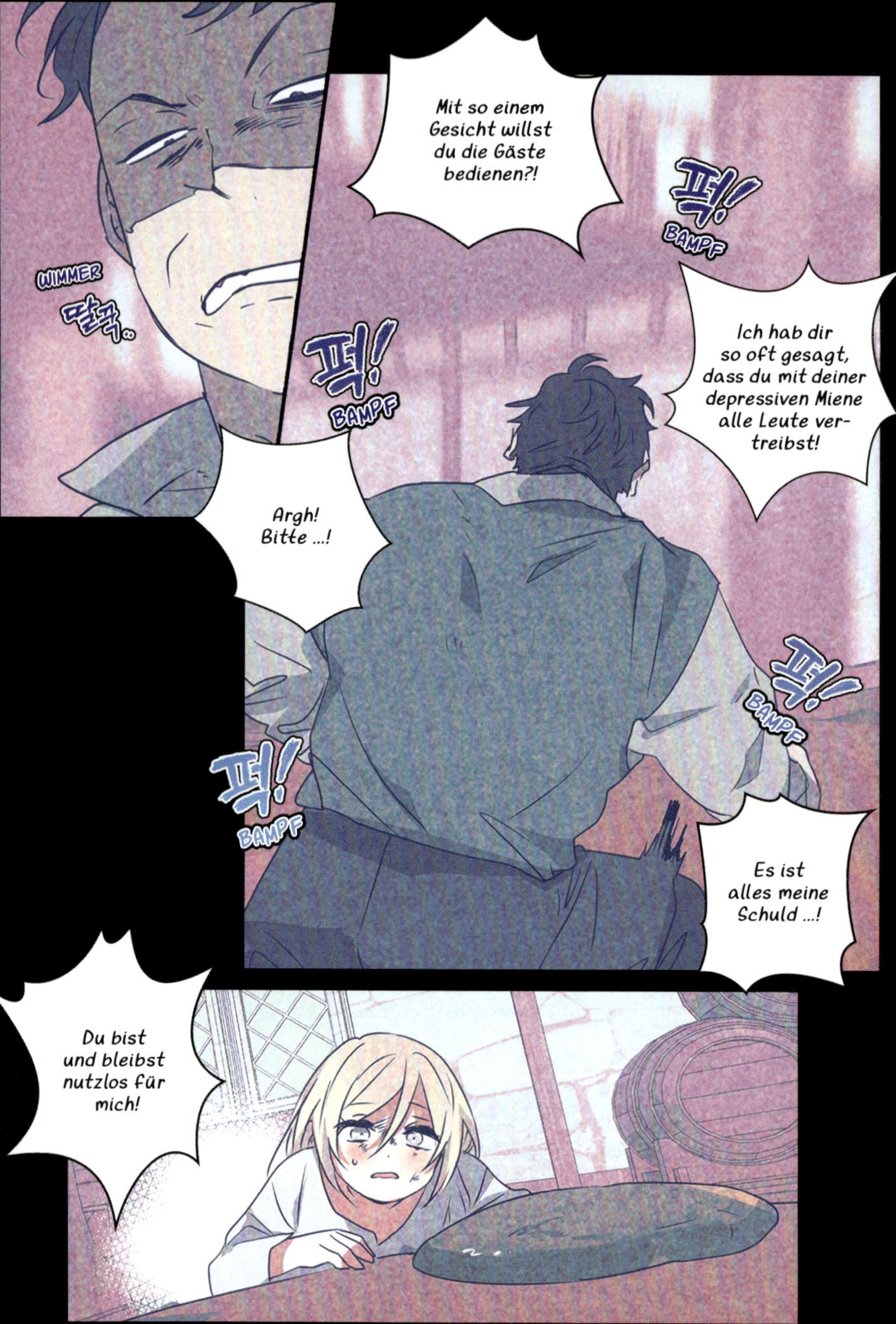

Mit so einem Gesicht willst du die Gäste bedienen?!
퍽! BAMPF
WIMMER 딸꾹..
퍽! BAMPF
Ich hab dir so oft gesagt, dass du mit deiner depressiven Miene alle Leute vertreibst!
Argh! Bitte ...!
퍽! BAMPF
퍽! BAMPF
Es ist alles meine Schuld ...!
Du bist und bleibst nutzlos für mich!

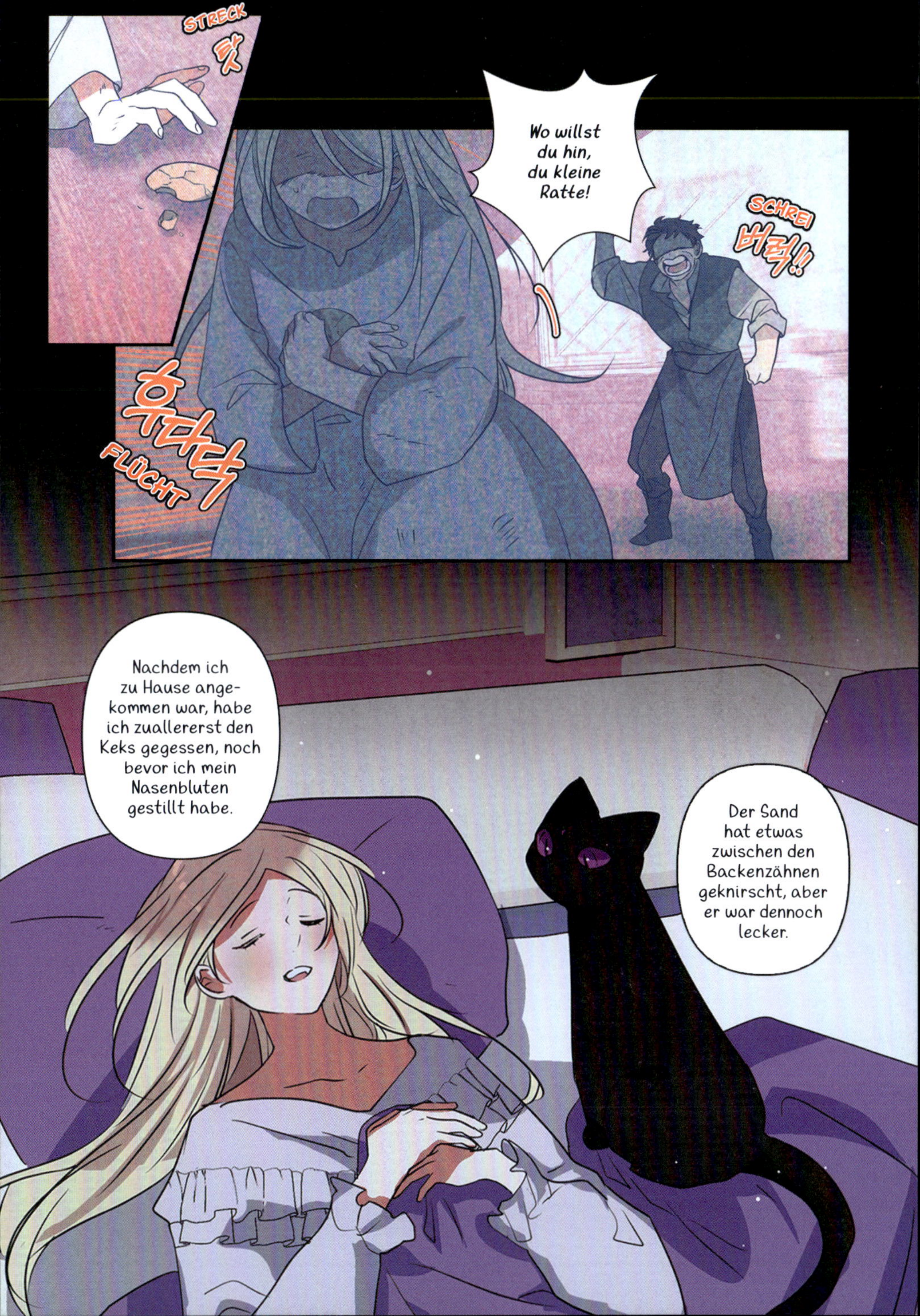
STRECK
탁
Wo willst du hin, du kleine Ratte!
SCHREI
버럭!!
후다닥
FLÜCHT
Nachdem ich zu Hause angekommen war, habe ich zuallererst den Keks gegessen, noch bevor ich mein Nasenbluten gestillt habe.
Der Sand hat etwas zwischen den Backenzähnen geknirscht, aber er war dennoch lecker.

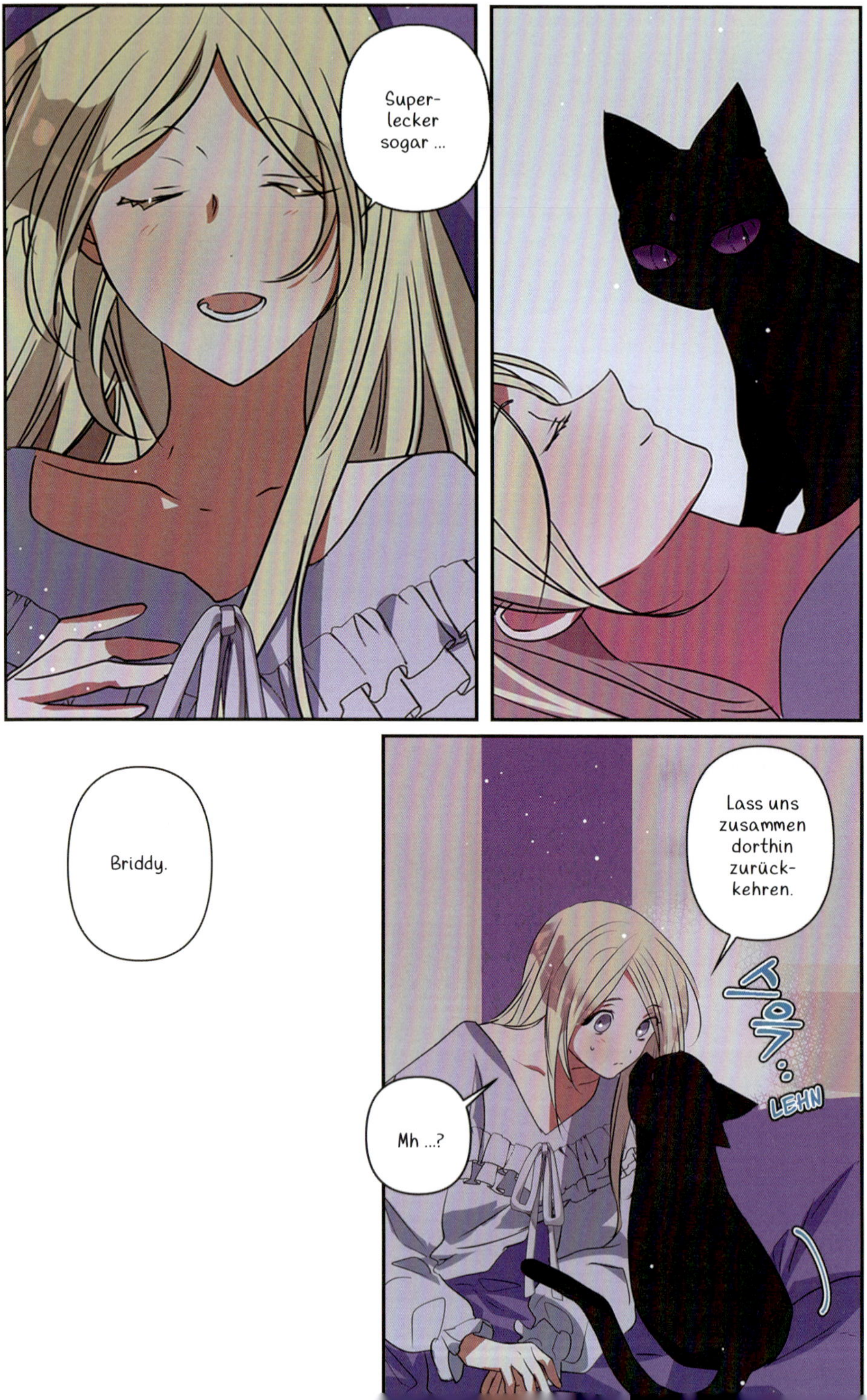
Super-lecker sogar ...
Briddy.
Lass uns zusammen dorthin zurückkehren.
LEHN
Mh ...?

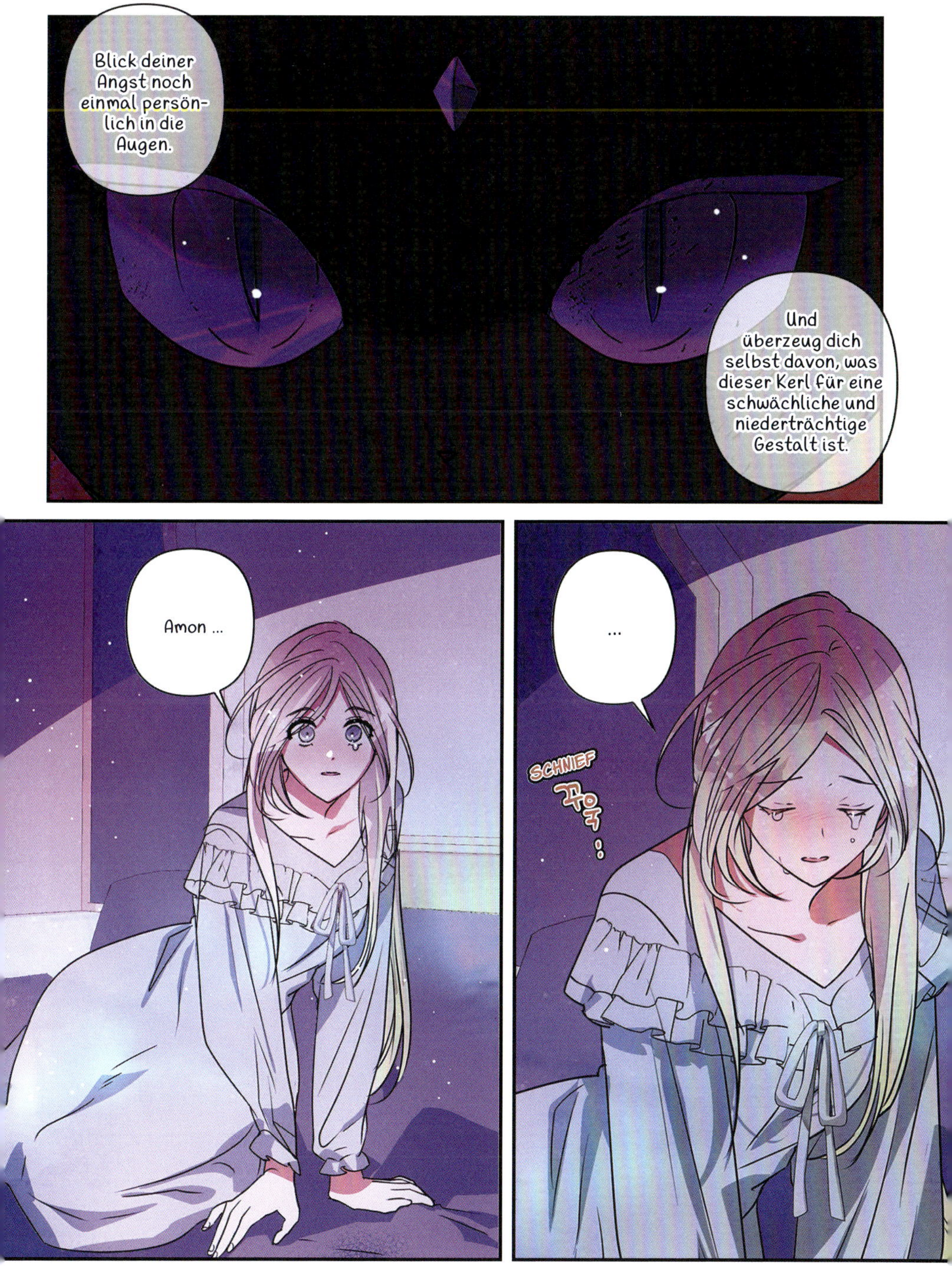

Blick deiner Angst noch einmal persönlich in die Augen.
Und überzeug dich selbst davon, was dieser Kerl für eine schwächliche und niederträchtige Gestalt ist.
Amon ...
...
SCHNIEF

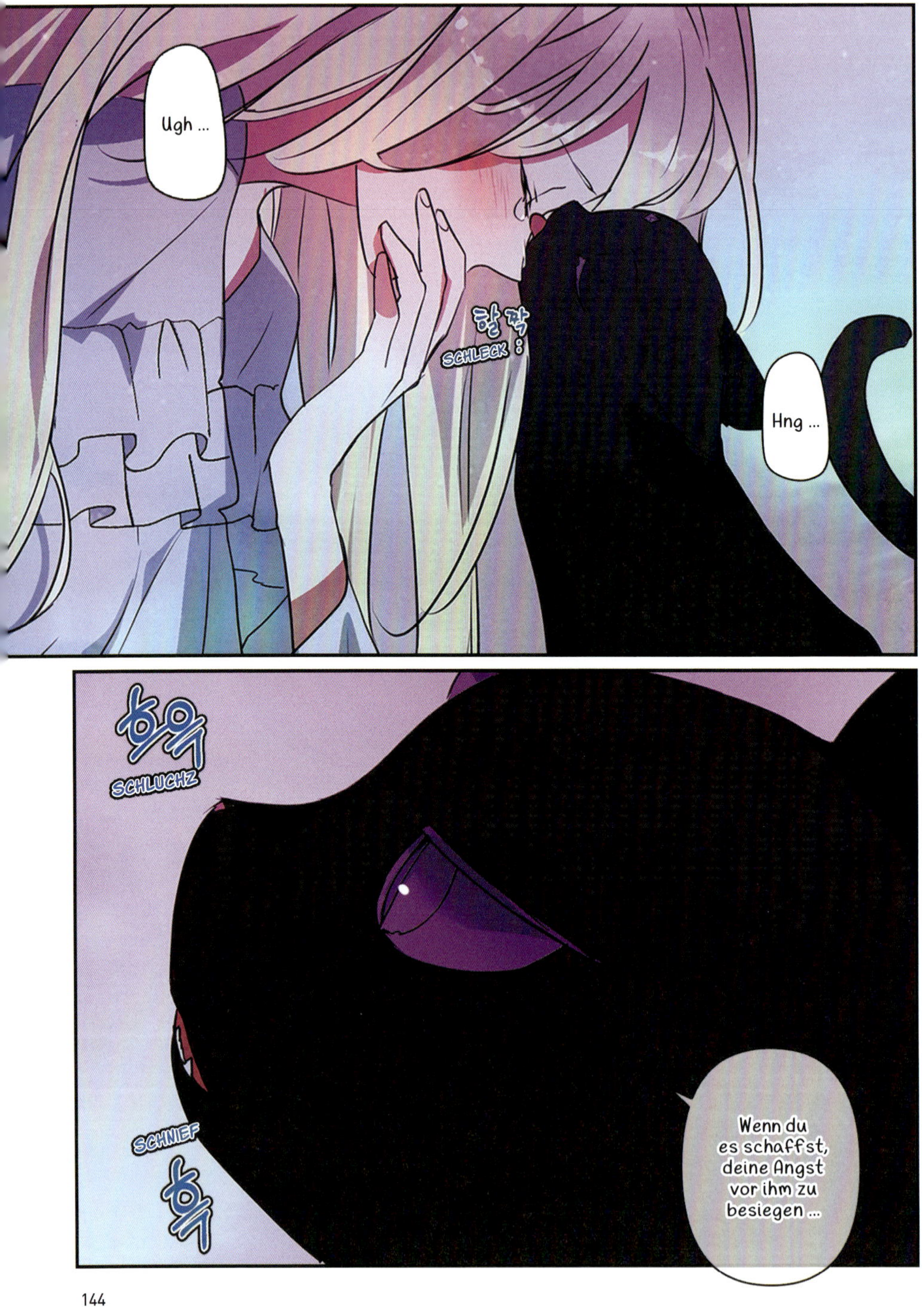
Hng ...
할짝
SCHLECK
Ugh ...
Wenn du es schaffst, deine Angst vor ihm zu besiegen ...
흐윽
SCHLUCHZ
SCHNIEF
흐

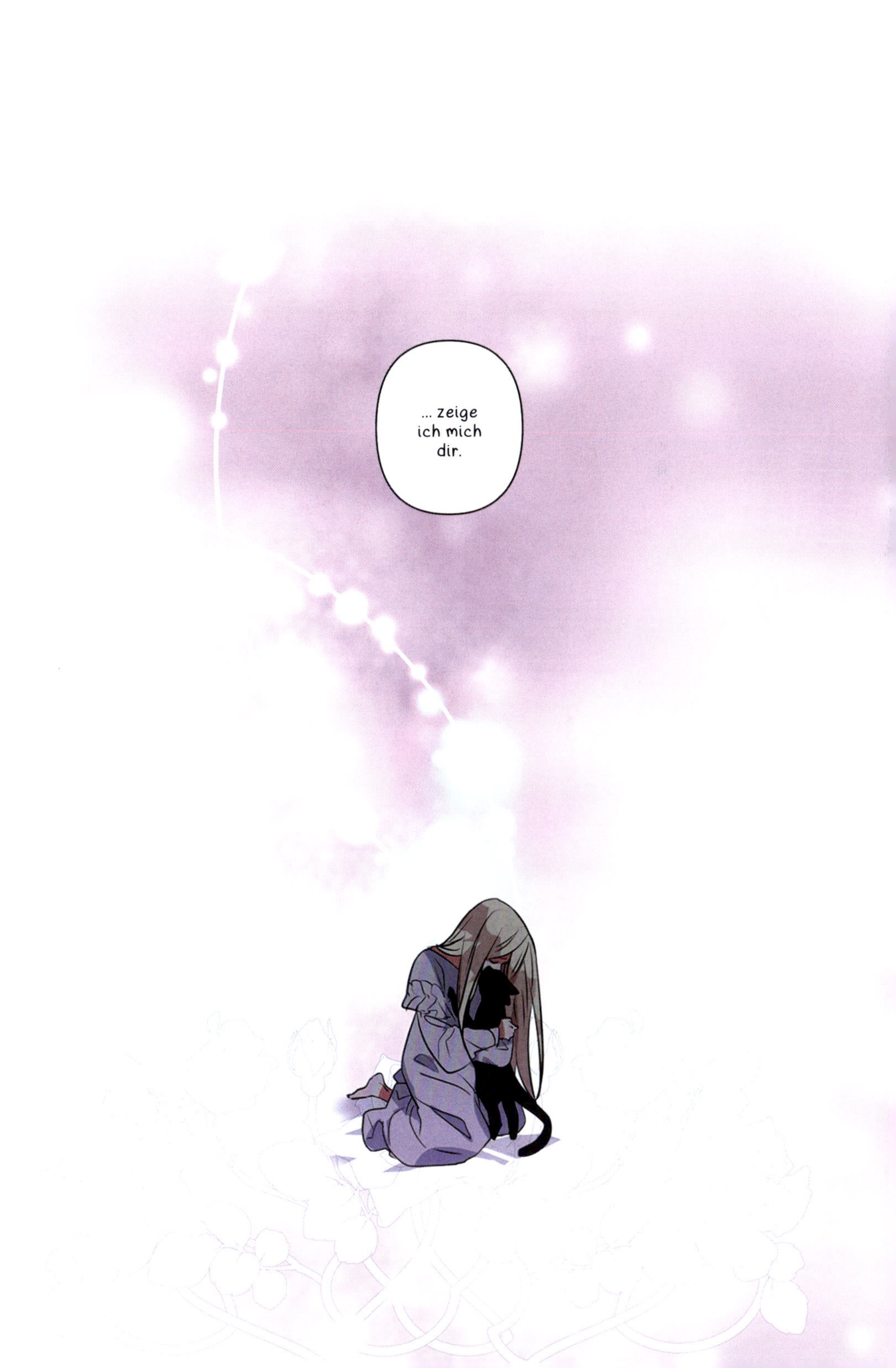
... zeige ich mich dir.

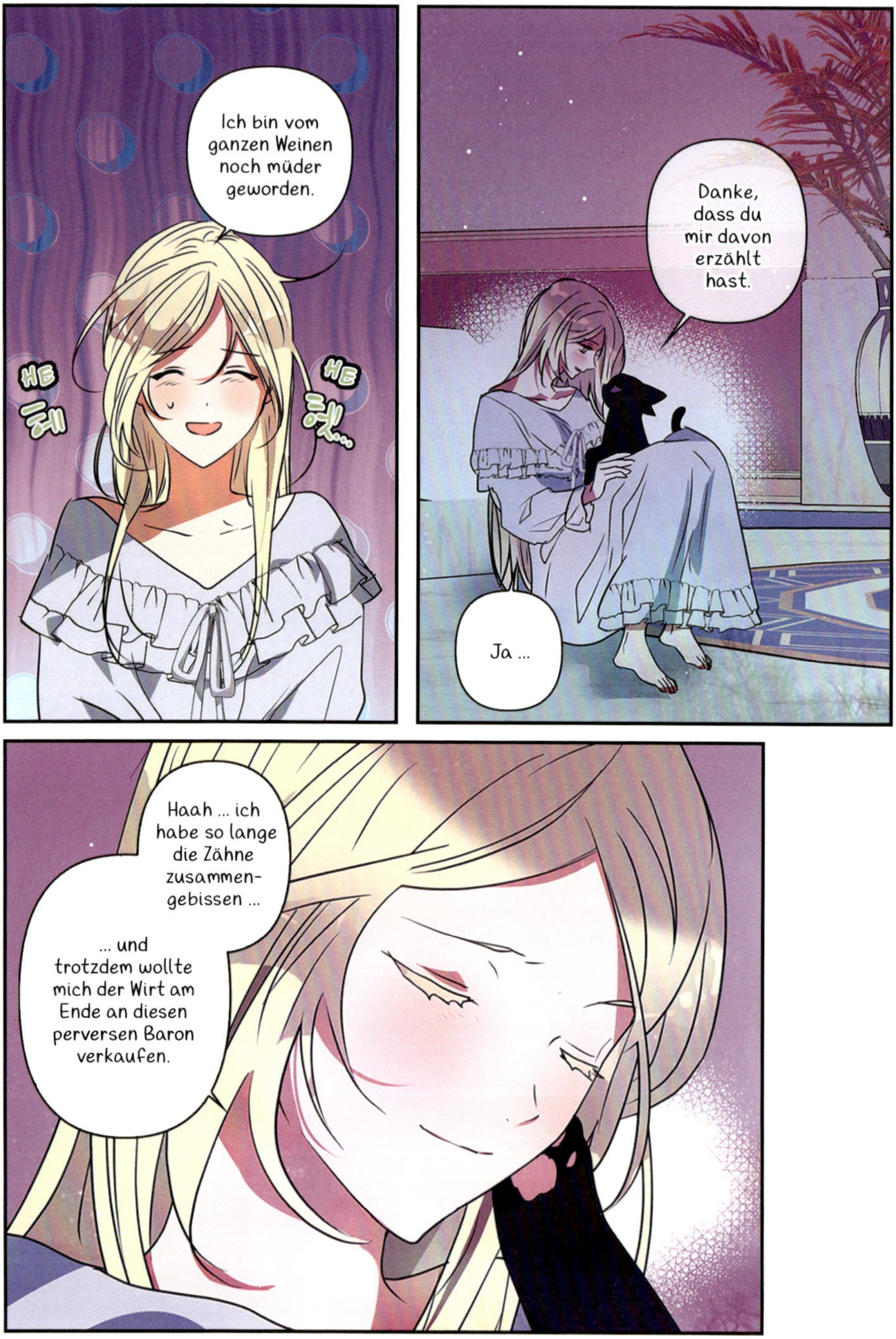
Ich bin vom ganzen Weinen noch müder geworden.
HE 헤
HE 헷…
Danke, dass du mir davon erzählt hast.
Ja …
Haah … ich habe so lange die Zähne zusammengebissen …
… und trotzdem wollte mich der Wirt am Ende an diesen perversen Baron verkaufen.

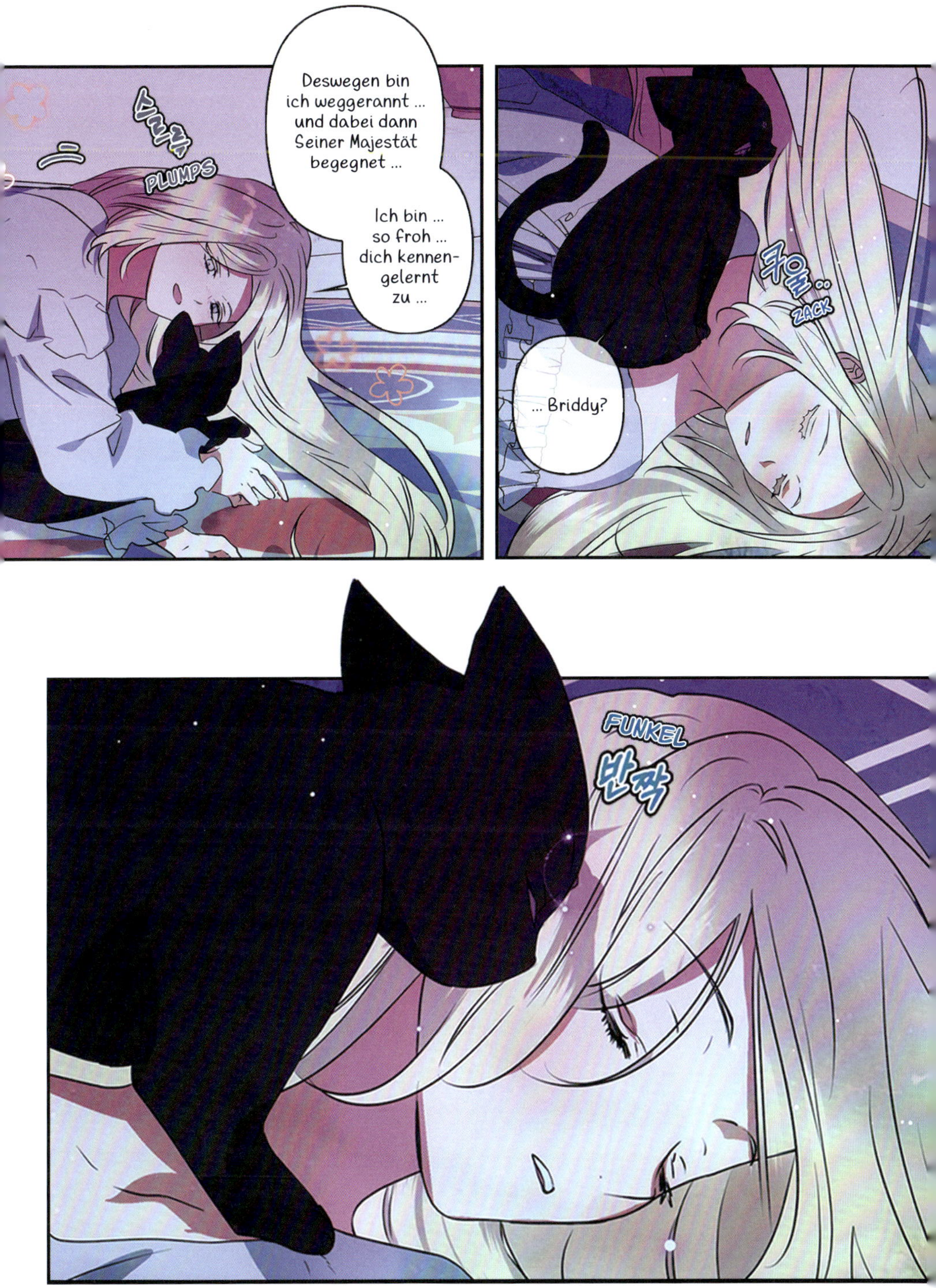
스르륵
PLUMPS
Deswegen bin ich weggerannt ... und dabei dann Seiner Majestät begegnet ...
Ich bin ... so froh ... dich kennengelernt zu ...
쿠울..
ZACK
... Briddy?
FUNKEL
반짝

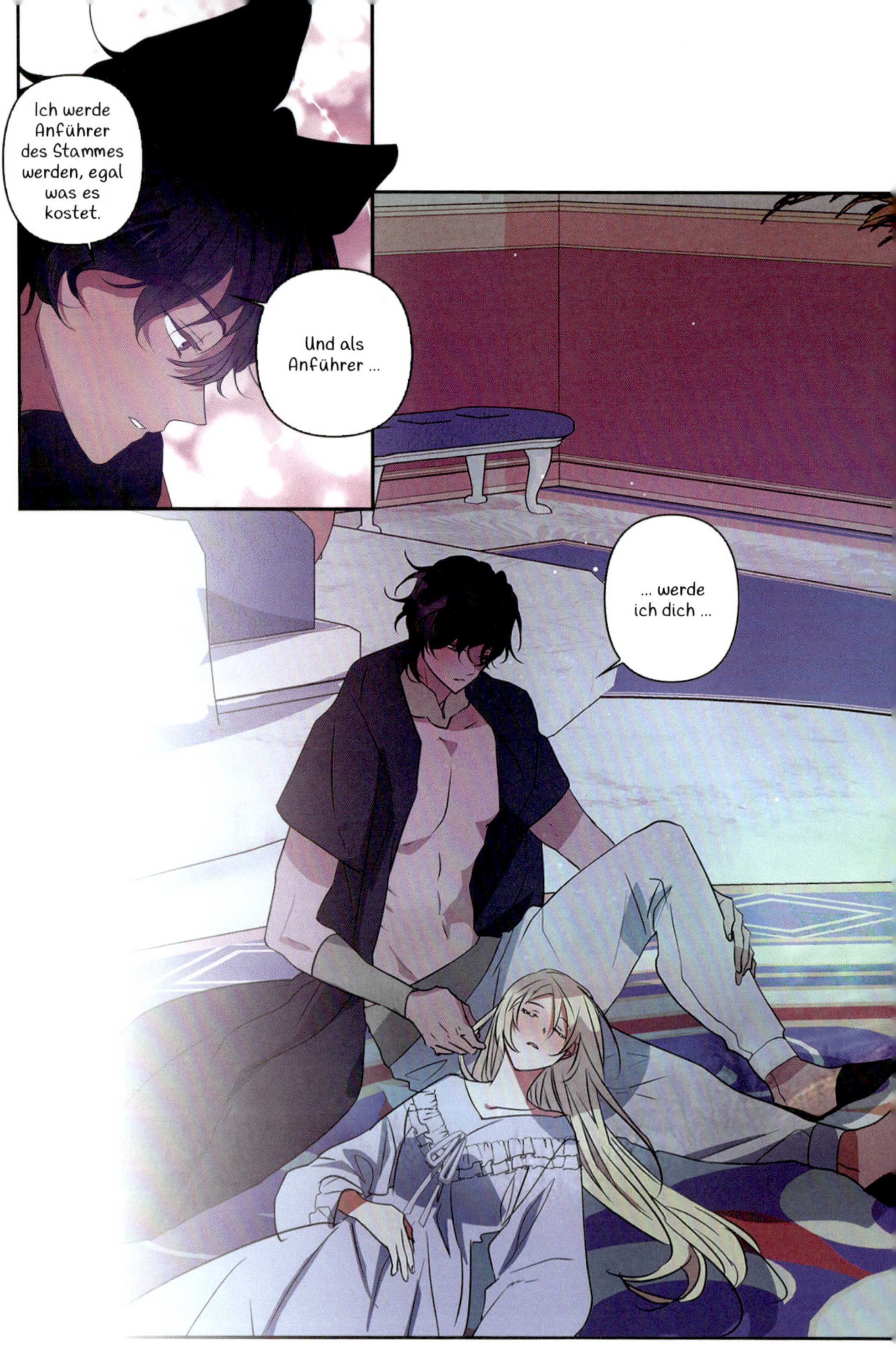

Ich werde Anführer des Stammes werden, egal was es kostet.
Und als Anführer ...
... werde ich dich ...

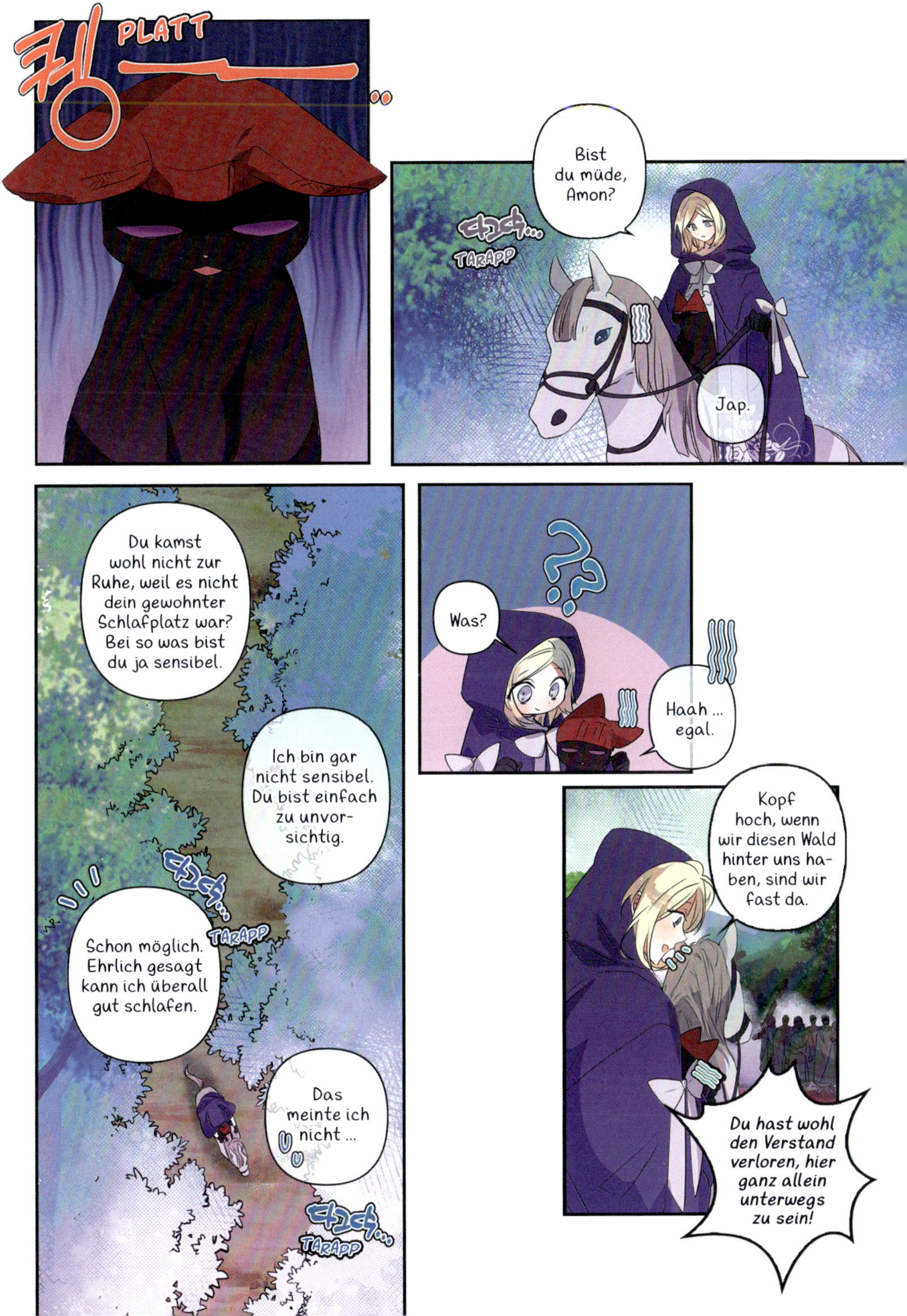

PLATT
Bist du müde, Amon?
TARAPP
Jap.
Du kamst wohl nicht zur Ruhe, weil es nicht dein gewohnter Schlafplatz war? Bei so was bist du ja sensibel.
Ich bin gar nicht sensibel. Du bist einfach zu unvorsichtig.
TARAPP
Schon möglich. Ehrlich gesagt kann ich überall gut schlafen.
Das meinte ich nicht ...
TARAPP
Was?
Haah ... egal.
Kopf hoch, wenn wir diesen Wald hinter uns haben, sind wir fast da.
Du hast wohl den Verstand verloren, hier ganz allein unterwegs zu sein!

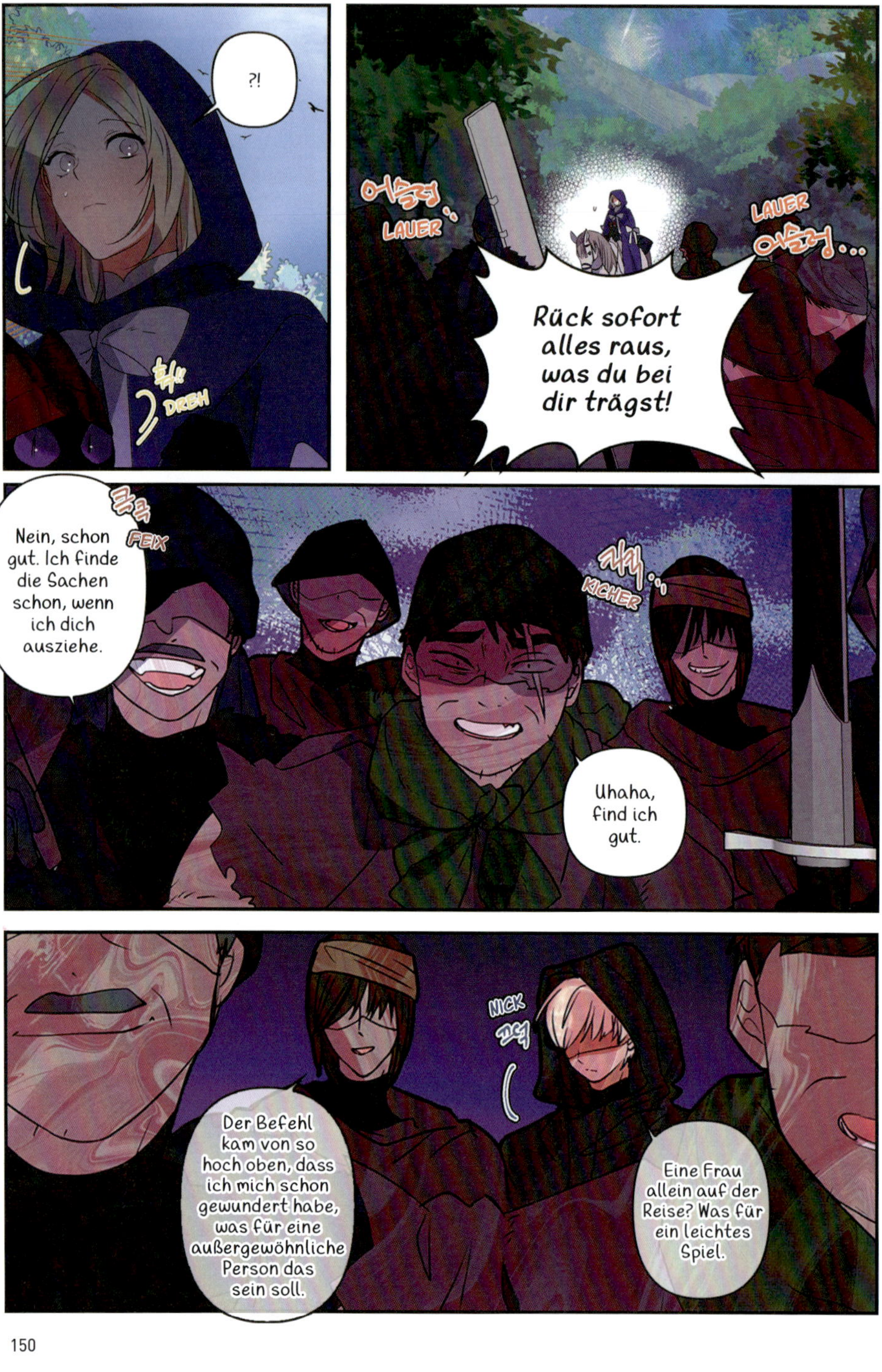

?!
DREH
LAUER
LAUER
Rück sofort alles raus, was du bei dir trägst!
FEIX
Nein, schon gut. Ich finde die Sachen schon, wenn ich dich ausziehe.
KICHER
Uhaha, find ich gut.
NICK
Eine Frau allein auf der Reise? Was für ein leichtes Spiel.
Der Befehl kam von so hoch oben, dass ich mich schon gewundert habe, was für eine außergewöhnliche Person das sein soll.

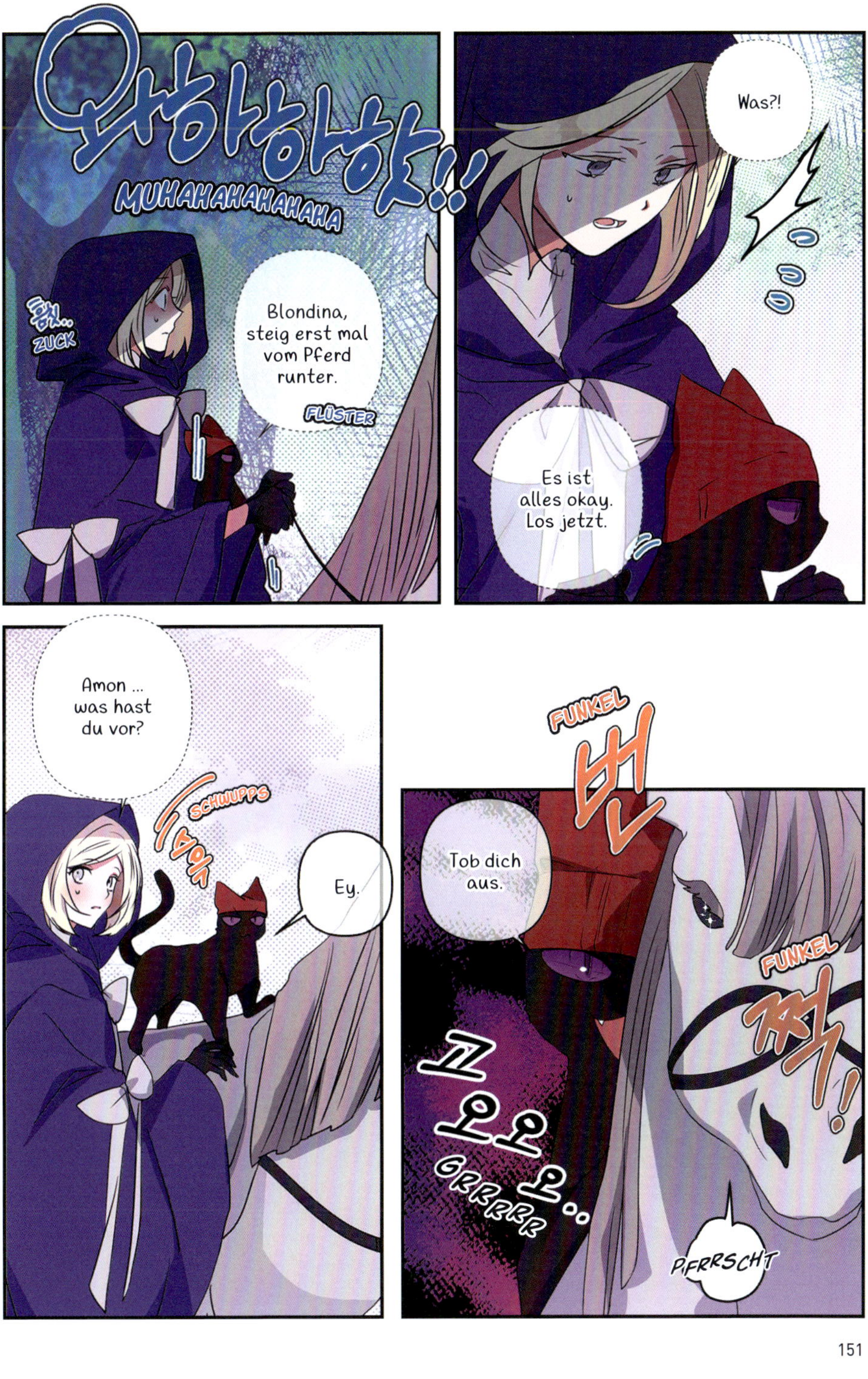
MUHAHAHAHAHAHA
ZUCK
Blondina, steig erst mal vom Pferd runter.
FLÜSTER
Was?!
Es ist alles okay. Los jetzt.
Amon ... was hast du vor?
SCHWUPPS
Ey.
FUNKEL
Tob dich aus.
FUNKEL
GRRRRRR
PFRRSCHT

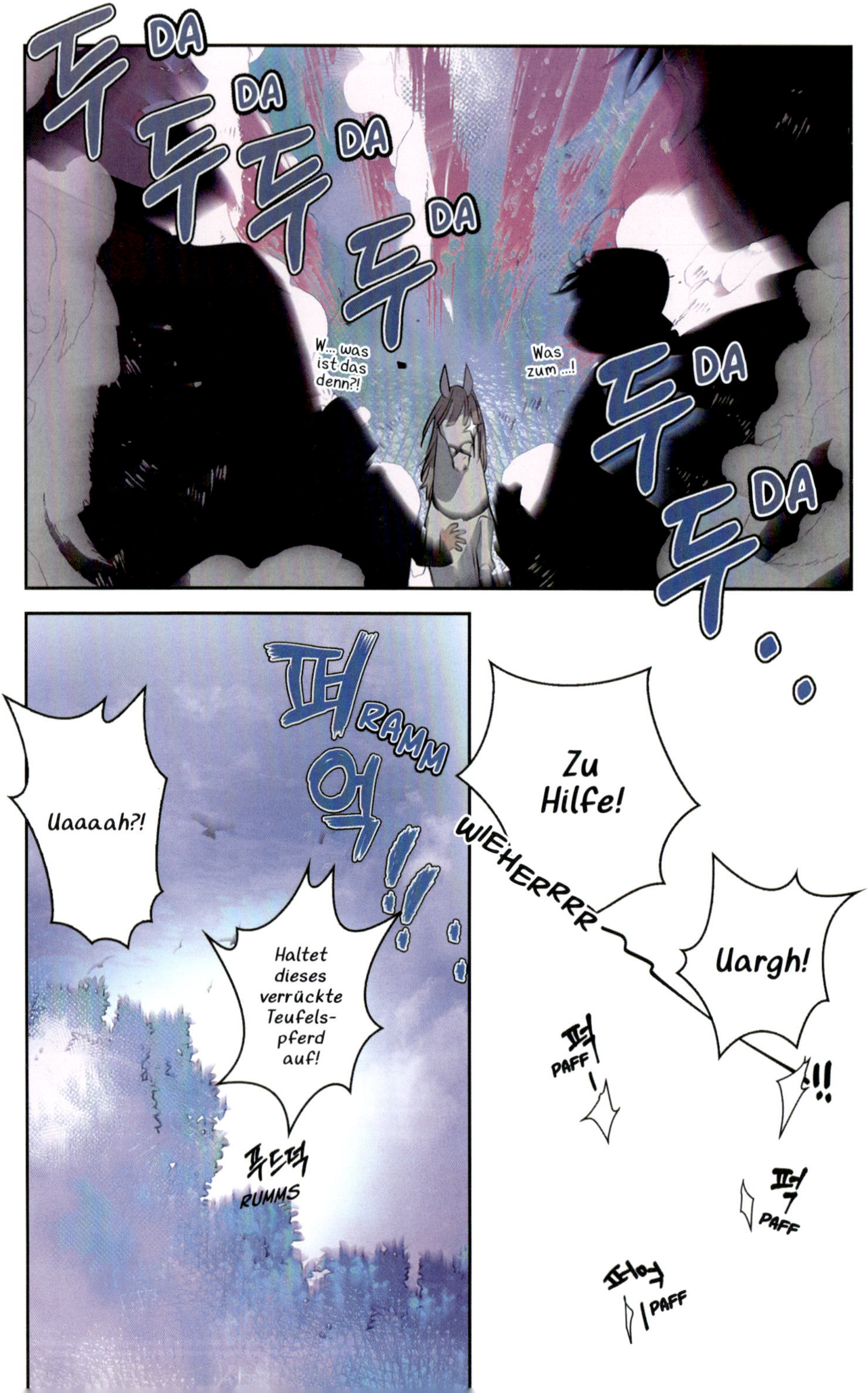
두 DA
두 DA
두 DA
두 DA
W… was ist das denn?!
Was zum …!
두 DA
두 DA
퍼억 RAMM!!
Uaaaah?!
Haltet dieses verrückte Teufelspferd auf!
Zu Hilfe!
WIEHERRRR
Uargh!
퍽 PAFF
퍽 PAFF
퍼억 PAFF
푸드덕 RUMMS

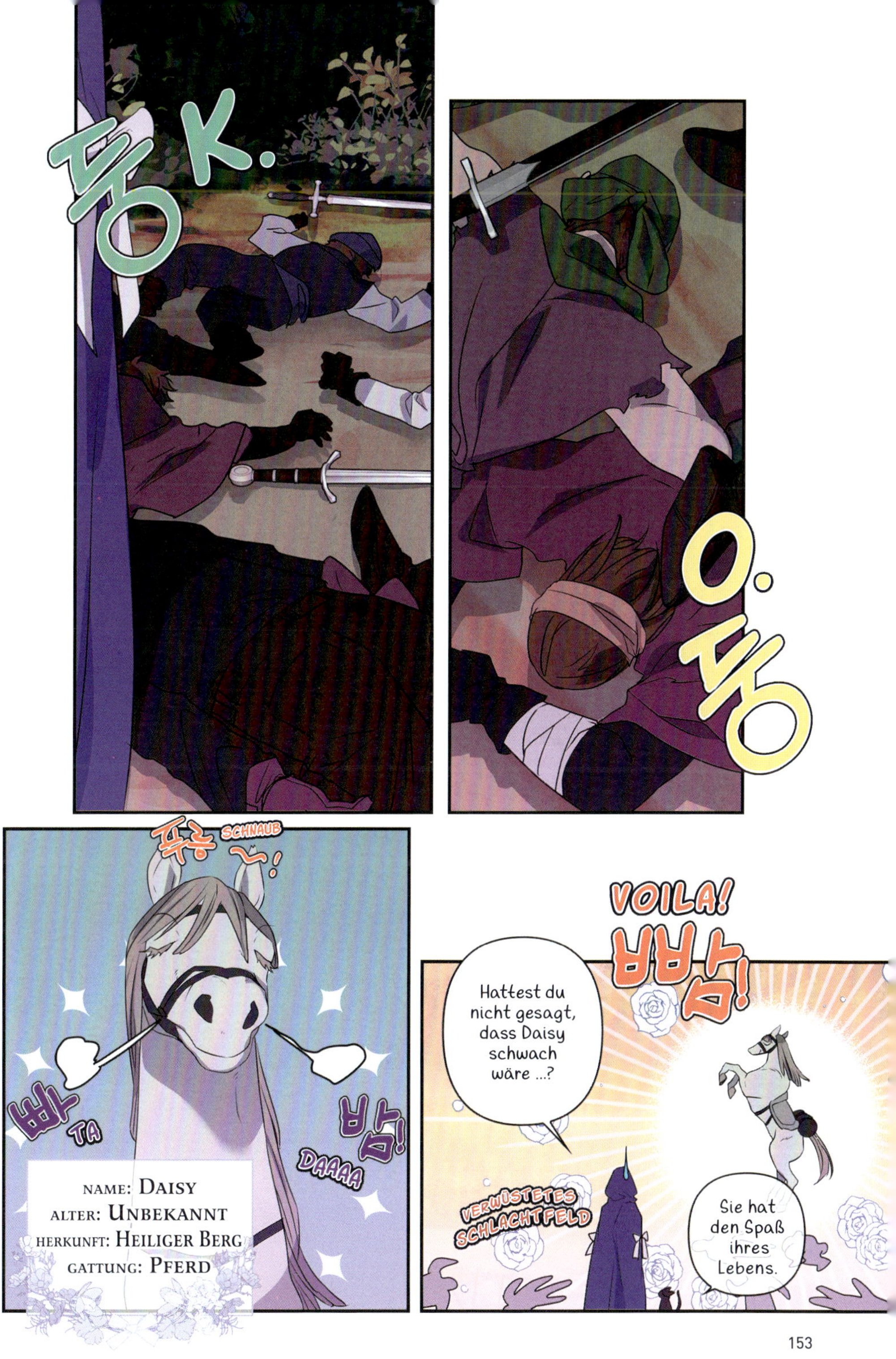
K.
O.
SCHNAUB
TA
DAAAA
NAME: Daisy
ALTER: Unbekannt
HERKUNFT: Heiliger Berg
GATTUNG: Pferd
VOILA!
Hattest du nicht gesagt, dass Daisy schwach wäre ...?
VERWÜSTETES SCHLACHTFELD
Sie hat den Spaß ihres Lebens.

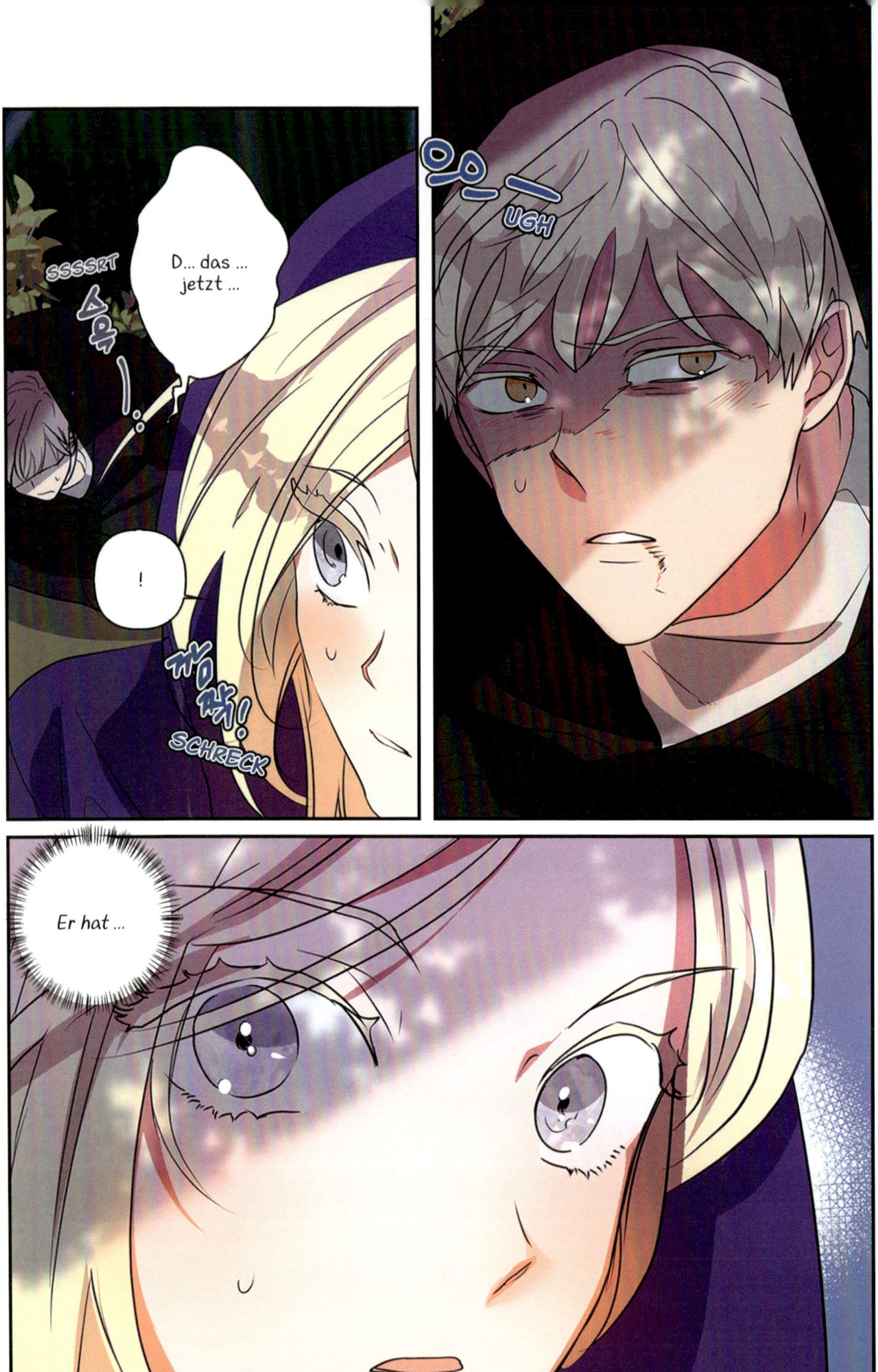

D... das ...
jetzt ...
SSSSRT
!
SCHRECK
UGH
Er hat ...

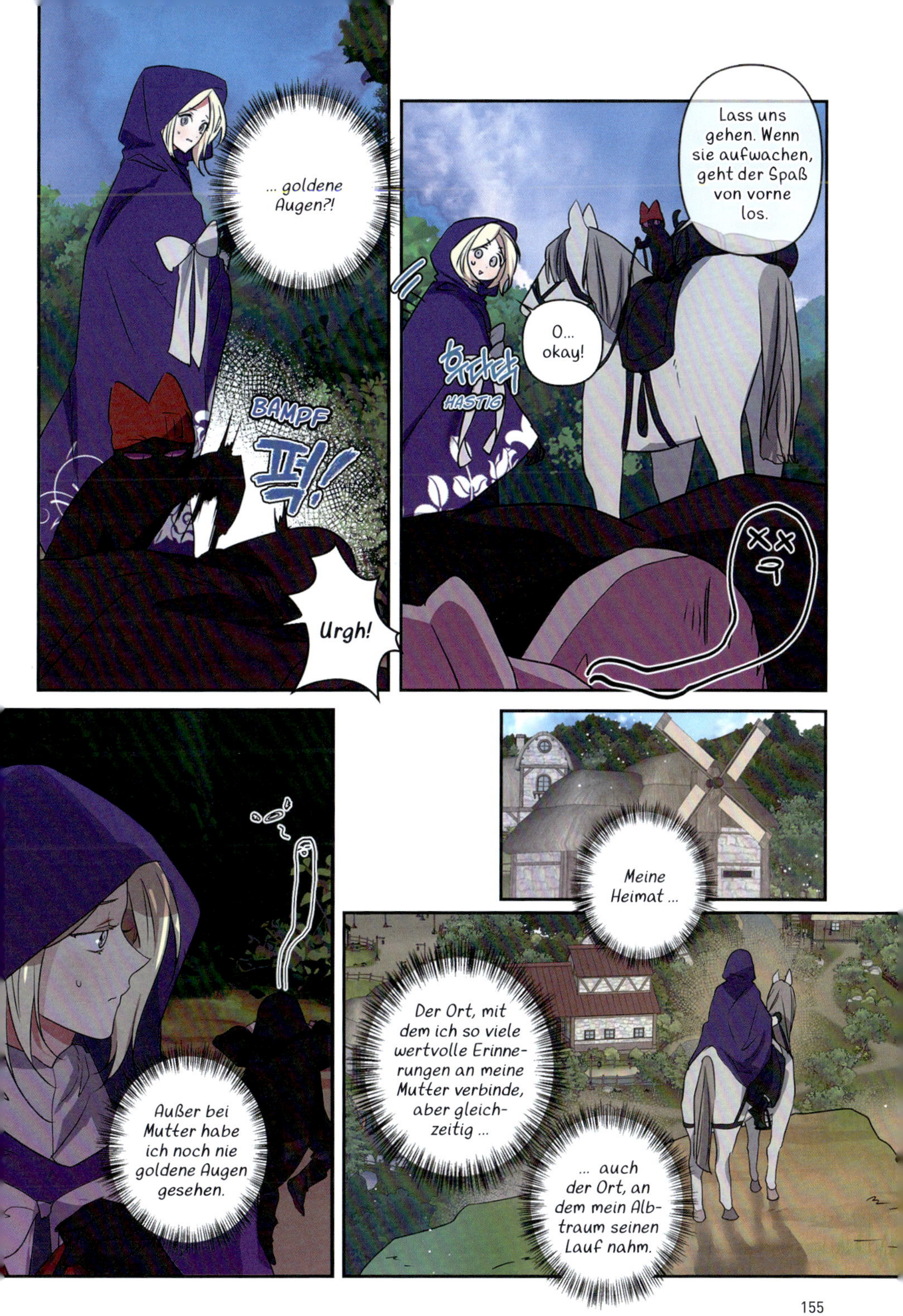

... goldene Augen?!
BAMPF
퍽!
Urgh!
Lass uns gehen. Wenn sie aufwachen, geht der Spaß von vorne los.
O... okay!
후다닥
HASTIG
Außer bei Mutter habe ich noch nie goldene Augen gesehen.
Meine Heimat ...
Der Ort, mit dem ich so viele wertvolle Erinnerungen an meine Mutter verbinde, aber gleichzeitig ...
... auch der Ort, an dem mein Albtraum seinen Lauf nahm.

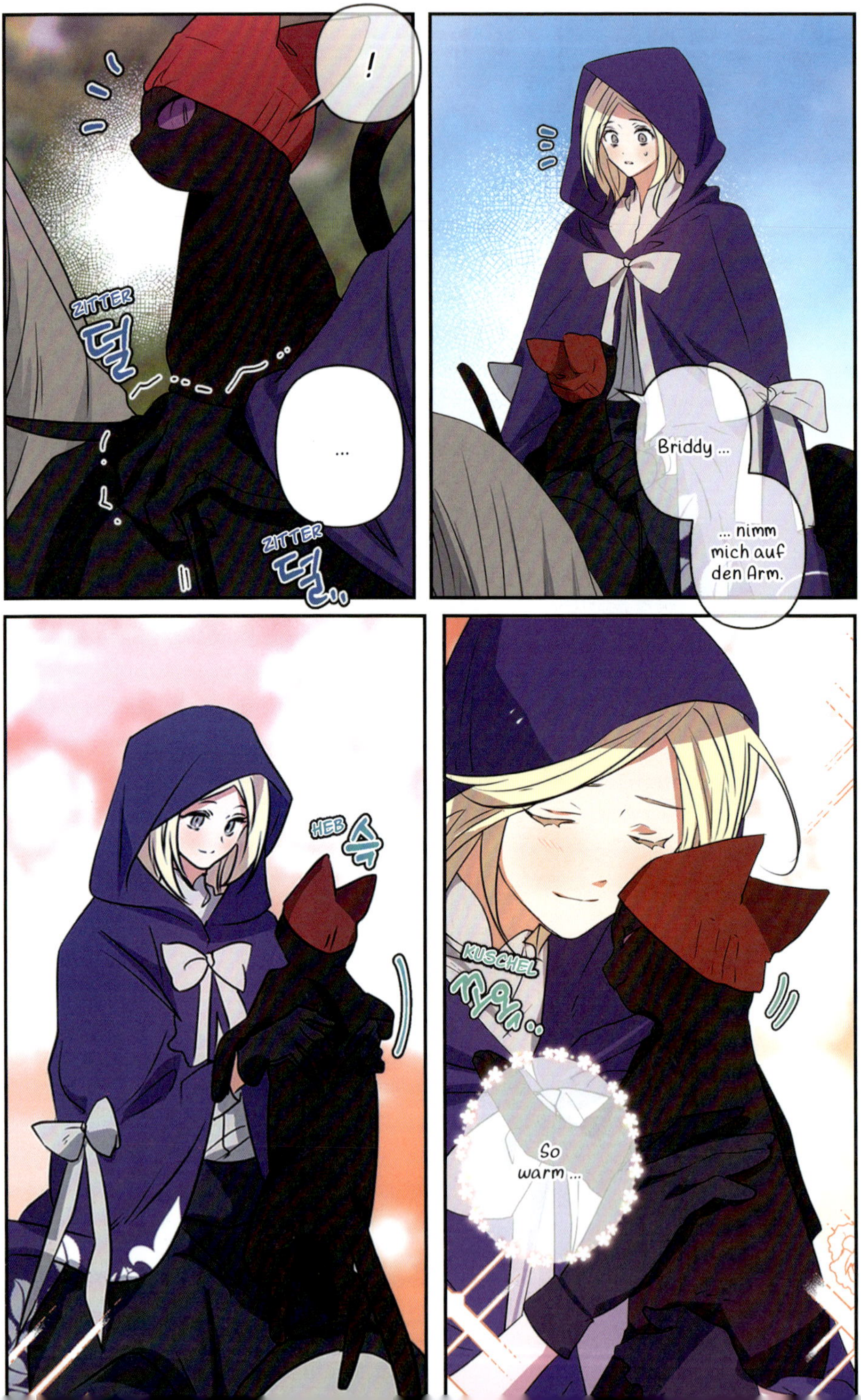
!
ZITTER
...
ZITTER
Briddy ...
... nimm mich auf den Arm.
HEB
KUSCHEL
So warm ...

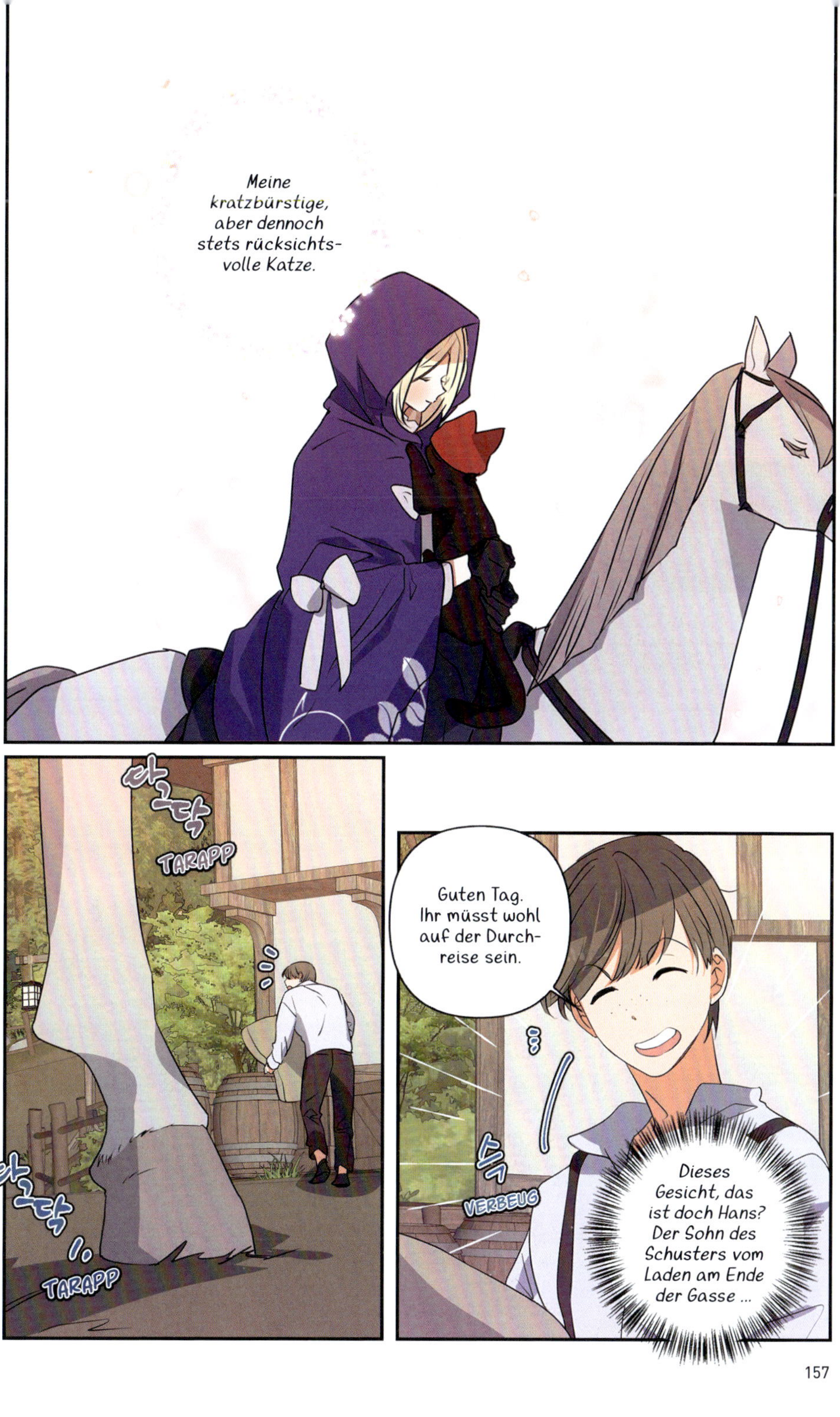
Meine kratzbürstige, aber dennoch stets rücksichtsvolle Katze.
TARAPP
TARAPP
Guten Tag. Ihr müsst wohl auf der Durchreise sein.
VERBEUG
Dieses Gesicht, das ist doch Hans? Der Sohn des Schusters vom Laden am Ende der Gasse ...

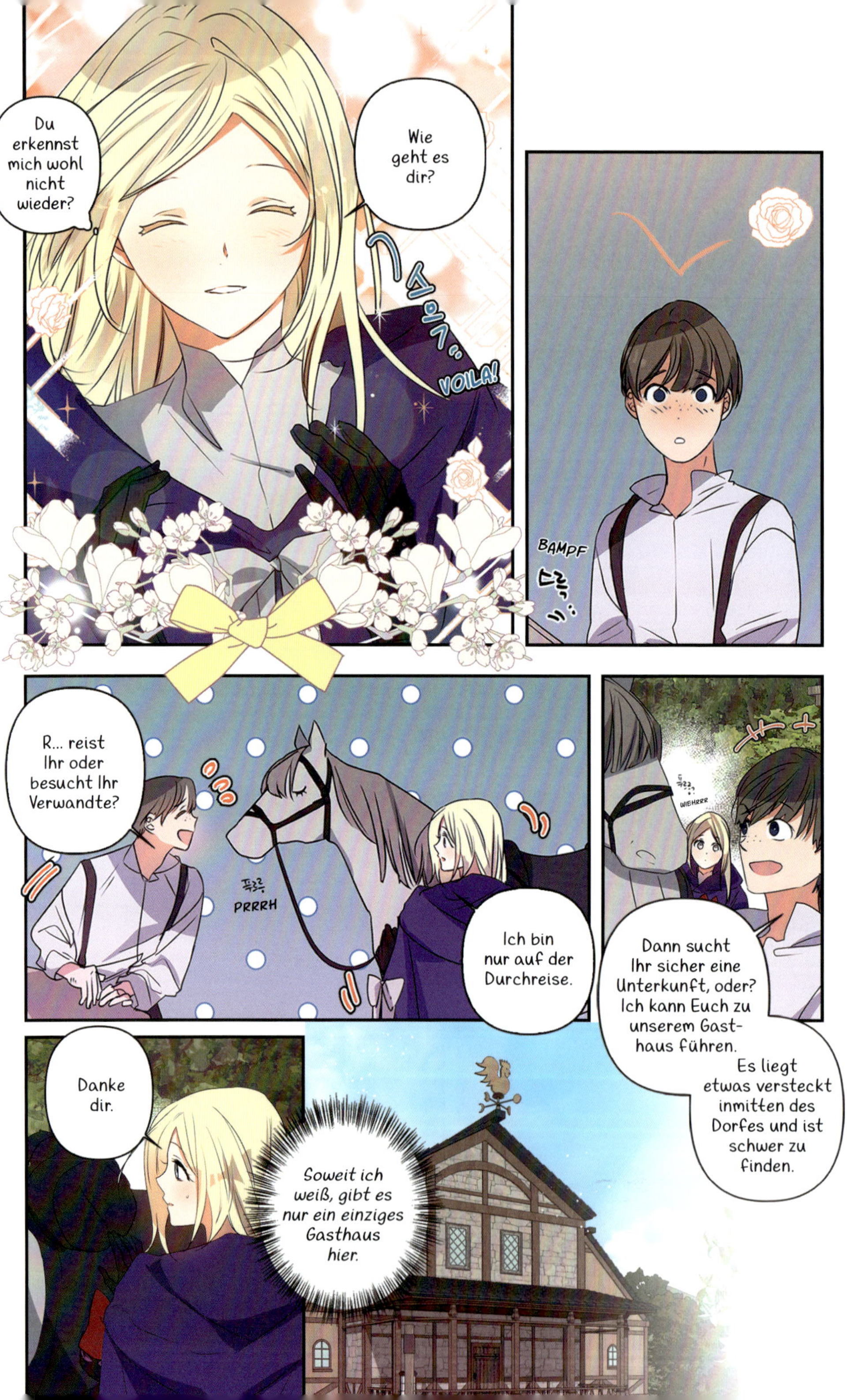
Du erkennst mich wohl nicht wieder?
Wie geht es dir?
VOILA!
BAMPF
R... reist Ihr oder besucht Ihr Verwandte?
PRRRH
Ich bin nur auf der Durchreise.
WIEHRRR
Dann sucht Ihr sicher eine Unterkunft, oder? Ich kann Euch zu unserem Gasthaus führen.
Es liegt etwas versteckt inmitten des Dorfes und ist schwer zu finden.
Danke dir.
Soweit ich weiß, gibt es nur ein einziges Gasthaus hier.

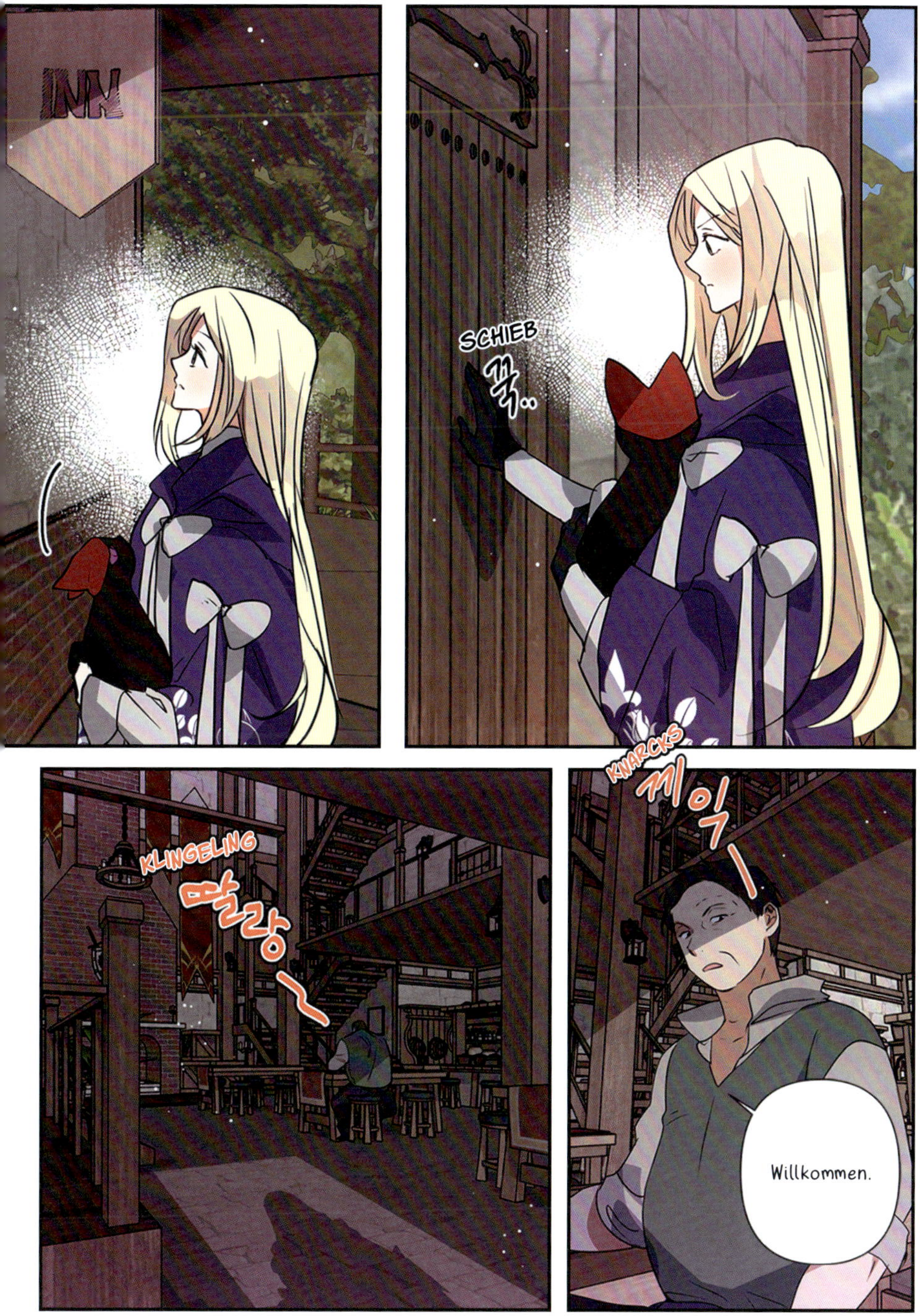
INN
SCHIEB
꾹..
KLINGELING
딸랑~
KNARCKS
끼익-
Willkommen.

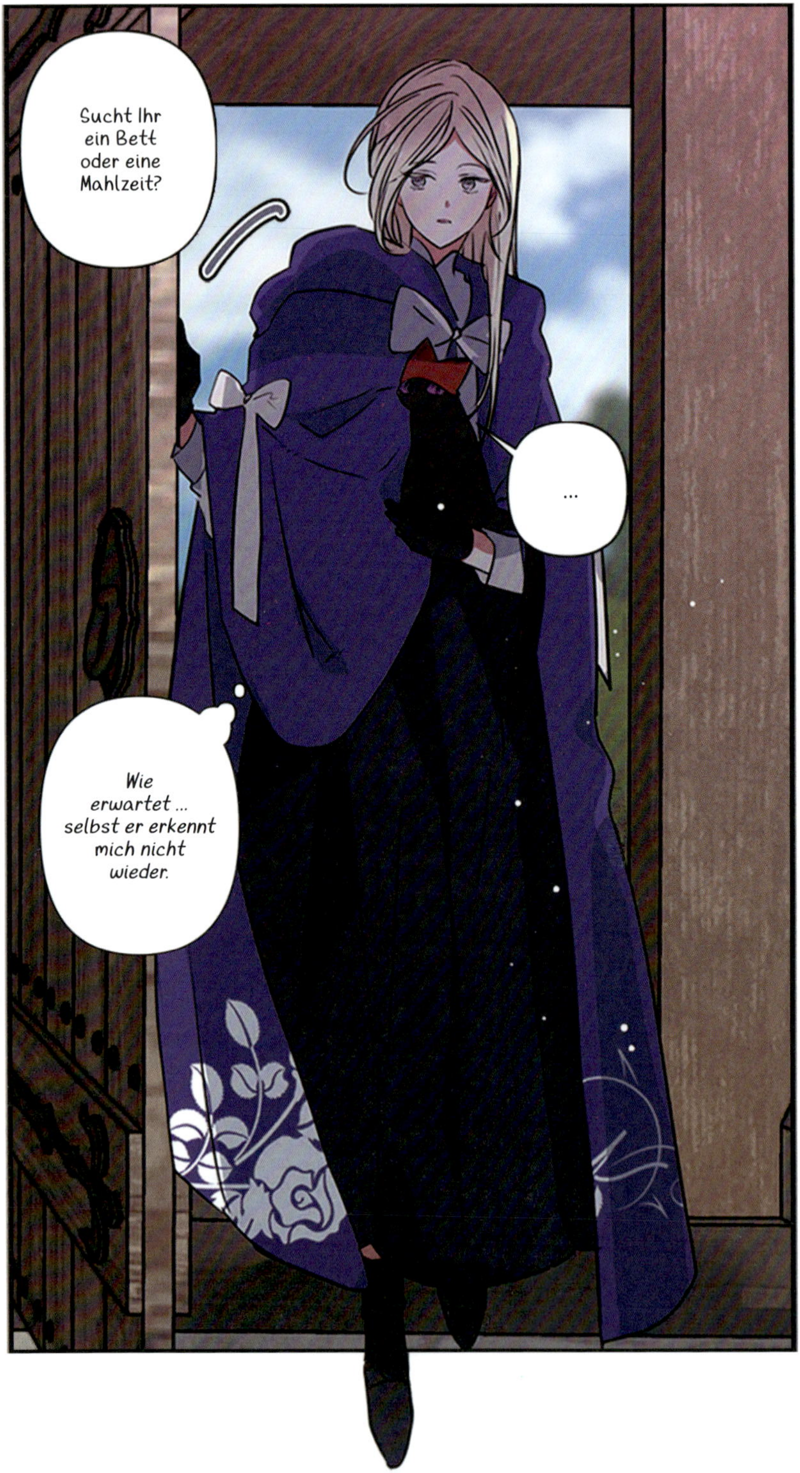
Sucht Ihr ein Bett oder eine Mahlzeit?
...
Wie erwartet ... selbst er erkennt mich nicht wieder.

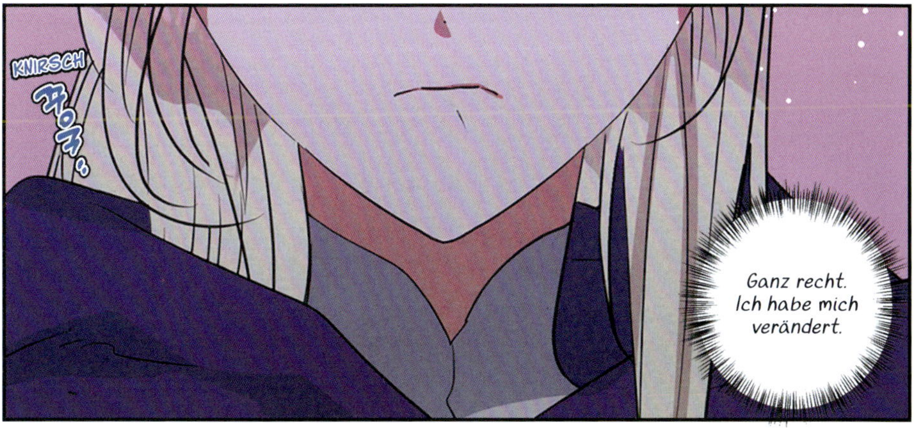
KNIRSCH
Ganz recht. Ich habe mich verändert.

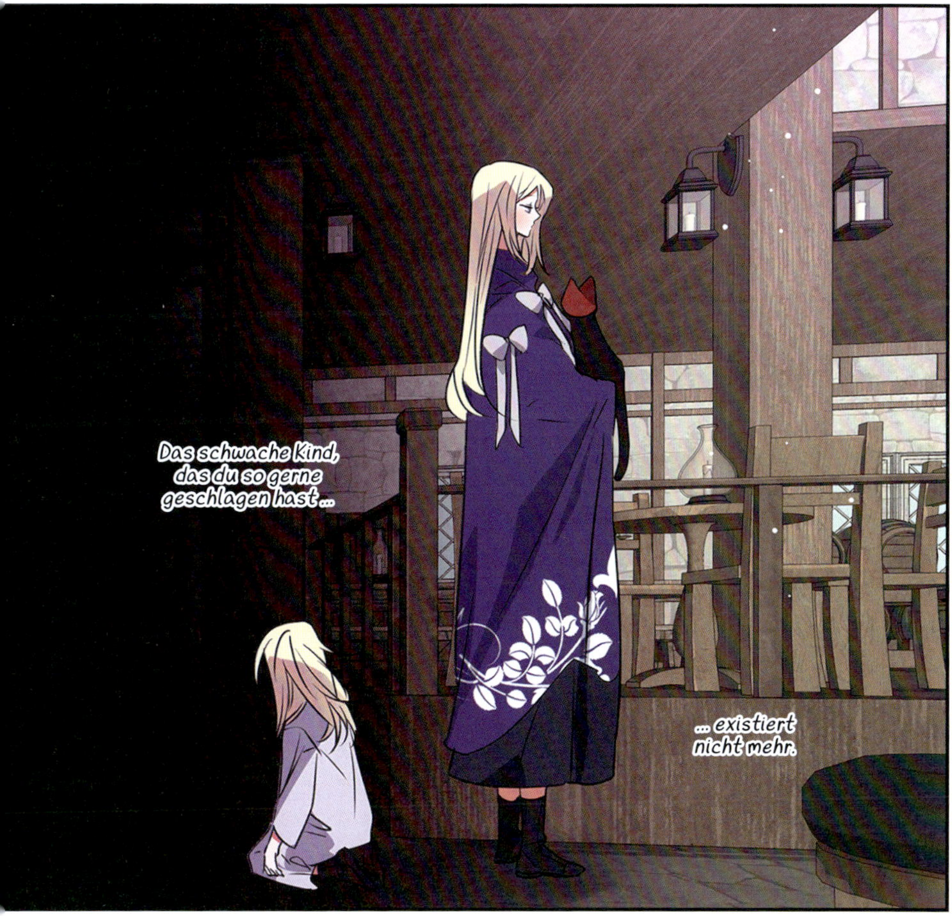
Das schwache Kind, das du so gerne geschlagen hast …
… existiert nicht mehr.

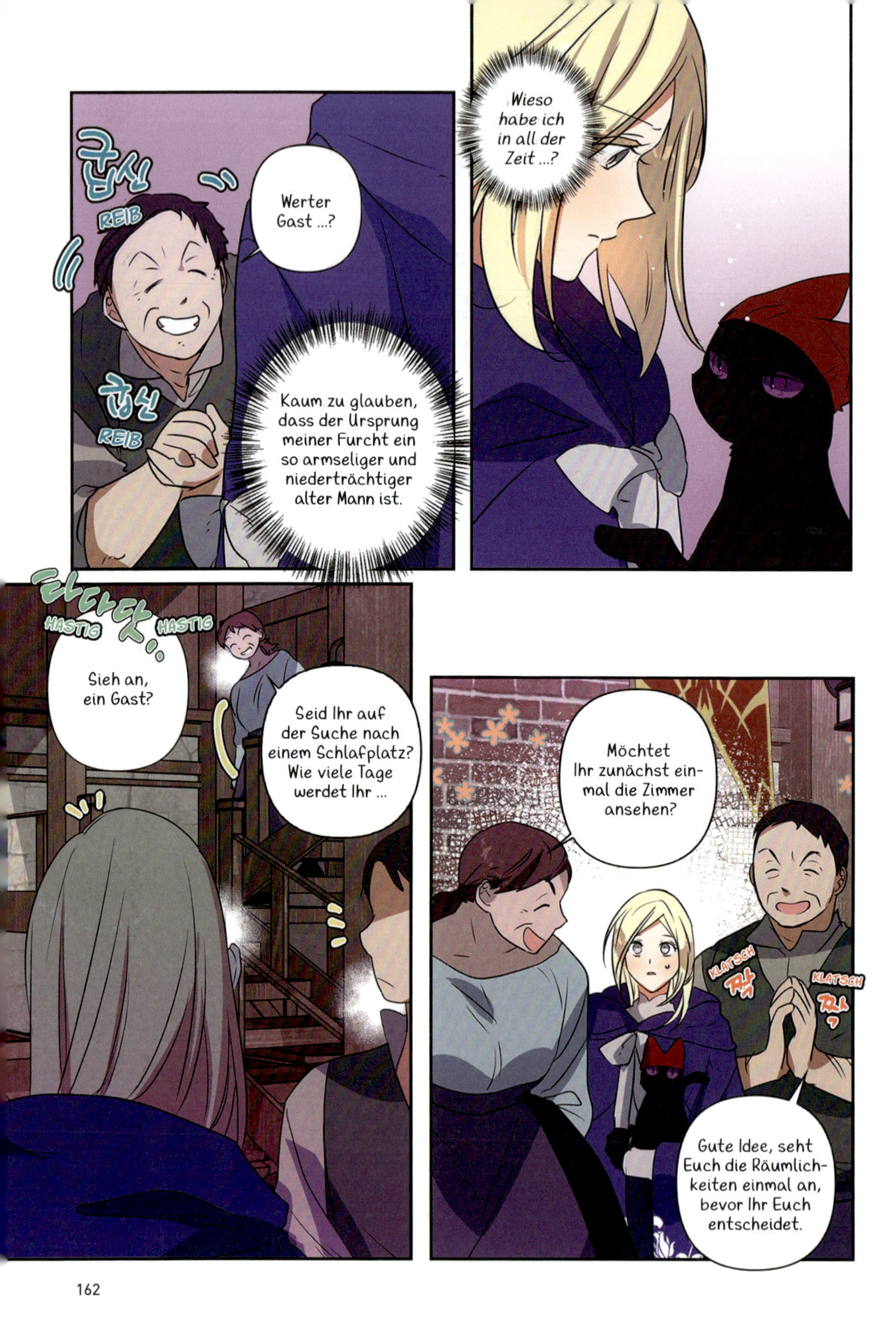

굽신
REIB
Werter Gast ...?
굽신
REIB
Kaum zu glauben, dass der Ursprung meiner Furcht ein so armseliger und niederträchtiger alter Mann ist.
Wieso habe ich in all der Zeit ...?
타다닷
HASTIG
HASTIG
Sieh an, ein Gast?
Seid Ihr auf der Suche nach einem Schlafplatz? Wie viele Tage werdet Ihr ...
Möchtet Ihr zunächst einmal die Zimmer ansehen?
KLATSCH
짝
KLATSCH
짝
Gute Idee, seht Euch die Räumlichkeiten einmal an, bevor Ihr Euch entscheidet.

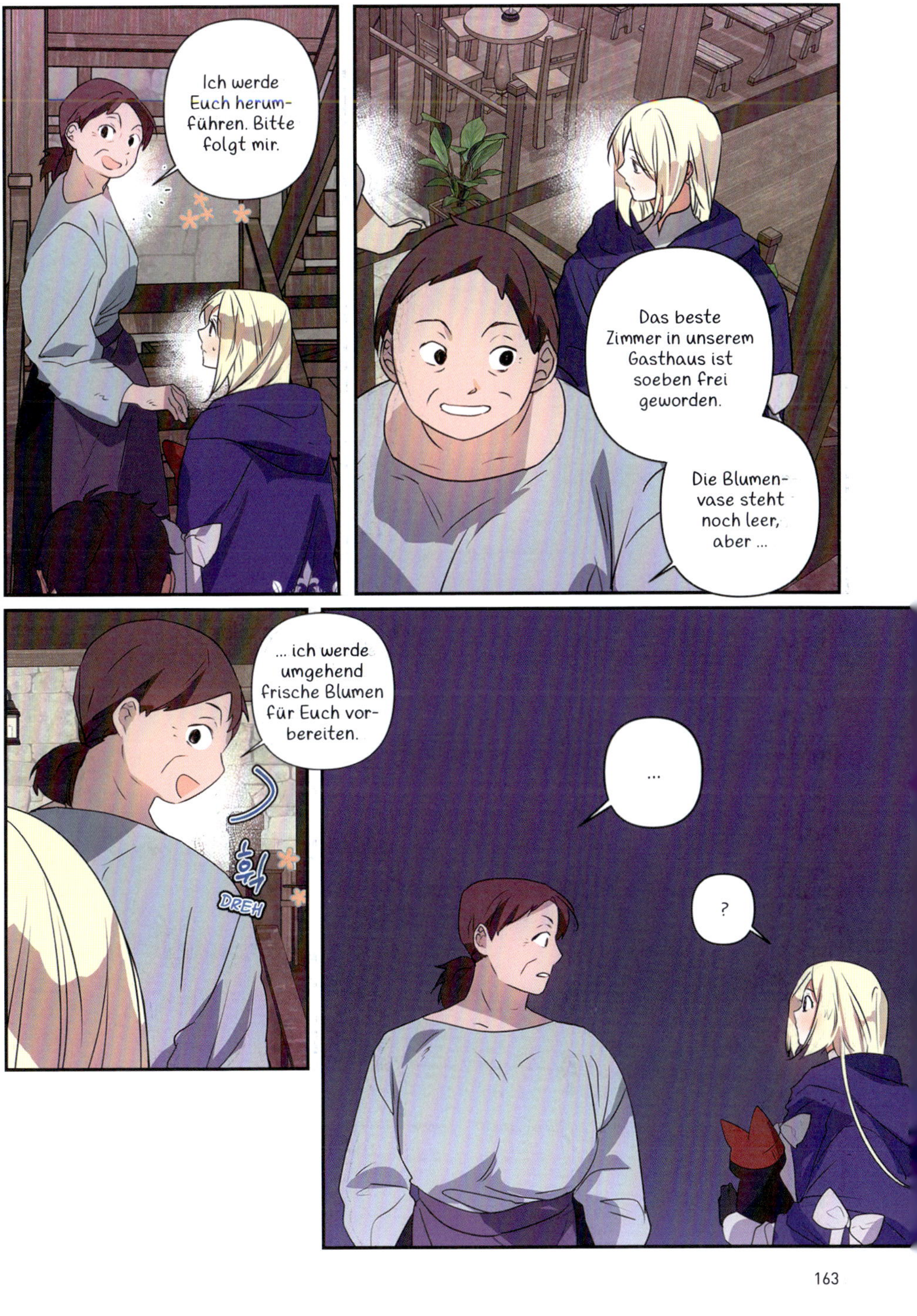

Ich werde Euch herumführen. Bitte folgt mir.
Das beste Zimmer in unserem Gasthaus ist soeben frei geworden.
Die Blumenvase steht noch leer, aber ...
... ich werde umgehend frische Blumen für Euch vorbereiten.
DREH
...
?

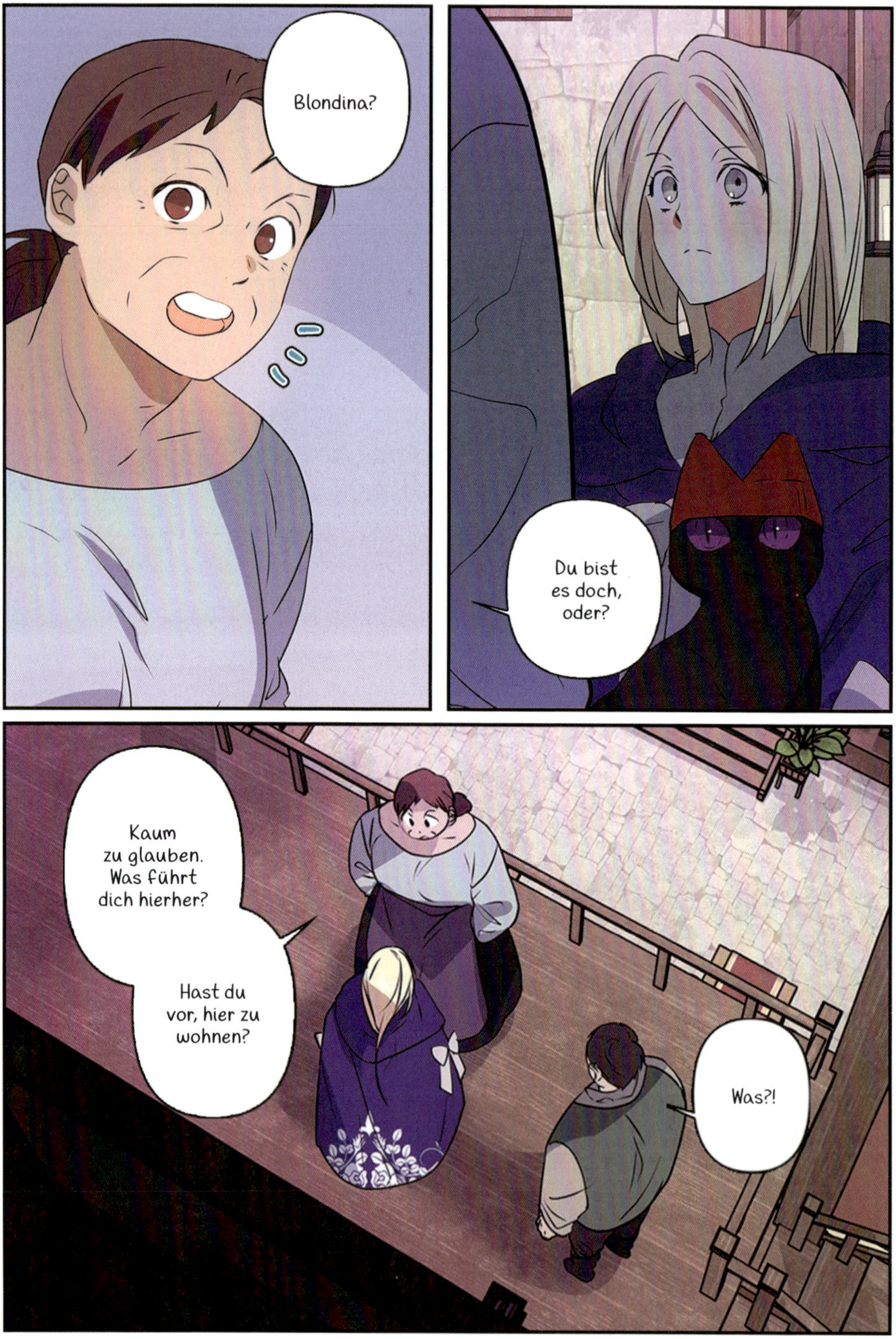
Blondina?
Du bist es doch, oder?
Kaum zu glauben. Was führt dich hierher?
Hast du vor, hier zu wohnen?
Was?!

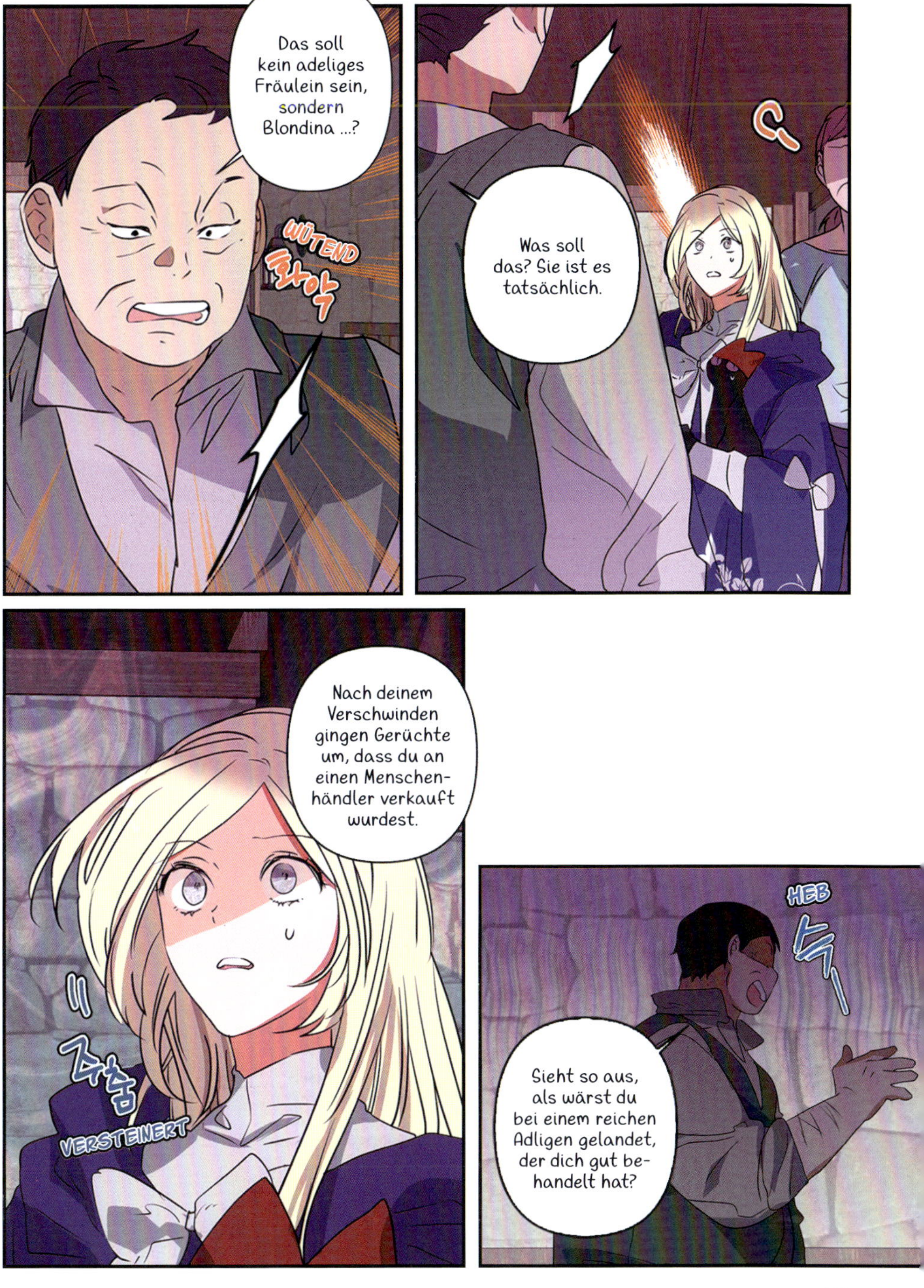
Das soll kein adeliges Fräulein sein, sondern Blondina ...?
WÜTEND
화악
Was soll das? Sie ist es tatsächlich.
Nach deinem Verschwinden gingen Gerüchte um, dass du an einen Menschenhändler verkauft wurdest.
주춤
VERSTEINERT
HEB
Sieht so aus, als wärst du bei einem reichen Adligen gelandet, der dich gut behandelt hat?

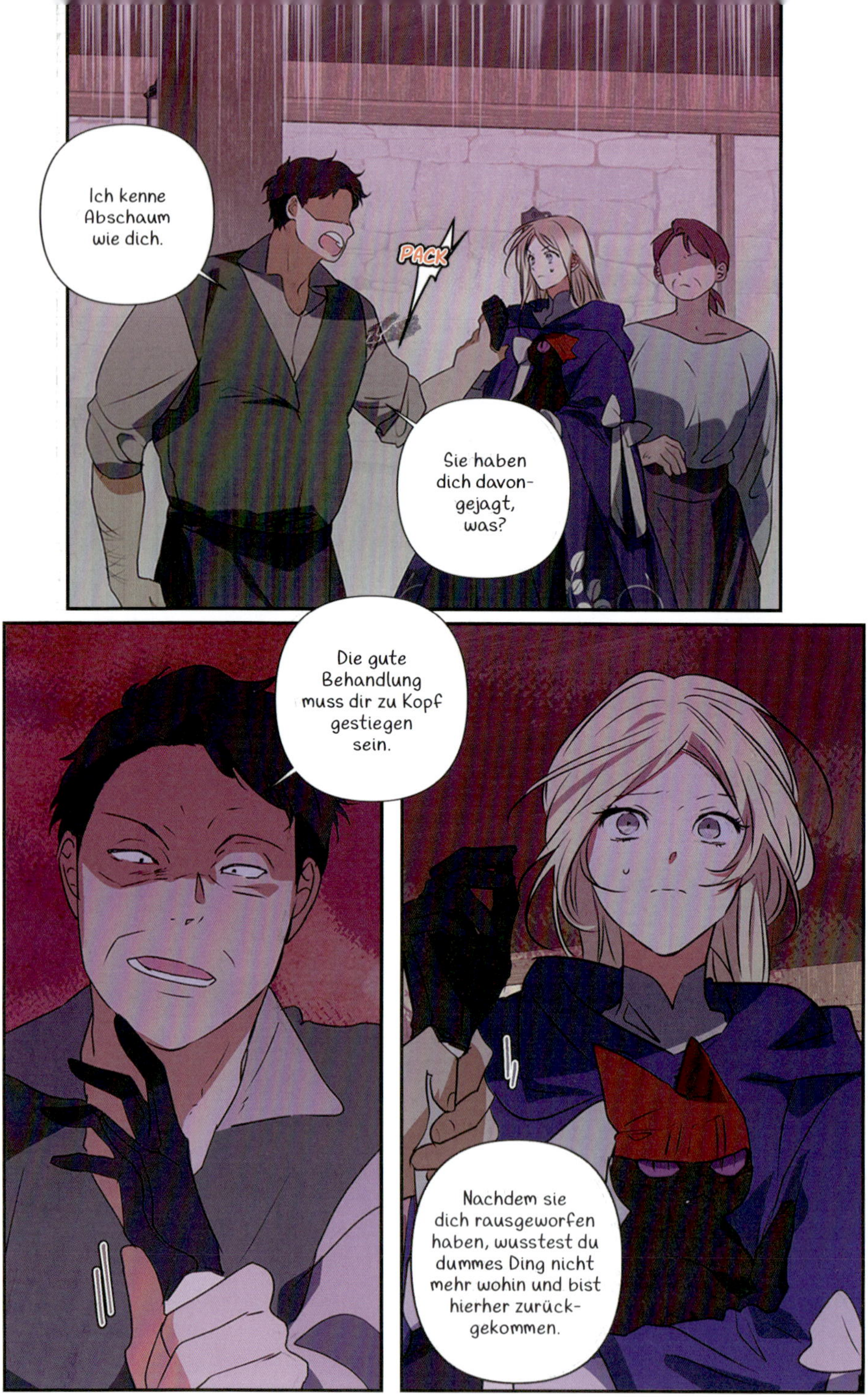
Ich kenne Abschaum wie dich.
PACK
Sie haben dich davongejagt, was?
Die gute Behandlung muss dir zu Kopf gestiegen sein.
Nachdem sie dich rausgeworfen haben, wusstest du dummes Ding nicht mehr wohin und bist hierher zurückgekommen.

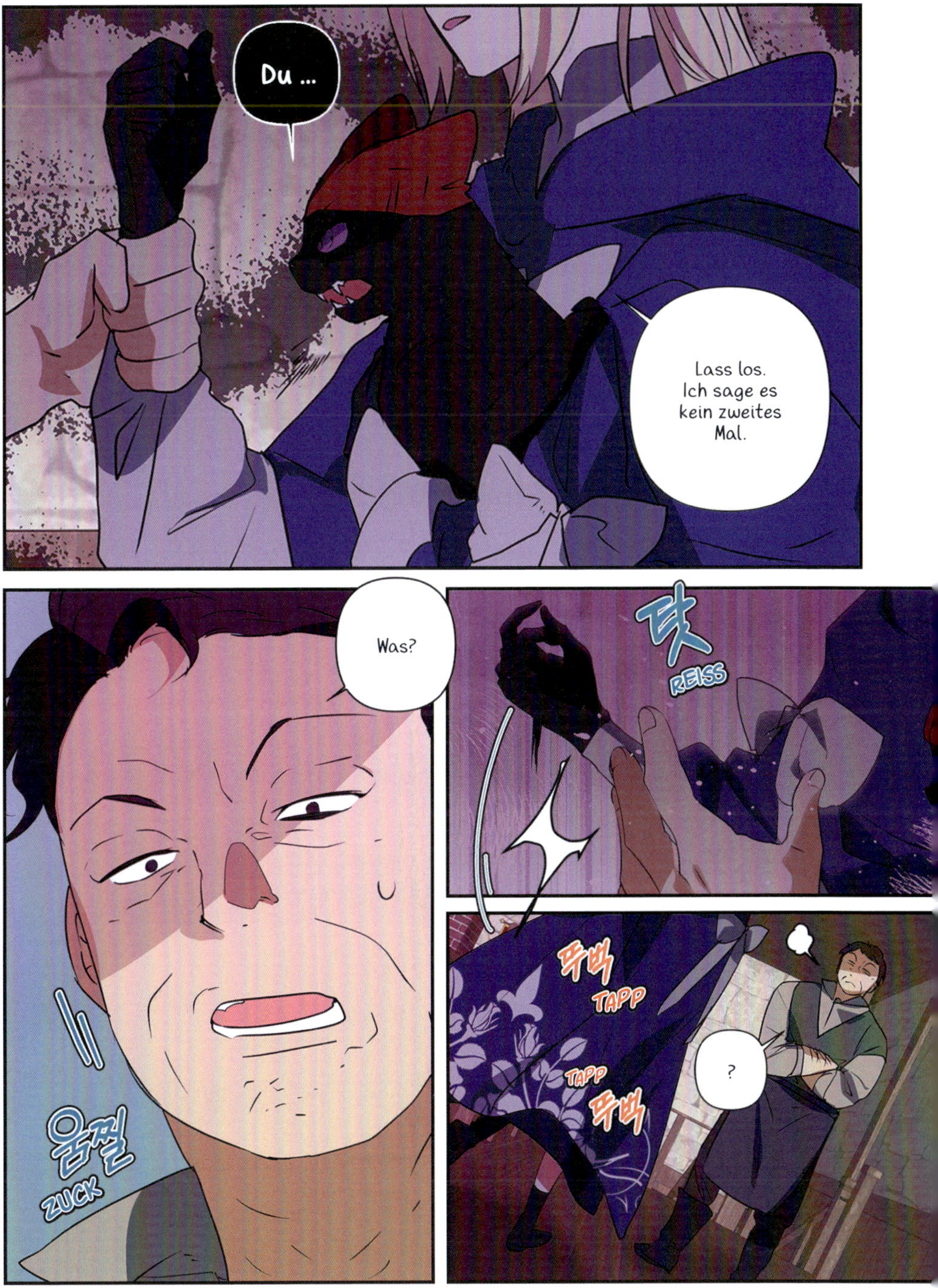
Du ...
Lass los. Ich sage es kein zweites Mal.
Was?
움찔
ZUCK
REISS
뚜벅
TAPP
TAPP
뚜벅
?

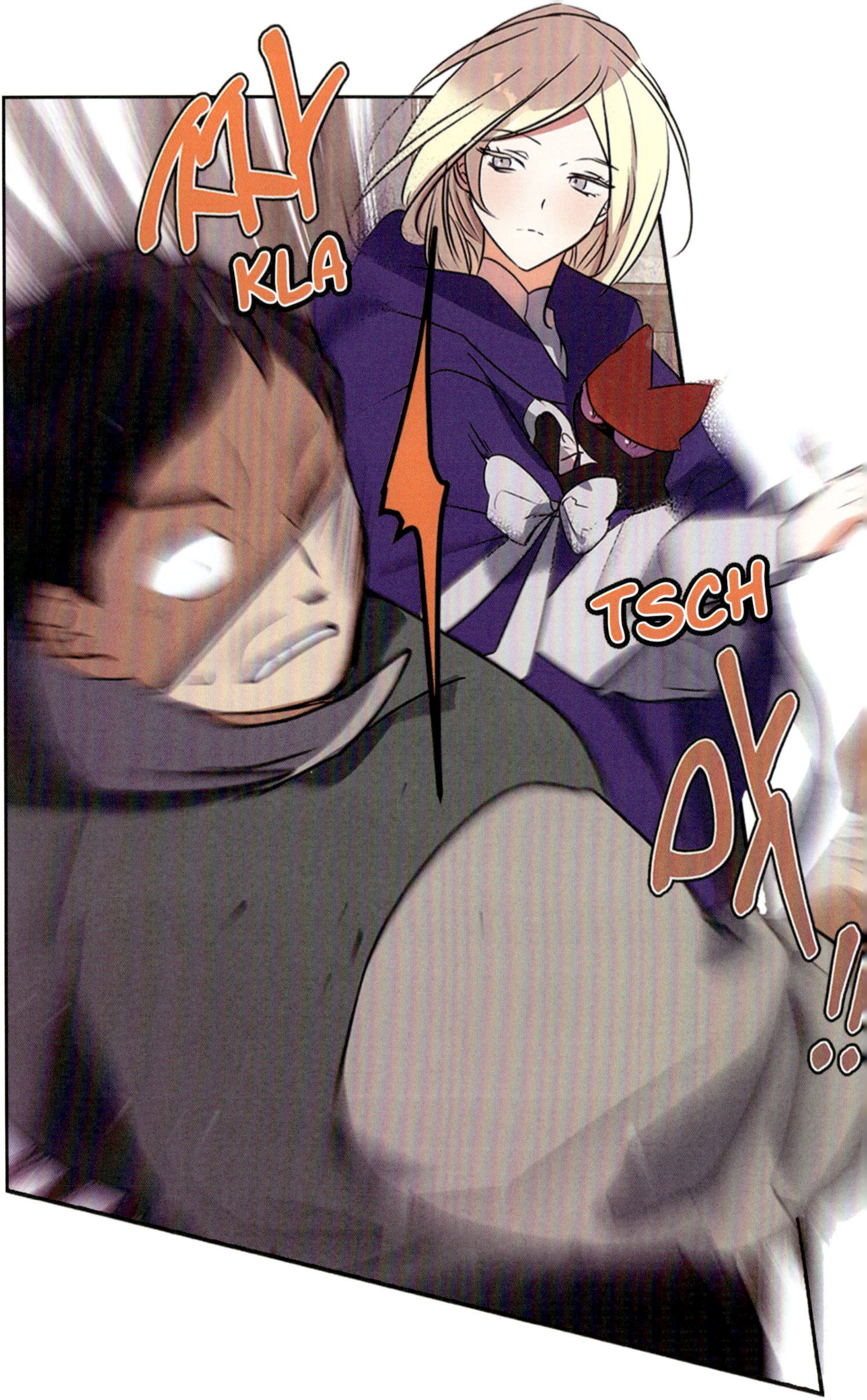
KLA
TSCH

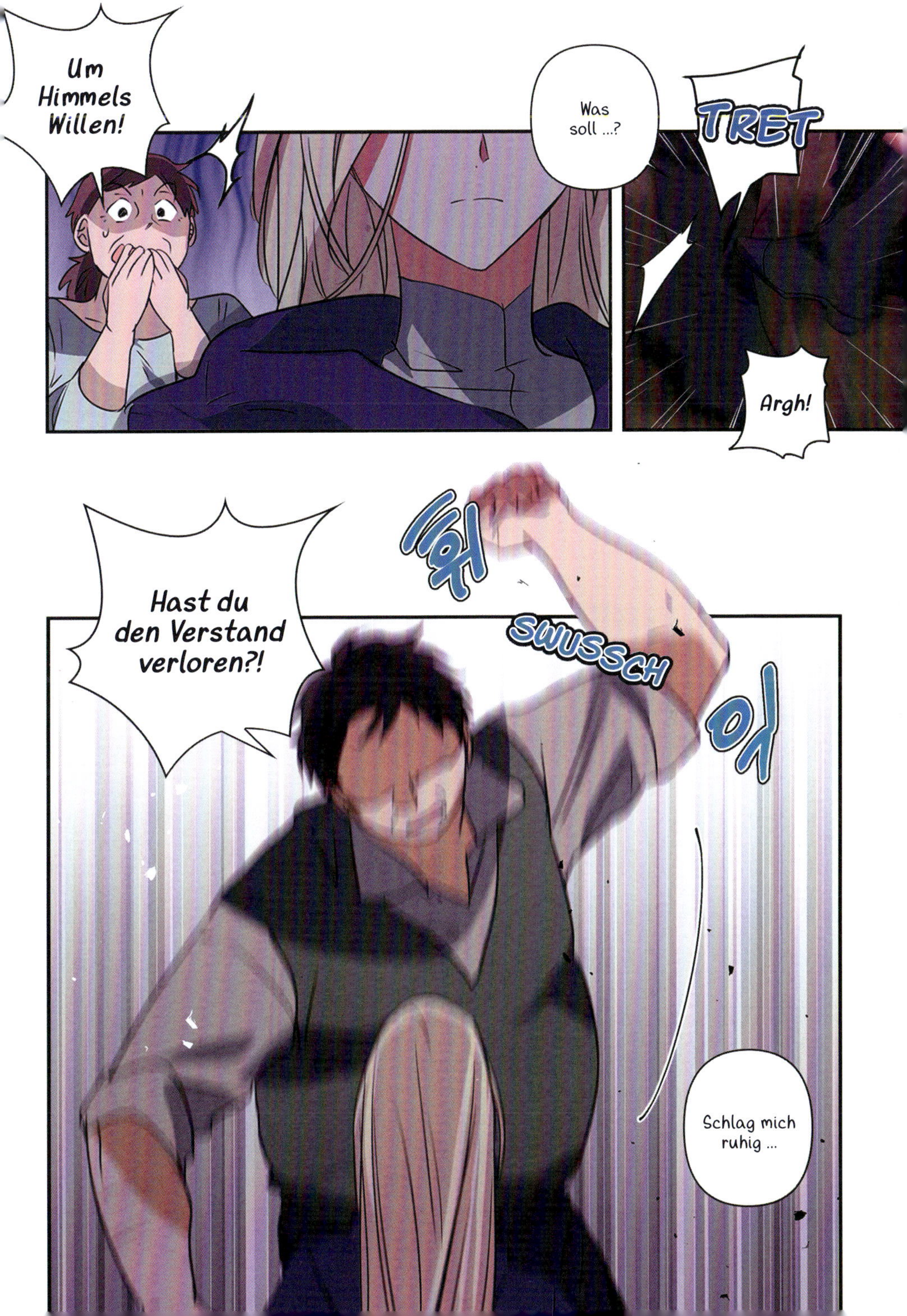
Um Himmels Willen!
Was soll …?
TRET
Argh!
Hast du den Verstand verloren?!
SWUSSCH
Schlag mich ruhig …

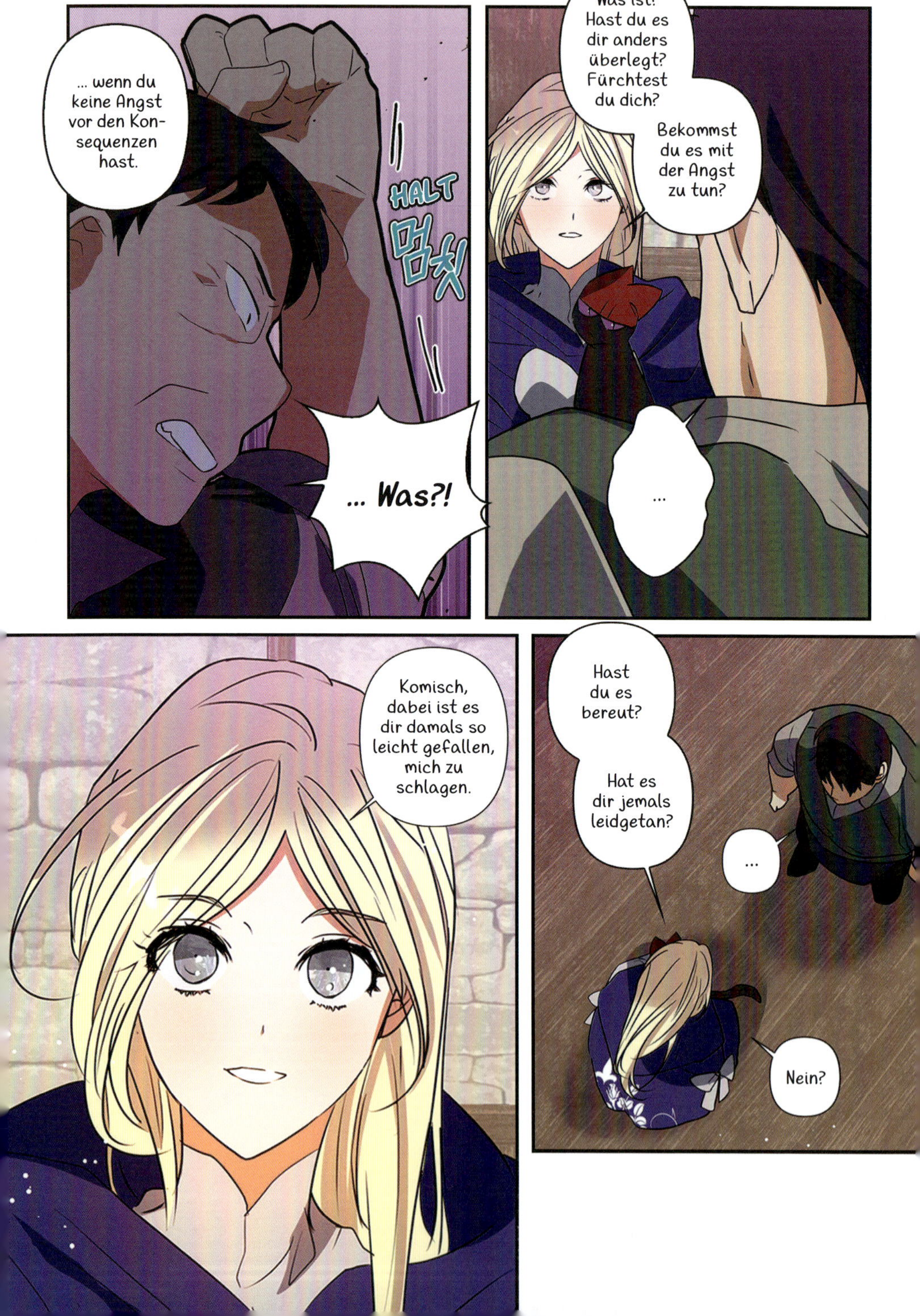
... wenn du keine Angst vor den Konsequenzen hast.
HALT
멈칫
... Was?!
Was ist? Hast du es dir anders überlegt? Fürchtest du dich?
Bekommst du es mit der Angst zu tun?
...
Komisch, dabei ist es dir damals so leicht gefallen, mich zu schlagen.
Hast du es bereut?
Hat es dir jemals leidgetan?
...
Nein?

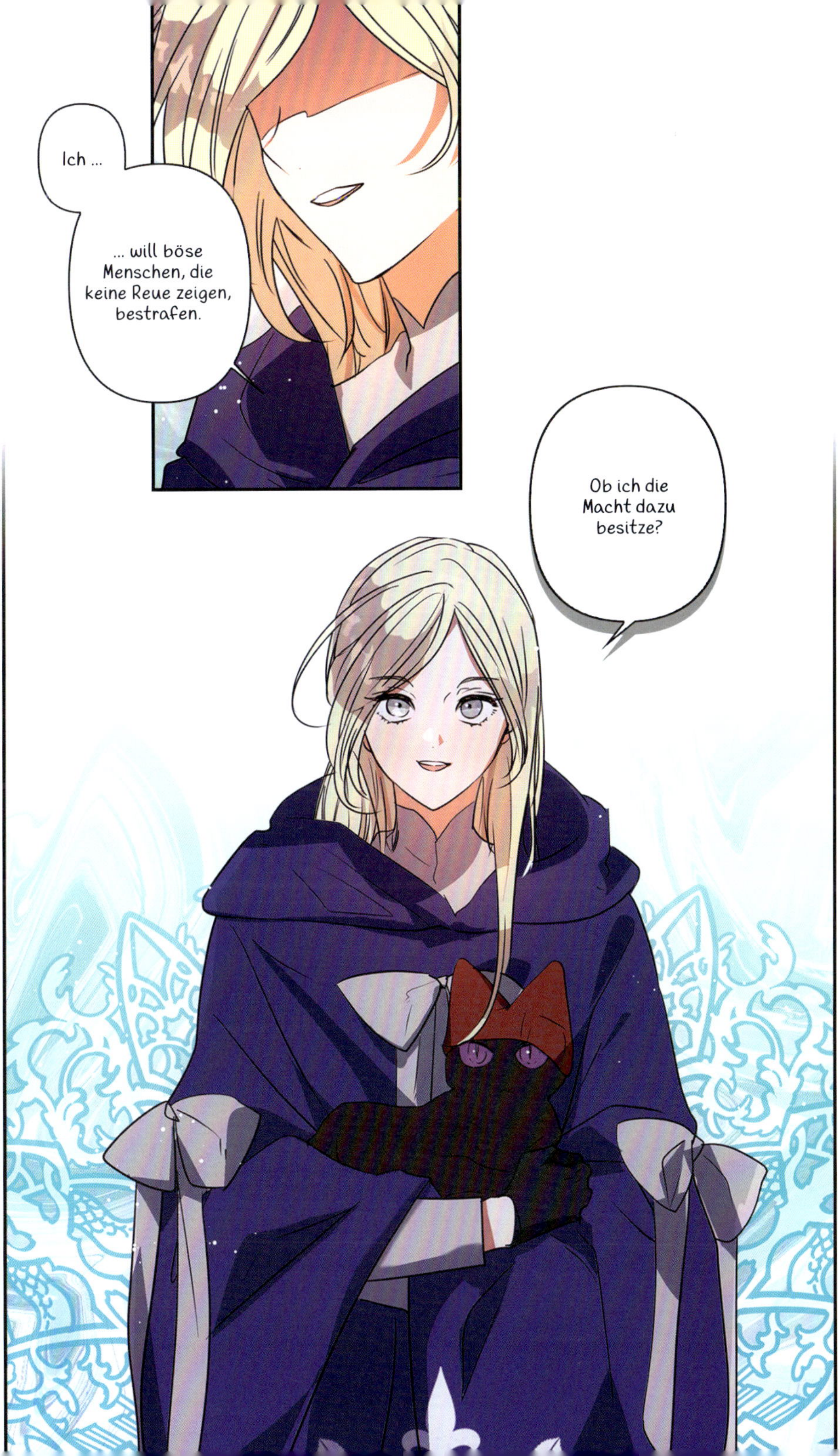
Ich ...
... will böse Menschen, die keine Reue zeigen, bestrafen.
Ob ich die Macht dazu besitze?

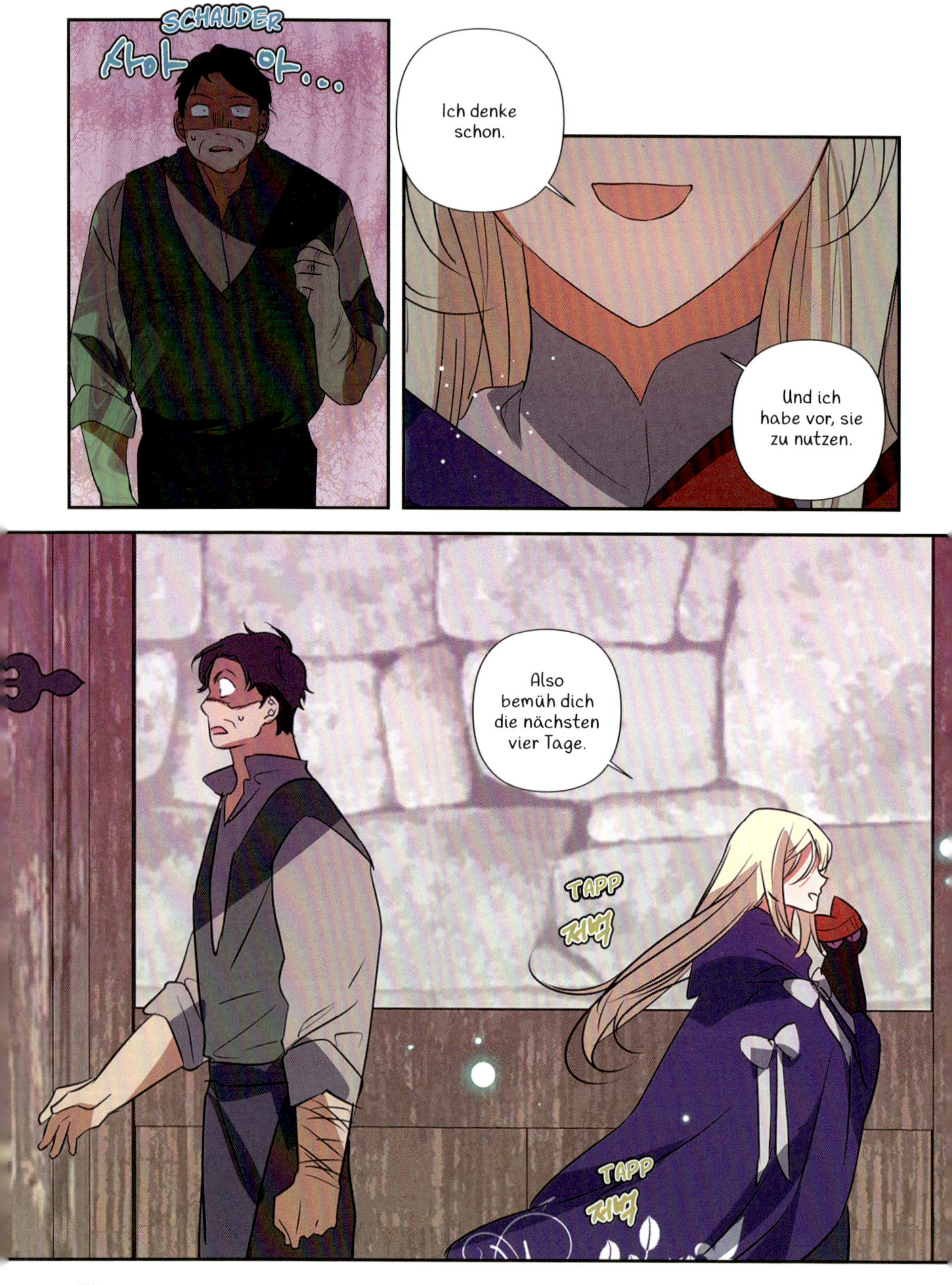
SCHAUDER
샤아 아...
Ich denke schon.
Und ich habe vor, sie zu nutzen.
Also bemüh dich die nächsten vier Tage.
TAPP
저벅
TAPP
저벅

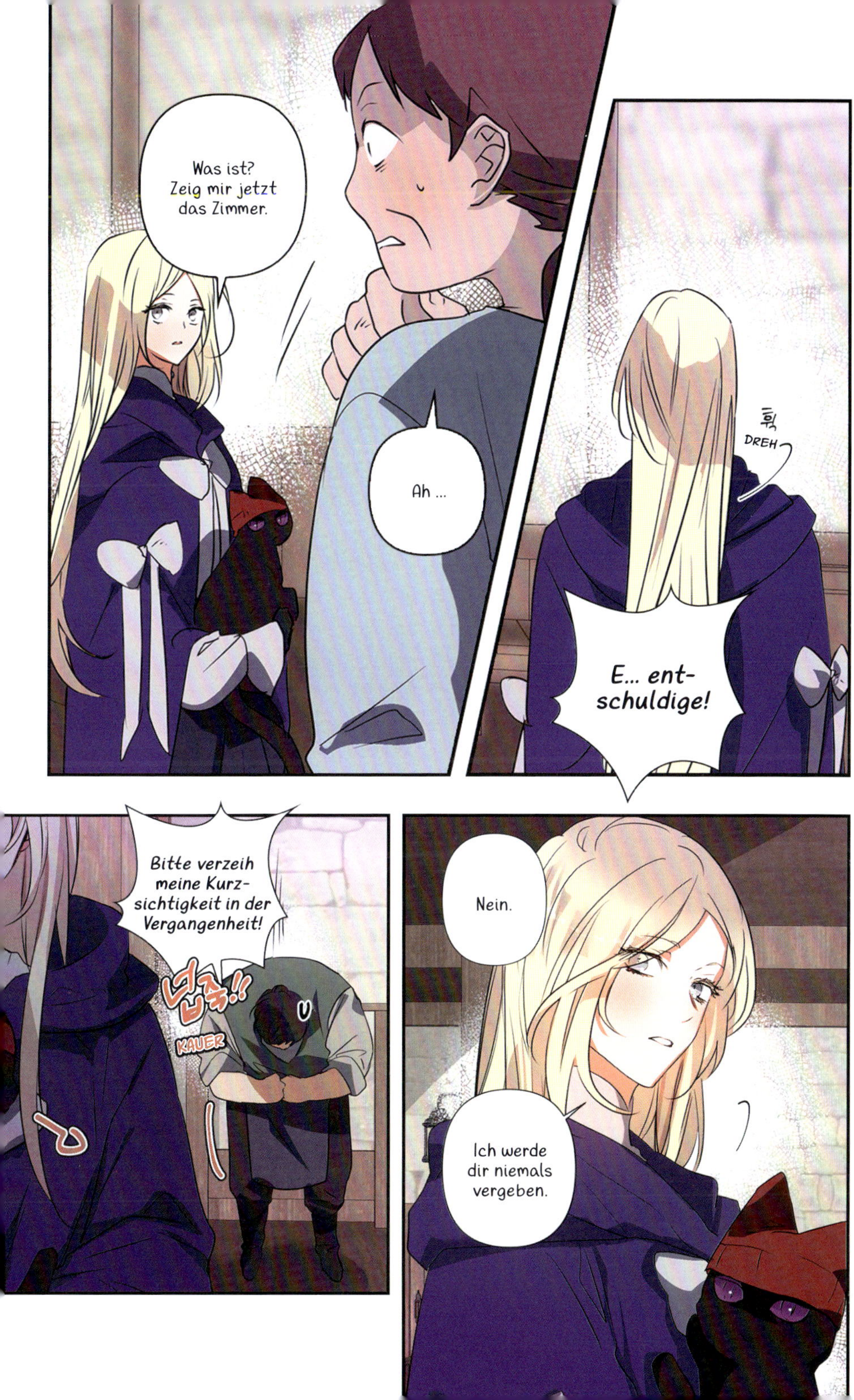
Was ist?
Zeig mir jetzt
das Zimmer.
Ah ...
휙
DREH
E... ent-
schuldige!
Bitte verzeih
meine Kurz-
sichtigkeit in der
Vergangenheit!
넙죽!!
KAUER
Nein.
Ich werde
dir niemals
vergeben.

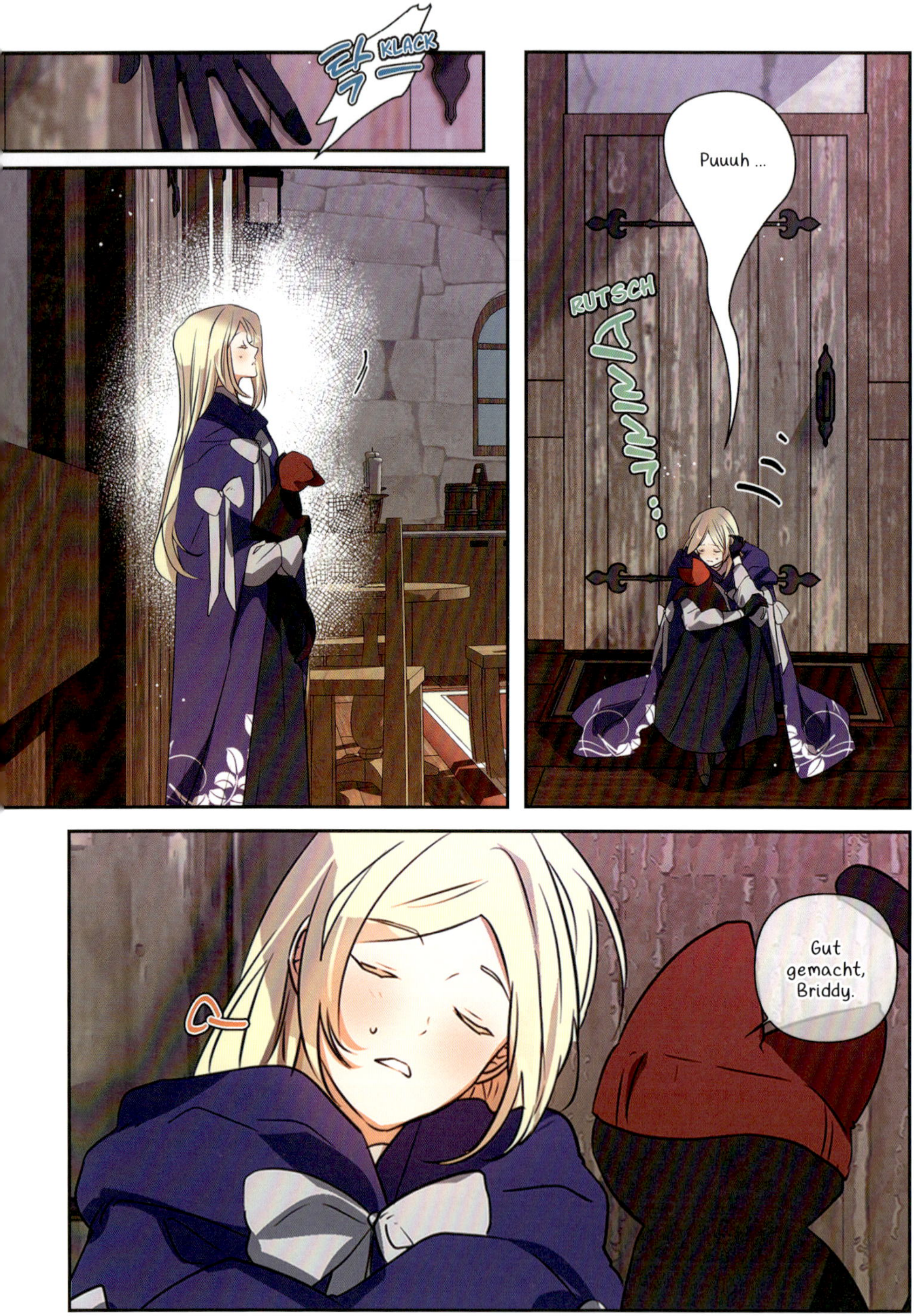

KLACK
Puuuh ...
RUTSCH
Gut gemacht, Briddy.

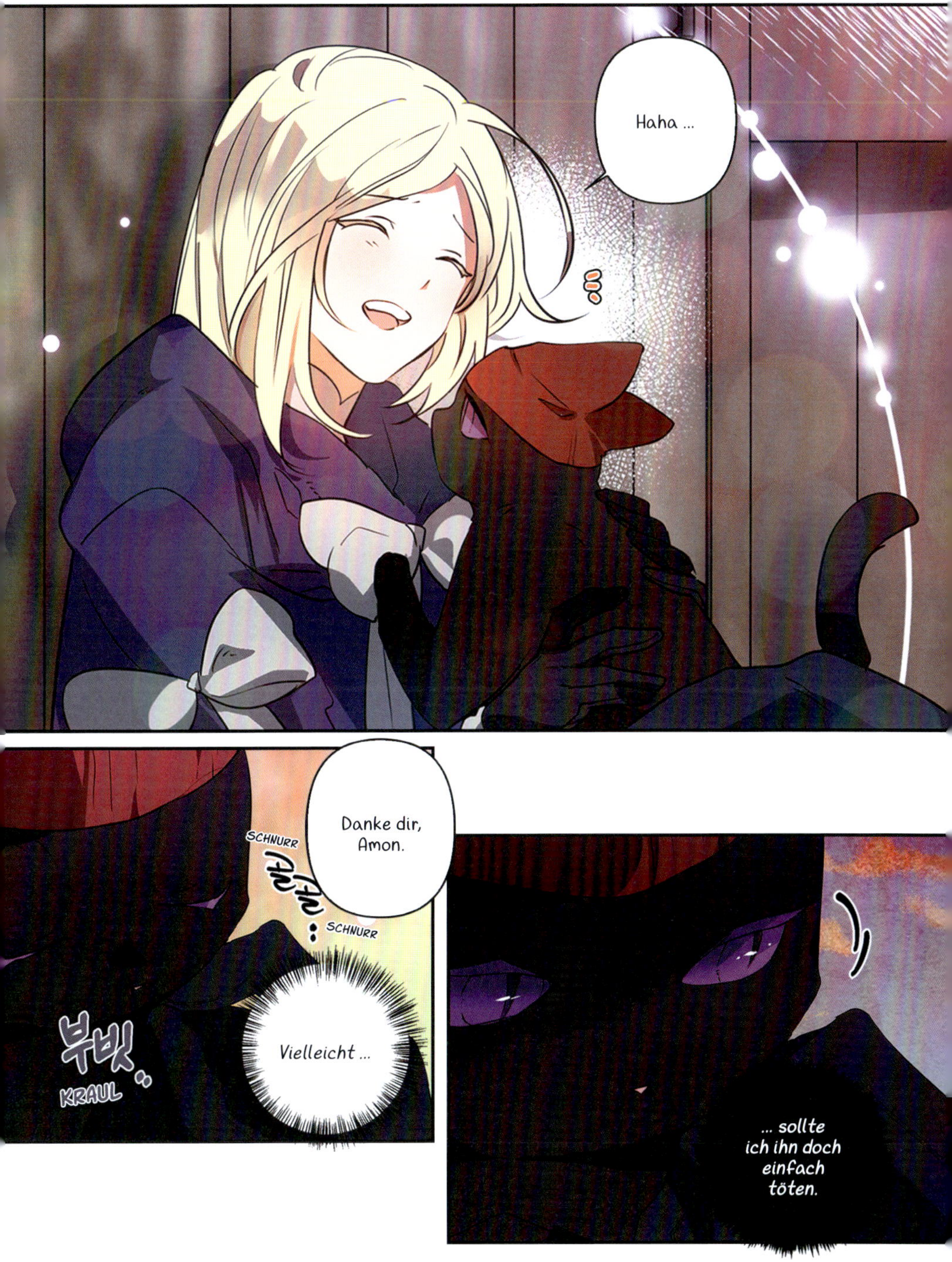
Haha ...
Danke dir, Amon.
SCHNURR
SCHNURR
부빗
KRAUL
Vielleicht ...
... sollte ich ihn doch einfach töten.

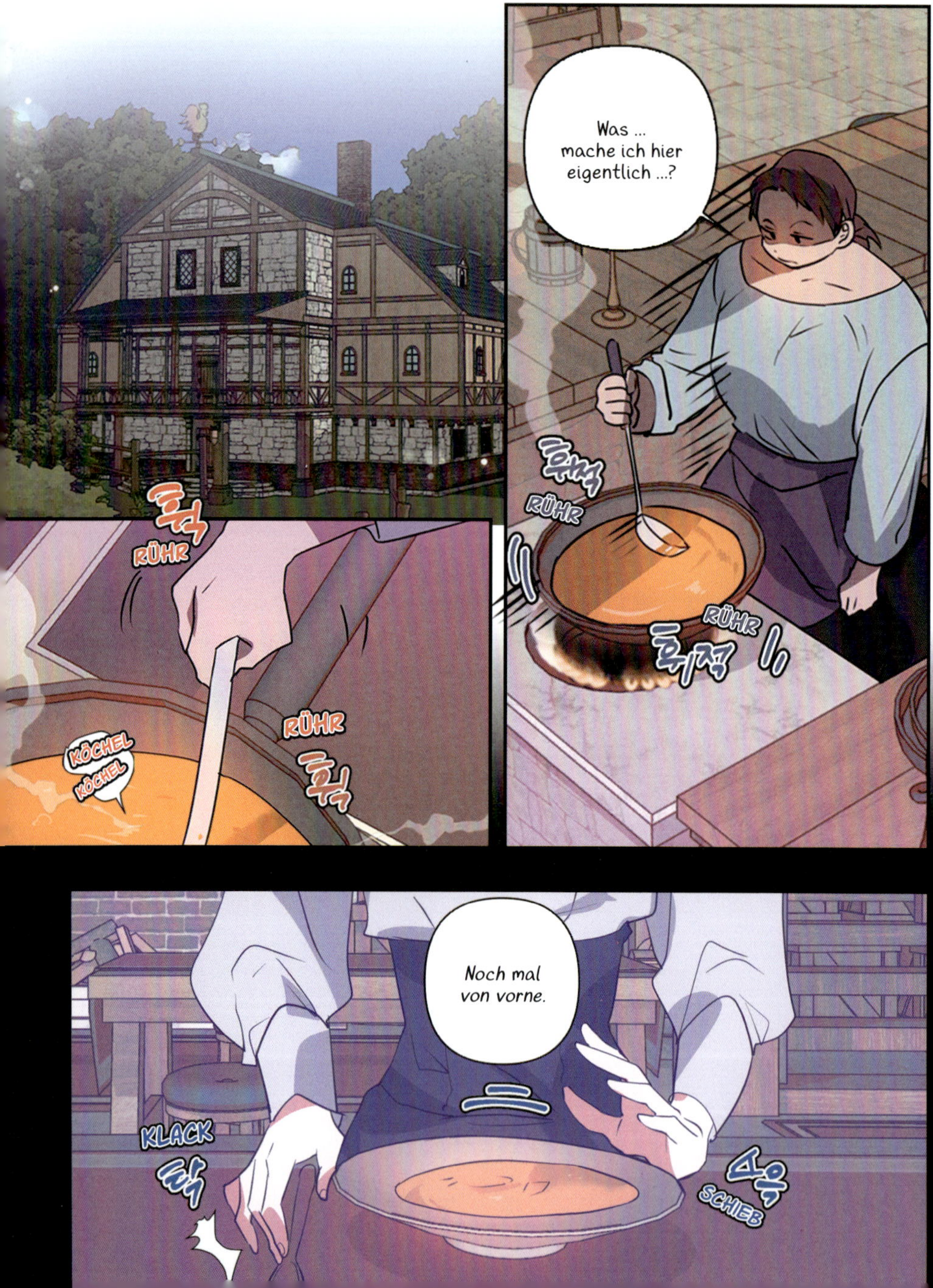

Was ...
mache ich hier
eigentlich ...?
RÜHR
RÜHR
RÜHR
KÖCHEL
KÖCHEL
RÜHR
Noch mal
von vorne.
KLACK
SCHIEB

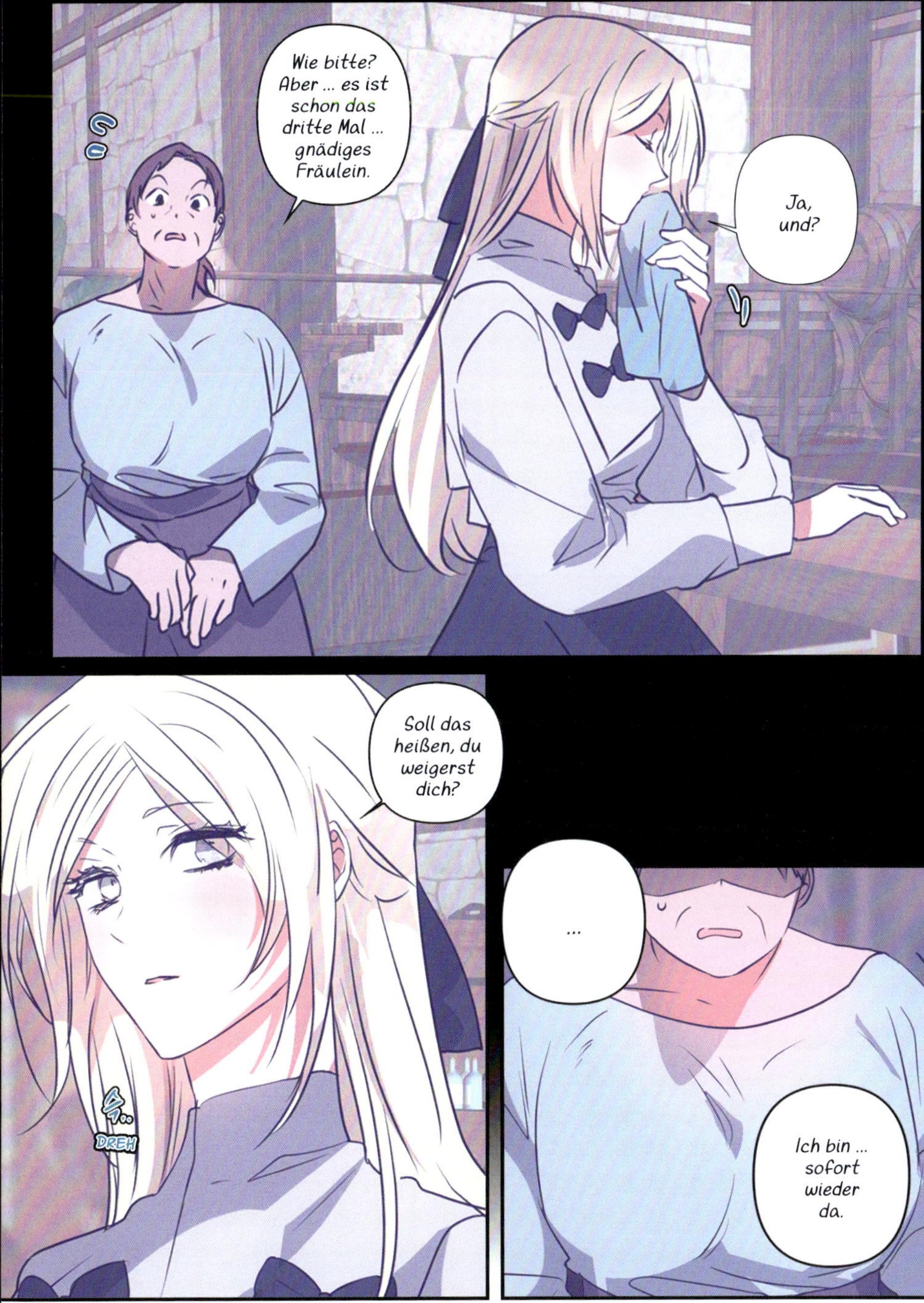
Wie bitte? Aber ... es ist schon das dritte Mal ... gnädiges Fräulein.
Ja, und?
Soll das heißen, du weigerst dich?
DREH
...
Ich bin ... sofort wieder da.

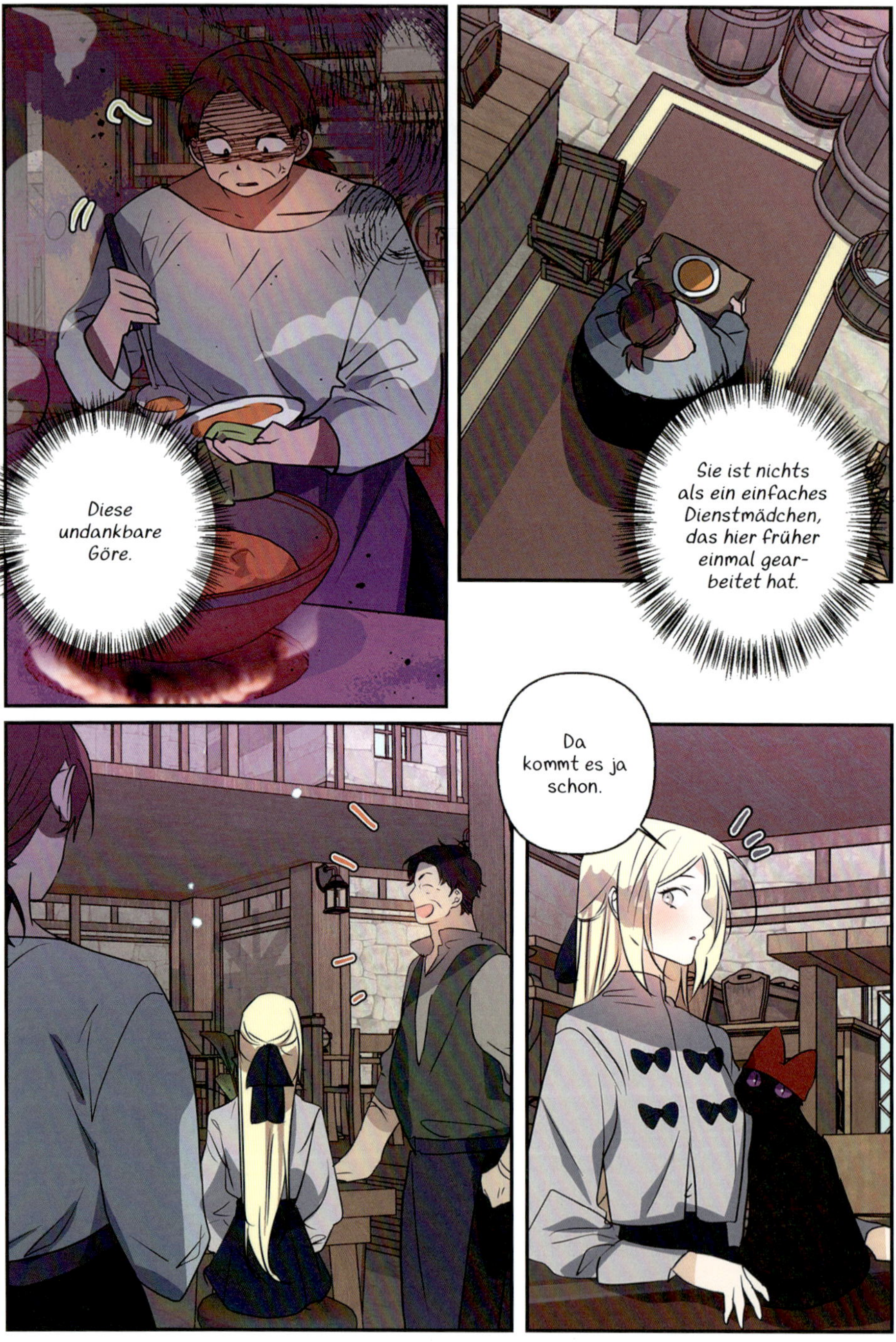
Diese undankbare Göre.
Sie ist nichts als ein einfaches Dienstmädchen, das hier früher einmal gearbeitet hat.
Da kommt es ja schon.

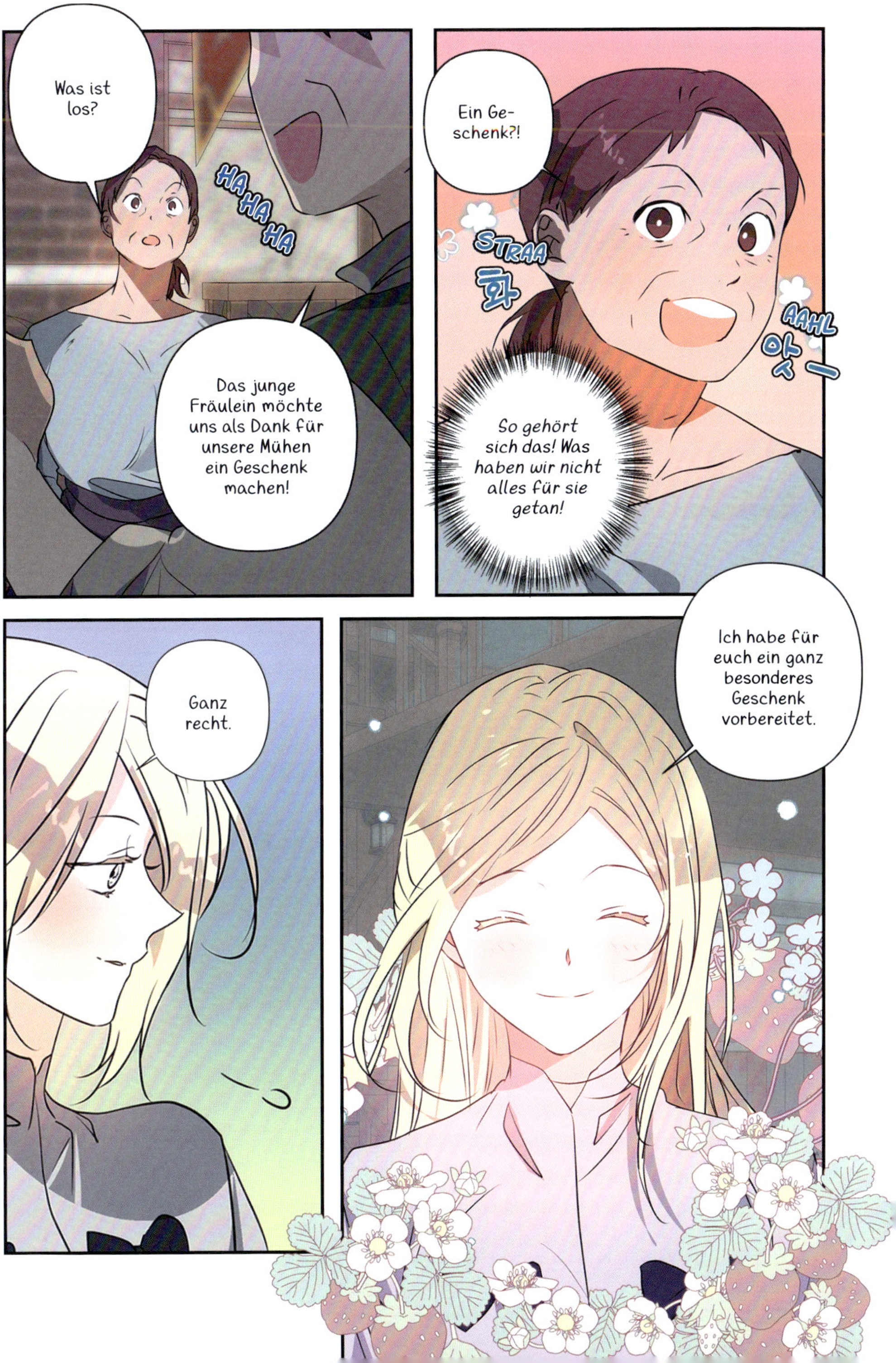

Was ist los?
HA HA HA
Das junge Fräulein möchte uns als Dank für unsere Mühen ein Geschenk machen!
Ein Geschenk?!
STRAA
화
AAHL
아ㅡ
So gehört sich das! Was haben wir nicht alles für sie getan!
Ganz recht.
Ich habe für euch ein ganz besonderes Geschenk vorbereitet.

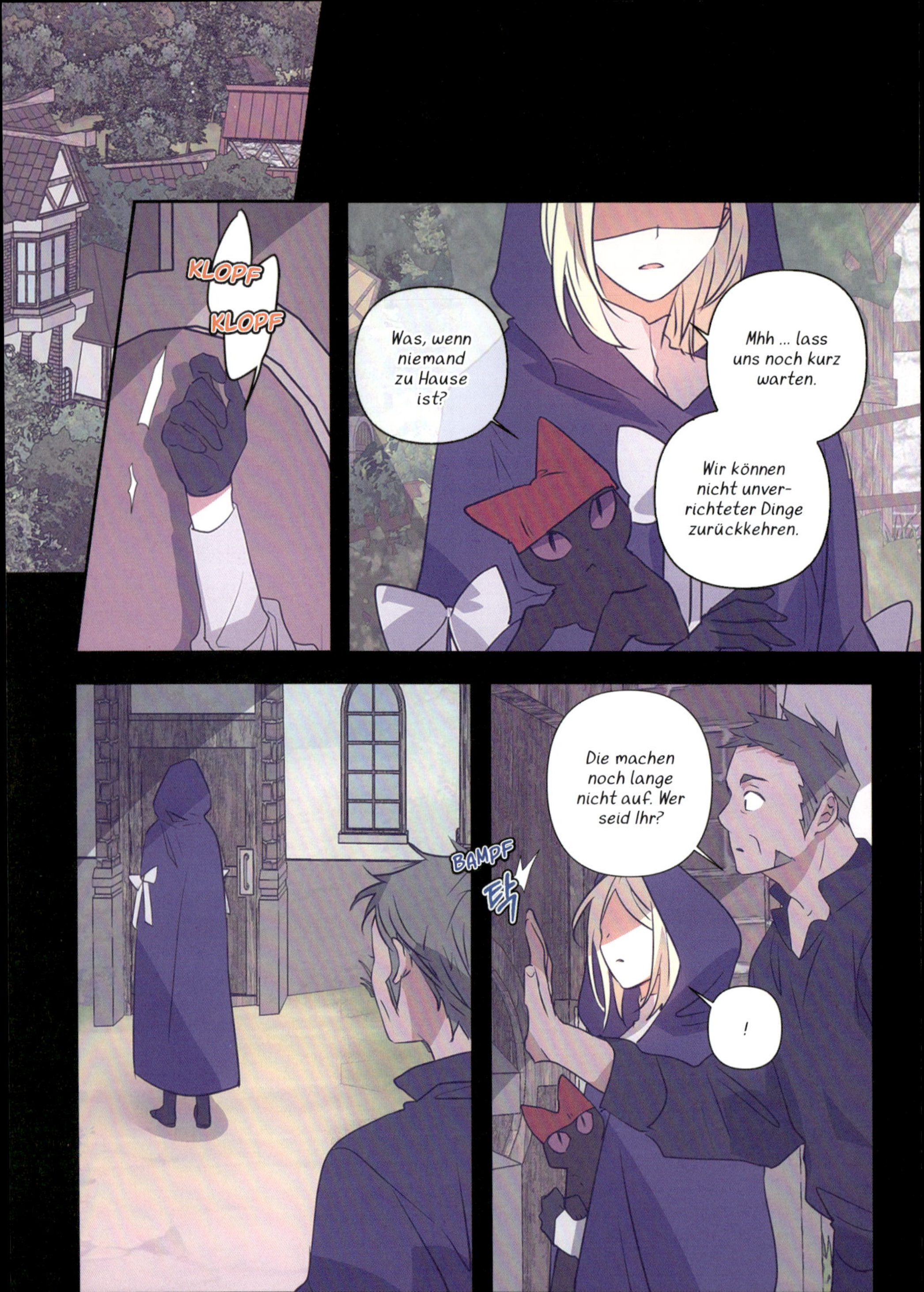
KLOPF
KLOPF
Was, wenn niemand zu Hause ist?
Mhh ... lass uns noch kurz warten.
Wir können nicht unverrichteter Dinge zurückkehren.
BAMPF
탁
Die machen noch lange nicht auf. Wer seid Ihr?
!

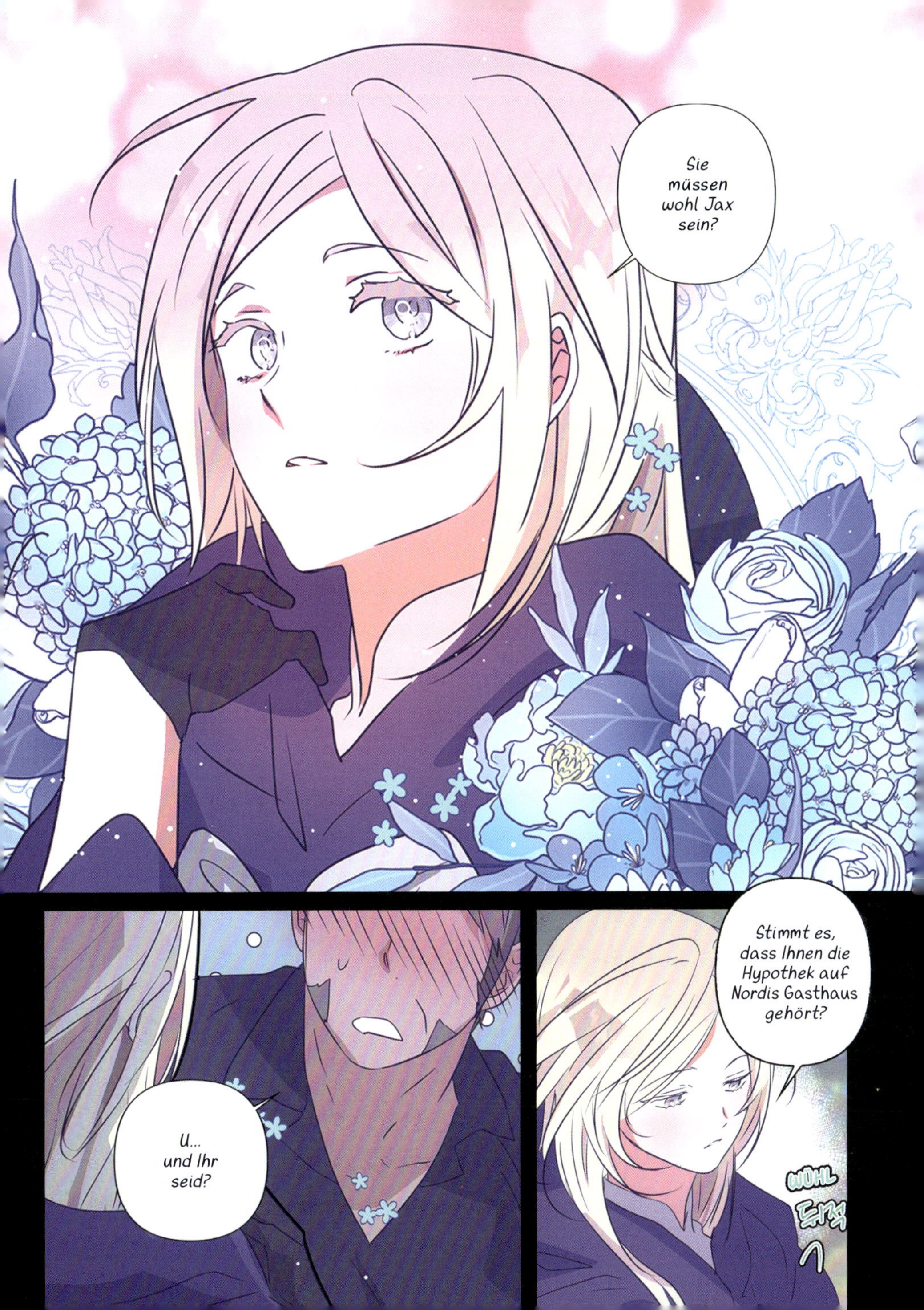
Sie müssen wohl Jax sein?
U... und Ihr seid?
Stimmt es, dass Ihnen die Hypothek auf Nordis Gasthaus gehört?
WÜHL
뒤적

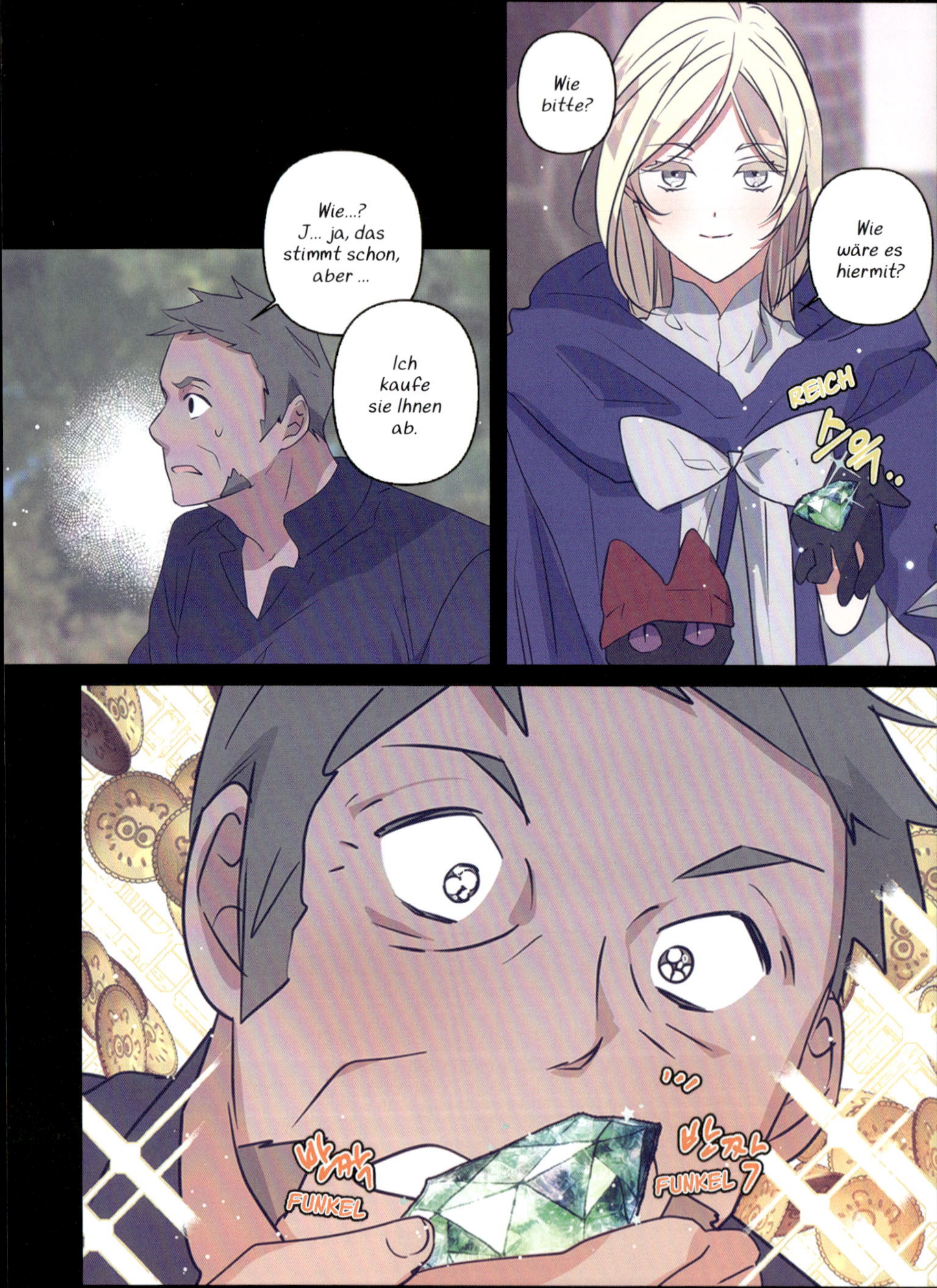
Wie bitte?
Wie...? J... ja, das stimmt schon, aber ...
Ich kaufe sie Ihnen ab.
Wie wäre es hiermit?
REICH
FUNKEL
FUNKEL

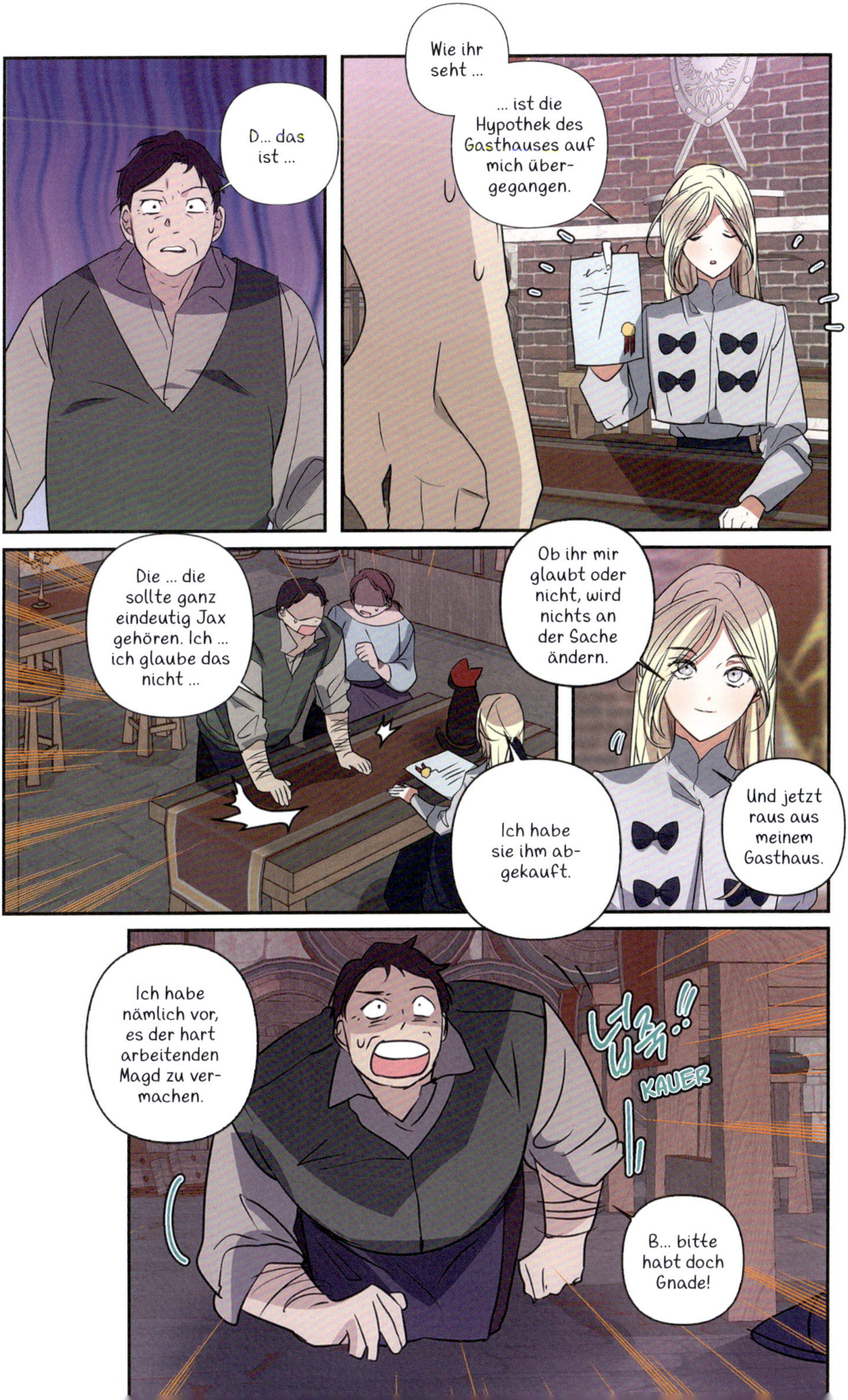

D… das ist …
Wie ihr seht …
… ist die Hypothek des Gasthauses auf mich über-gegangen.
Die … die sollte ganz eindeutig Jax gehören. Ich … ich glaube das nicht …
Ob ihr mir glaubt oder nicht, wird nichts an der Sache ändern.
Ich habe sie ihm ab-gekauft.
Und jetzt raus aus meinem Gasthaus.
Ich habe nämlich vor, es der hart arbeitenden Magd zu ver-machen.
넙죽!!
KAUER
B… bitte habt doch Gnade!

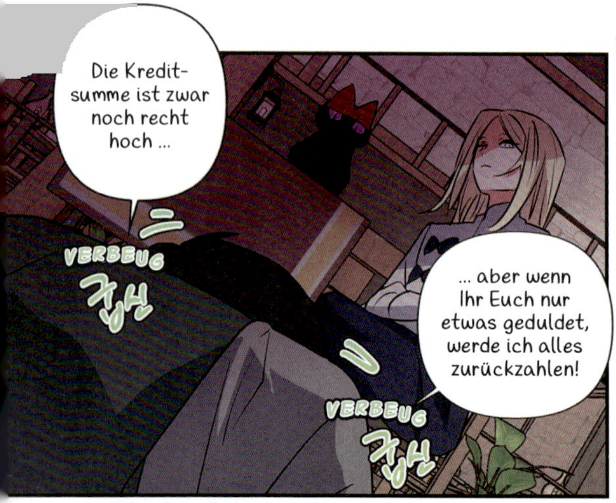
Die Kredit-
summe ist zwar
noch recht
hoch ...
VERBEUG
꾸벅
... aber wenn
Ihr Euch nur
etwas geduldet,
werde ich alles
zurückzahlen!
VERBEUG
꾸벅

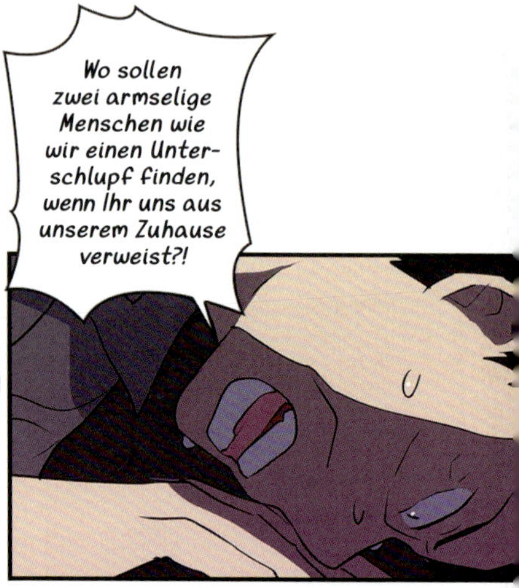
Wo sollen
zwei armselige
Menschen wie
wir einen Unter-
schlupf finden,
wenn Ihr uns aus
unserem Zuhause
verweist?!

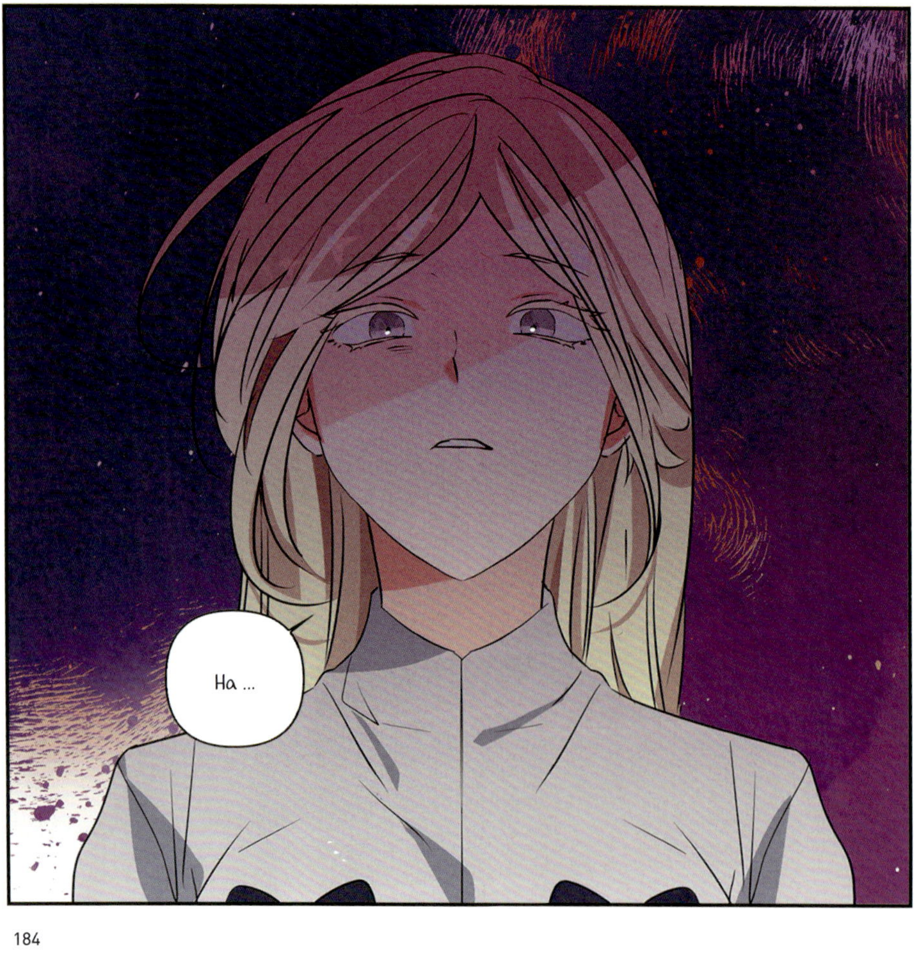
Ha ...

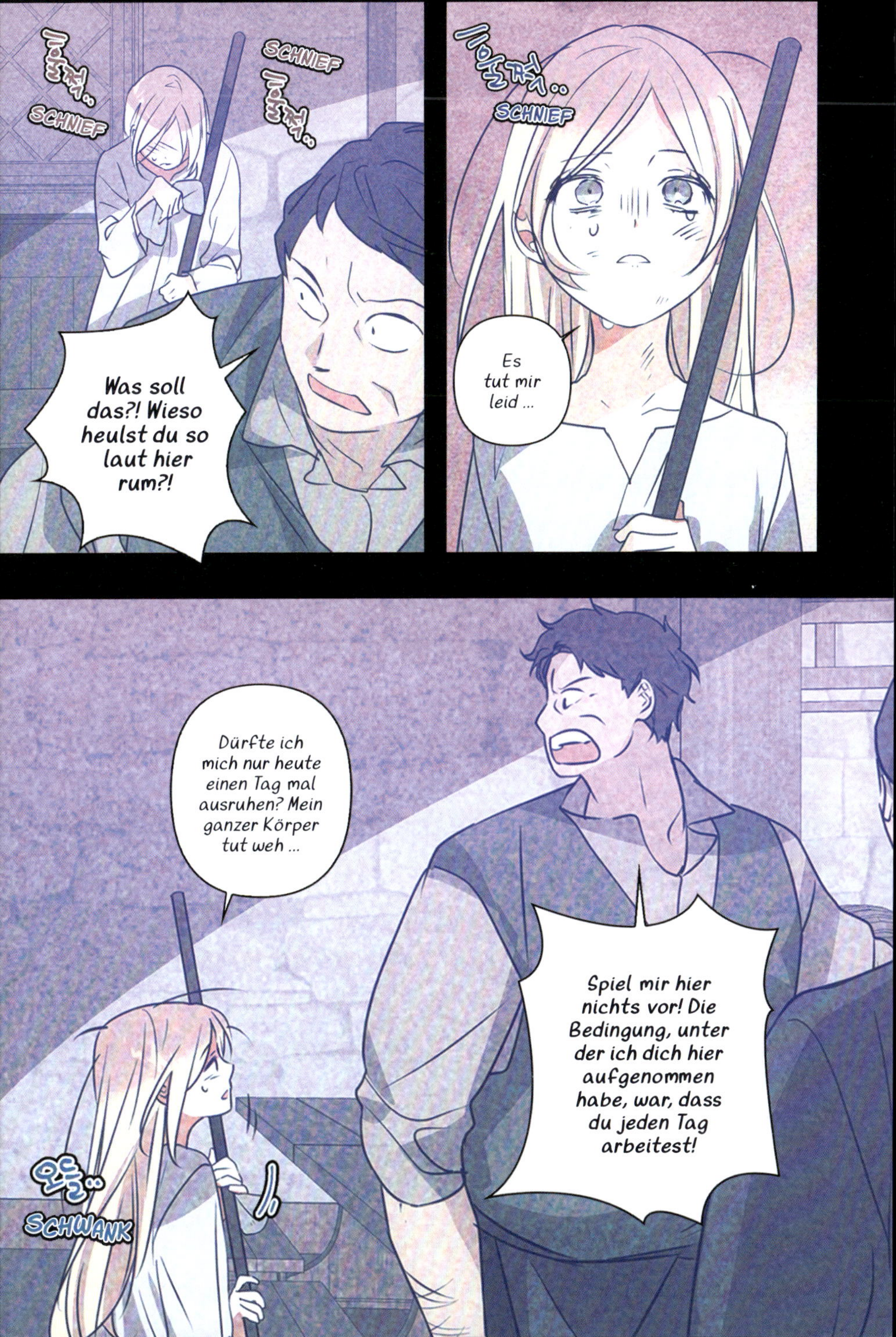

훌쩍..
SCHNIEF
SCHNIEF
훌쩍..
Was soll das?! Wieso heulst du so laut hier rum?!
SCHNIEF
Es tut mir leid ...
Dürfte ich mich nur heute einen Tag mal ausruhen? Mein ganzer Körper tut weh ...
Spiel mir hier nichts vor! Die Bedingung, unter der ich dich hier aufgenommen habe, war, dass du jeden Tag arbeitest!
오들..
SCHWANK

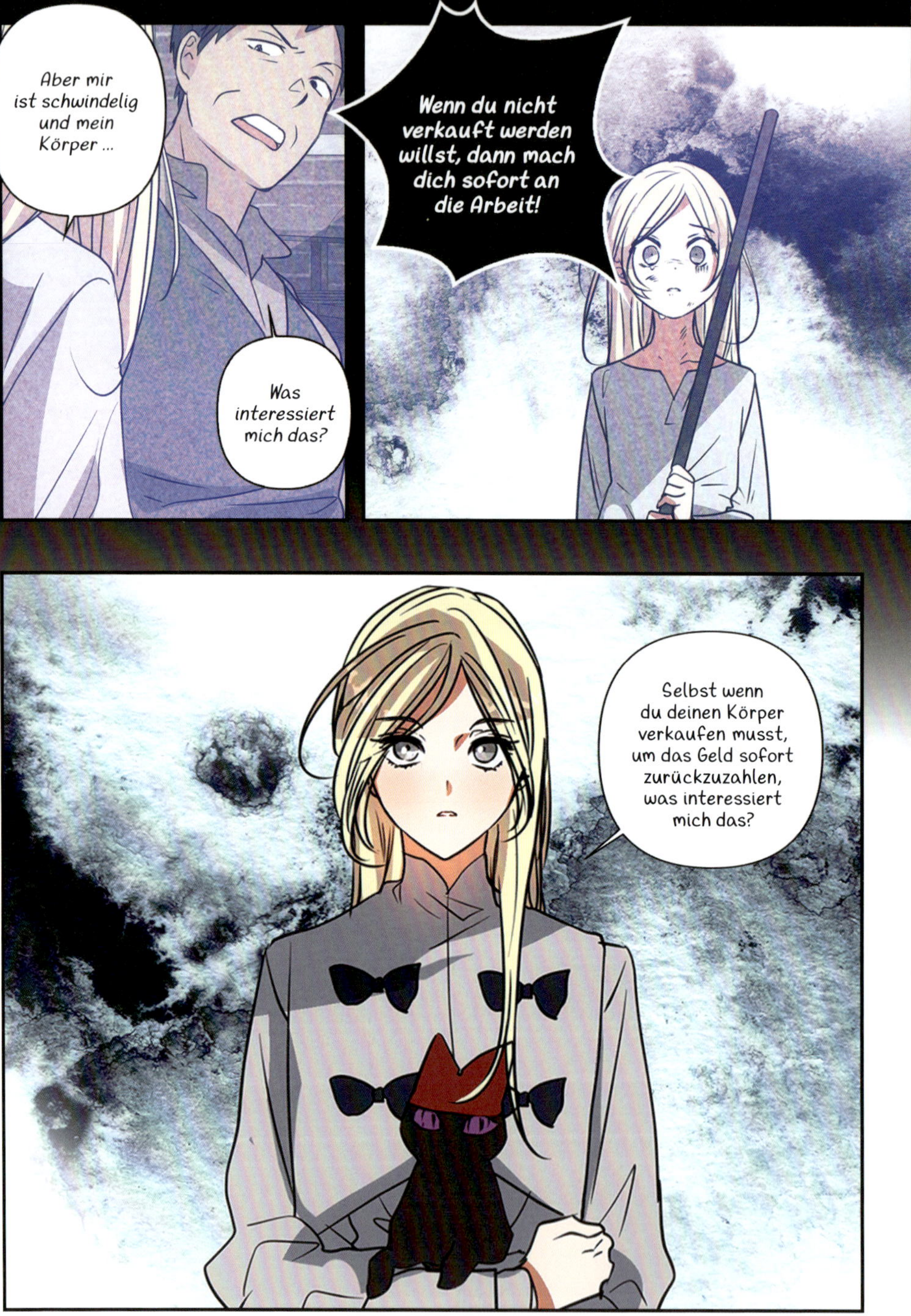
Aber mir ist schwindelig und mein Körper ...
Wenn du nicht verkauft werden willst, dann mach dich sofort an die Arbeit!
Was interessiert mich das?
Selbst wenn du deinen Körper verkaufen musst, um das Geld sofort zurückzuzahlen, was interessiert mich das?

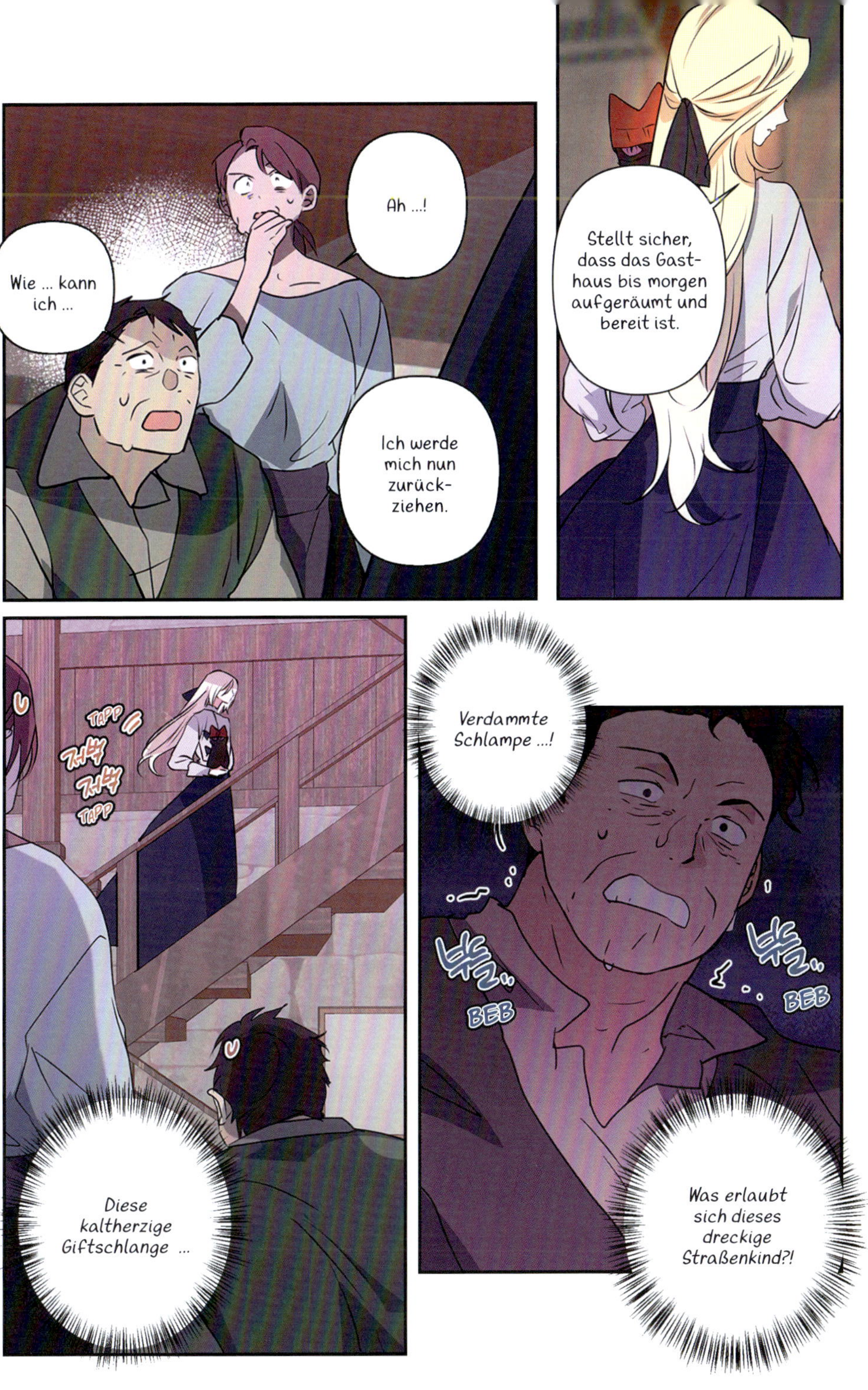
Wie ... kann ich ...
Ah ...!
Ich werde mich nun zurückziehen.
Stellt sicher, dass das Gasthaus bis morgen aufgeräumt und bereit ist.
TAPP
저벅
저벅
TAPP
Verdammte Schlampe ...!
부들..
BEB
부들..
BEB
Diese kaltherzige Giftschlange ...
Was erlaubt sich dieses dreckige Straßenkind?!

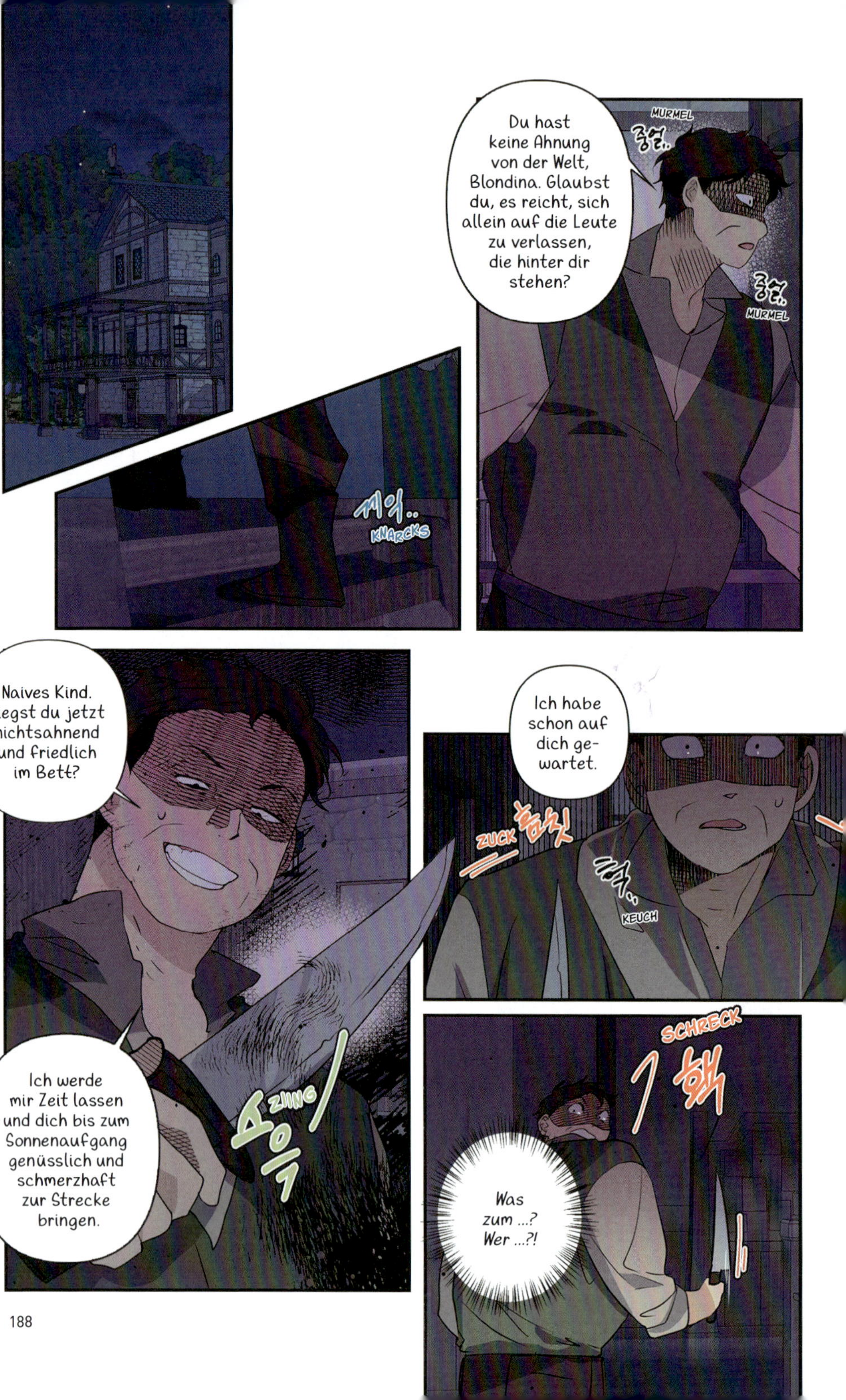
Du hast keine Ahnung von der Welt, Blondina. Glaubst du, es reicht, sich allein auf die Leute zu verlassen, die hinter dir stehen?
MURMEL
MURMEL
KNARCKS
Naives Kind. Liegst du jetzt nichtsahnend und friedlich im Bett?
Ich werde mir Zeit lassen und dich bis zum Sonnenaufgang genüsslich und schmerzhaft zur Strecke bringen.
ZIING
Ich habe schon auf dich gewartet.
ZUCK
KEUCH
SCHRECK
Was zum ...? Wer ...?!

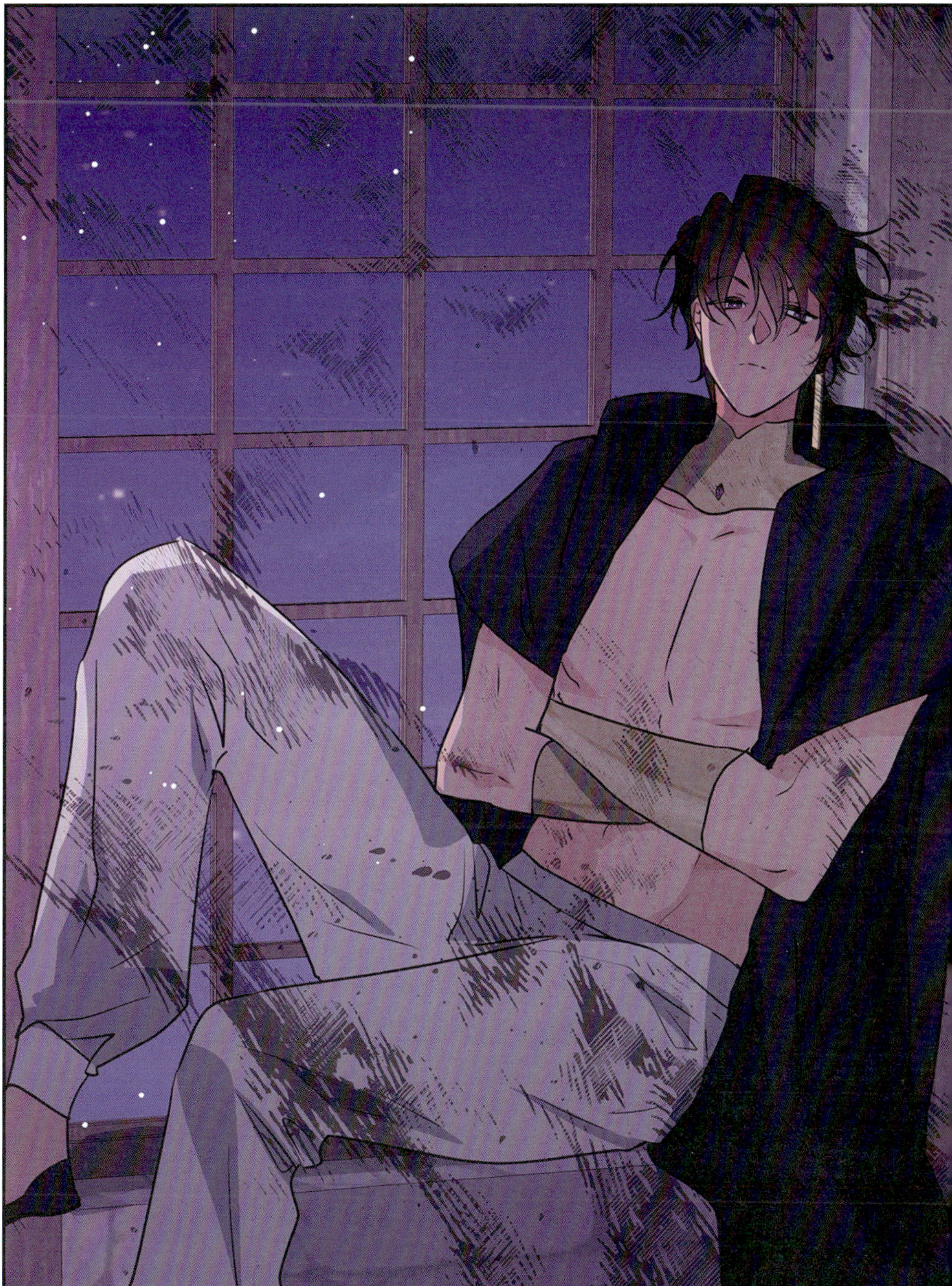

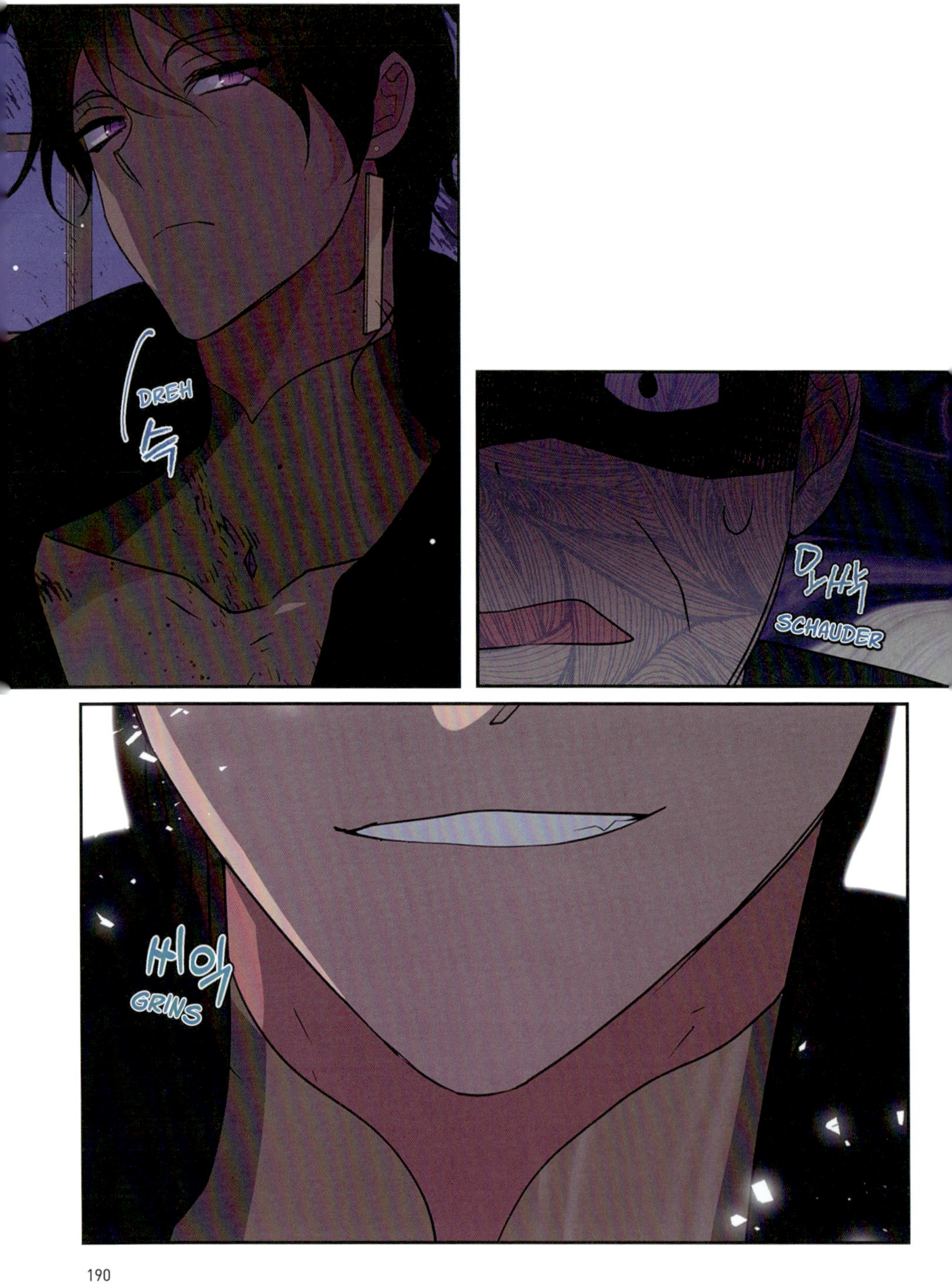
DREH
늑
SCHAUDER
씨익
GRINS

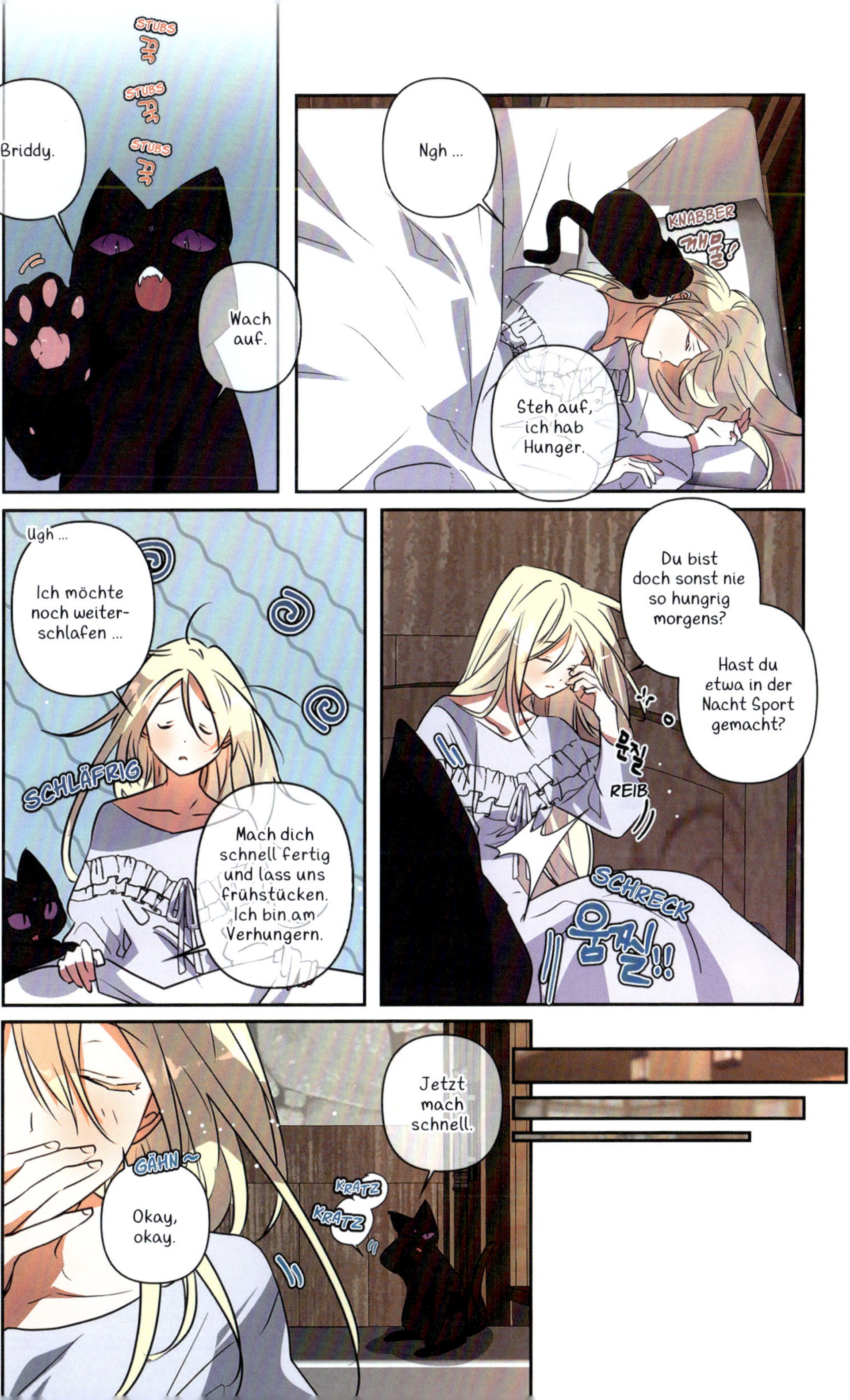

STUBS
꾹
STUBS
꾹
STUBS
꾹
Briddy.
Wach auf.
Ngh …
KNABBER
깨물!
Steh auf, ich hab Hunger.
Ugh …
Ich möchte noch weiter-schlafen …
SCHLÄFRIG
Mach dich schnell fertig und lass uns frühstücken. Ich bin am Verhungern.
Du bist doch sonst nie so hungrig morgens?
Hast du etwa in der Nacht Sport gemacht?
문질
REIB
SCHRECK
움찔!!
Jetzt mach schnell.
GÄHN ~
Okay, okay.
KRATZ
KRATZ

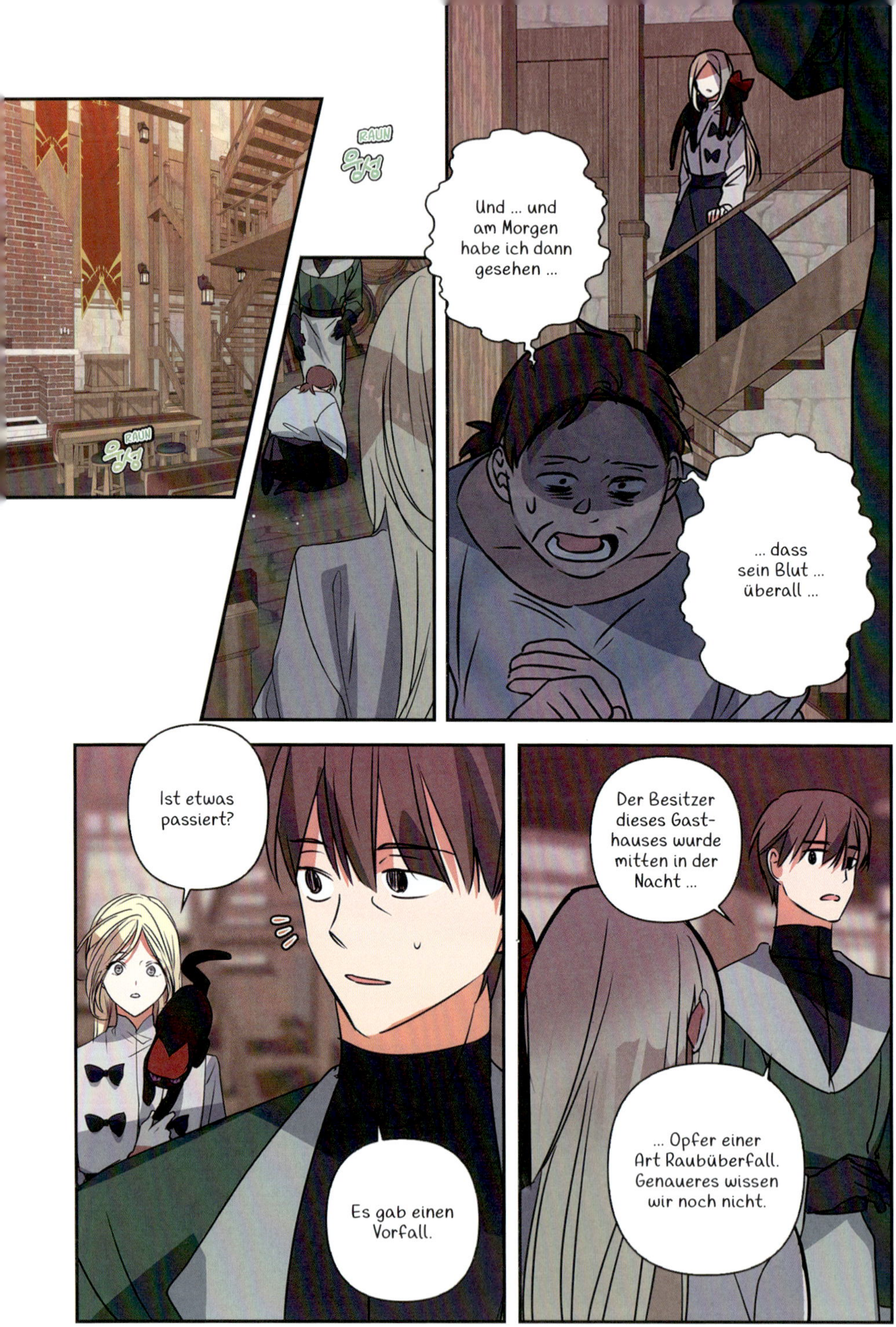
RAUN
웅성
RAUN
웅성
Und ... und am Morgen habe ich dann gesehen ...
... dass sein Blut ... überall ...
Ist etwas passiert?
Es gab einen Vorfall.
Der Besitzer dieses Gasthauses wurde mitten in der Nacht ...
... Opfer einer Art Raubüberfall. Genaueres wissen wir noch nicht.

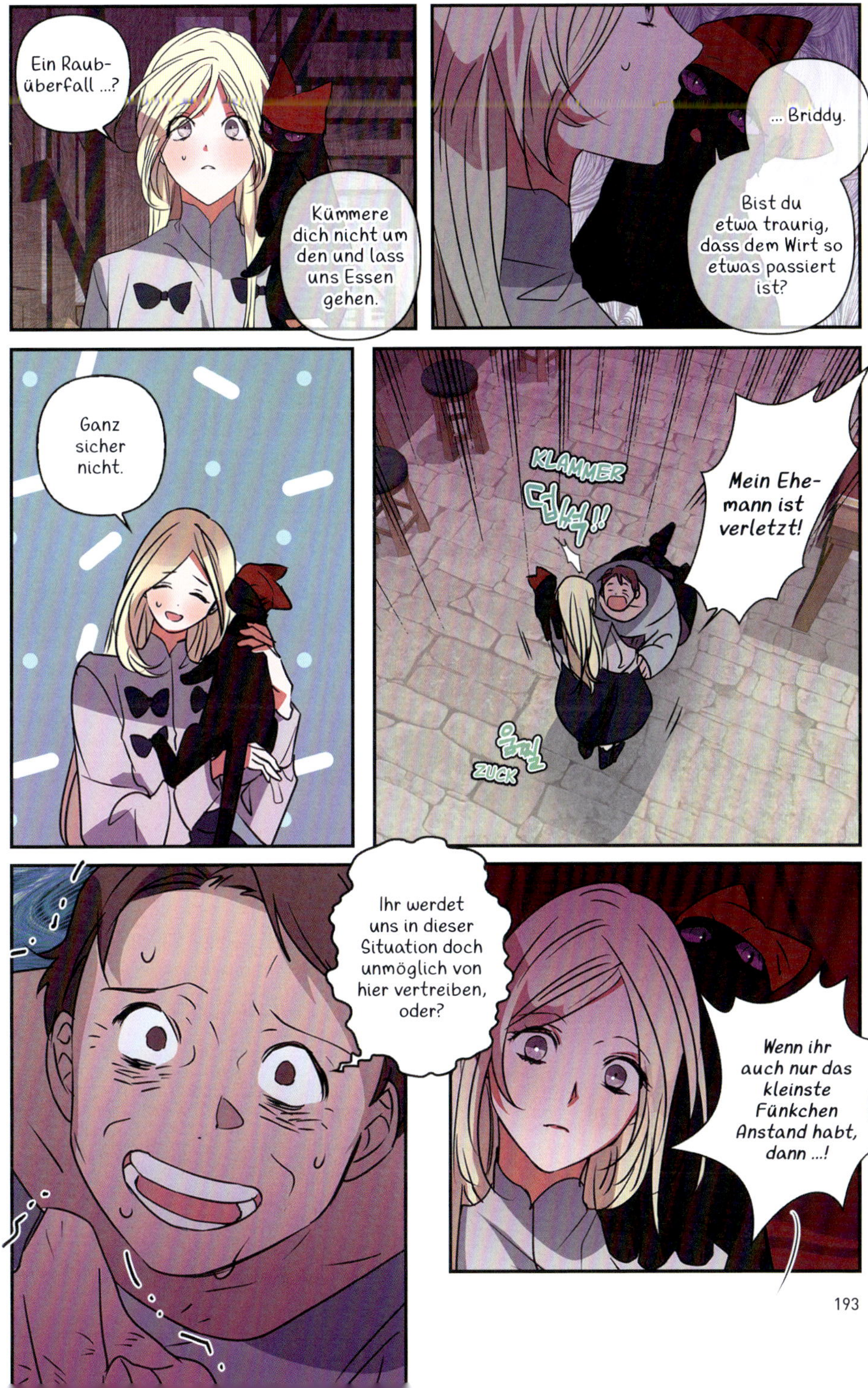
Ein Raub-überfall ...?
Kümmere dich nicht um den und lass uns Essen gehen.
... Briddy.
Bist du etwa traurig, dass dem Wirt so etwas passiert ist?
Ganz sicher nicht.
KLAMMER
덥석!!
Mein Ehe-mann ist verletzt!
움찔
ZUCK
Ihr werdet uns in dieser Situation doch unmöglich von hier vertreiben, oder?
Wenn ihr auch nur das kleinste Fünkchen Anstand habt, dann ...!

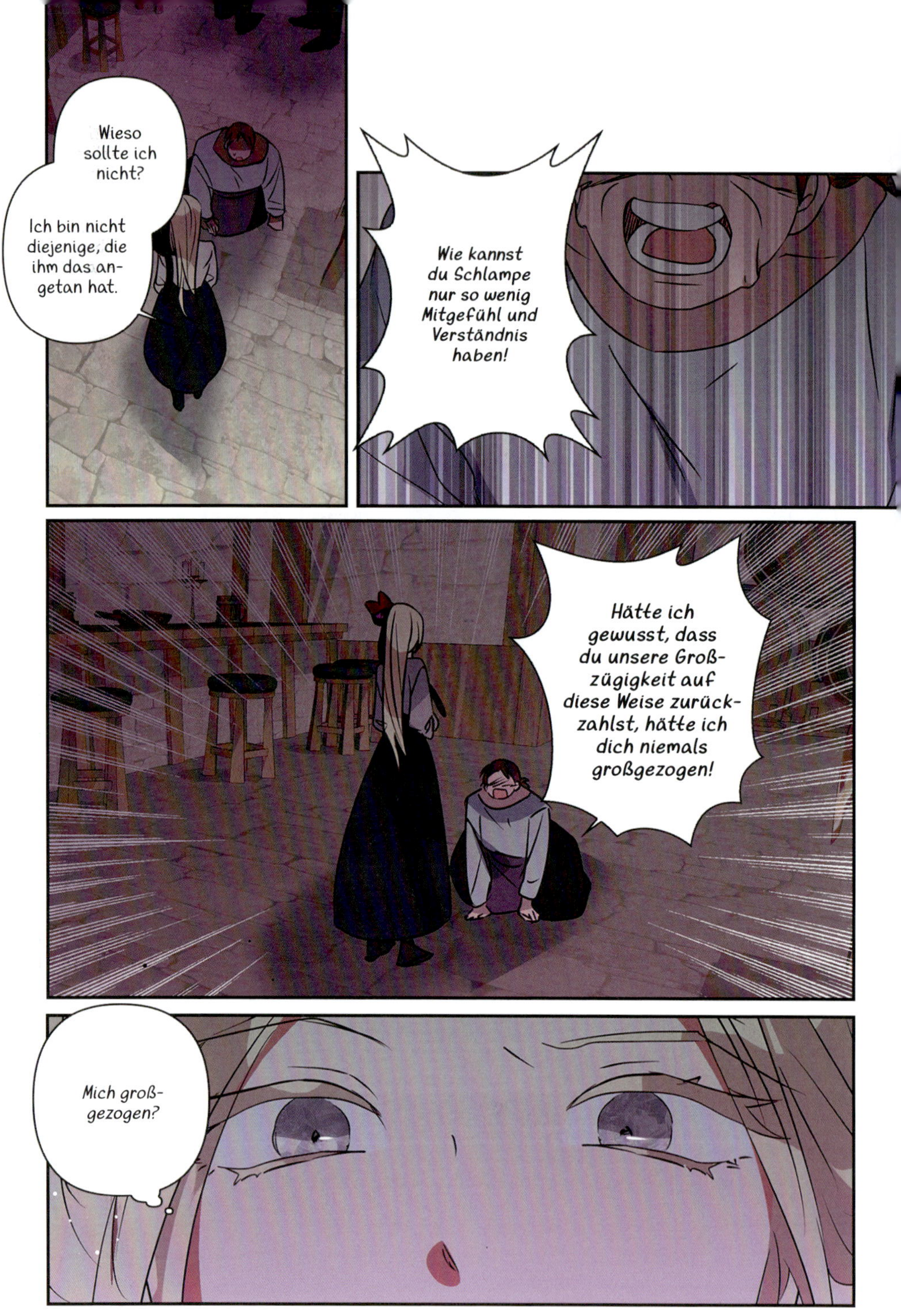

Wieso sollte ich nicht?
Ich bin nicht diejenige, die ihm das angetan hat.
Wie kannst du Schlampe nur so wenig Mitgefühl und Verständnis haben!
Hätte ich gewusst, dass du unsere Großzügigkeit auf diese Weise zurückzahlst, hätte ich dich niemals großgezogen!
Mich großgezogen?

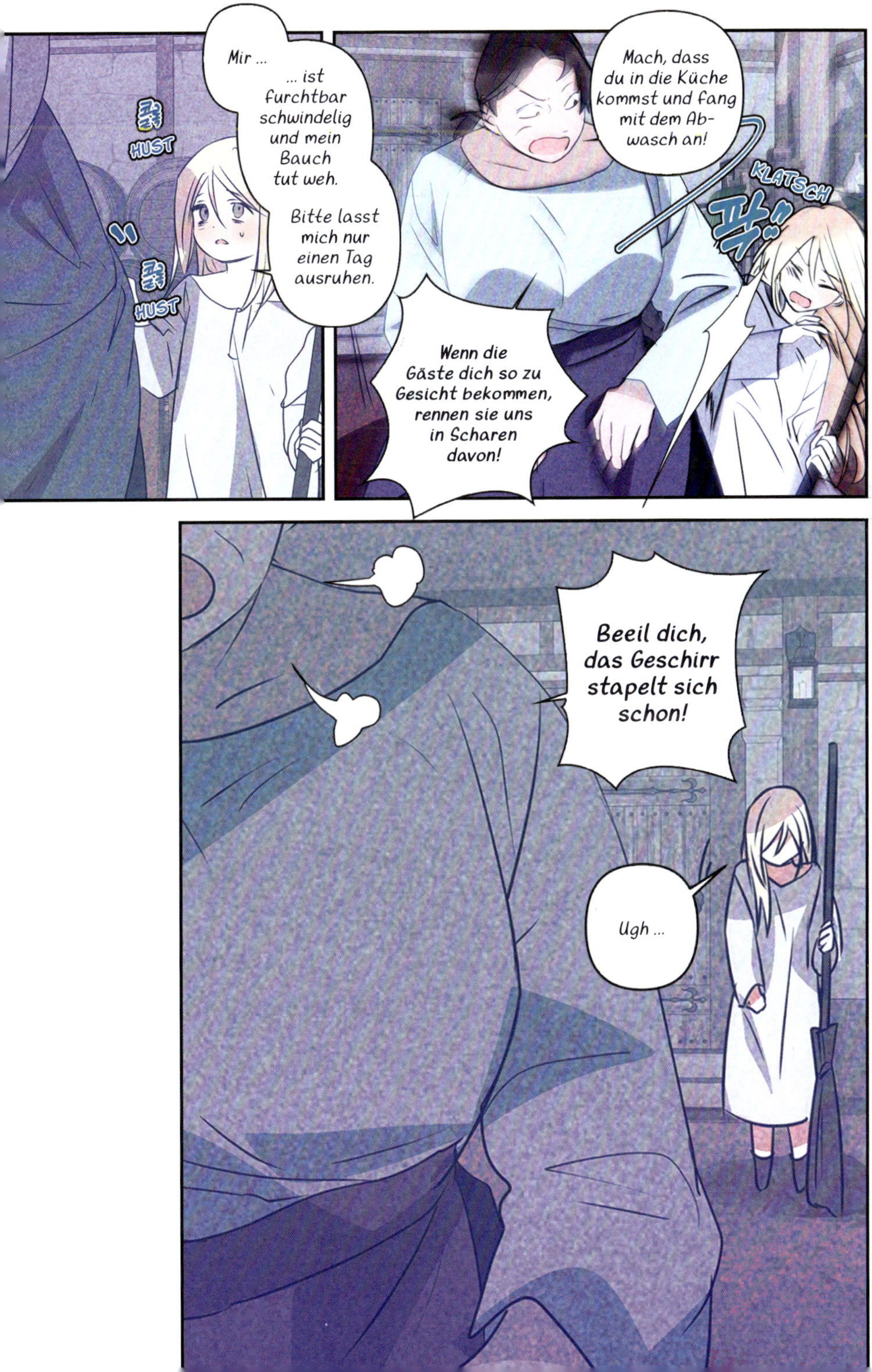
콜록
HUST
콜록
HUST
Mir ...
... ist furchtbar schwindelig und mein Bauch tut weh.
Bitte lasst mich nur einen Tag ausruhen.
Mach, dass du in die Küche kommst und fang mit dem Abwasch an!
KLATSCH
팍
Wenn die Gäste dich so zu Gesicht bekommen, rennen sie uns in Scharen davon!
Beeil dich, das Geschirr stapelt sich schon!
Ugh ...

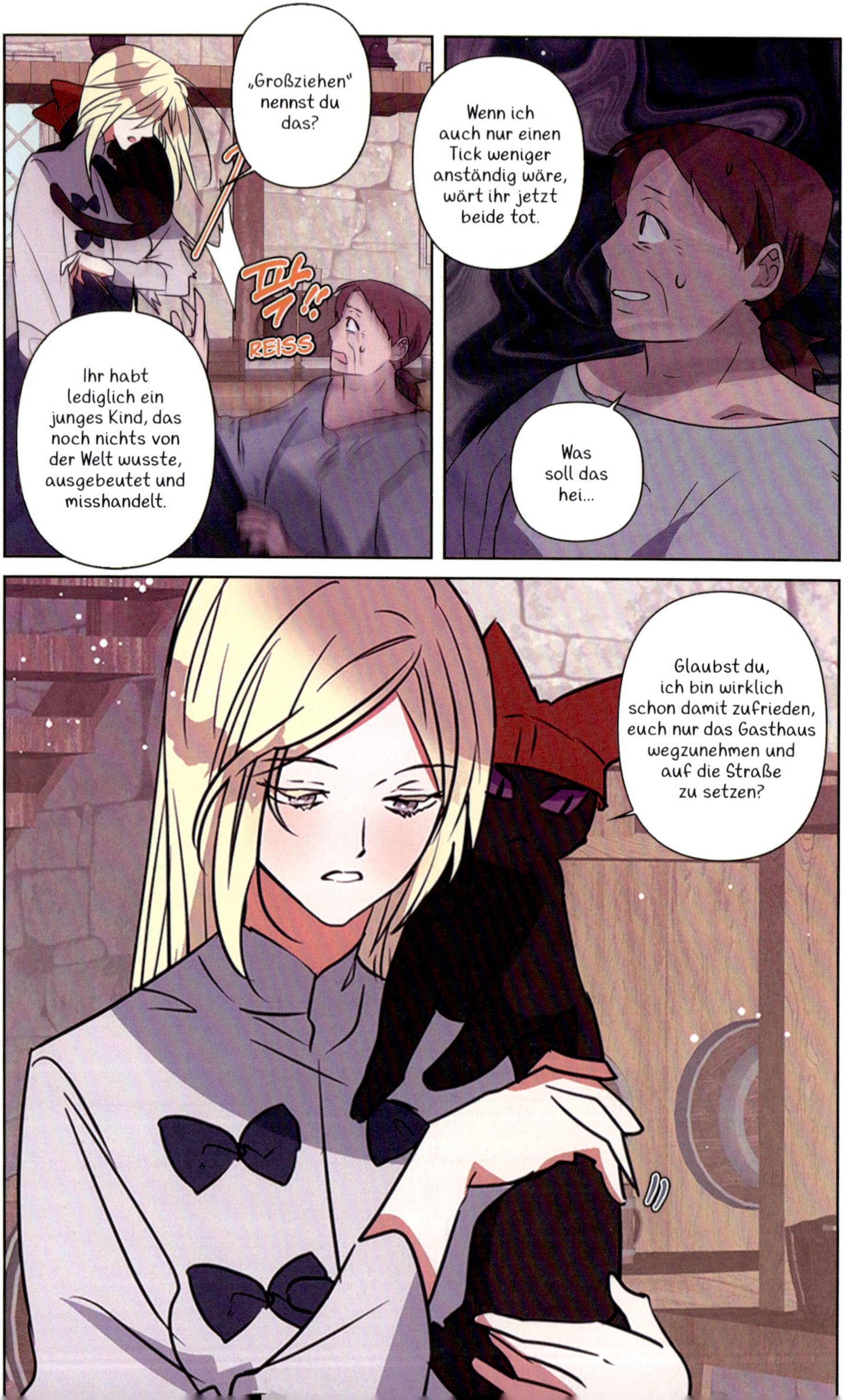
„Großziehen" nennst du das?
Ihr habt lediglich ein junges Kind, das noch nichts von der Welt wusste, ausgebeutet und misshandelt.
REISS
Wenn ich auch nur einen Tick weniger anständig wäre, wärt ihr jetzt beide tot.
Was soll das hei…
Glaubst du, ich bin wirklich schon damit zufrieden, euch nur das Gasthaus wegzunehmen und auf die Straße zu setzen?

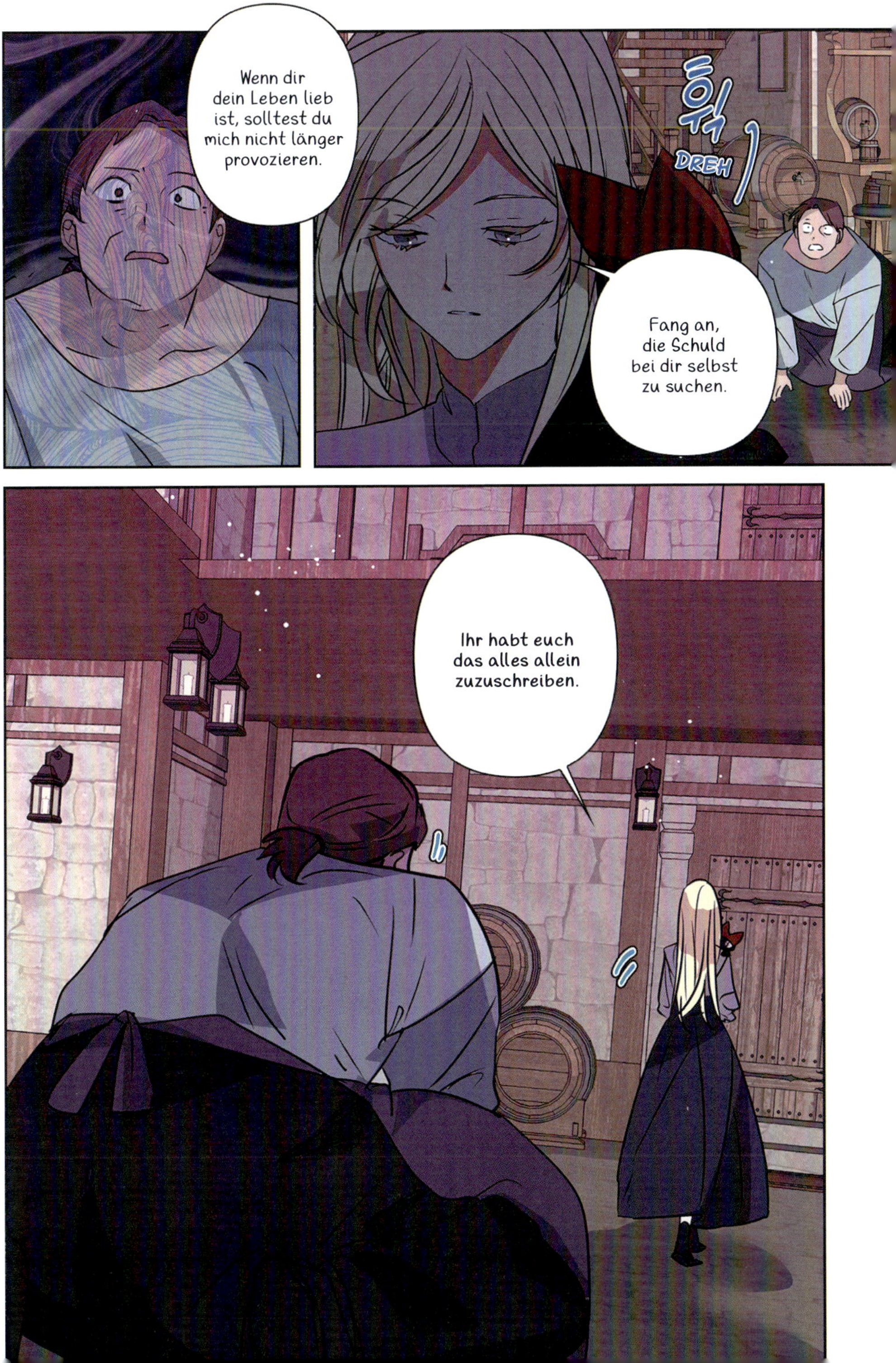
Wenn dir dein Leben lieb ist, solltest du mich nicht länger provozieren.
DREH
Fang an, die Schuld bei dir selbst zu suchen.
Ihr habt euch das alles allein zuzuschreiben.

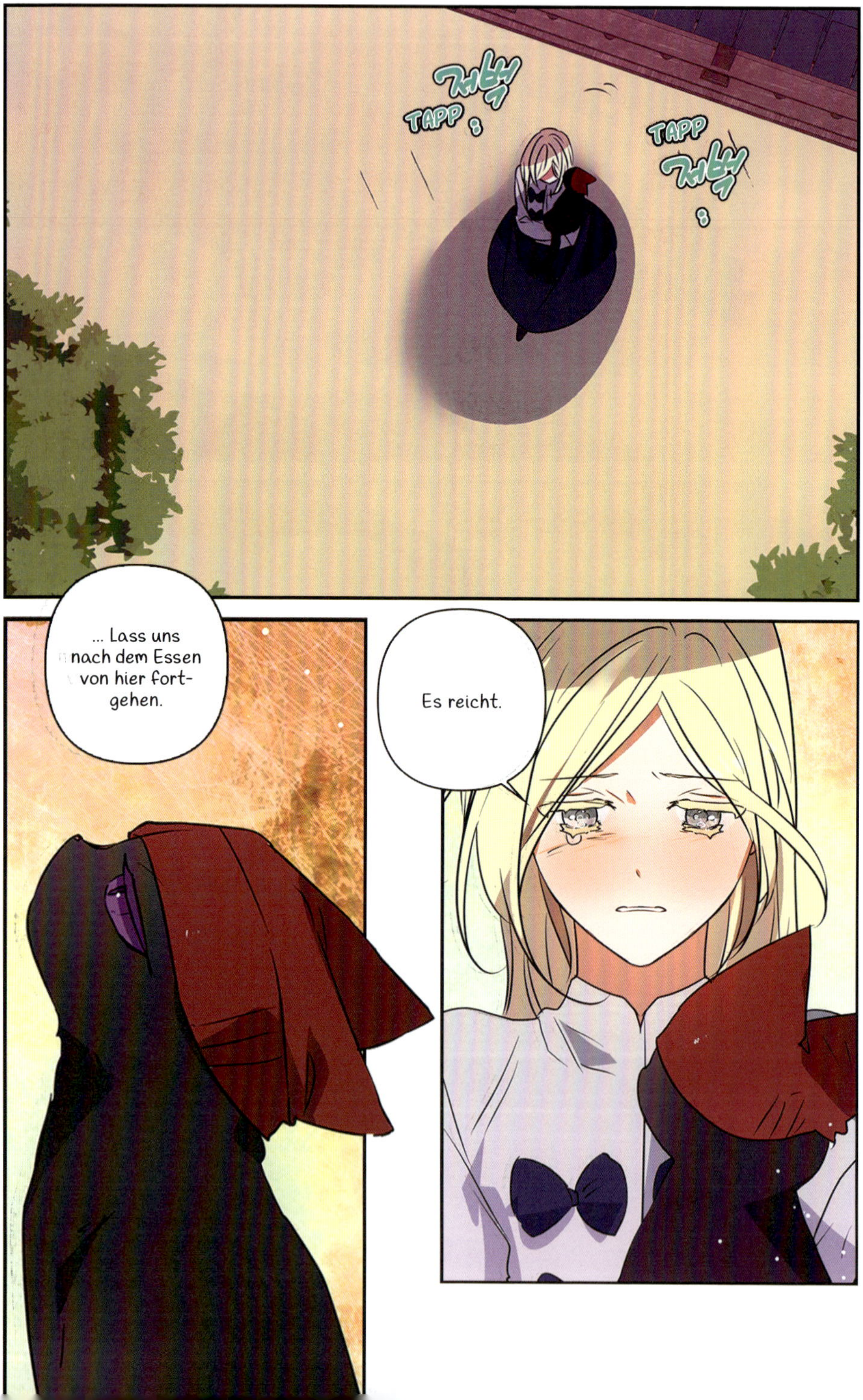
TAPP
저벅
TAPP
저벅
... Lass uns nach dem Essen von hier fort-gehen.
Es reicht.

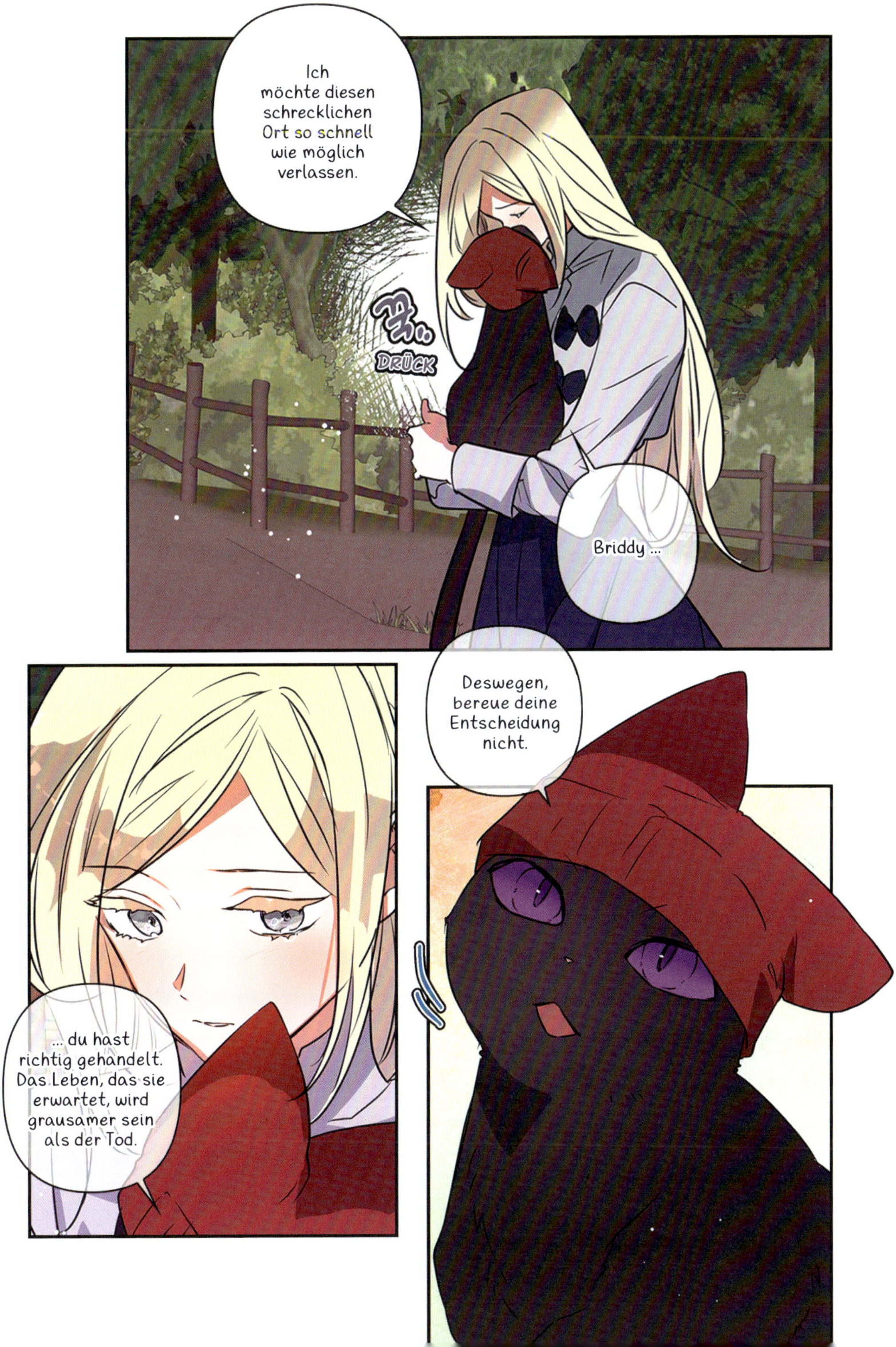
Ich möchte diesen schrecklichen Ort so schnell wie möglich verlassen.
DRÜCK
Briddy ...
Deswegen, bereue deine Entscheidung nicht.
... du hast richtig gehandelt. Das Leben, das sie erwartet, wird grausamer sein als der Tod.

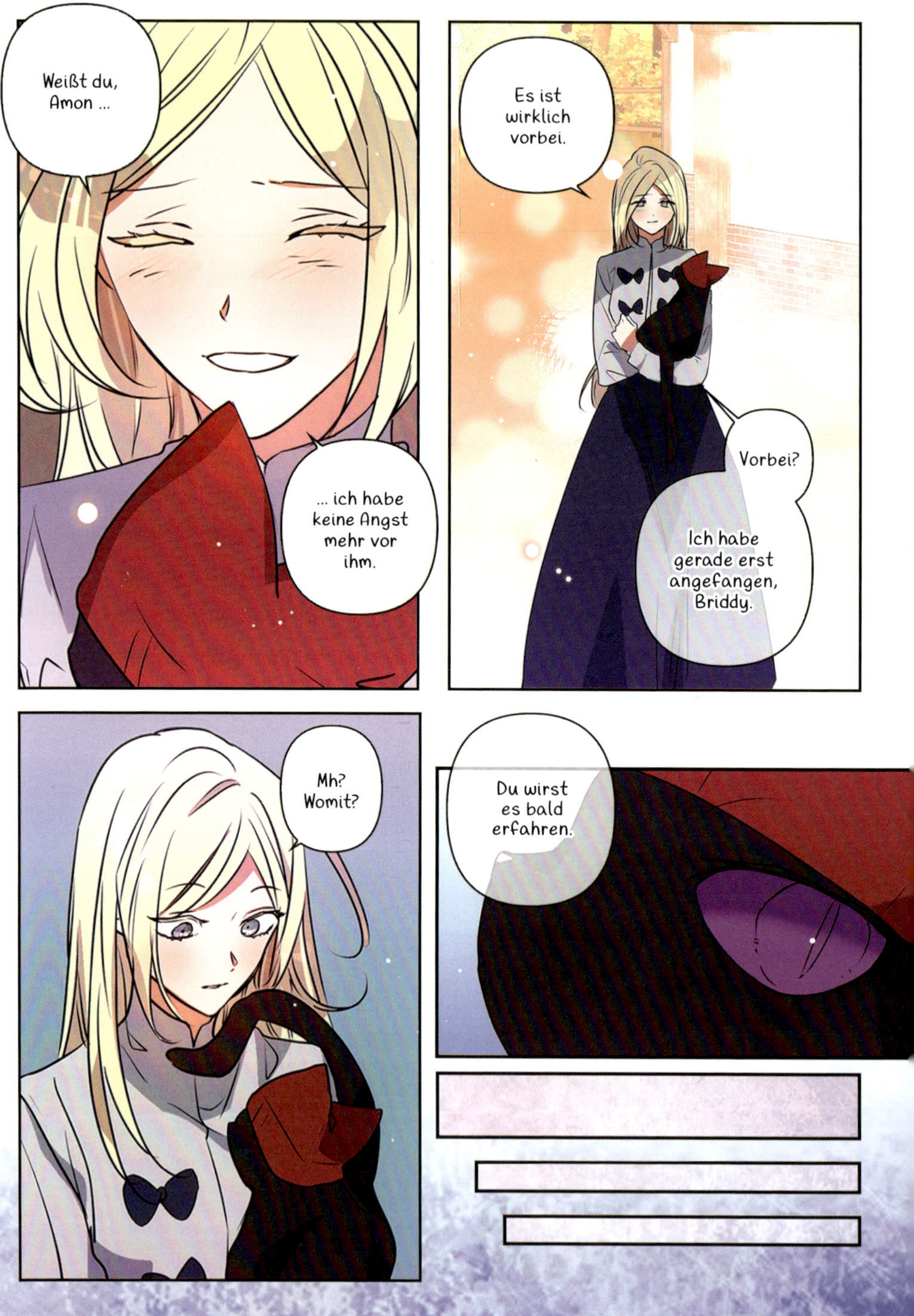
Weißt du, Amon ...
... ich habe keine Angst mehr vor ihm.
Es ist wirklich vorbei.
Vorbei?
Ich habe gerade erst angefangen, Briddy.
Mh? Womit?
Du wirst es bald erfahren.

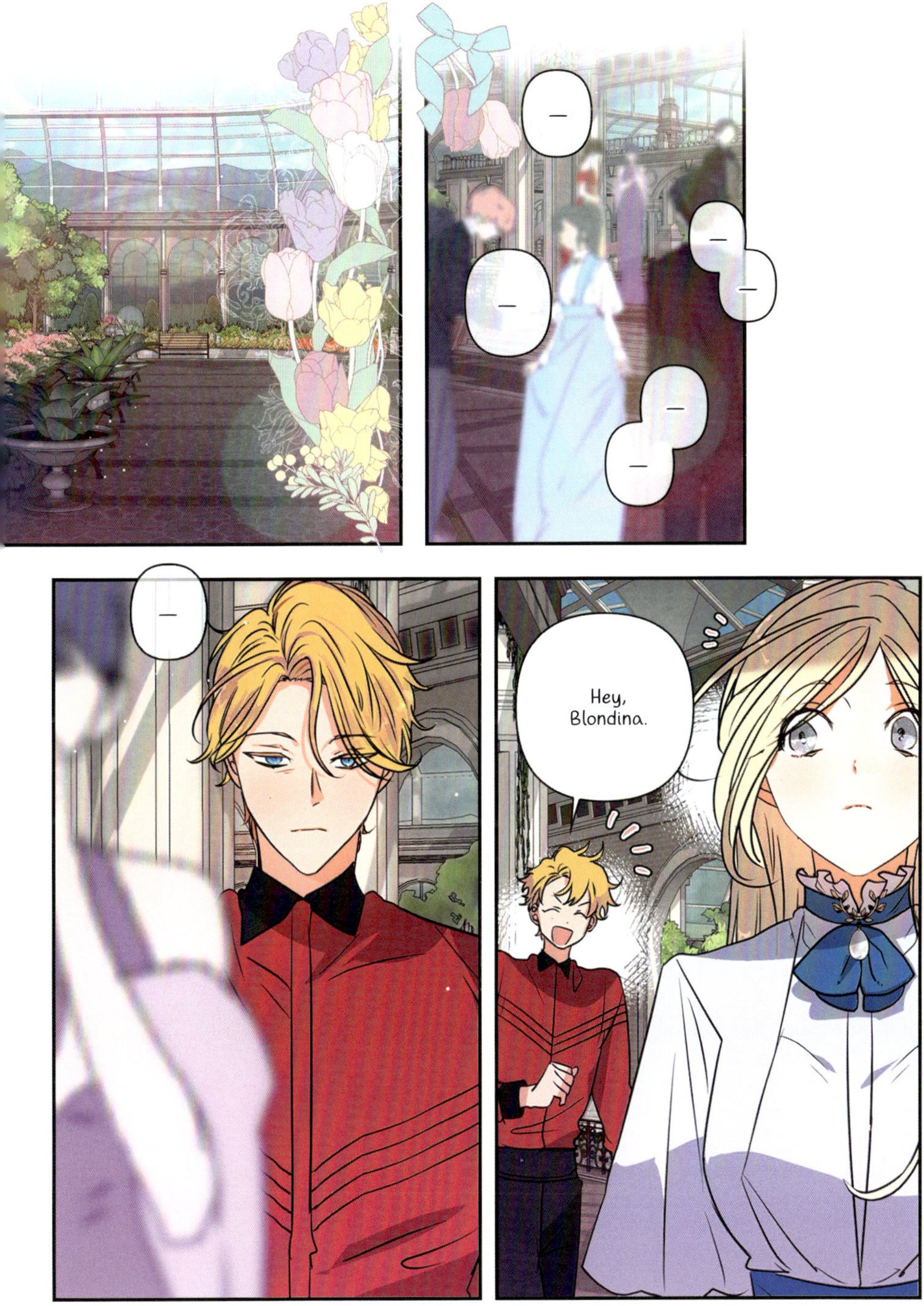
Hey, Blondina.

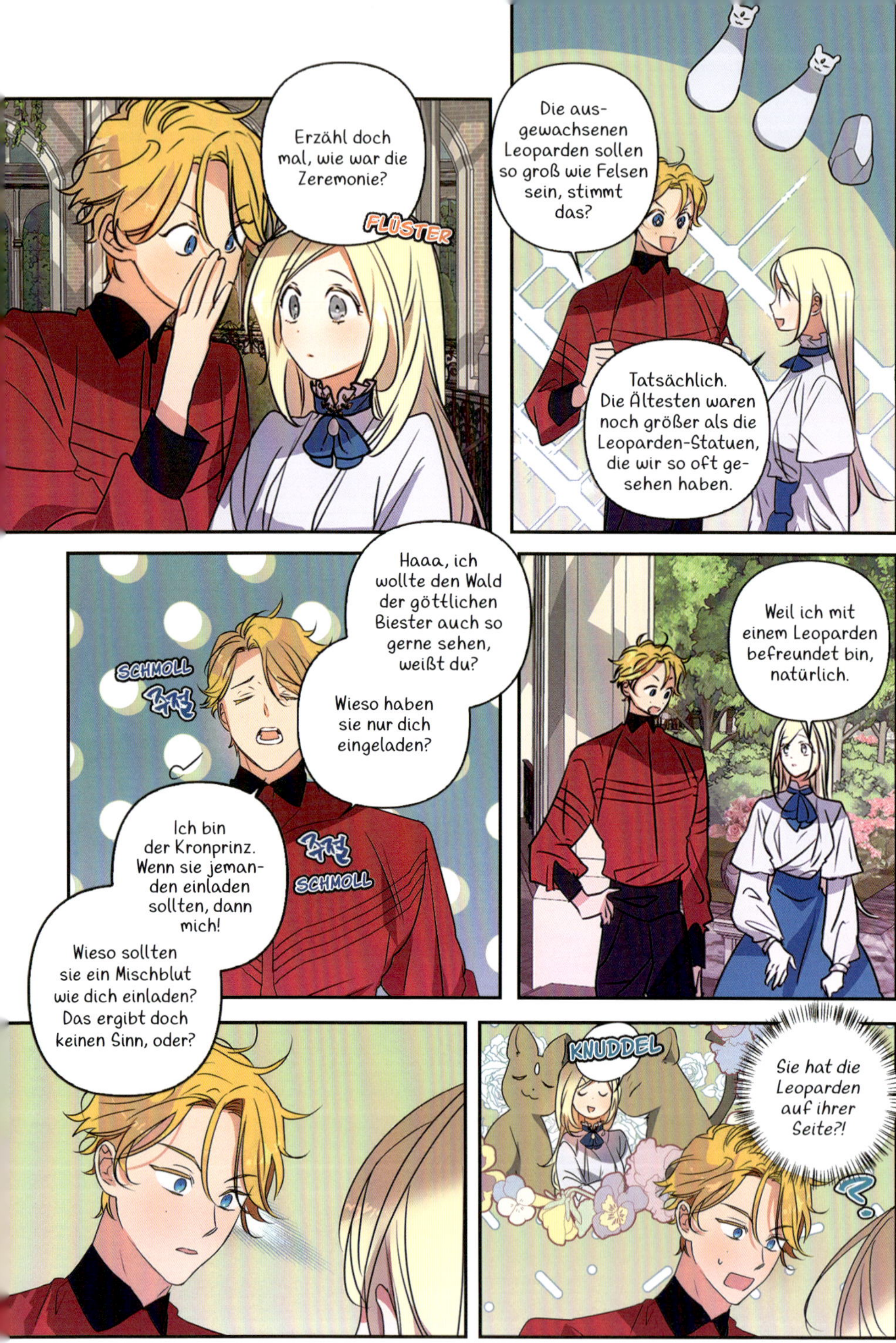
Erzähl doch mal, wie war die Zeremonie?
FLÜSTER
Die ausgewachsenen Leoparden sollen so groß wie Felsen sein, stimmt das?
Tatsächlich. Die Ältesten waren noch größer als die Leoparden-Statuen, die wir so oft gesehen haben.
Haaa, ich wollte den Wald der göttlichen Biester auch so gerne sehen, weißt du?
Wieso haben sie nur dich eingeladen?
SCHMOLL
SCHMOLL
Weil ich mit einem Leoparden befreundet bin, natürlich.
Ich bin der Kronprinz. Wenn sie jemanden einladen sollten, dann mich!
Wieso sollten sie ein Mischblut wie dich einladen? Das ergibt doch keinen Sinn, oder?
KNUDDEL
Sie hat die Leoparden auf ihrer Seite?!

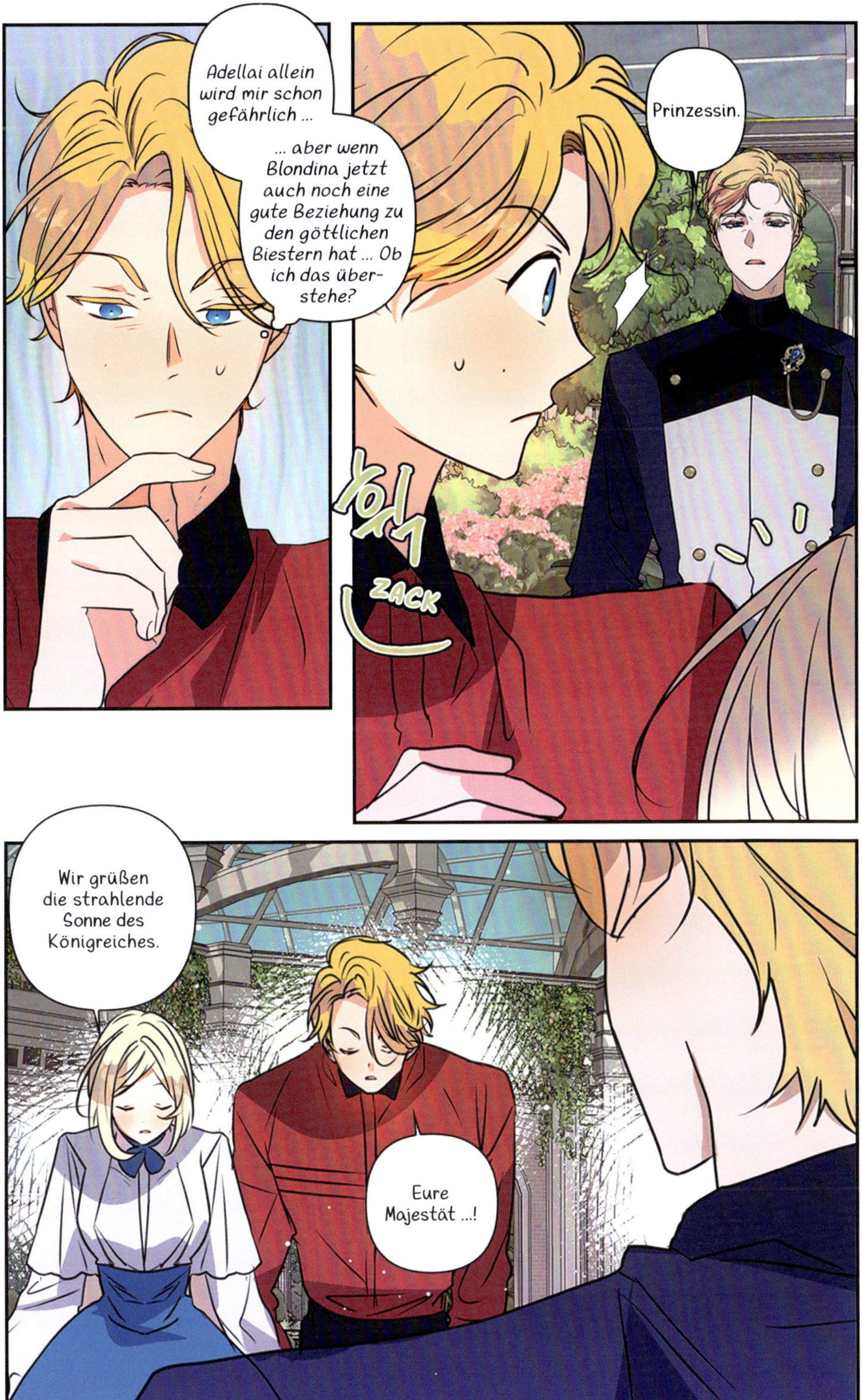
Adellai allein wird mir schon gefährlich ...
... aber wenn Blondina jetzt auch noch eine gute Beziehung zu den göttlichen Biestern hat ... Ob ich das überstehe?
Prinzessin.
ZACK
Wir grüßen die strahlende Sonne des Königreiches.
Eure Majestät ...!

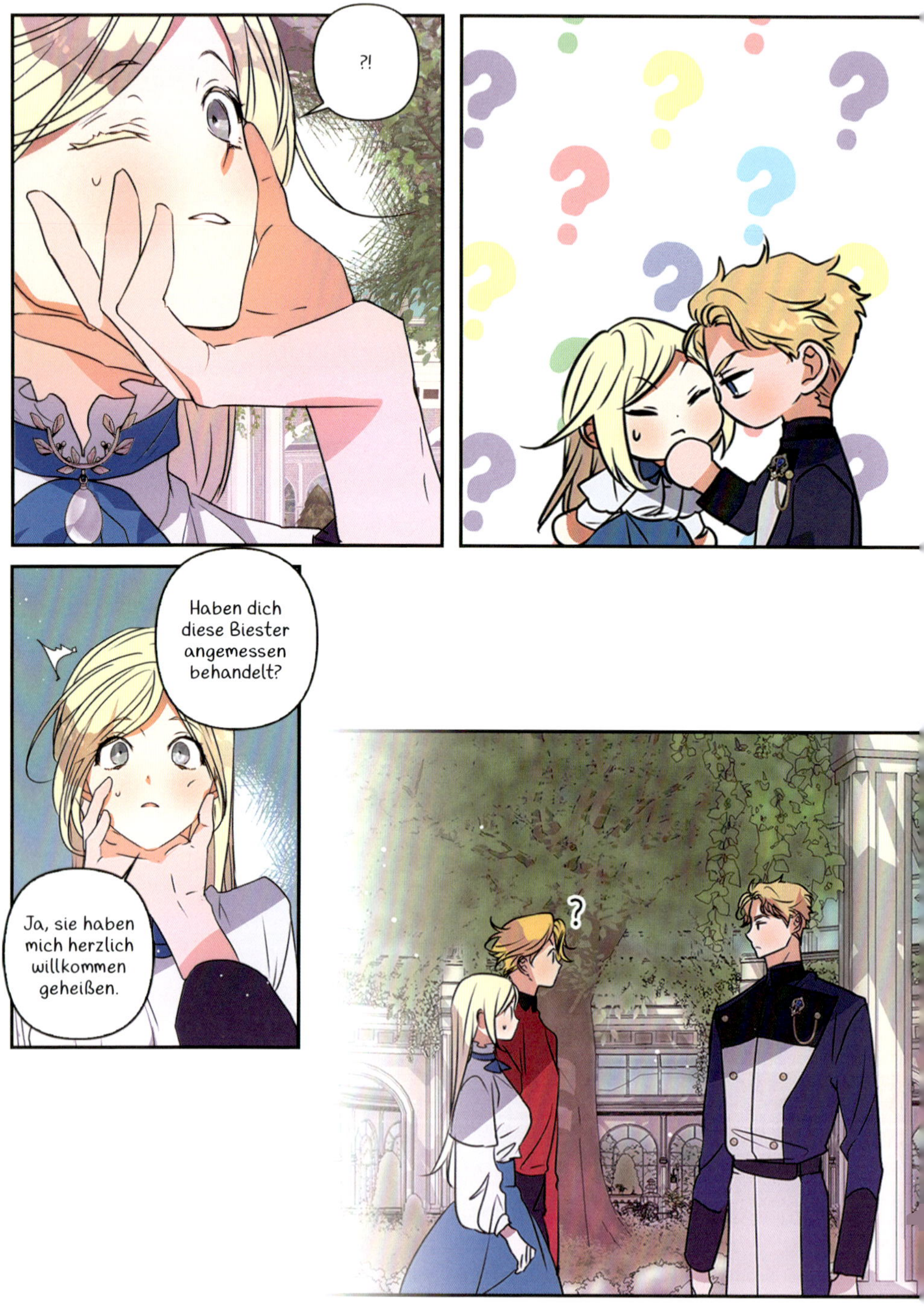
?!
Haben dich diese Biester angemessen behandelt?
Ja, sie haben mich herzlich willkommen geheißen.
?

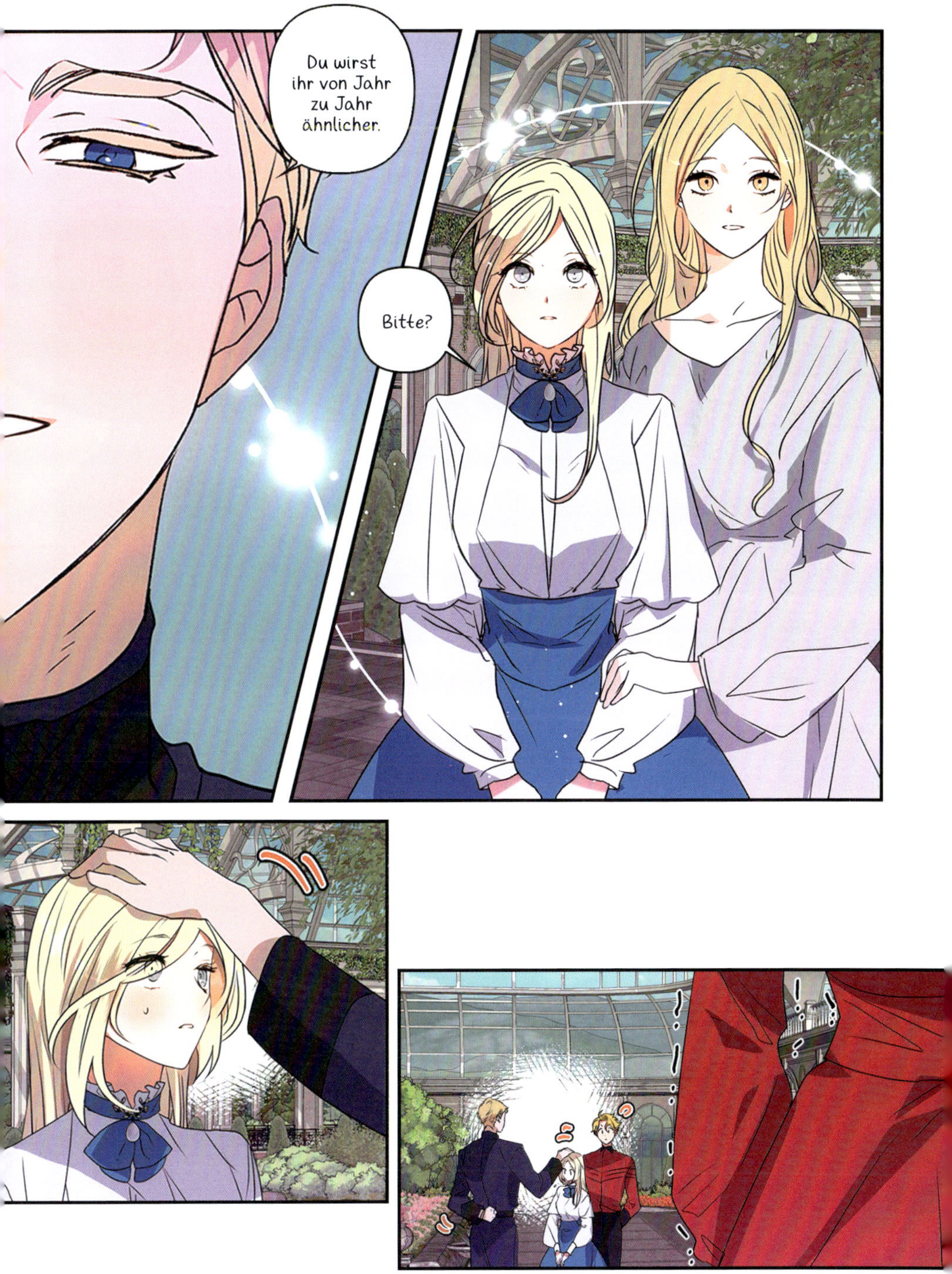
Du wirst ihr von Jahr zu Jahr ähnlicher.
Bitte?

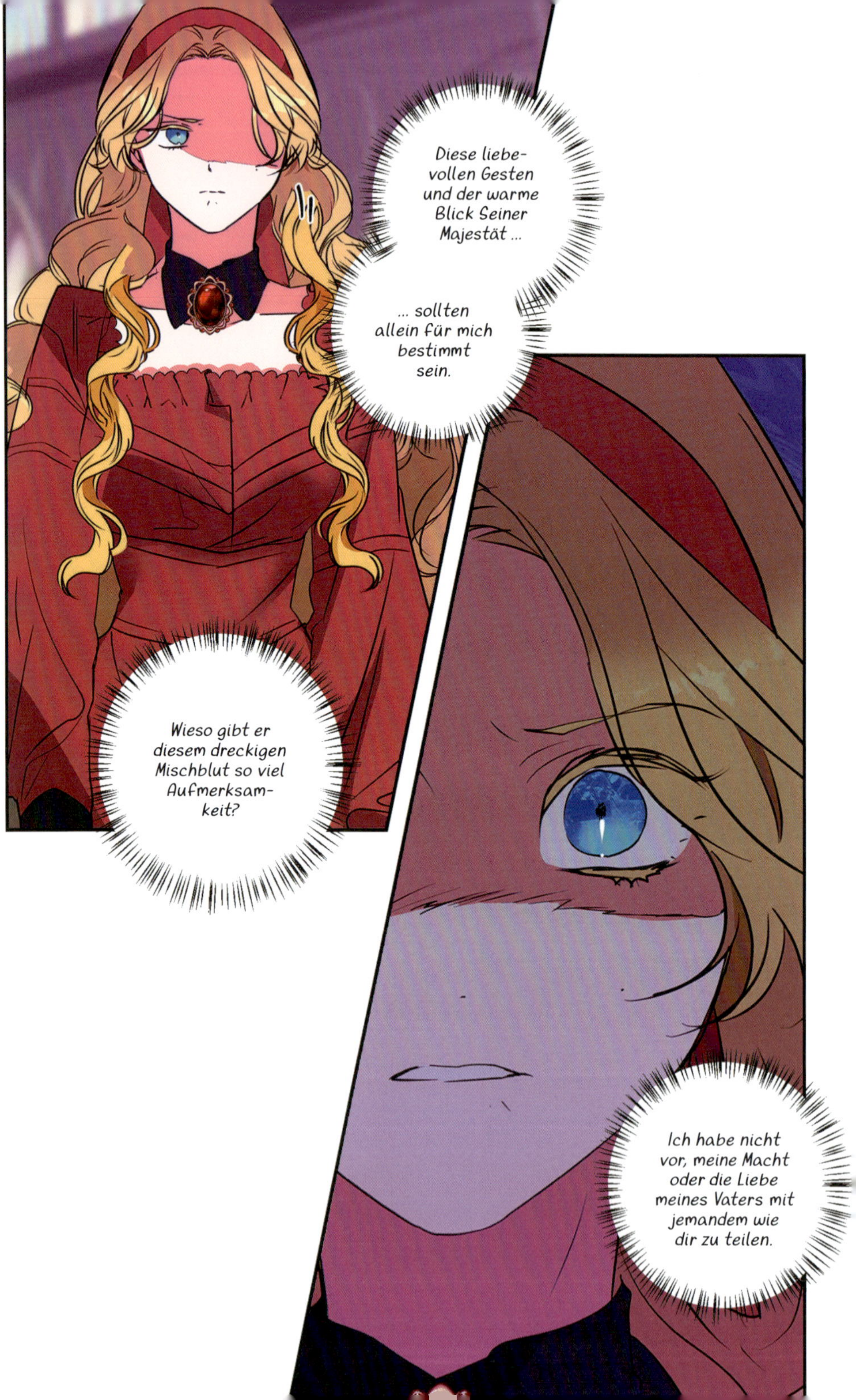
Diese liebevollen Gesten und der warme Blick Seiner Majestät ...
... sollten allein für mich bestimmt sein.
Wieso gibt er diesem dreckigen Mischblut so viel Aufmerksamkeit?
Ich habe nicht vor, meine Macht oder die Liebe meines Vaters mit jemandem wie dir zu teilen.

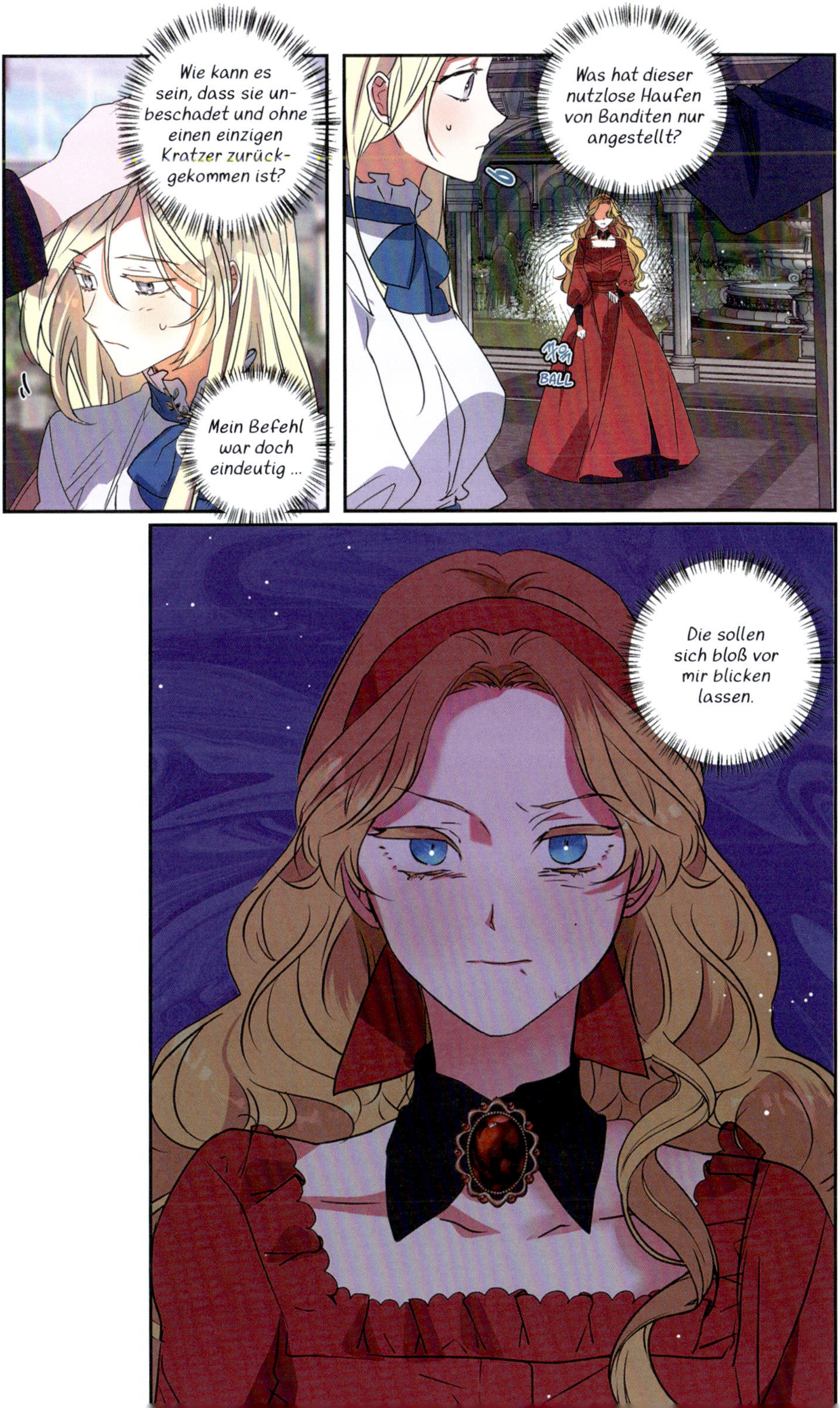
Wie kann es sein, dass sie unbeschadet und ohne einen einzigen Kratzer zurückgekommen ist?
Mein Befehl war doch eindeutig ...
Was hat dieser nutzlose Haufen von Banditen nur angestellt?
BALL
Die sollen sich bloß vor mir blicken lassen.

7

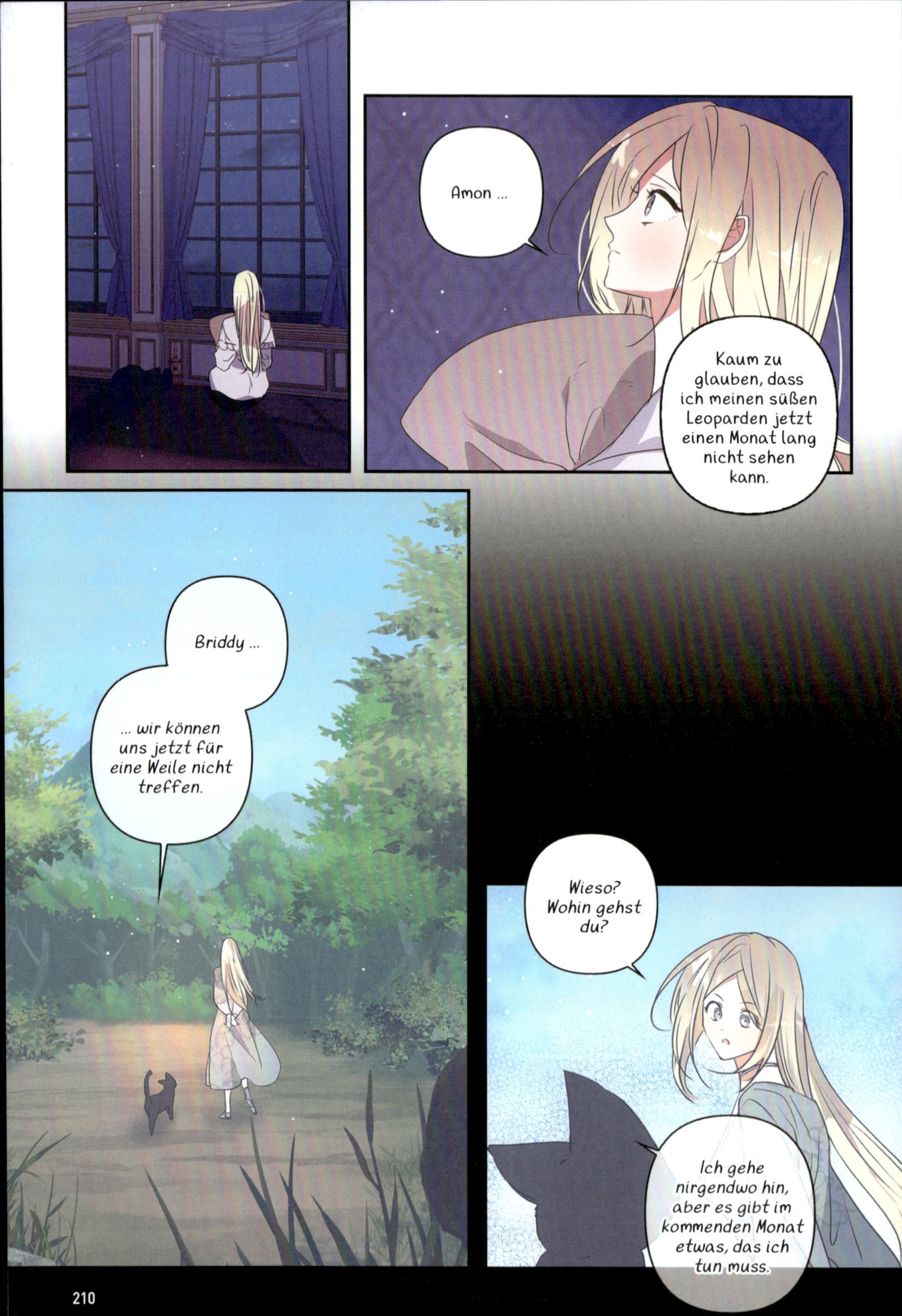
Amon ...
Kaum zu glauben, dass ich meinen süßen Leoparden jetzt einen Monat lang nicht sehen kann.
Briddy ...
... wir können uns jetzt für eine Weile nicht treffen.
Wieso? Wohin gehst du?
Ich gehe nirgendwo hin, aber es gibt im kommenden Monat etwas, das ich tun muss.

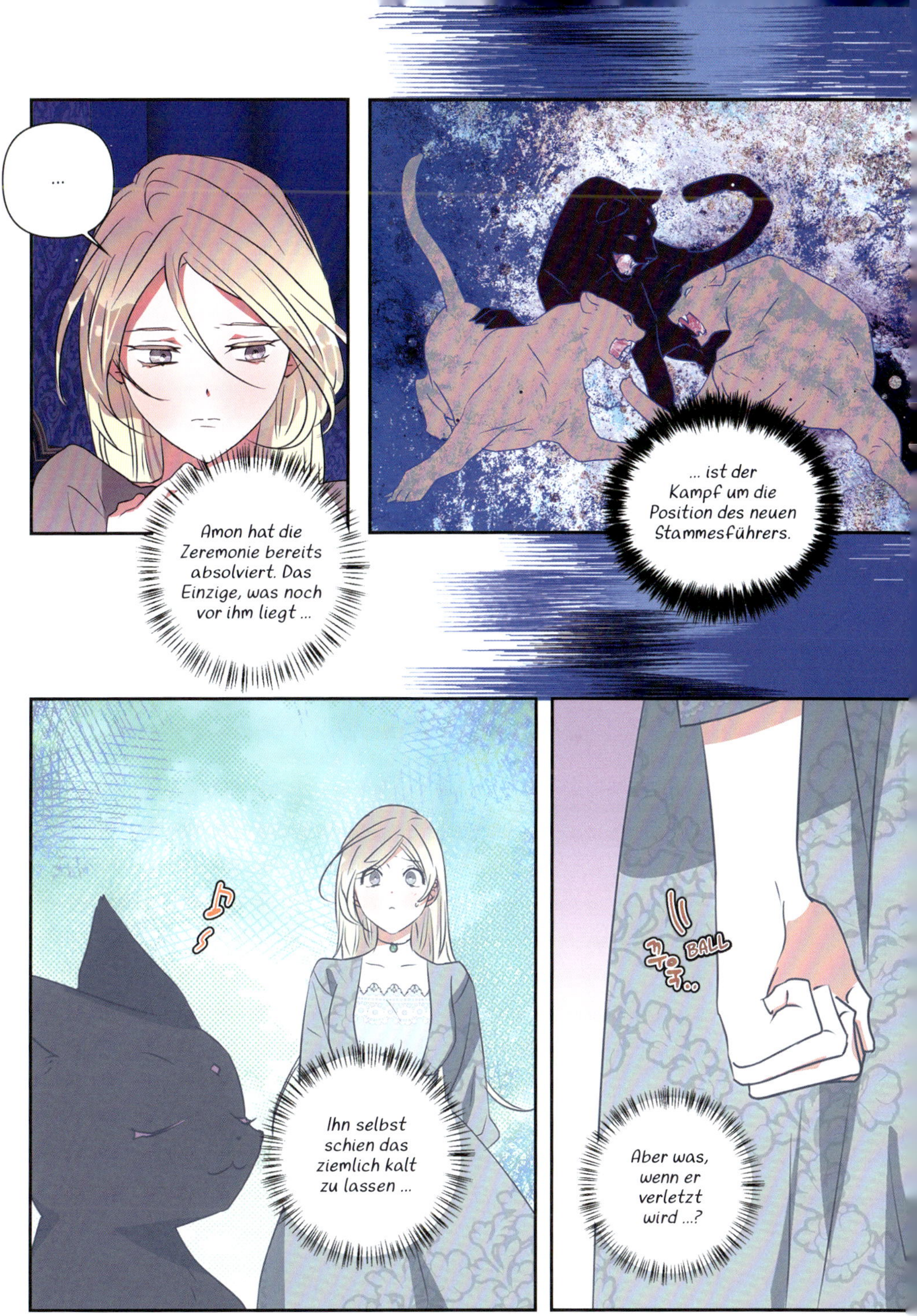
...
Amon hat die Zeremonie bereits absolviert. Das Einzige, was noch vor ihm liegt ...
... ist der Kampf um die Position des neuen Stammesführers.
Ihn selbst schien das ziemlich kalt zu lassen ...
BALL
Aber was, wenn er verletzt wird ...?

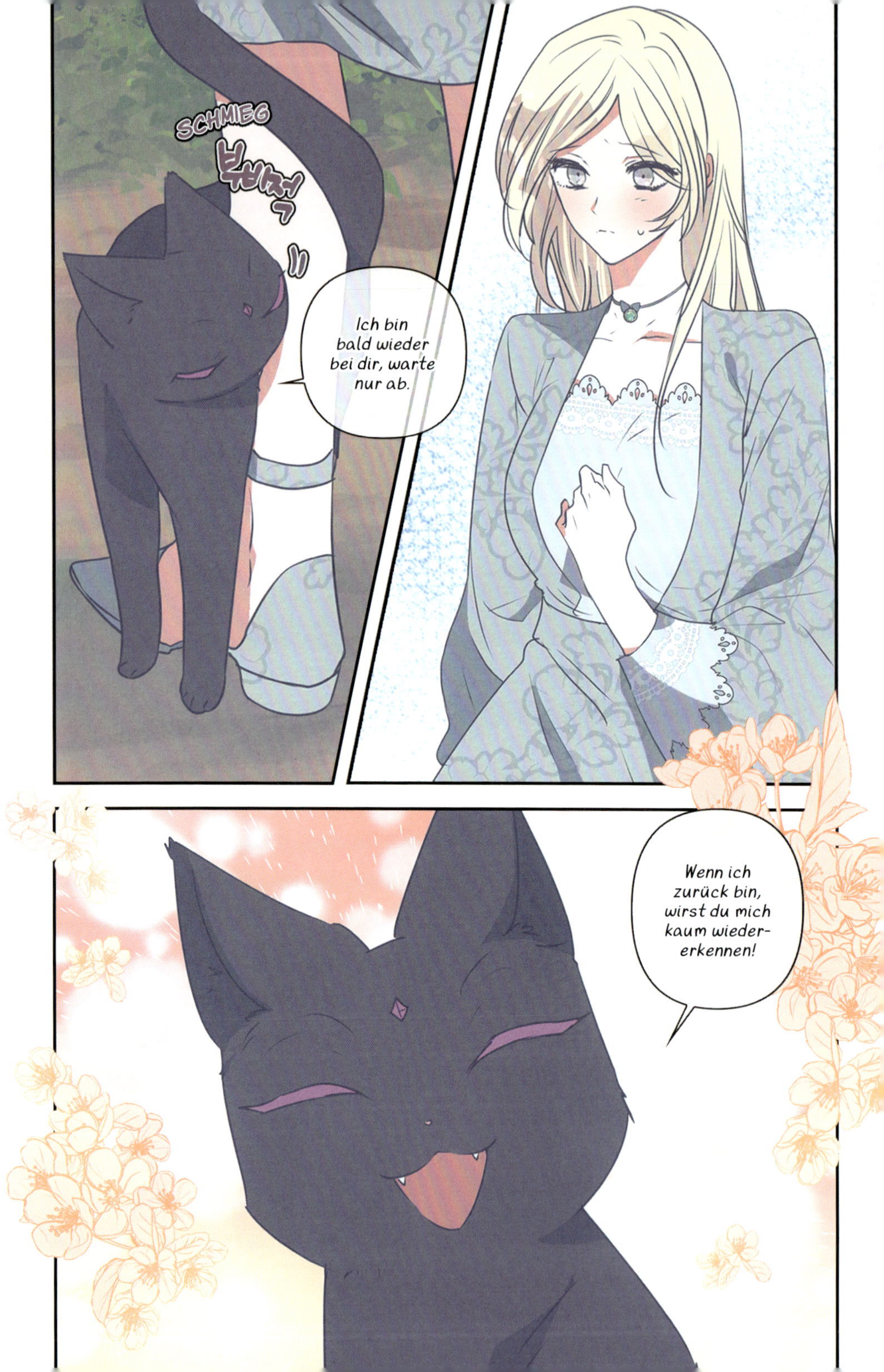
SCHMIEG
Ich bin bald wieder bei dir, warte nur ab.
Wenn ich zurück bin, wirst du mich kaum wieder-erkennen!

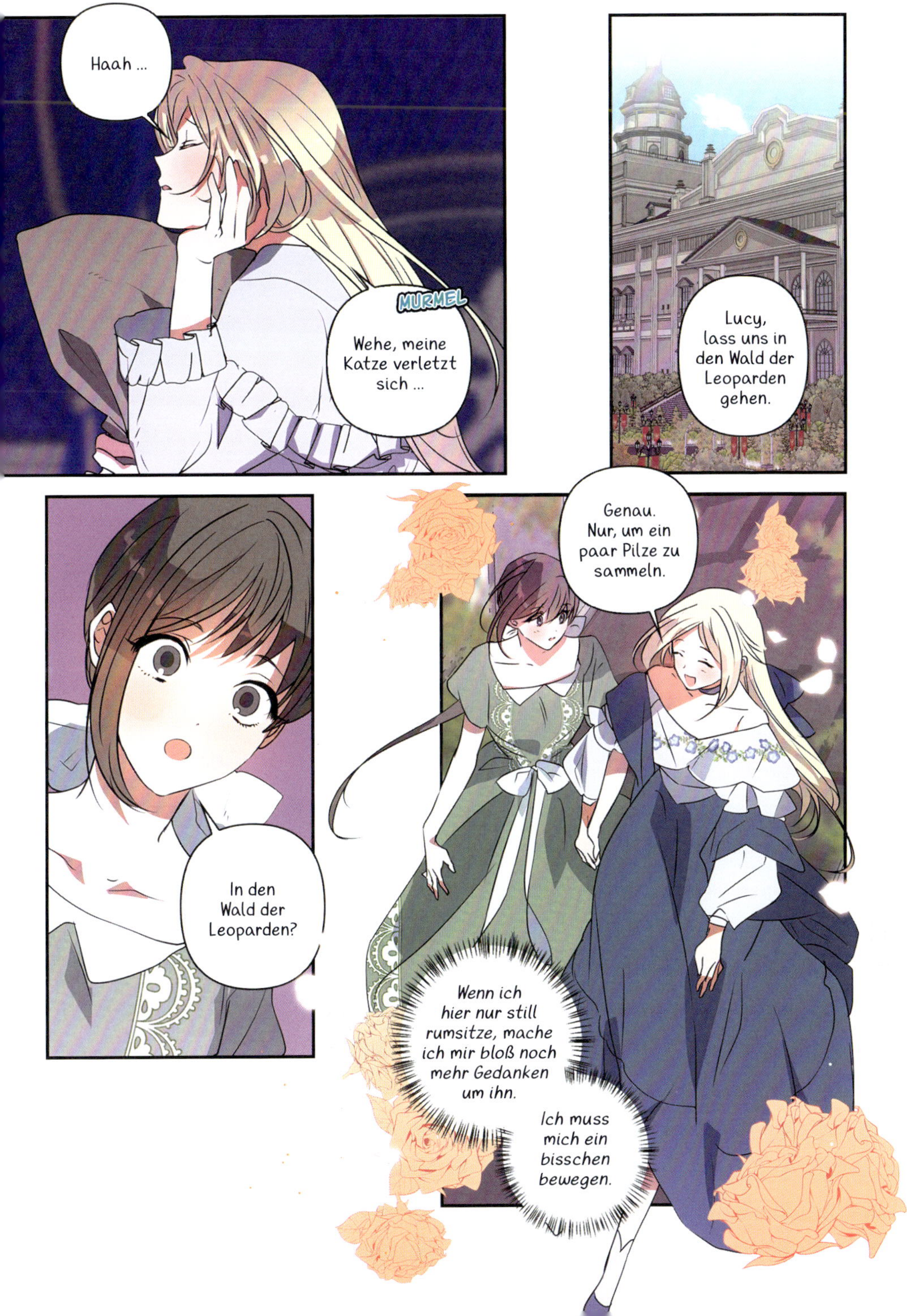
Haah ...
MURMEL
Wehe, meine Katze verletzt sich ...
Lucy, lass uns in den Wald der Leoparden gehen.
In den Wald der Leoparden?
Genau. Nur, um ein paar Pilze zu sammeln.
Wenn ich hier nur still rumsitze, mache ich mir bloß noch mehr Gedanken um ihn.
Ich muss mich ein bisschen bewegen.

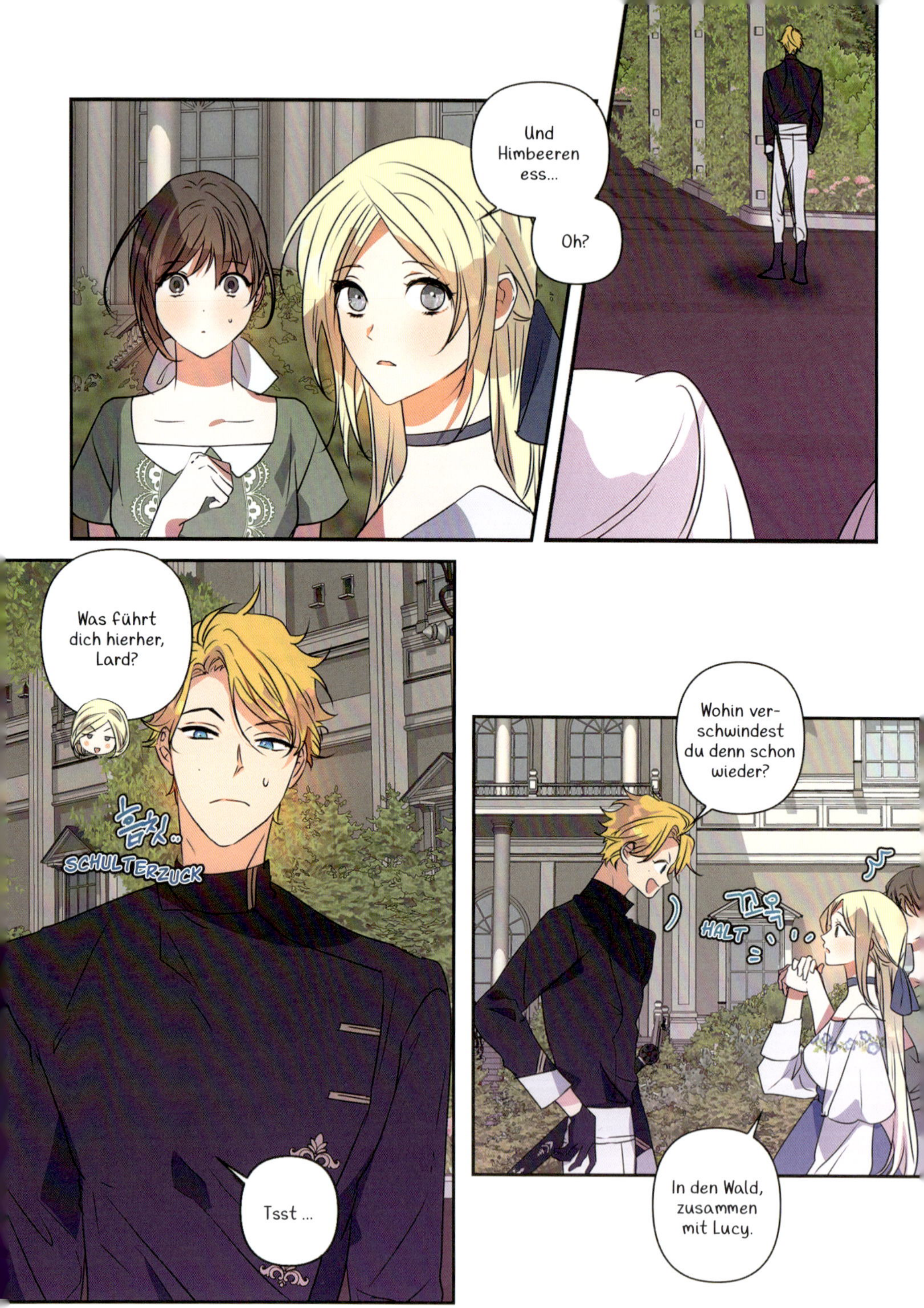
Und Himbeeren ess...
Oh?
Was führt dich hierher, Lard?
흠칫..
SCHULTERZUCK
Tsst ...
Wohin verschwindest du denn schon wieder?
꼬옥
HALT
In den Wald, zusammen mit Lucy.

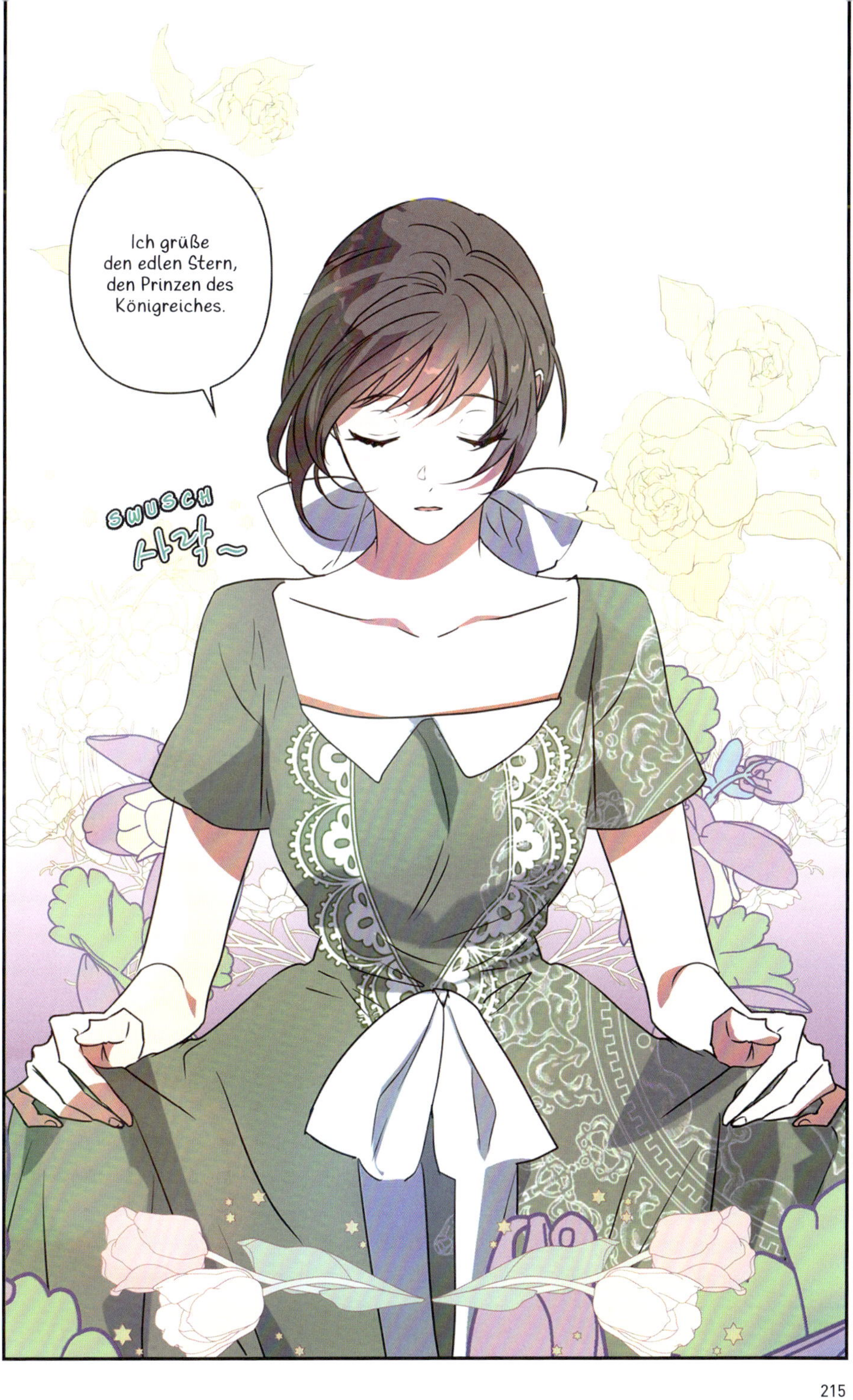
Ich grüße
den edlen Stern,
den Prinzen des
Königreiches.
SWUSCH
사락~

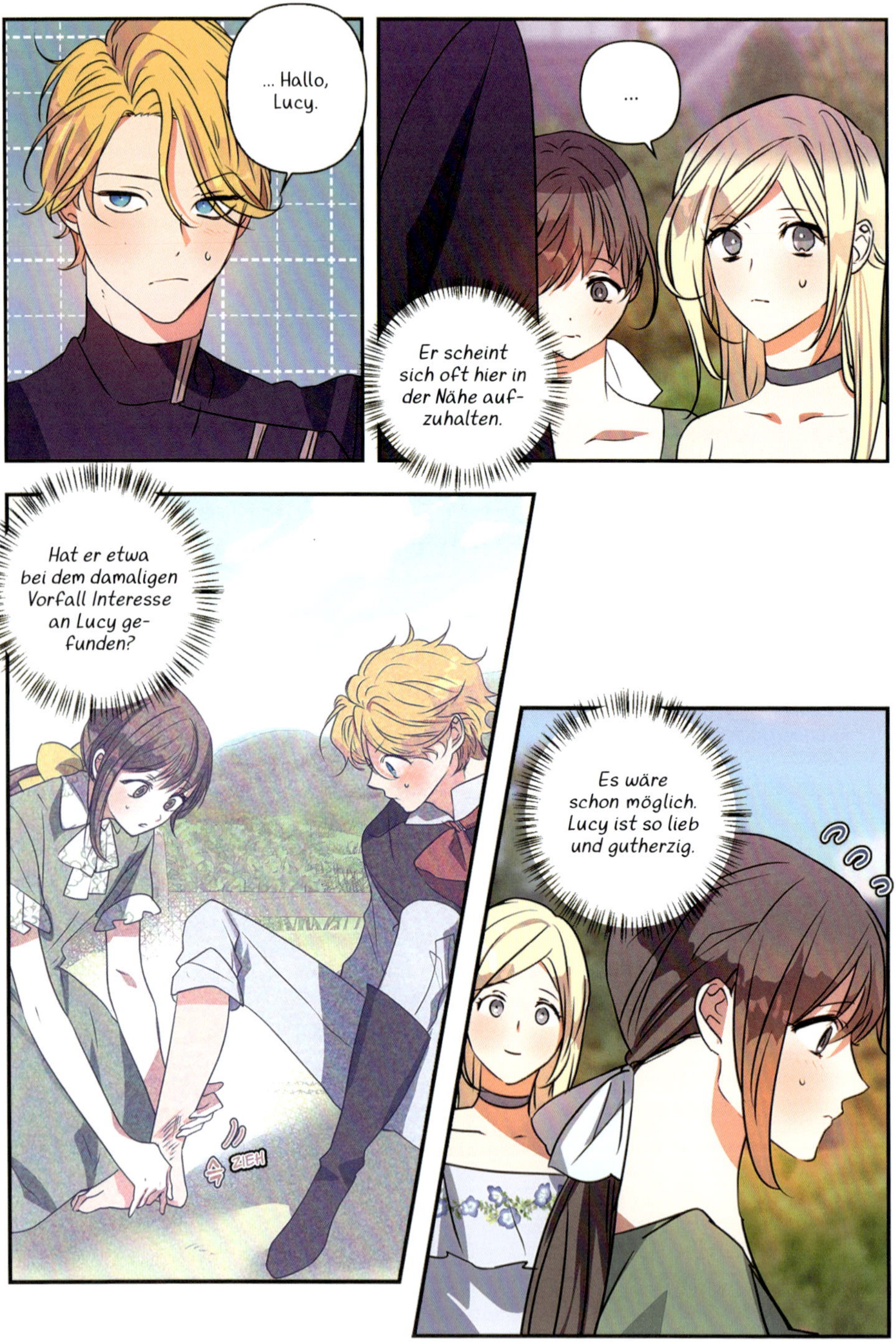
... Hallo, Lucy.
...
Er scheint sich oft hier in der Nähe auf-zuhalten.
Hat er etwa bei dem damaligen Vorfall Interesse an Lucy ge-funden?
ZIEH
Es wäre schon möglich. Lucy ist so lieb und gutherzig.

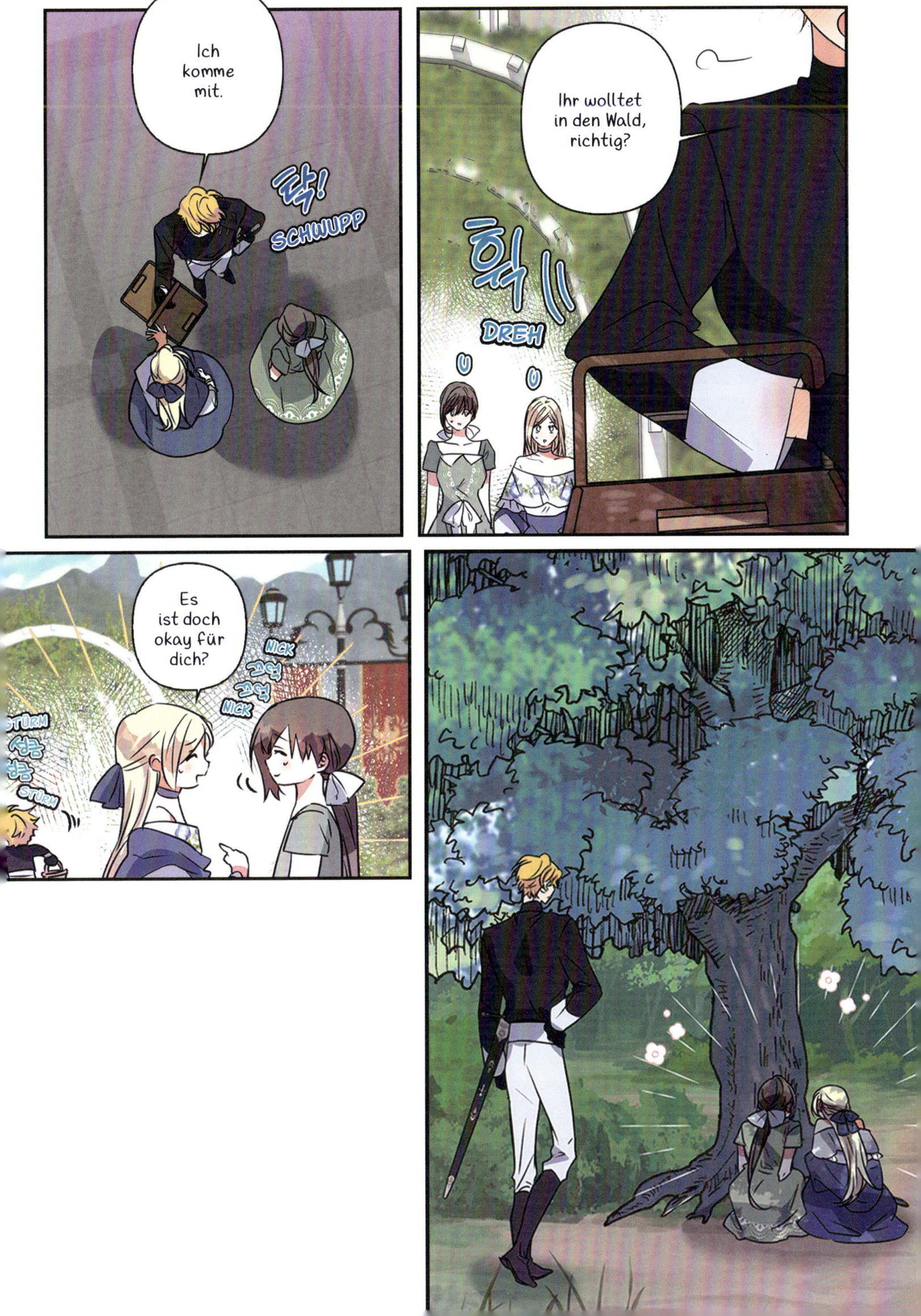
Ich komme mit.
탁!
SCHWUPP
Ihr wolltet in den Wald, richtig?
휙
DREH
Es ist doch okay für dich?
NICK
끄덕
끄덕
NICK
STÜRM
성큼
성큼
STÜRM

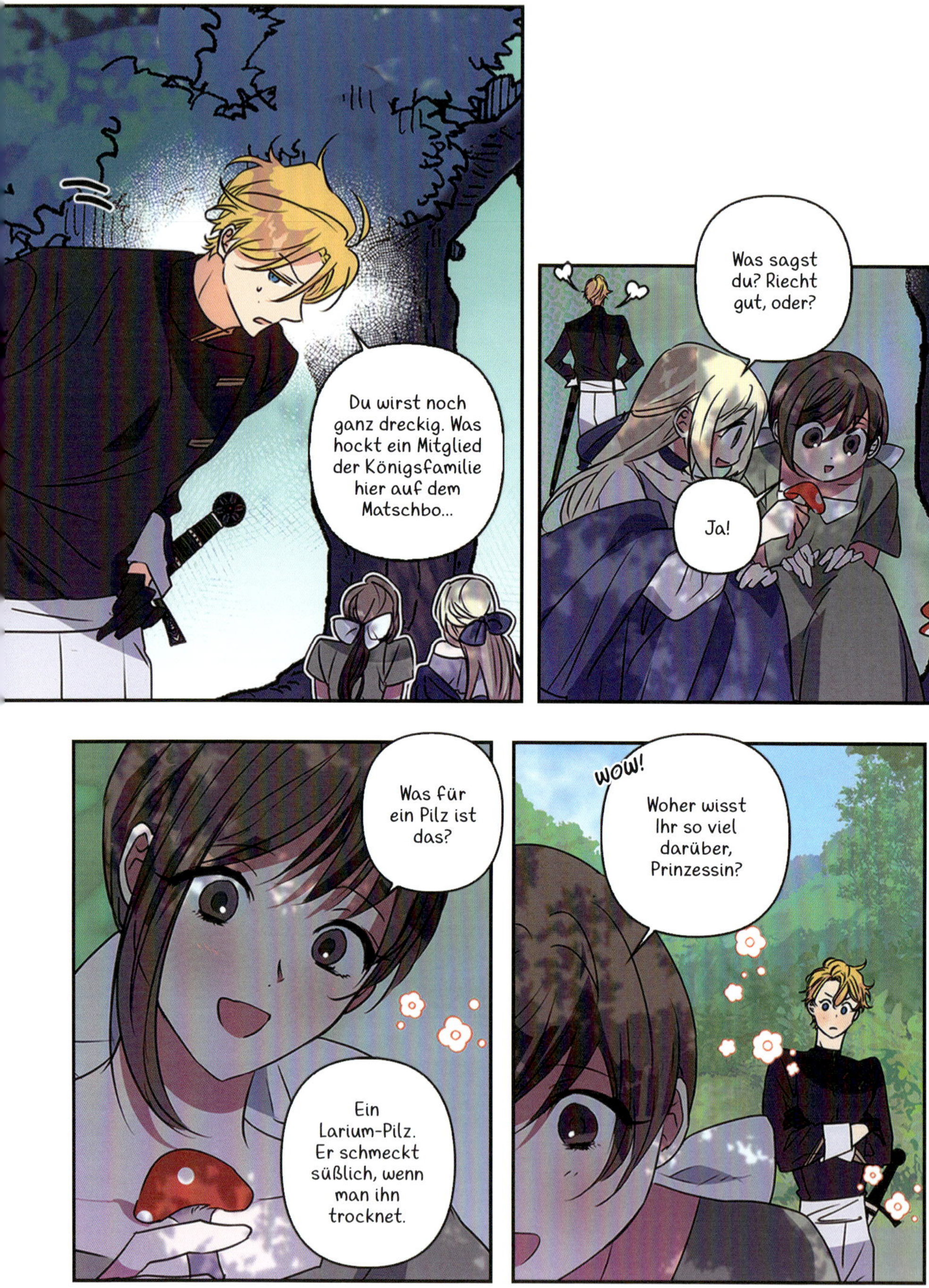
Du wirst noch ganz dreckig. Was hockt ein Mitglied der Königsfamilie hier auf dem Matschbo...
Was sagst du? Riecht gut, oder?
Ja!
Was für ein Pilz ist das?
Ein Larium-Pilz. Er schmeckt süßlich, wenn man ihn trocknet.
WOW!
Woher wisst Ihr so viel darüber, Prinzessin?

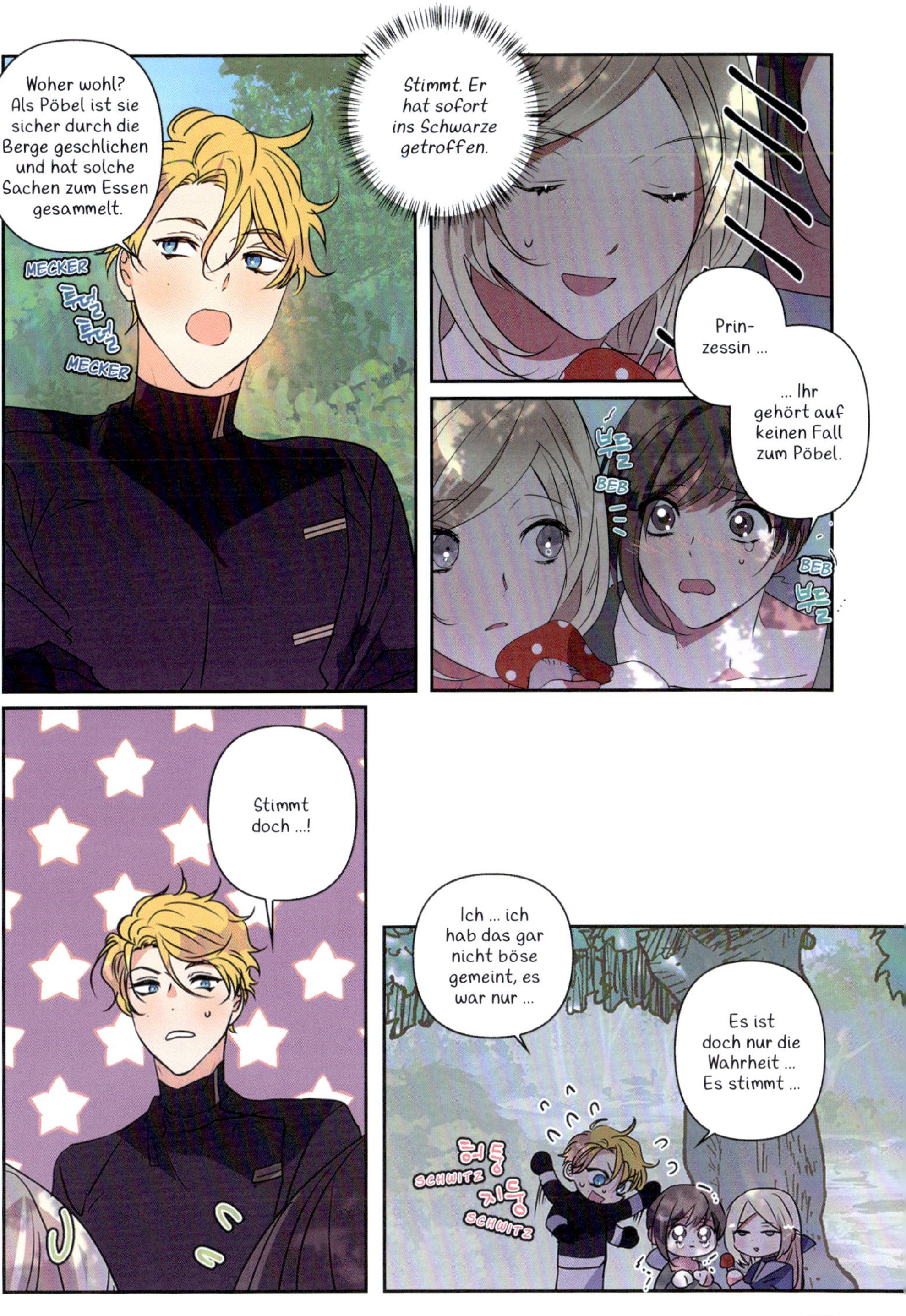

Woher wohl? Als Pöbel ist sie sicher durch die Berge geschlichen und hat solche Sachen zum Essen gesammelt.
MECKER
투덜 투덜
MECKER
Stimmt. Er hat sofort ins Schwarze getroffen.
Prin-zessin ...
... Ihr gehört auf keinen Fall zum Pöbel.
부들
BEB
BEB
부들
Stimmt doch ...!
Ich ... ich hab das gar nicht böse gemeint, es war nur ...
Es ist doch nur die Wahrheit ... Es stimmt ...
허둥
SCHWITZ
지둥
SCHWITZ

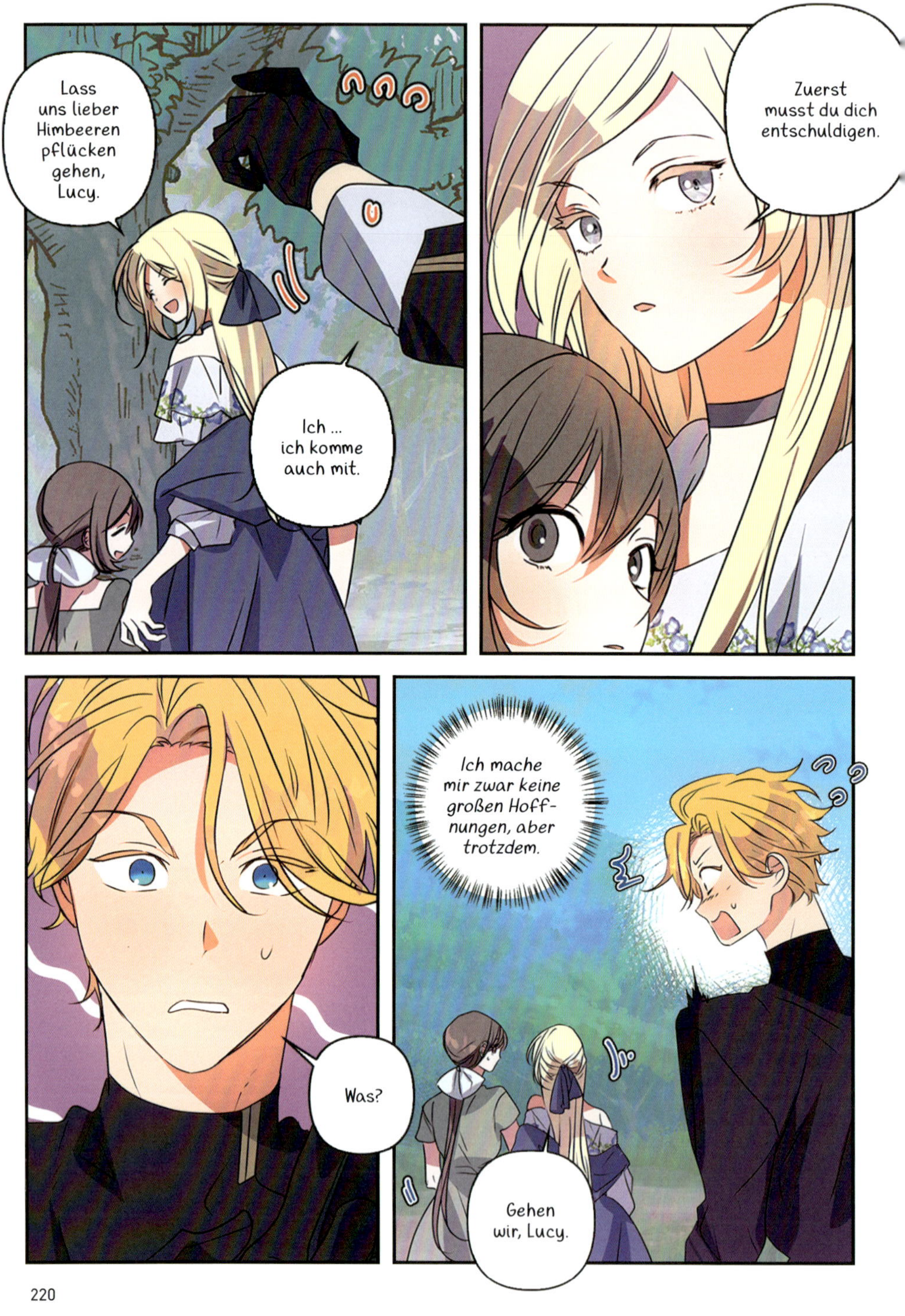

Lass uns lieber Himbeeren pflücken gehen, Lucy.
Ich ... ich komme auch mit.
Zuerst musst du dich entschuldigen.
Was?
Ich mache mir zwar keine großen Hoffnungen, aber trotzdem.
Gehen wir, Lucy.

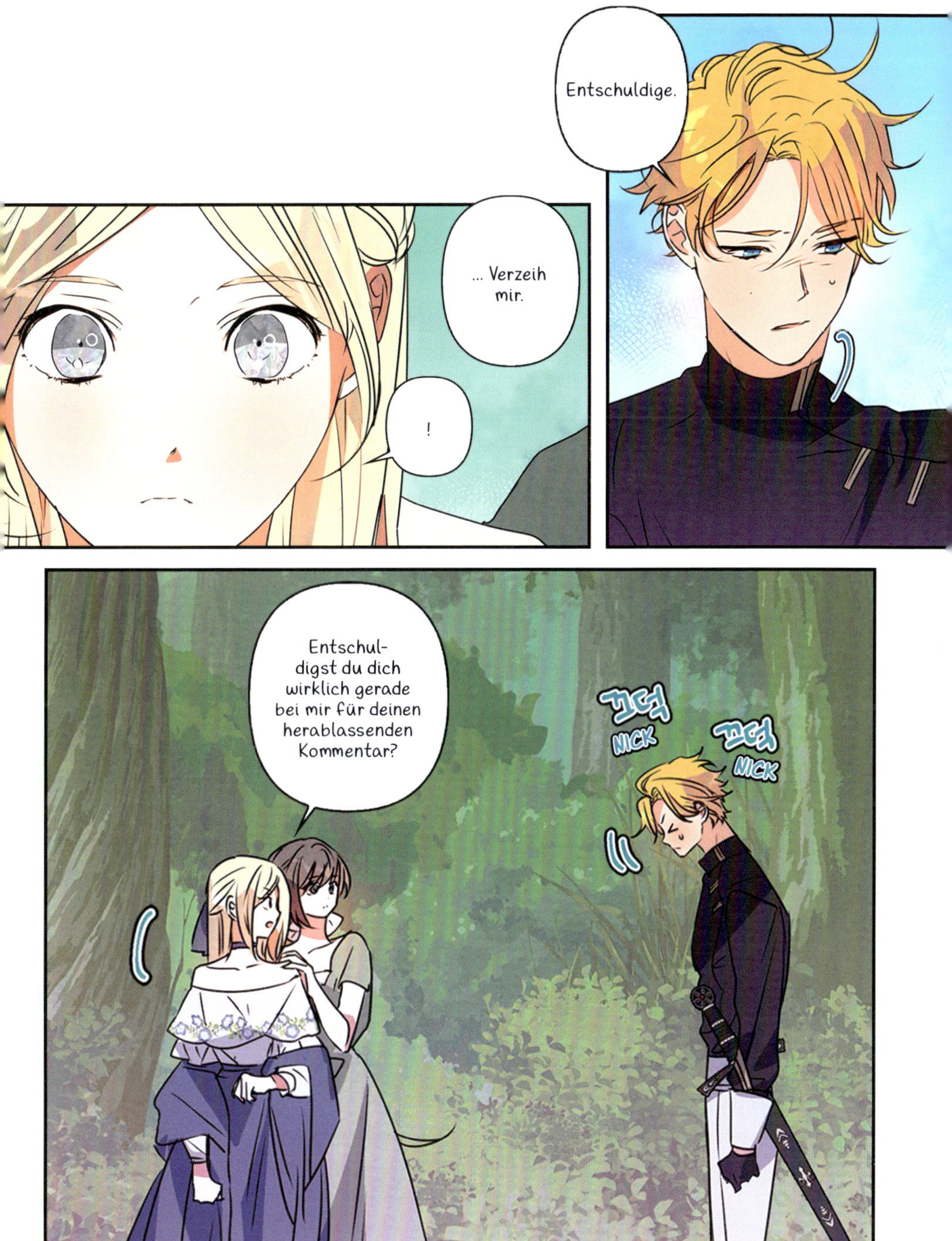
Entschuldige.
... Verzeih mir.
!
Entschul-digst du dich wirklich gerade bei mir für deinen herablassenden Kommentar?
끄덕 NICK
끄덕 NICK

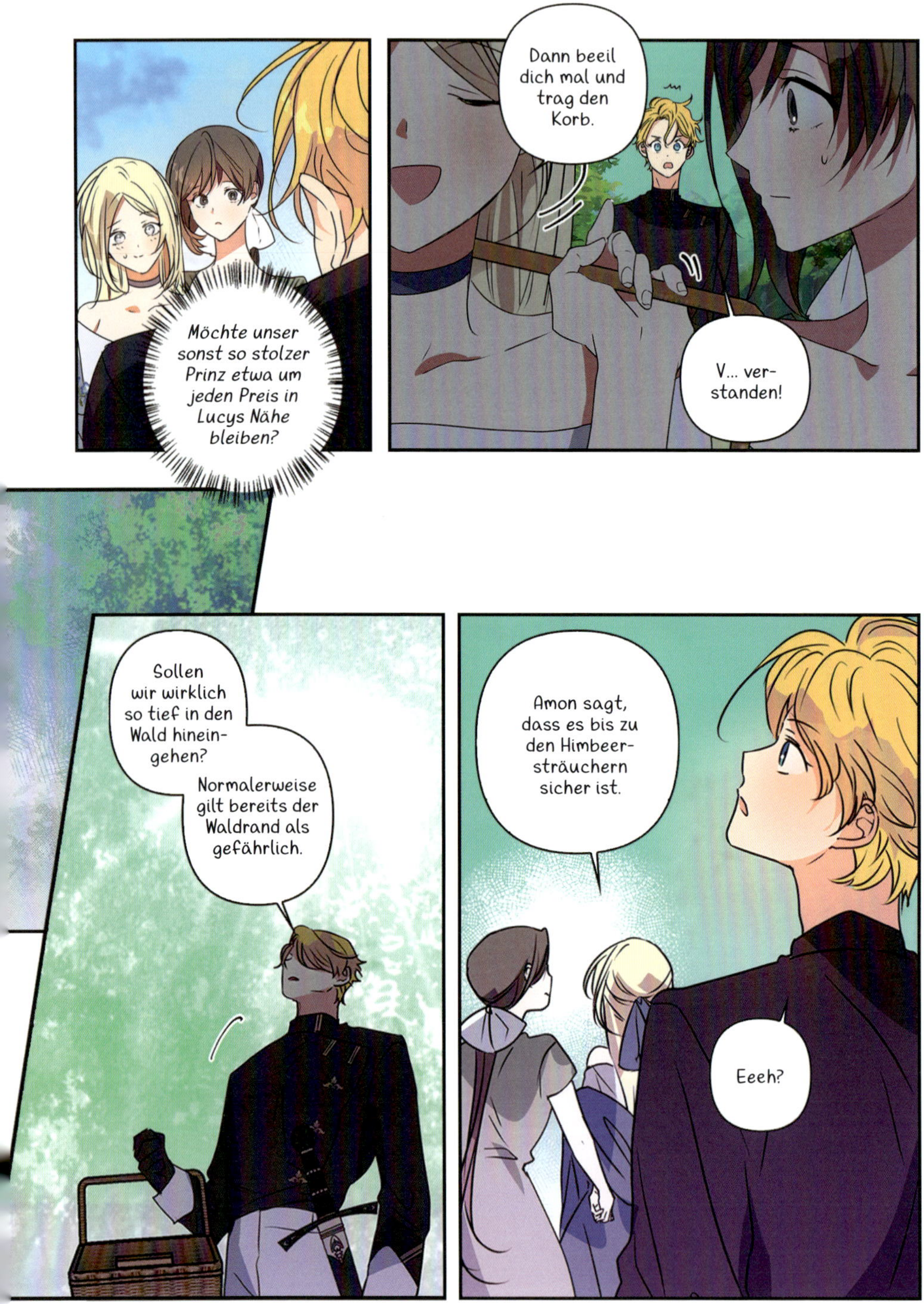
Möchte unser sonst so stolzer Prinz etwa um jeden Preis in Lucys Nähe bleiben?
Dann beeil dich mal und trag den Korb.
V... verstanden!
Sollen wir wirklich so tief in den Wald hineingehen?
Normalerweise gilt bereits der Waldrand als gefährlich.
Amon sagt, dass es bis zu den Himbeersträuchern sicher ist.
Eeeh?

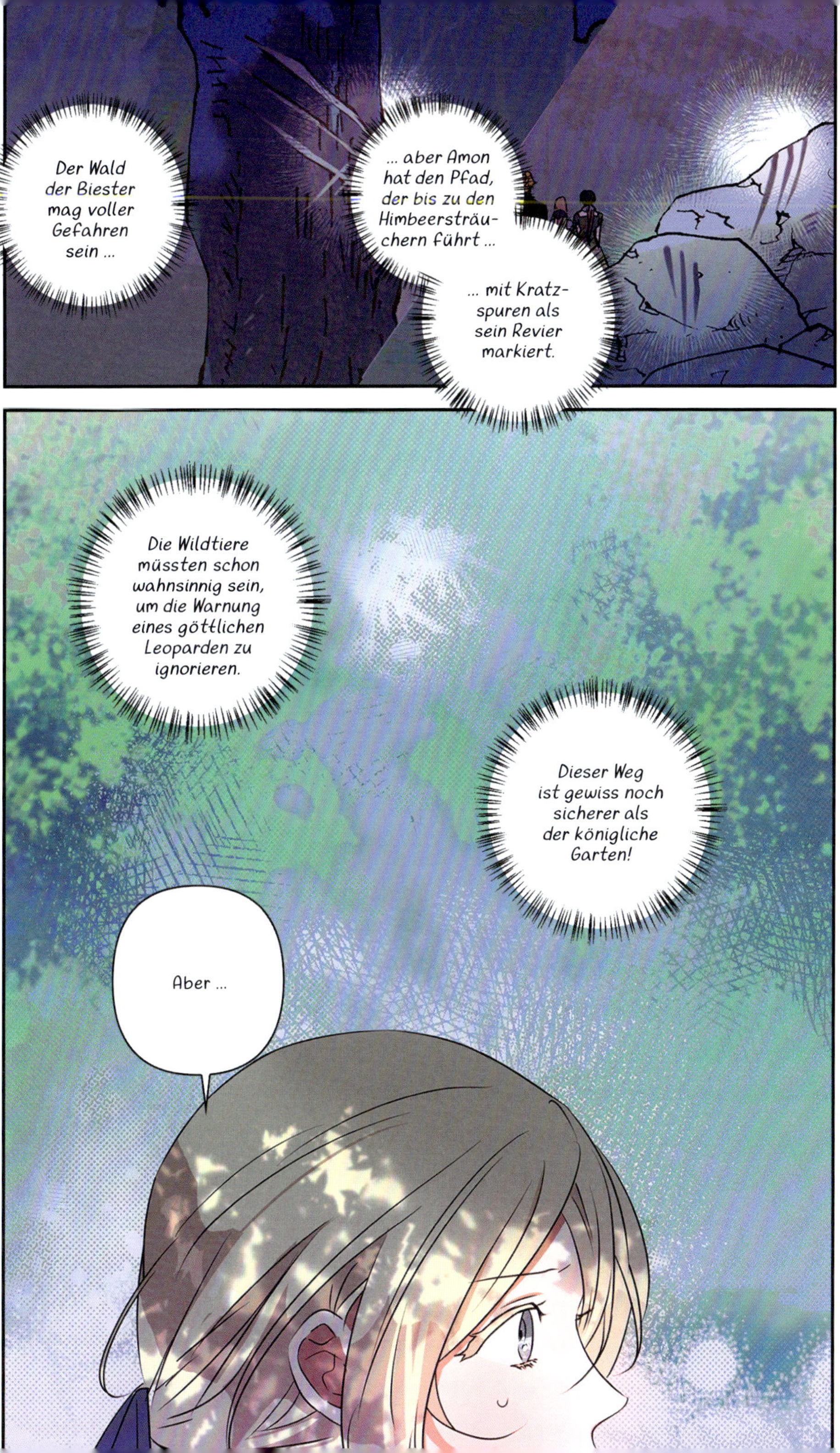
Der Wald der Biester mag voller Gefahren sein ...
... aber Amon hat den Pfad, der bis zu den Himbeersträuchern führt ...
... mit Kratzspuren als sein Revier markiert.
Die Wildtiere müssten schon wahnsinnig sein, um die Warnung eines göttlichen Leoparden zu ignorieren.
Dieser Weg ist gewiss noch sicherer als der königliche Garten!
Aber ...

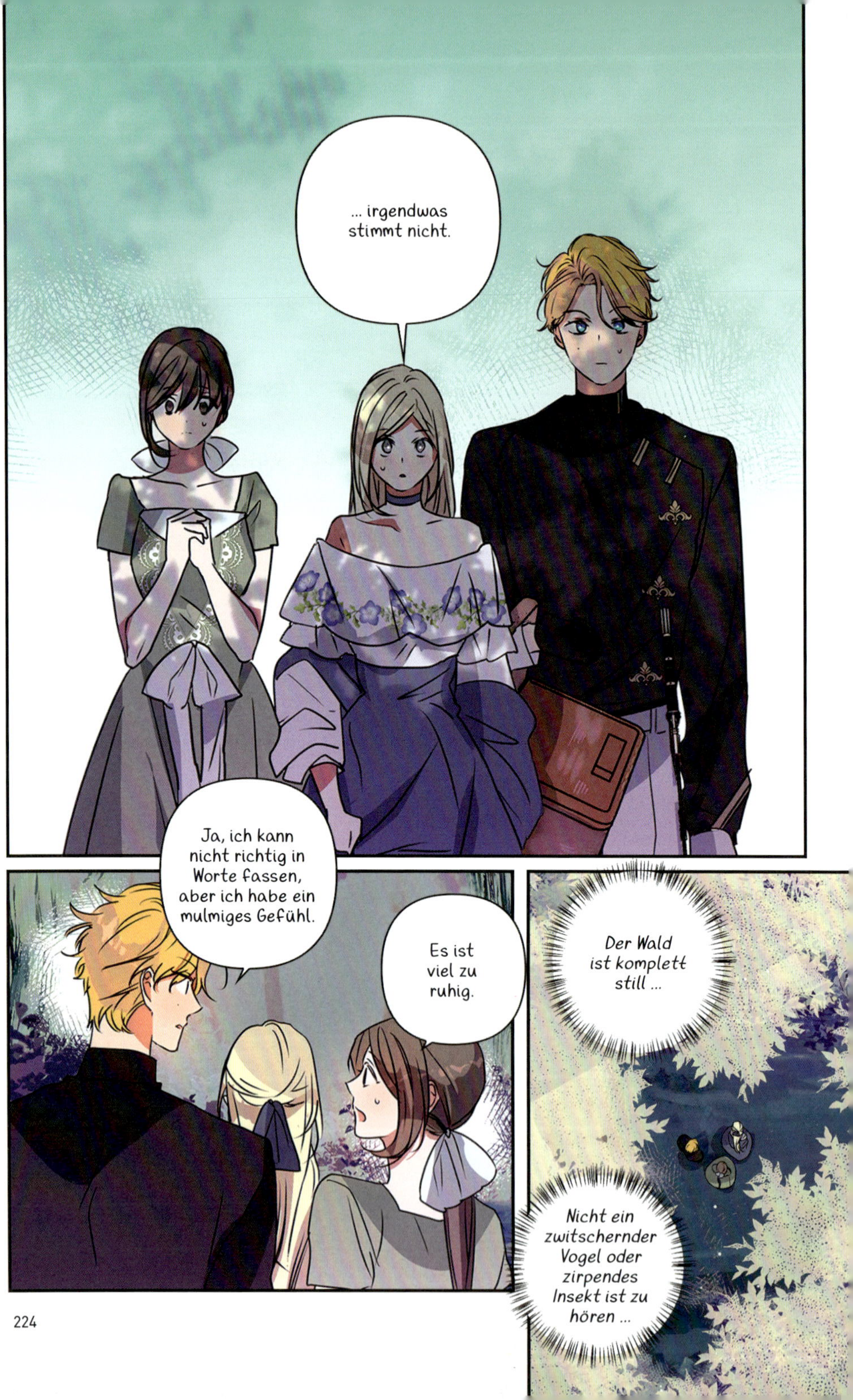
... irgendwas stimmt nicht.
Ja, ich kann nicht richtig in Worte fassen, aber ich habe ein mulmiges Gefühl.
Es ist viel zu ruhig.
Der Wald ist komplett still ...
Nicht ein zwitschernder Vogel oder zirpendes Insekt ist zu hören ...

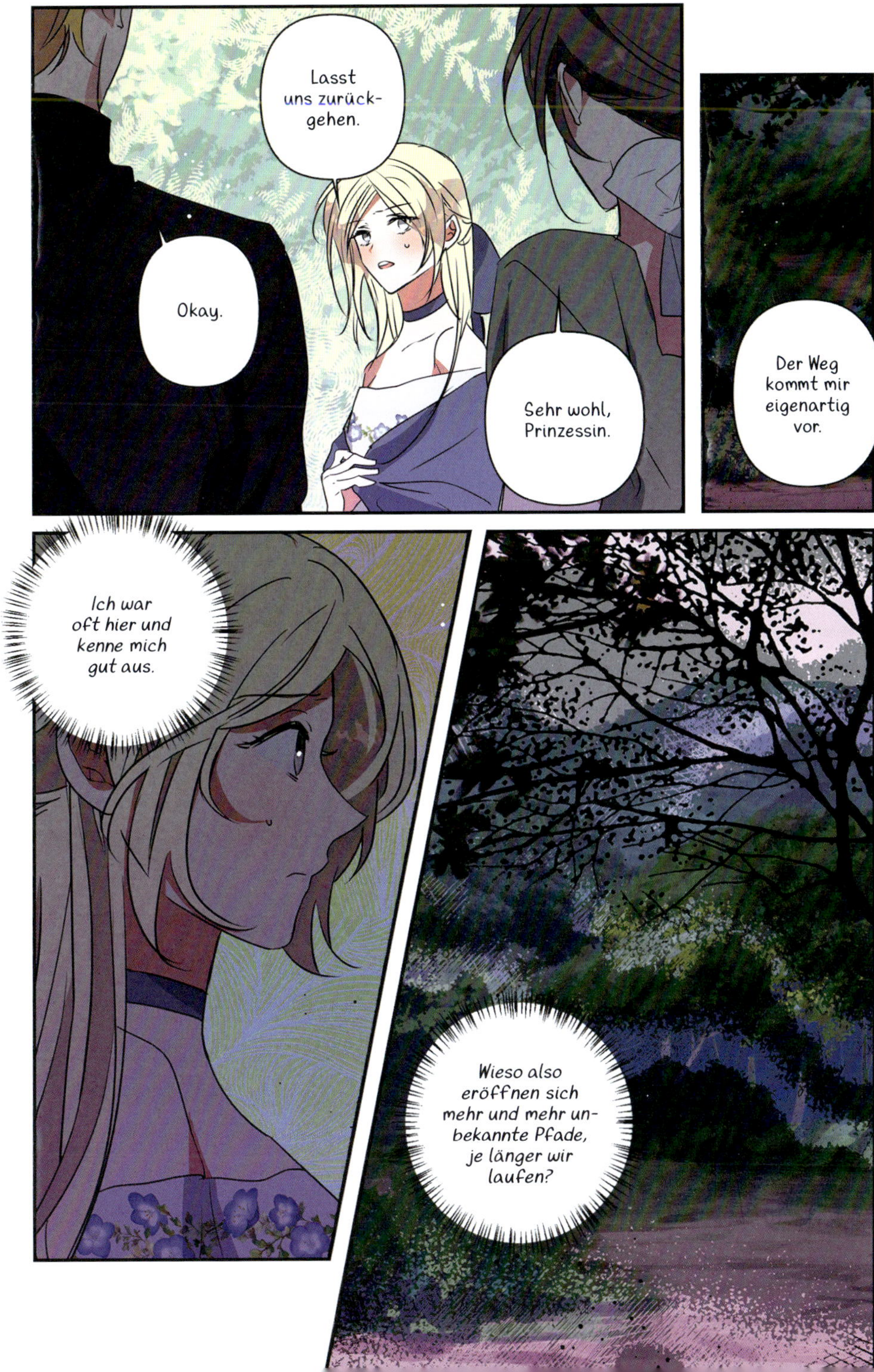
Lasst uns zurückgehen.
Okay.
Sehr wohl, Prinzessin.
Der Weg kommt mir eigenartig vor.
Ich war oft hier und kenne mich gut aus.
Wieso also eröffnen sich mehr und mehr unbekannte Pfade, je länger wir laufen?

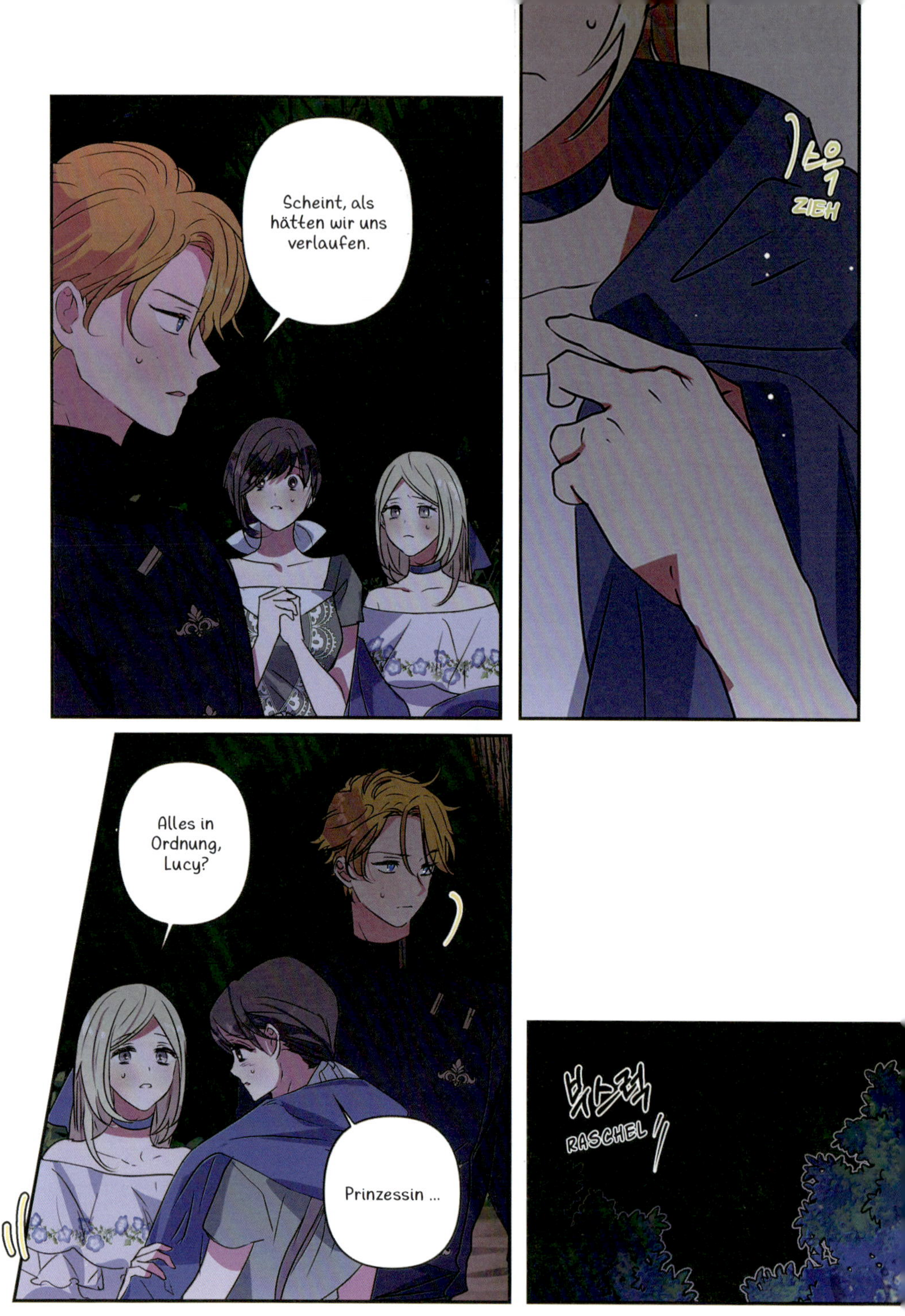
Scheint, als hätten wir uns verlaufen.
ZIEH
Alles in Ordnung, Lucy?
Prinzessin ...
RASCHEL

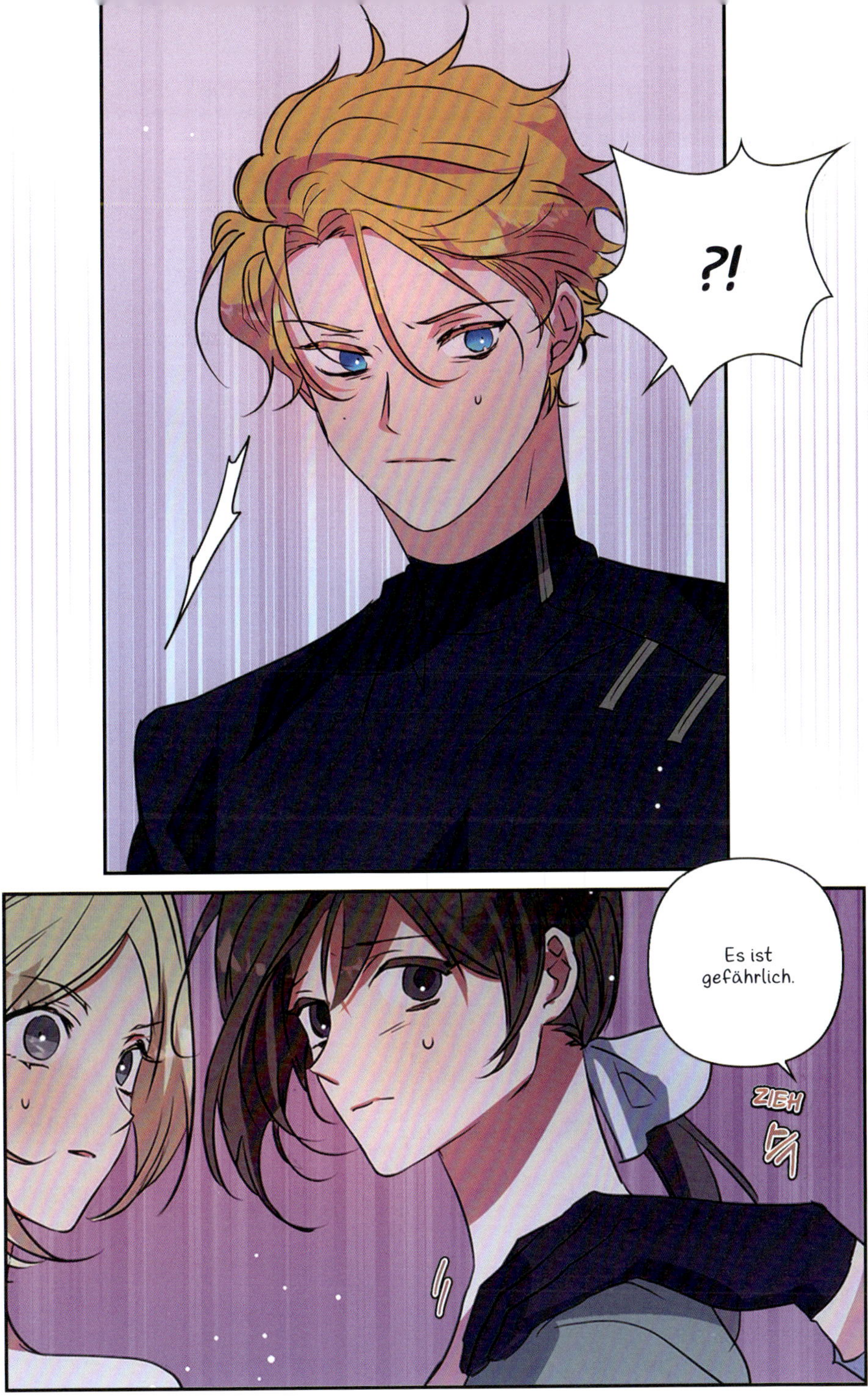
?!
Es ist gefährlich.
ZIEH

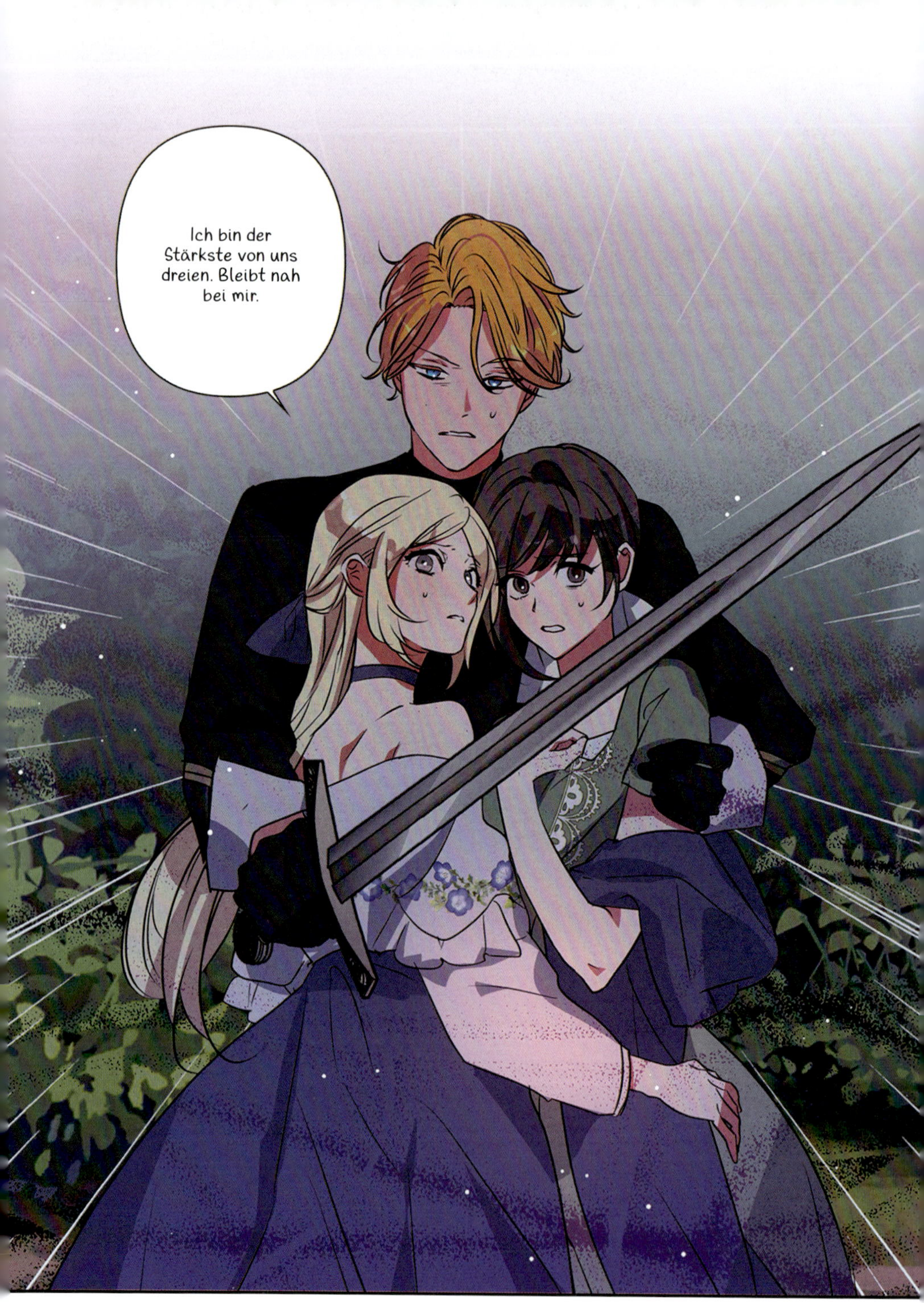
Ich bin der Stärkste von uns dreien. Bleibt nah bei mir.

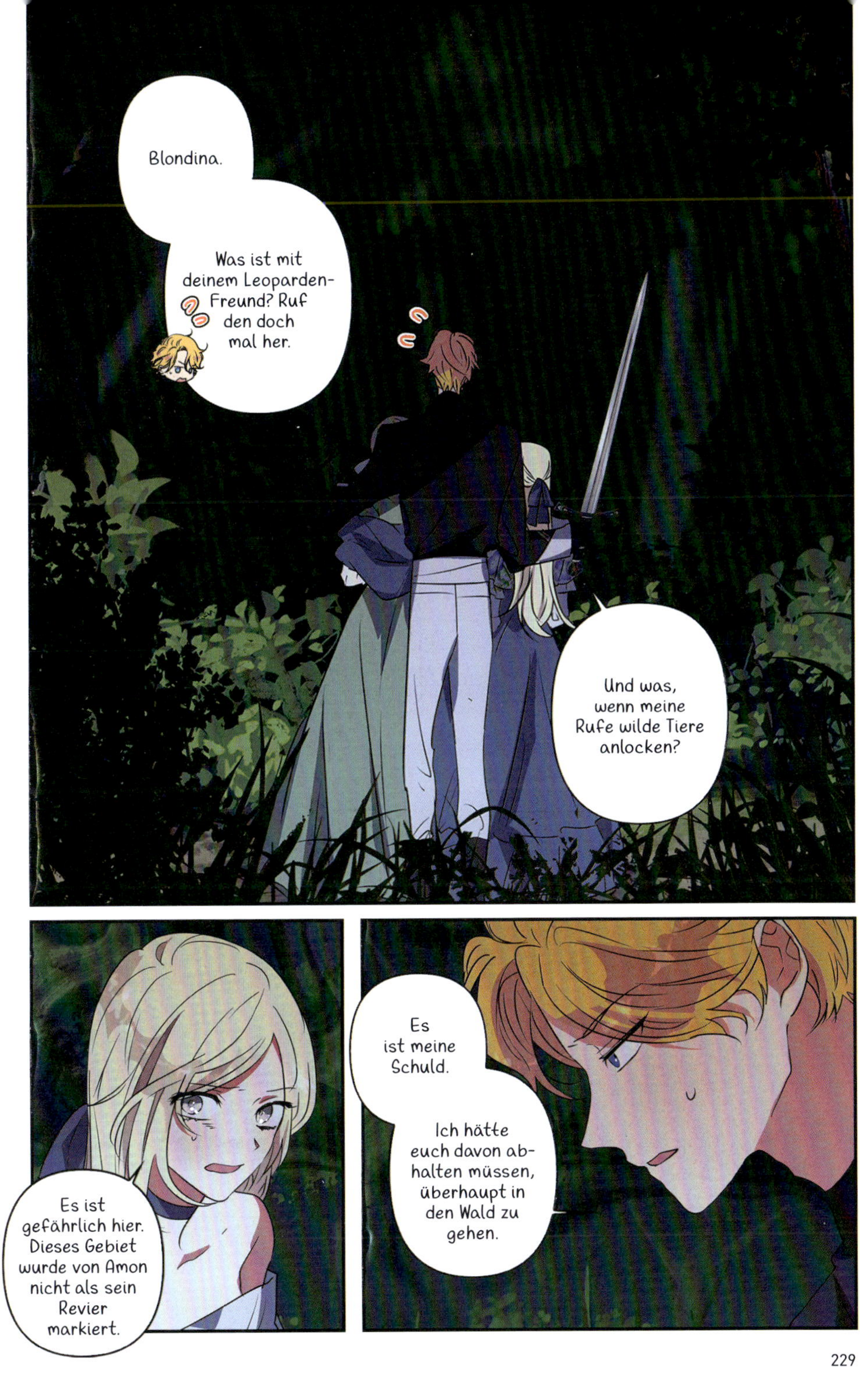
Blondina.
Was ist mit deinem Leoparden-Freund? Ruf den doch mal her.
Und was, wenn meine Rufe wilde Tiere anlocken?
Es ist gefährlich hier. Dieses Gebiet wurde von Amon nicht als sein Revier markiert.
Es ist meine Schuld.
Ich hätte euch davon abhalten müssen, überhaupt in den Wald zu gehen.

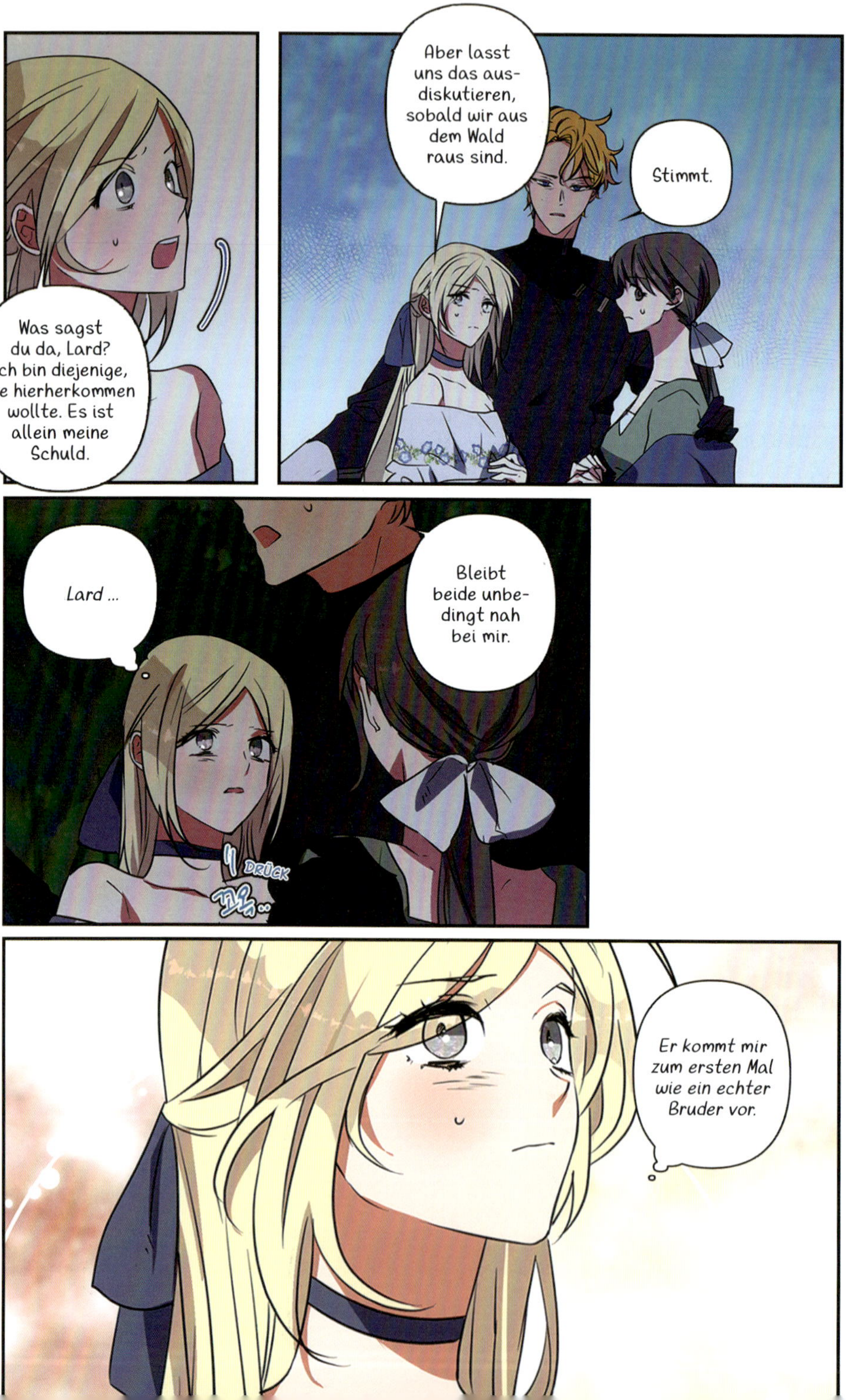
Was sagst du da, Lard? Ich bin diejenige, die hierherkommen wollte. Es ist allein meine Schuld.
Aber lasst uns das ausdiskutieren, sobald wir aus dem Wald raus sind.
Stimmt.
Lard ...
Bleibt beide unbedingt nah bei mir.
DRÜCK
Er kommt mir zum ersten Mal wie ein echter Bruder vor.

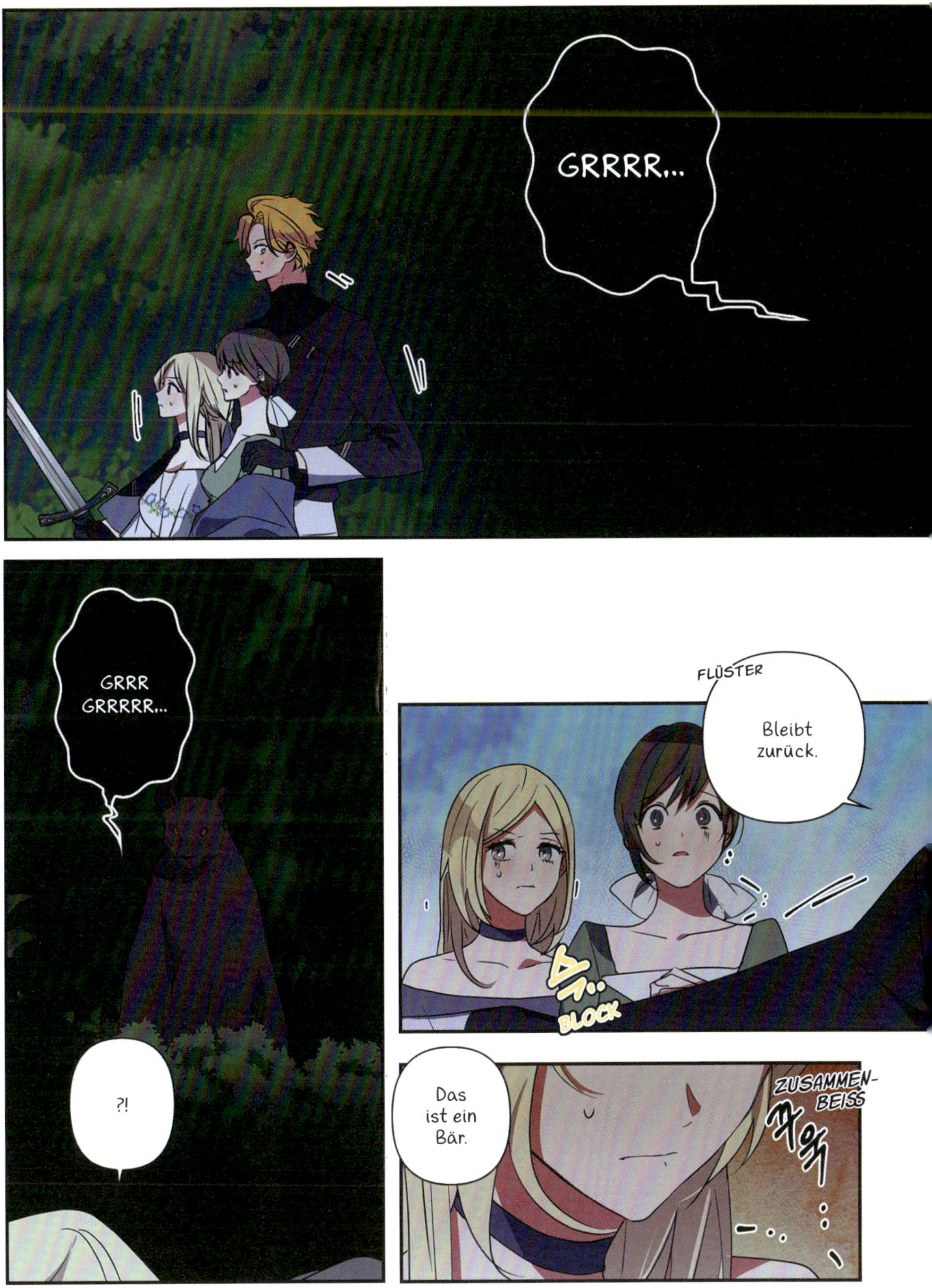
GRRRR...
GRRR GRRRRR...
?!
FLÜSTER
Bleibt zurück.
BLOCK
Das ist ein Bär.
ZUSAMMEN-BEISS

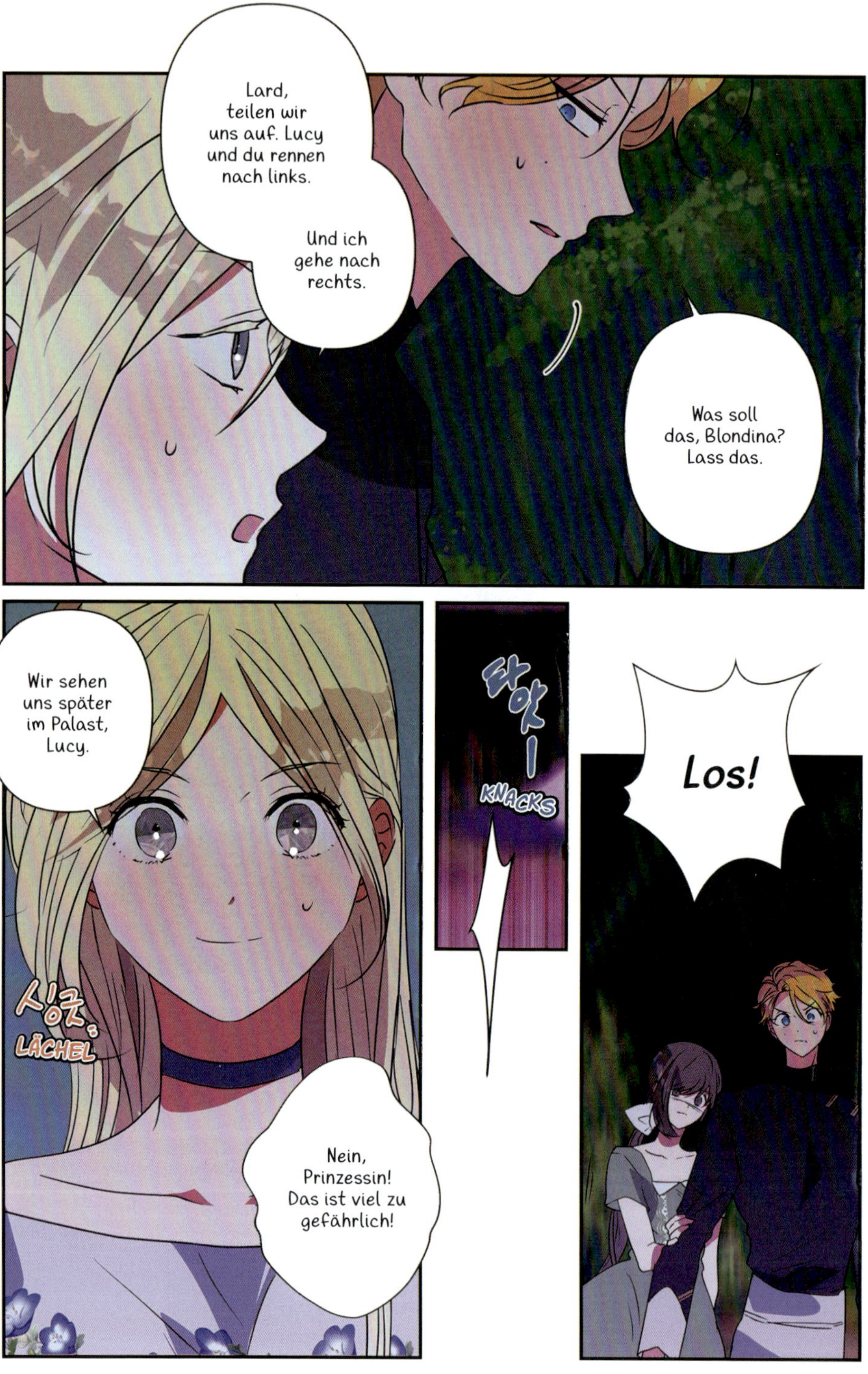
Lard, teilen wir uns auf. Lucy und du rennen nach links.
Und ich gehe nach rechts.
Was soll das, Blondina? Lass das.
Wir sehen uns später im Palast, Lucy.
싱긋 LÄCHEL
Nein, Prinzessin! Das ist viel zu gefährlich!
타앗 KNACKS
Los!

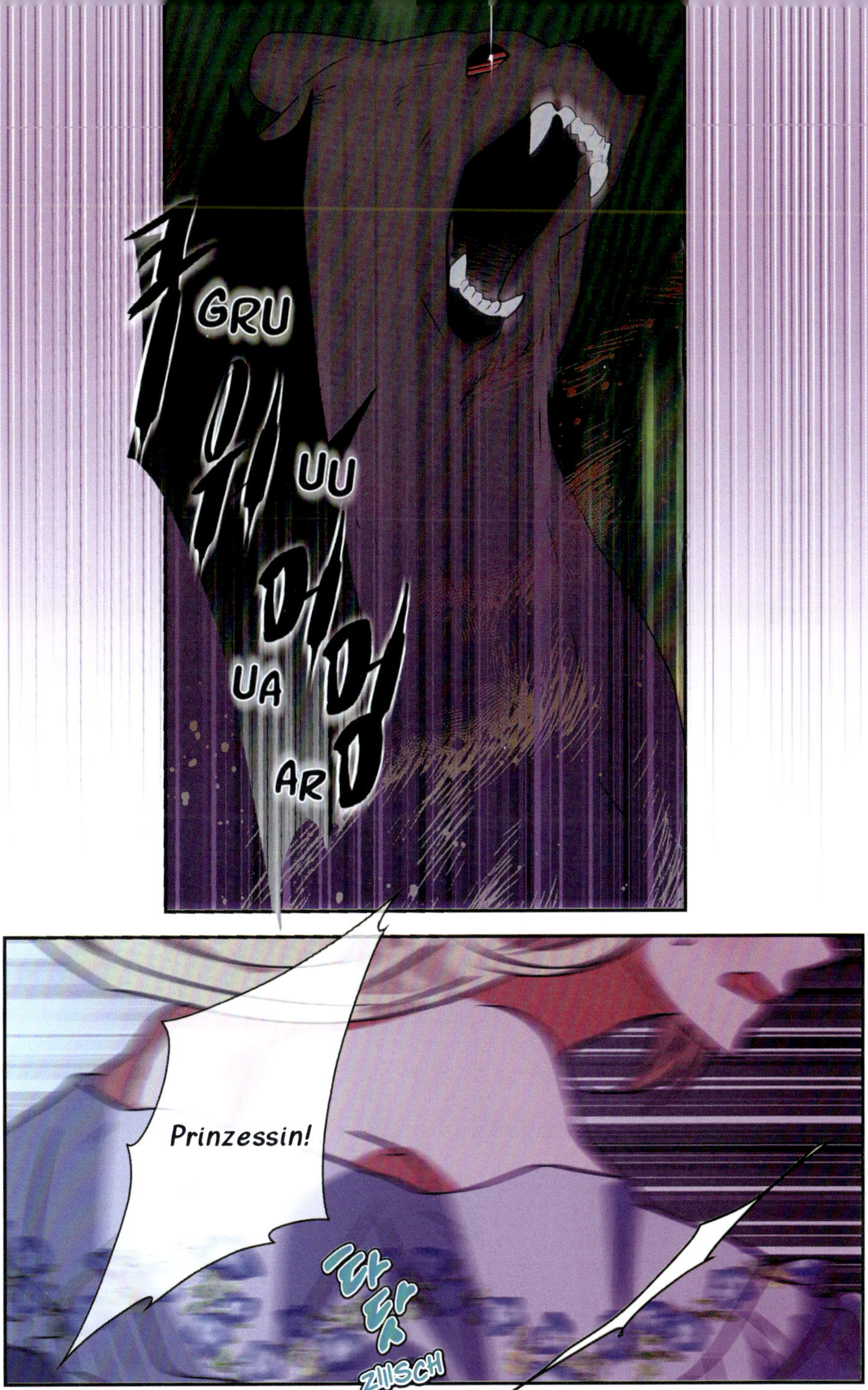
GRU
UU
UA
AR
Prinzessin!
ZIIISCH

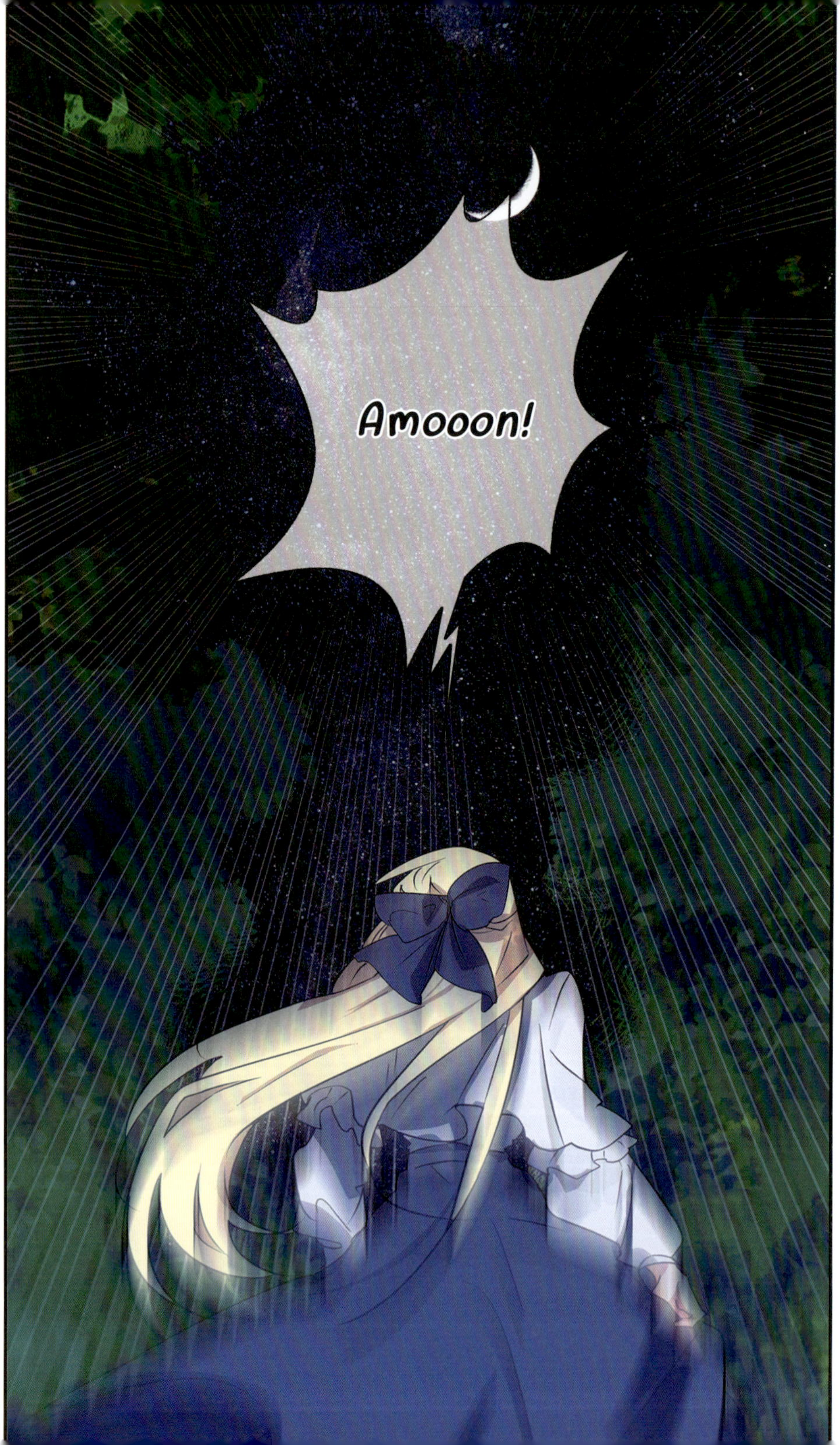
Amooon!

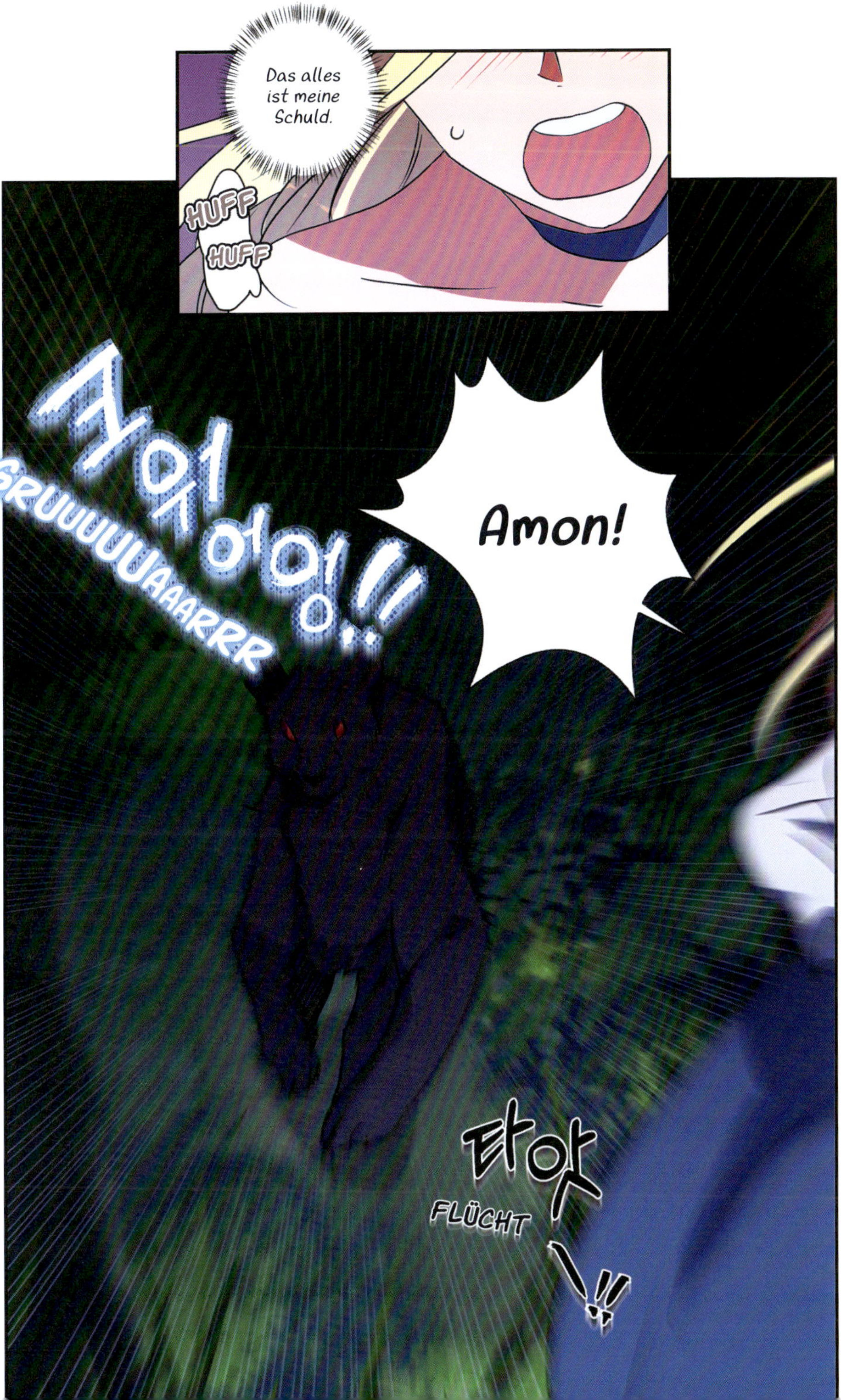
Das alles ist meine Schuld.
HUFF
HUFF
GRUUUUUUAAARRR
Amon!
FLÜCHT

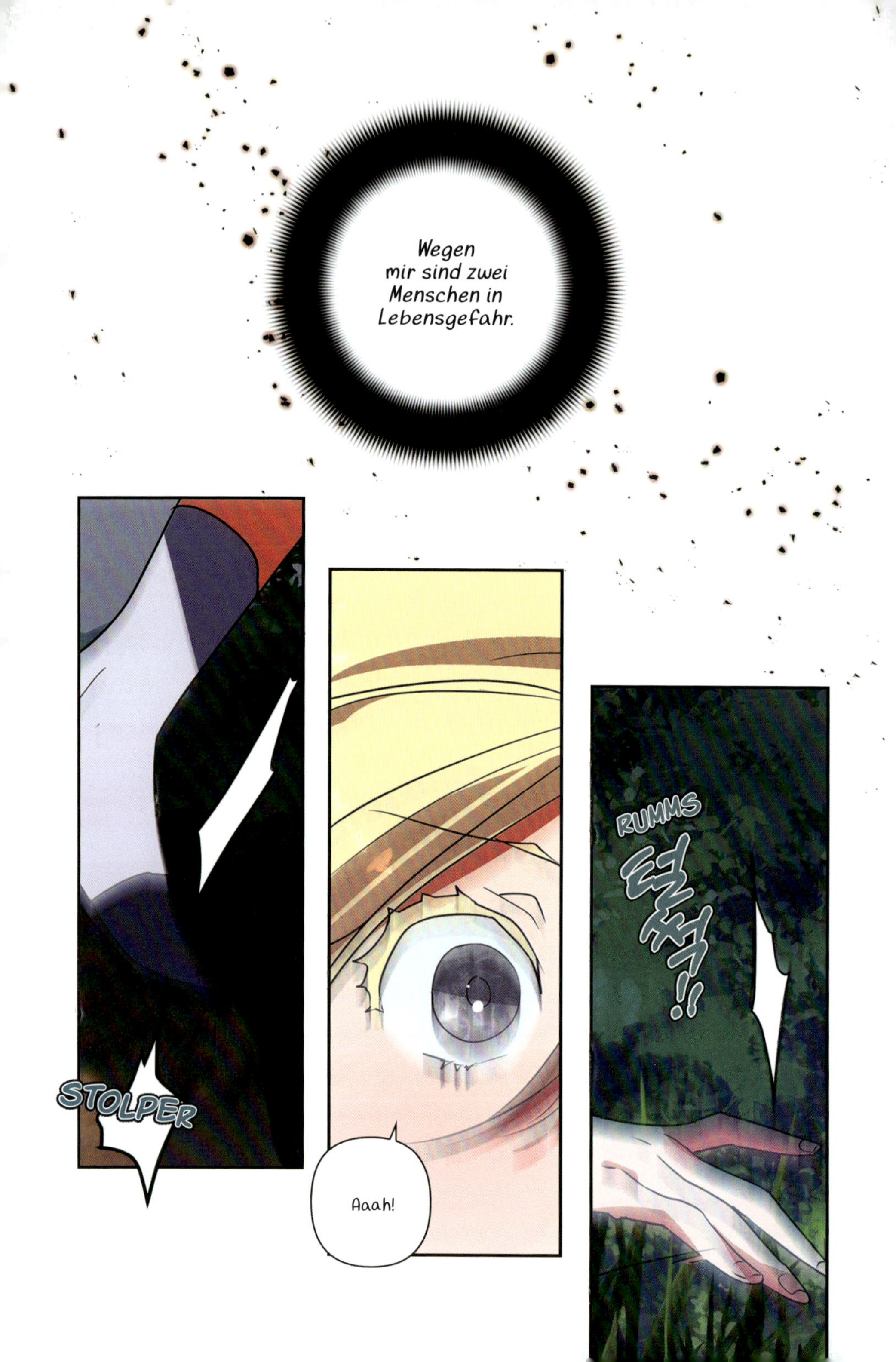
Wegen mir sind zwei Menschen in Lebensgefahr.
STOLPER
Aaah!
RUMMS
털썩!!

Oh, nein!
KEUCH
KEUCH

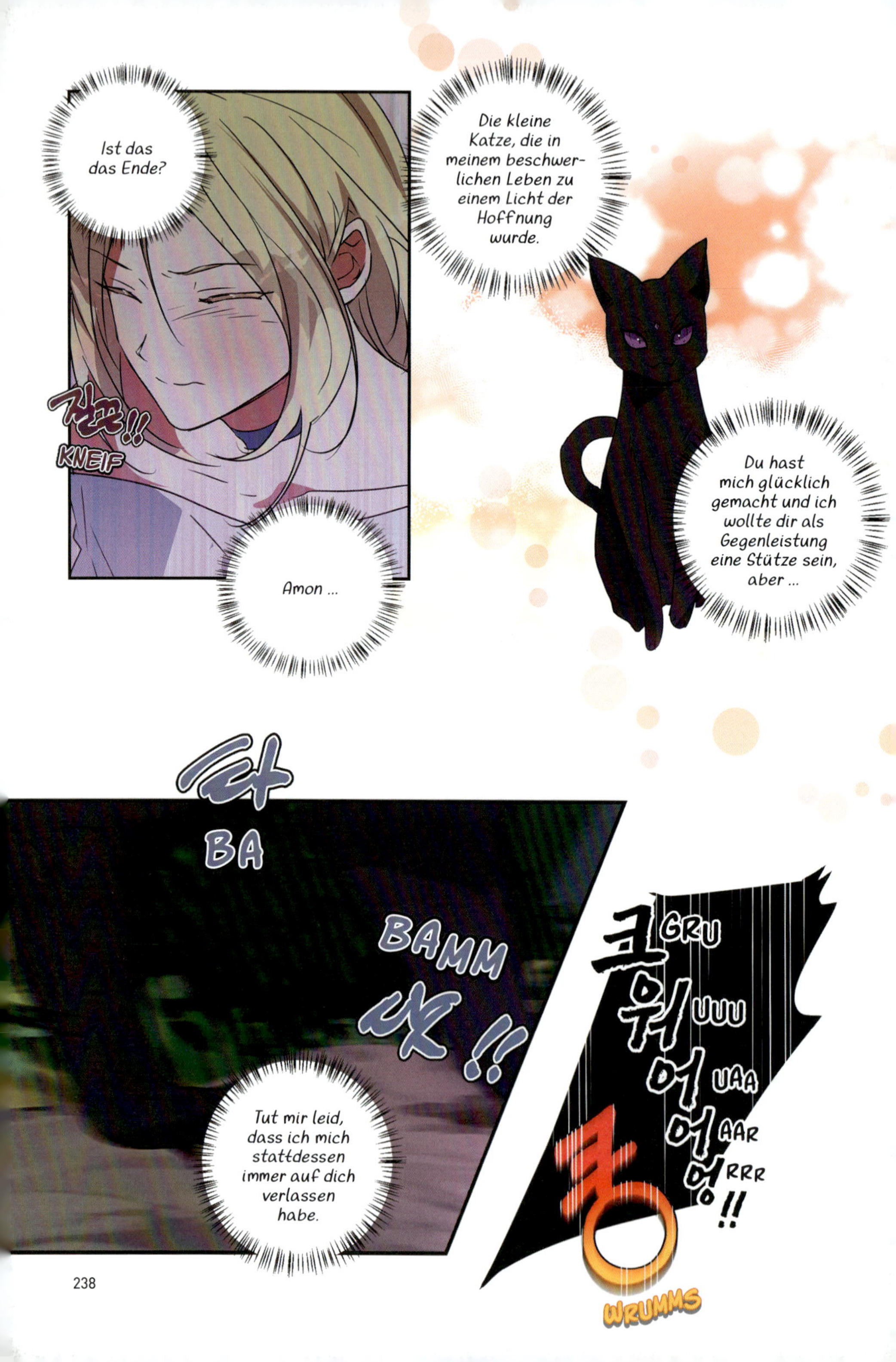
Ist das das Ende?
KNEIF
Amon ...
Die kleine Katze, die in meinem beschwerlichen Leben zu einem Licht der Hoffnung wurde.
Du hast mich glücklich gemacht und ich wollte dir als Gegenleistung eine Stütze sein, aber ...
BA
BAMM !!
Tut mir leid, dass ich mich stattdessen immer auf dich verlassen habe.
GRUUUUUAAAARRRR !!
WRUMMS

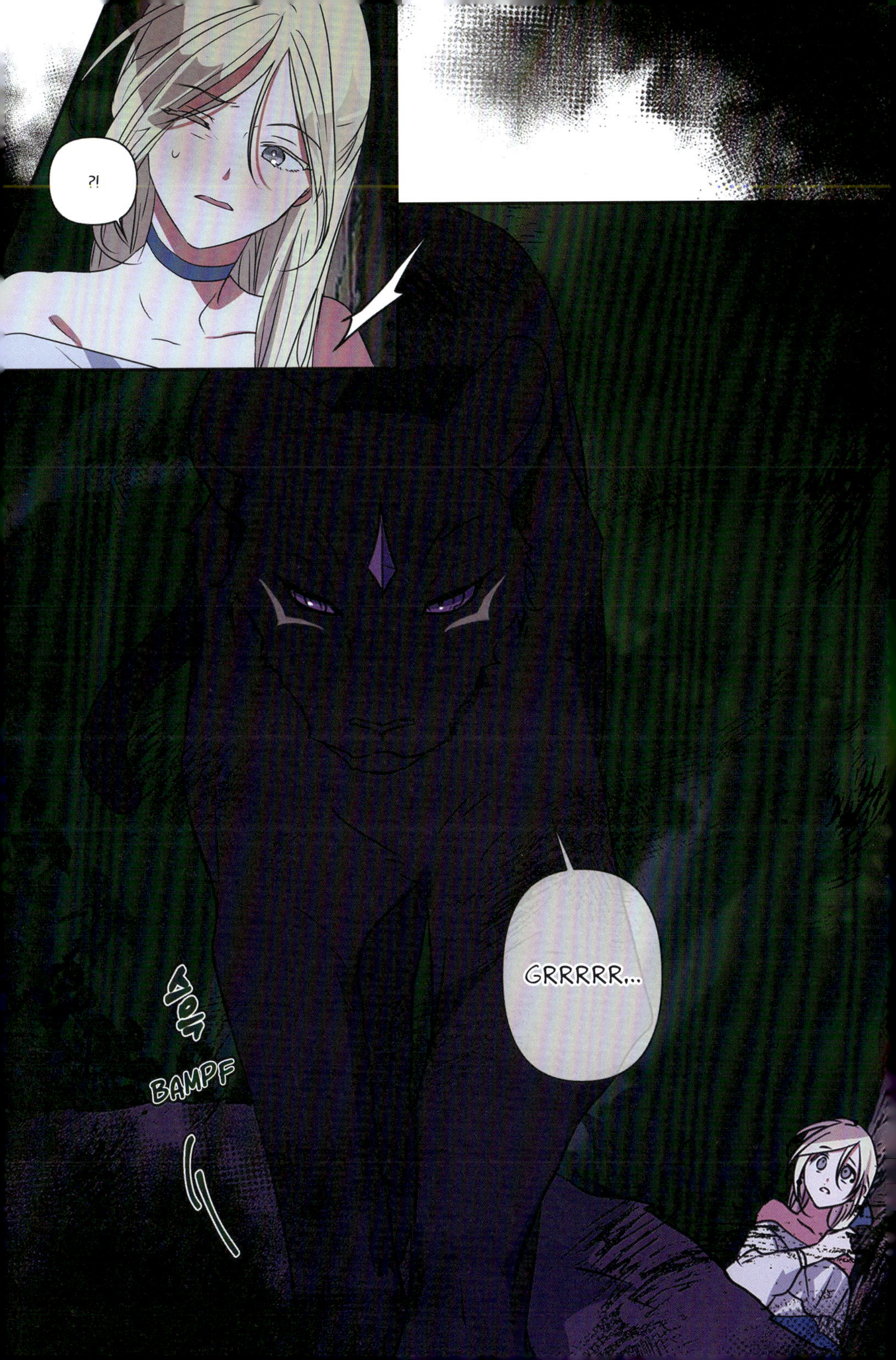

?!
GRRRRR...
BAMPF

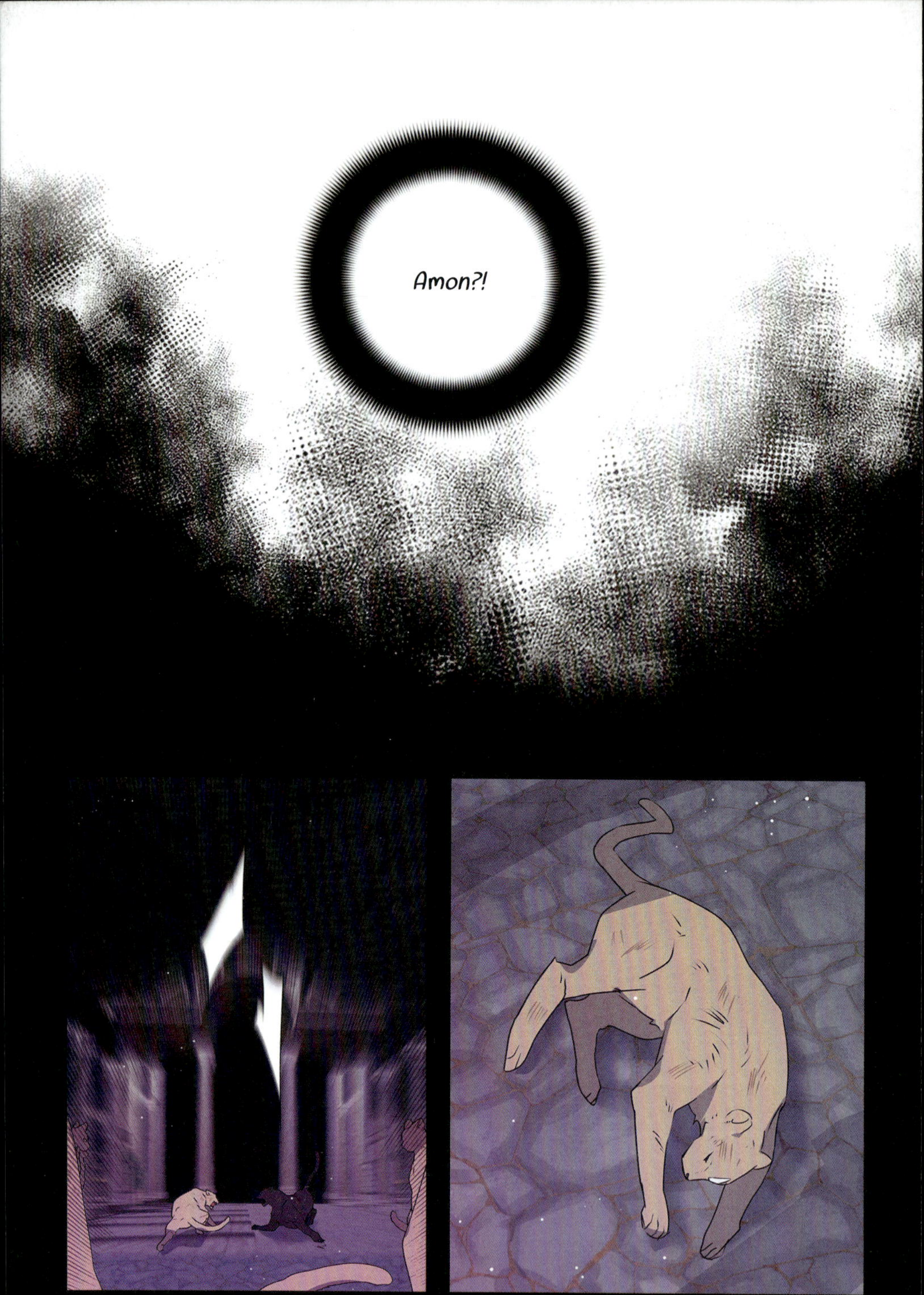
Amon?!

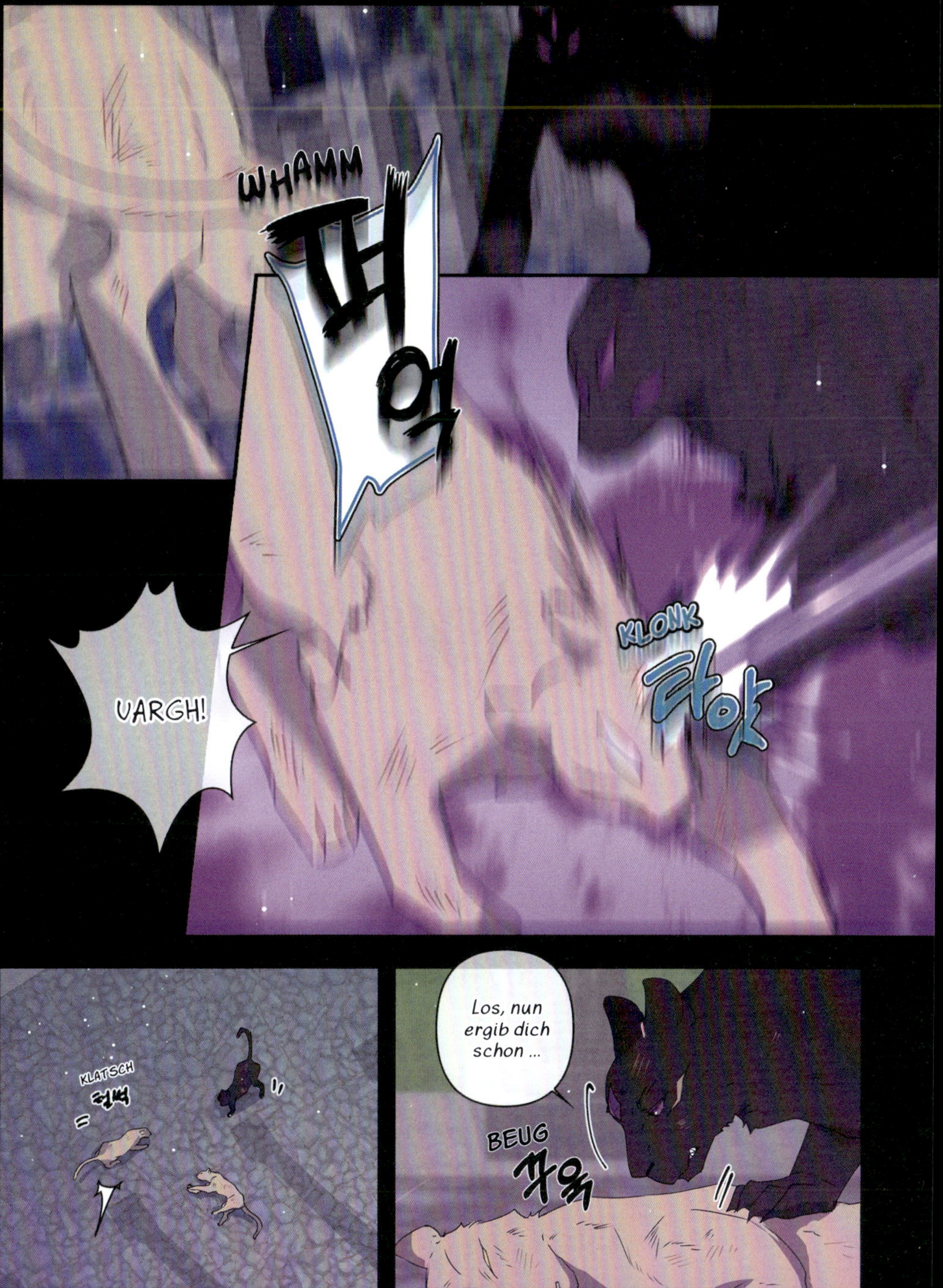
WHAMM
퍼억
UARGH!
KLONK
타악
KLATSCH
철썩
Los, nun ergib dich schon ...
BEUG
꾸욱

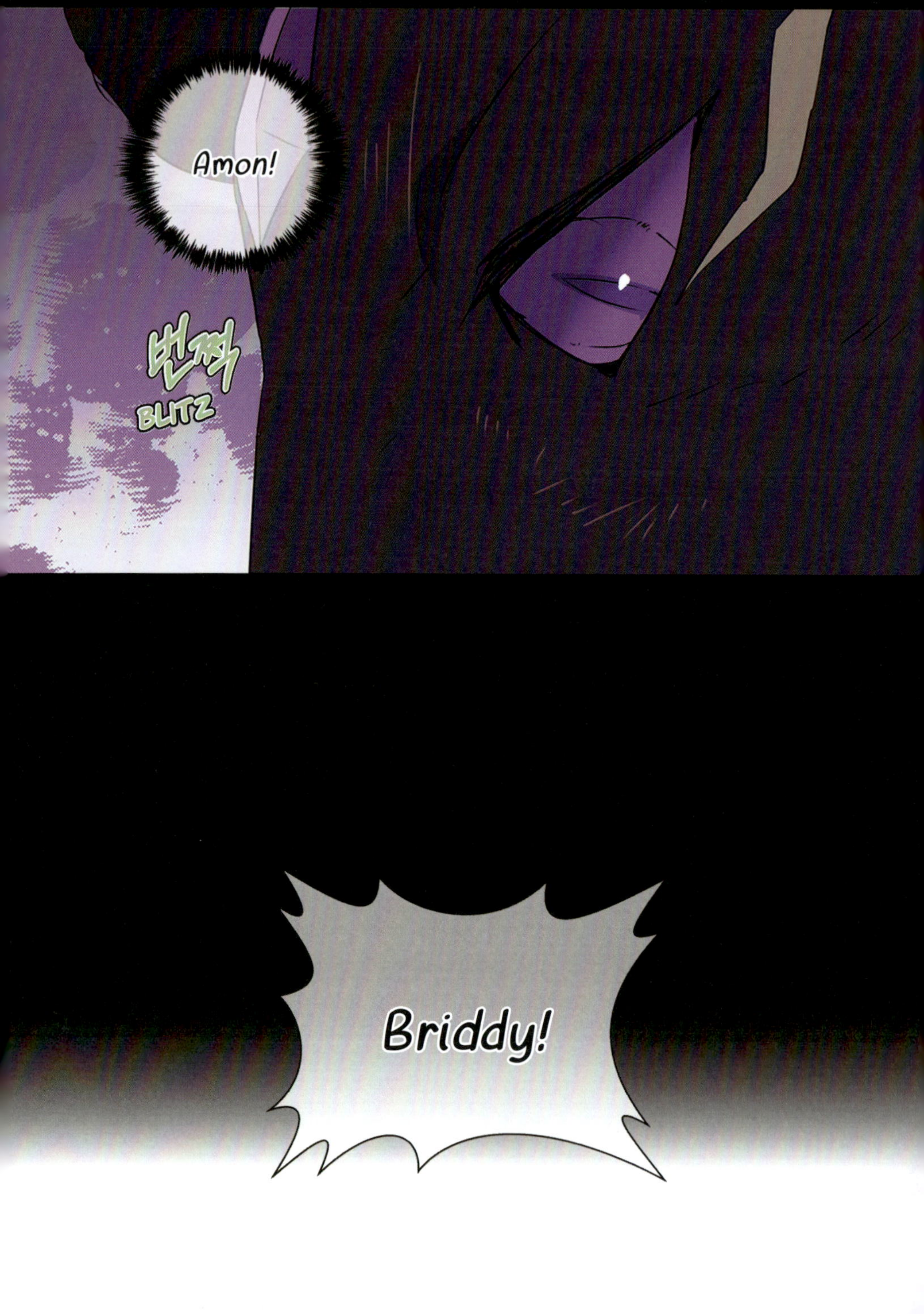
Amon!
번쩍
BLITZ
Briddy!

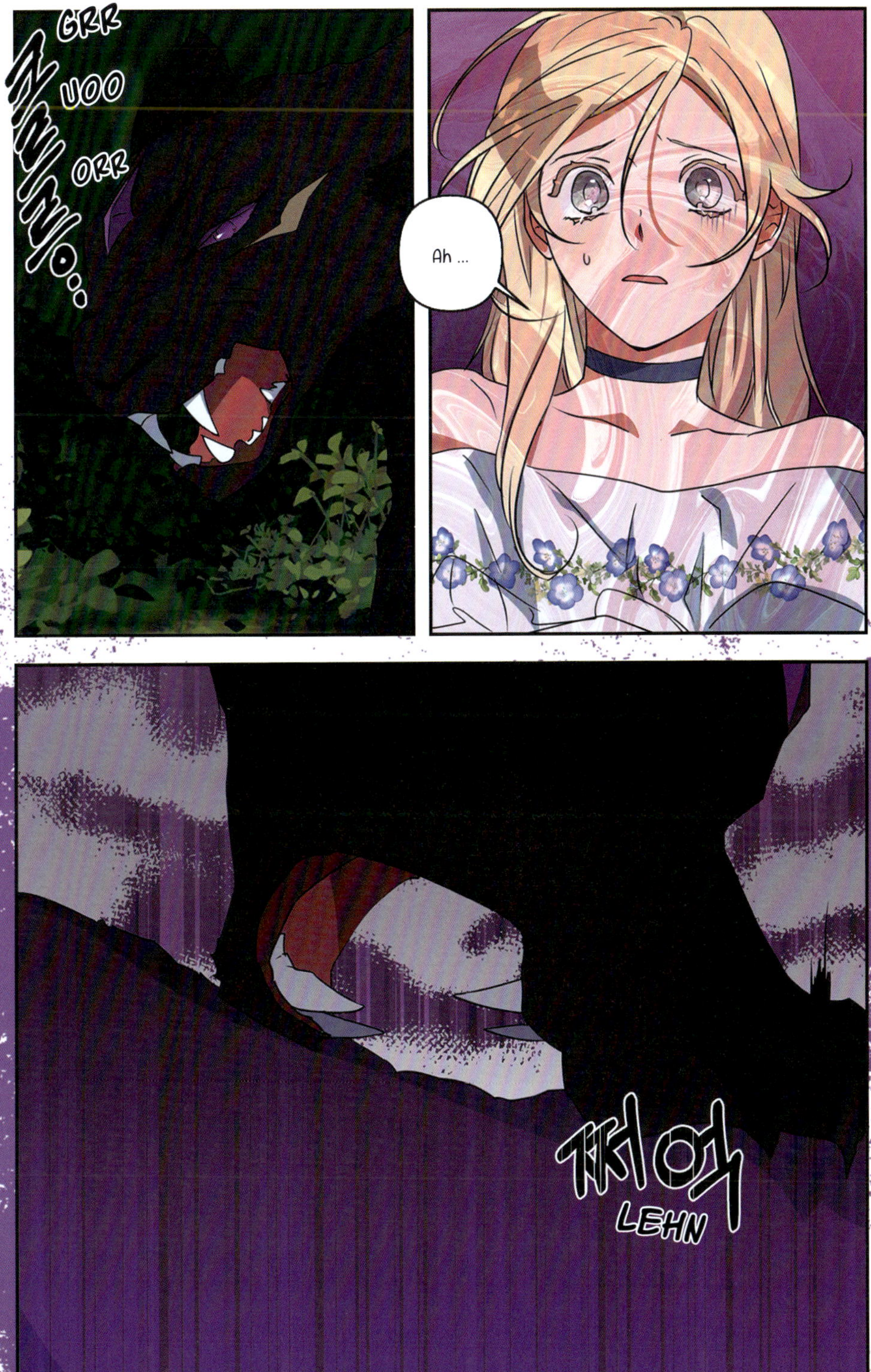
GRR
UOO
ORR
Ah ...
LEHN

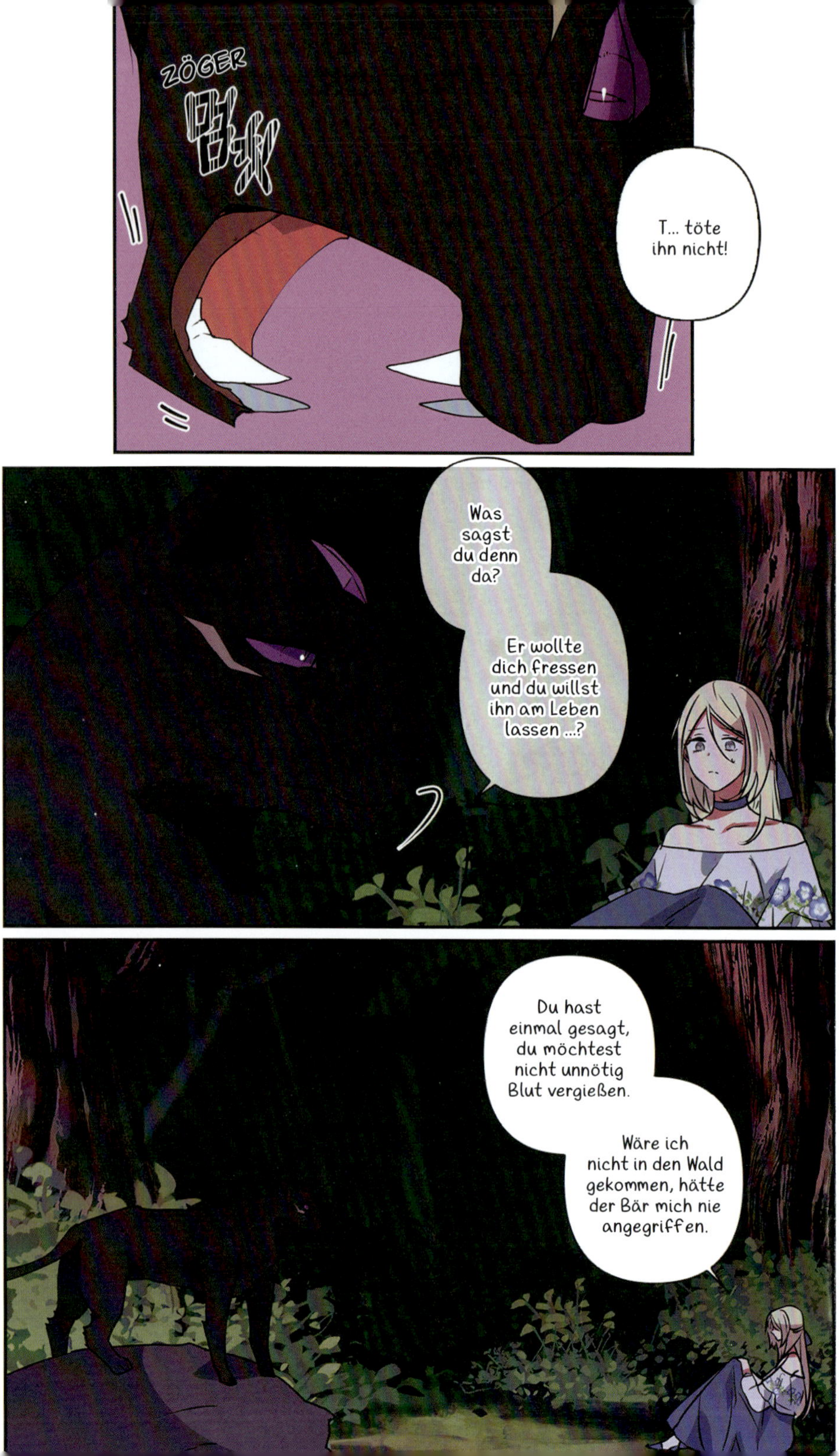
ZÖGER
T... töte ihn nicht!
Was sagst du denn da?
Er wollte dich fressen und du willst ihn am Leben lassen ...?
Du hast einmal gesagt, du möchtest nicht unnötig Blut vergießen.
Wäre ich nicht in den Wald gekommen, hätte der Bär mich nie angegriffen.

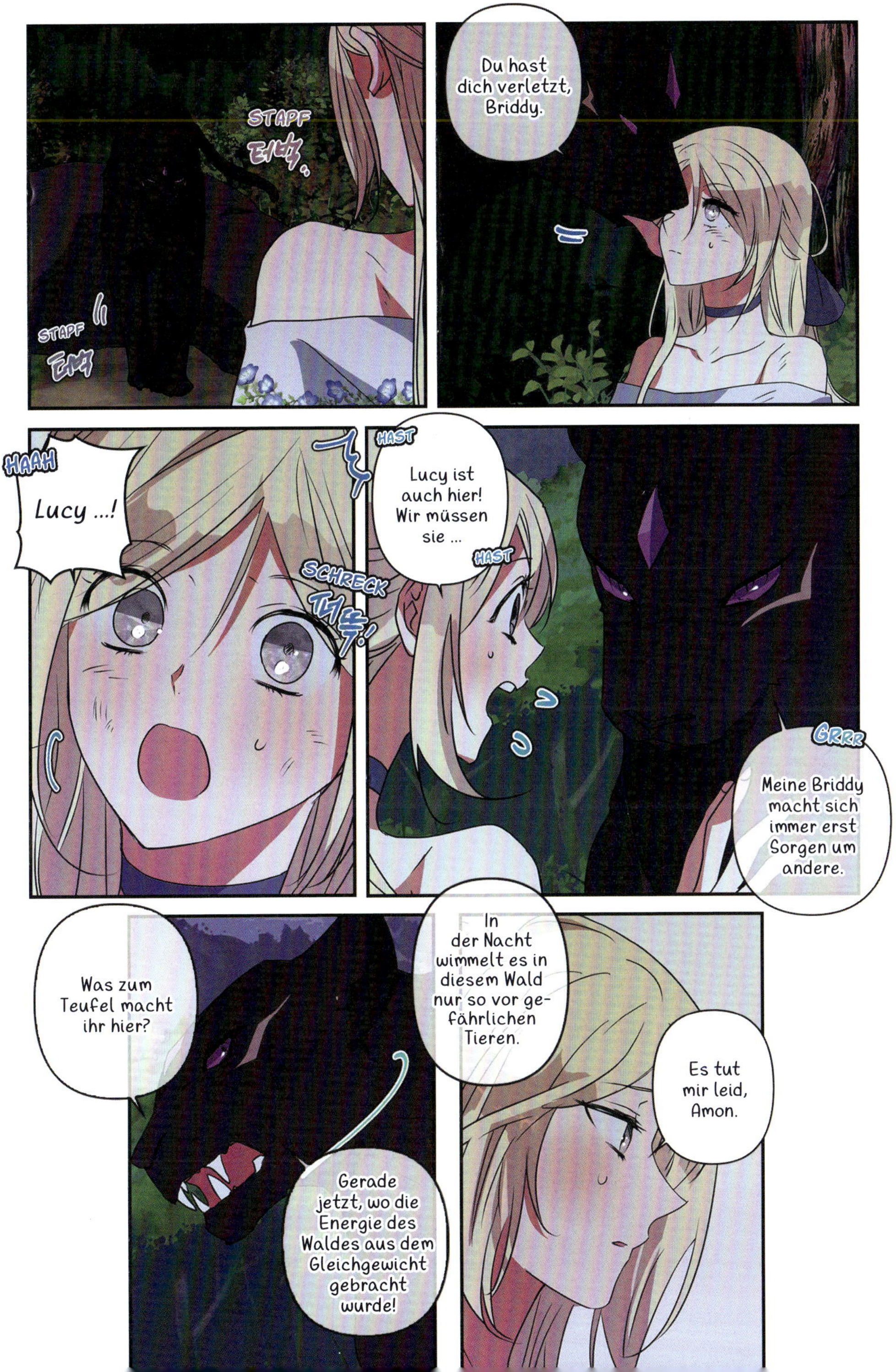
STAPF
STAPF
Du hast dich verletzt, Briddy.
HAAH
Lucy ...!
HAST
Lucy ist auch hier! Wir müssen sie ...
HAST
SCHRECK
GRRR
Meine Briddy macht sich immer erst Sorgen um andere.
Was zum Teufel macht ihr hier?
In der Nacht wimmelt es in diesem Wald nur so vor gefährlichen Tieren.
Gerade jetzt, wo die Energie des Waldes aus dem Gleichgewicht gebracht wurde!
Es tut mir leid, Amon.

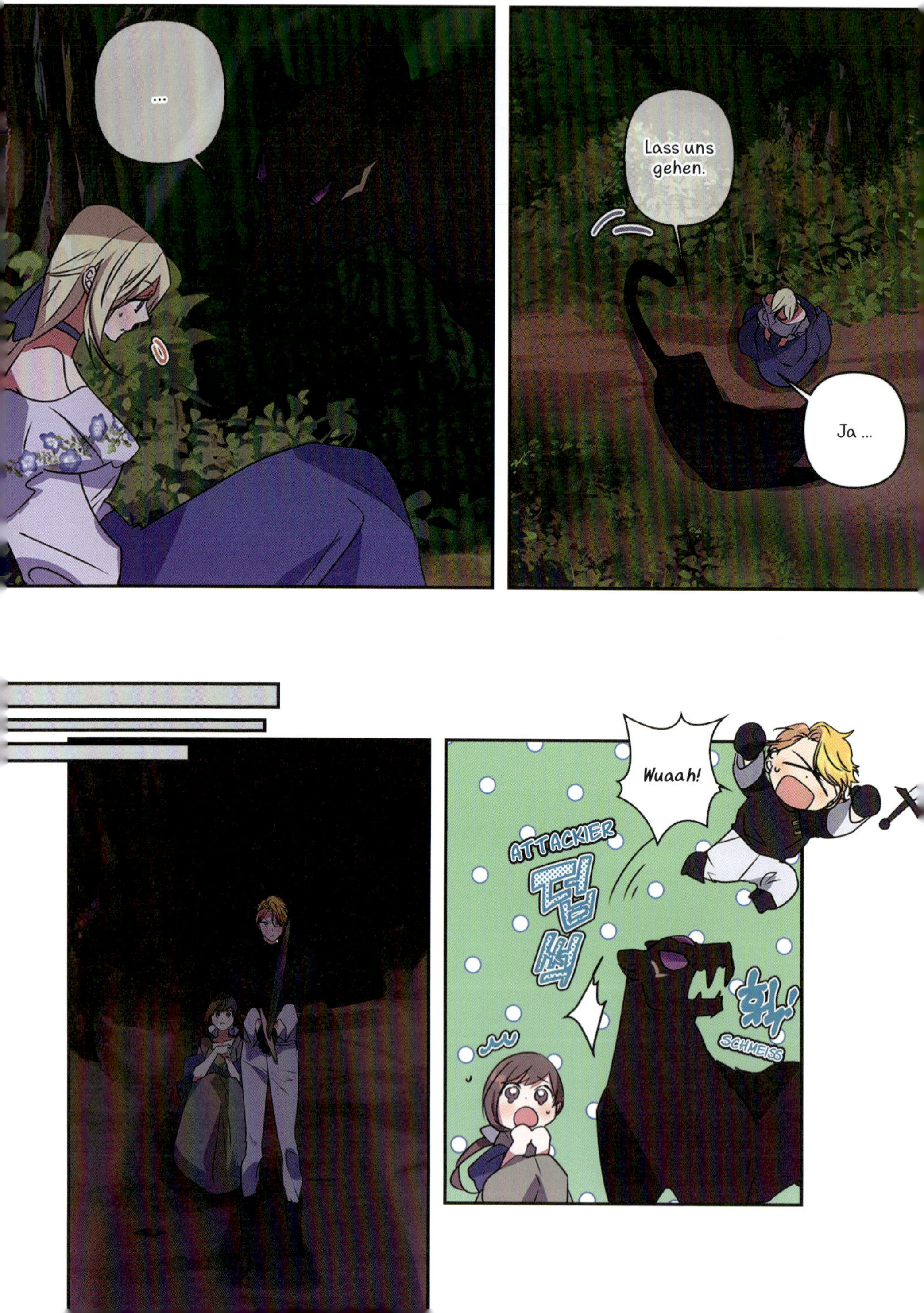
...
Lass uns gehen.
Ja ...
Wuaah!
ATTACKIER
덥썩
SCHMEISS
휙!

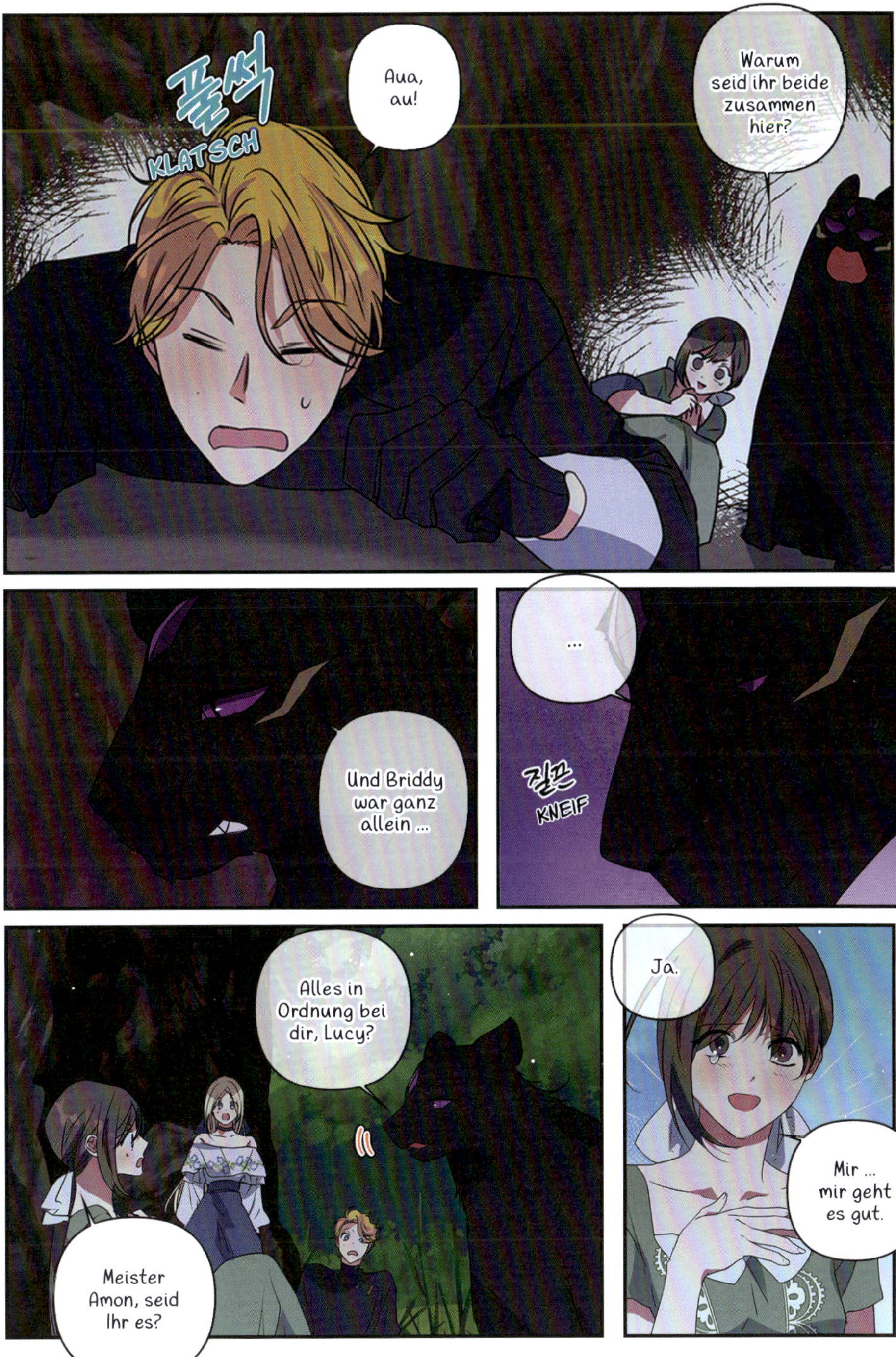

풀썩
KLATSCH
Aua, au!
Warum seid ihr beide zusammen hier?
Und Briddy war ganz allein ...
...
질끈
KNEIF
Meister Amon, seid Ihr es?
Alles in Ordnung bei dir, Lucy?
Ja.
Mir ... mir geht es gut.

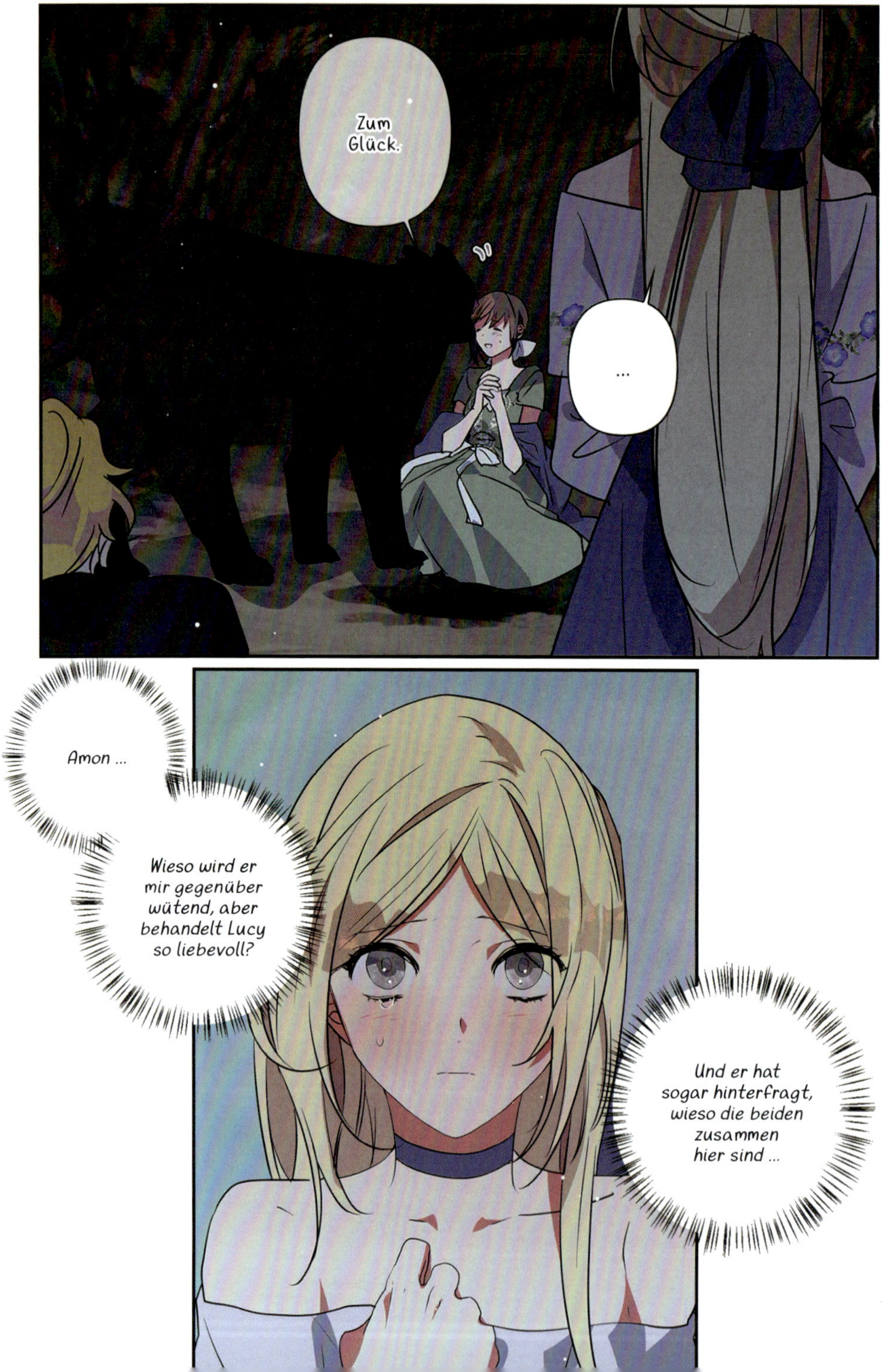
Zum Glück.
...
Amon ...
Wieso wird er mir gegenüber wütend, aber behandelt Lucy so liebevoll?
Und er hat sogar hinterfragt, wieso die beiden zusammen hier sind ...

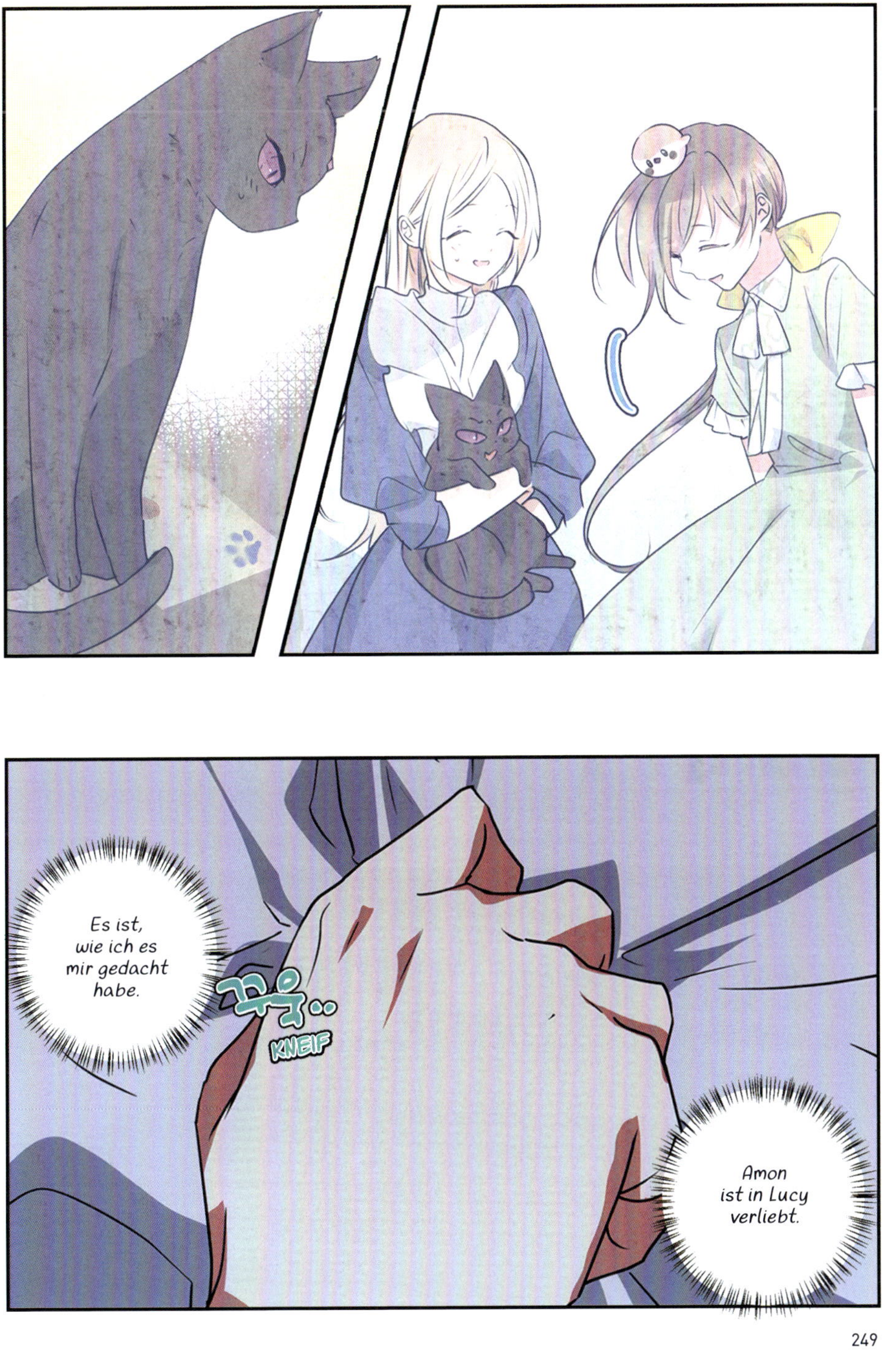
Es ist, wie ich es mir gedacht habe.
꾸욱..
KNEIF
Amon ist in Lucy verliebt.

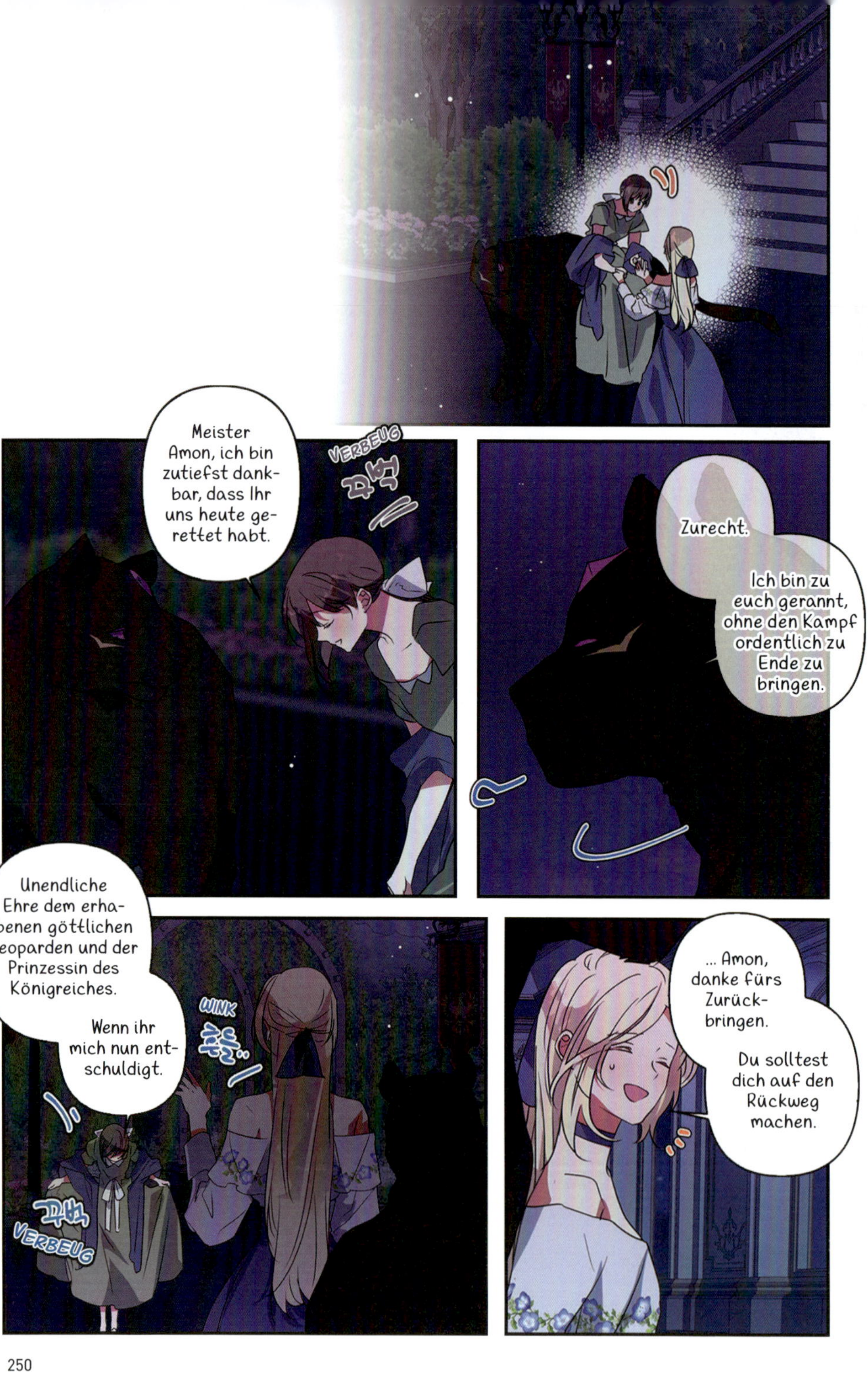
Meister Amon, ich bin zutiefst dankbar, dass Ihr uns heute gerettet habt.
VERBEUG
꾸벅
Zurecht.
Ich bin zu euch gerannt, ohne den Kampf ordentlich zu Ende zu bringen.
Unendliche Ehre dem erhabenen göttlichen Leoparden und der Prinzessin des Königreiches.
Wenn ihr mich nun entschuldigt.
WINK
흔들
꾸벅
VERBEUG
... Amon, danke fürs Zurückbringen.
Du solltest dich auf den Rückweg machen.

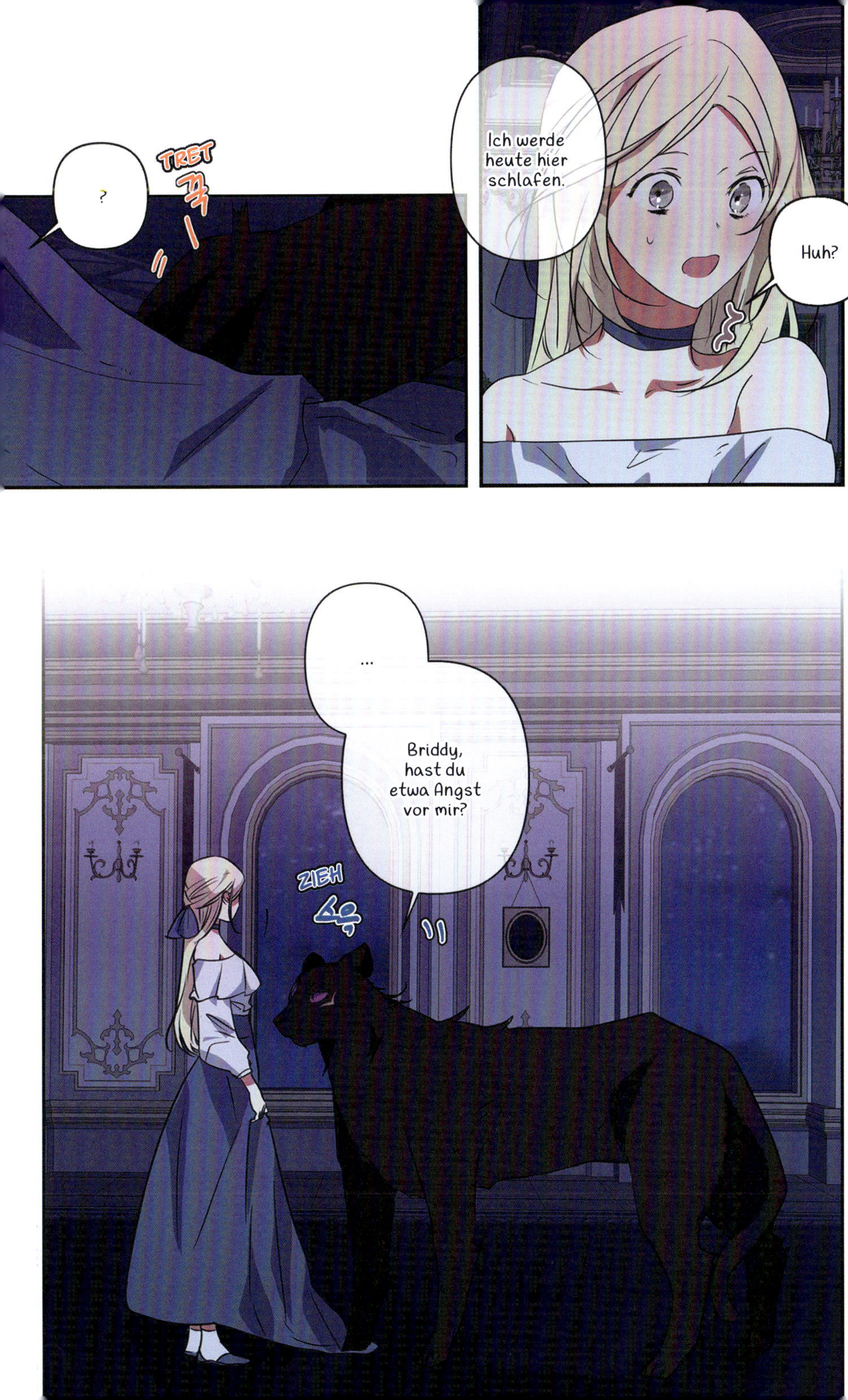

?
TRET
꾹
Ich werde heute hier schlafen.
Huh?
...
Briddy, hast du etwa Angst vor mir?
ZIEH
스윽

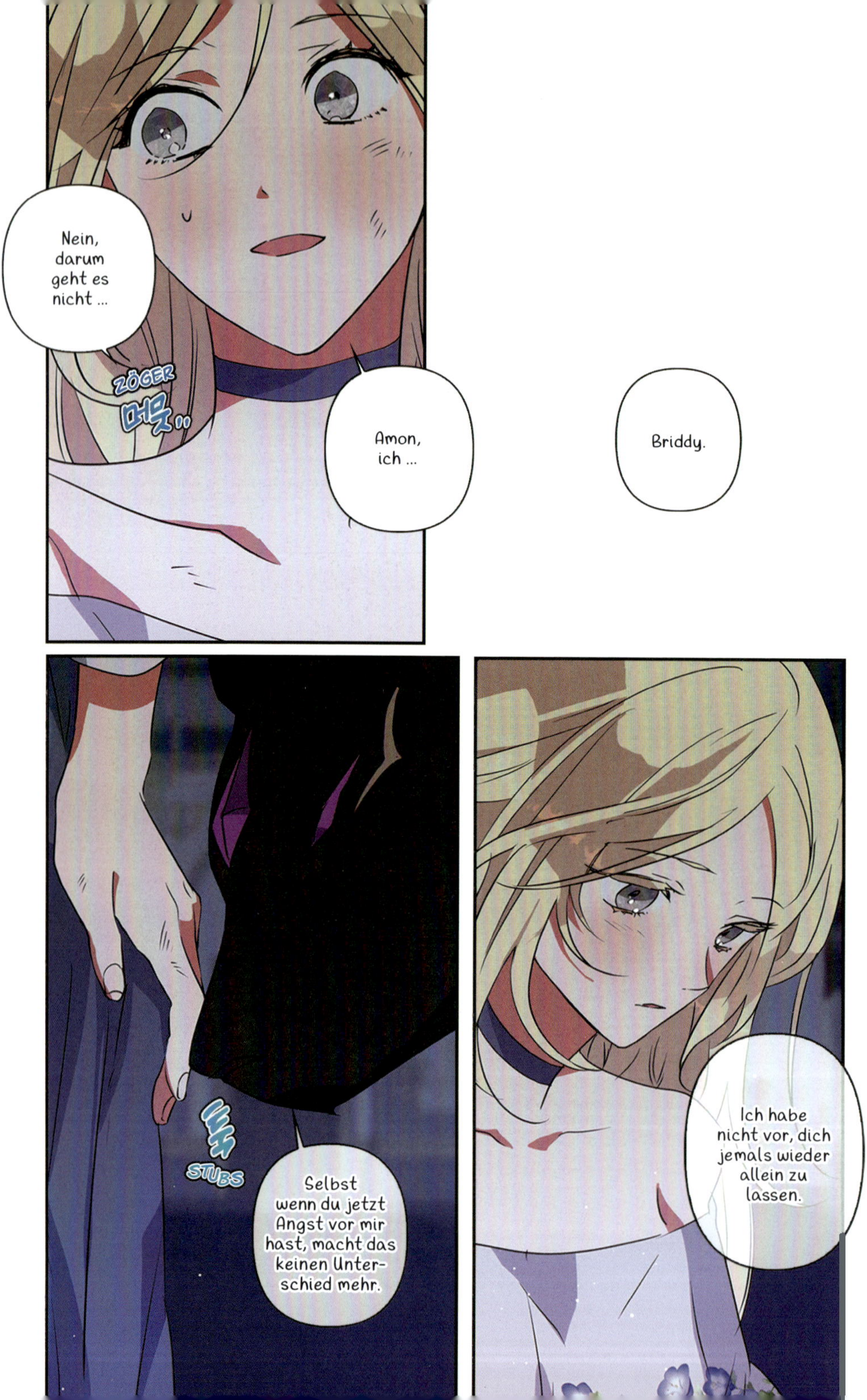
Nein, darum geht es nicht ...
ZÖGER
머뭇
Amon, ich ...
Briddy.
쿡
STUBS
Selbst wenn du jetzt Angst vor mir hast, macht das keinen Unterschied mehr.
Ich habe nicht vor, dich jemals wieder allein zu lassen.

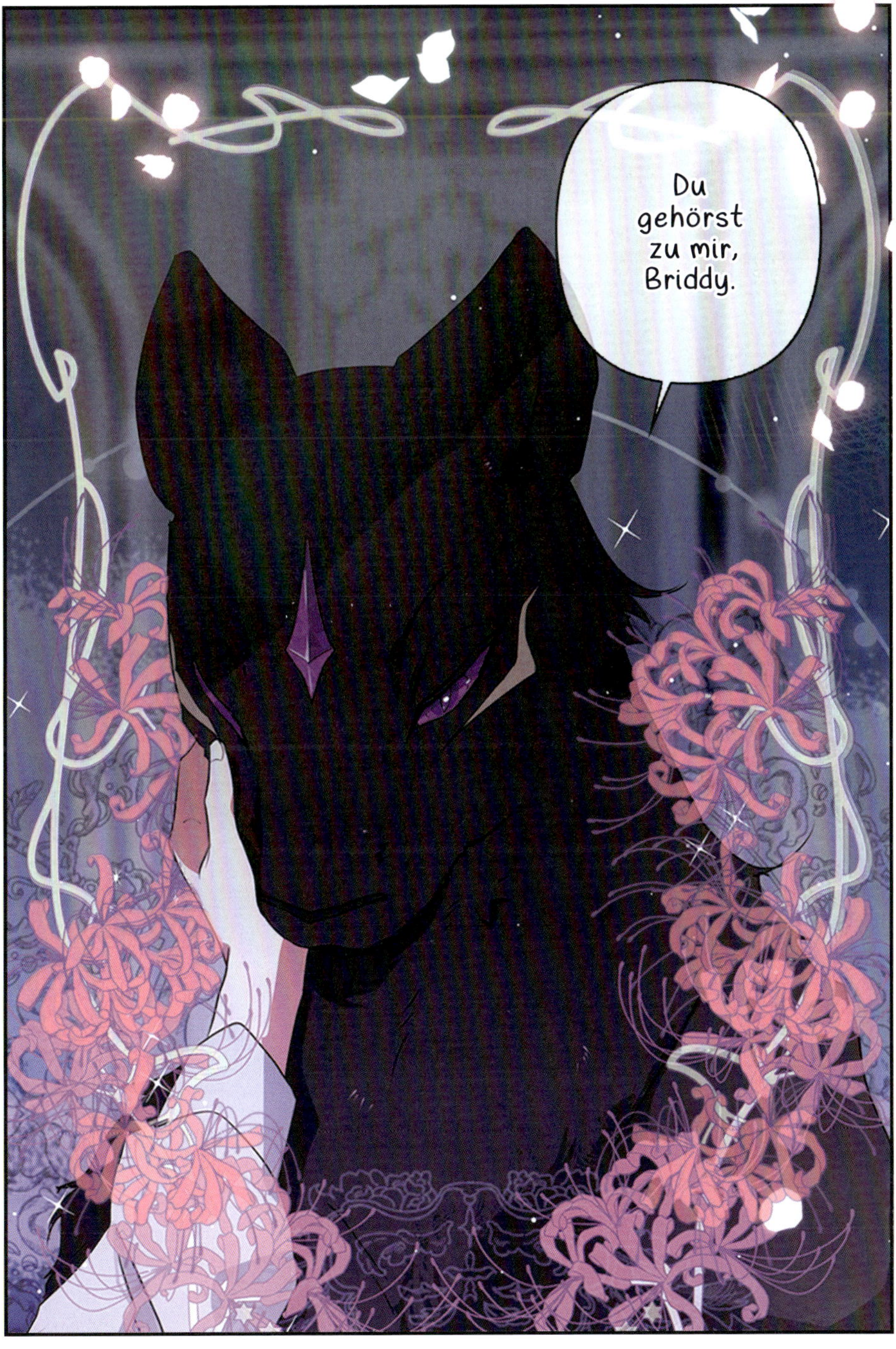
Du gehörst zu mir, Briddy.

FORTSETZUNG FOLGT ...

EXTRAS

⚜ Adellai Ryun Ates ⚜

Größe	1,40m (später 1,70m)
Alter	10 Jahre (später 19 Jahre)
Haarfarbe	Lockige, blonde Haare
Augenfarbe	Blau
Style	Hat eine Vorliebe für Schmuck und extravagante Kleidung

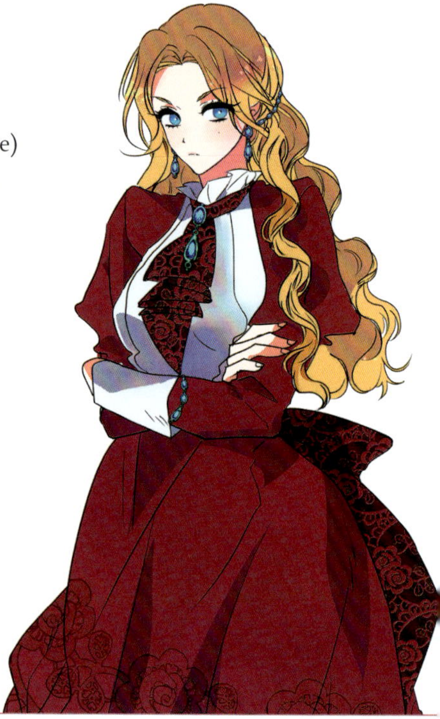

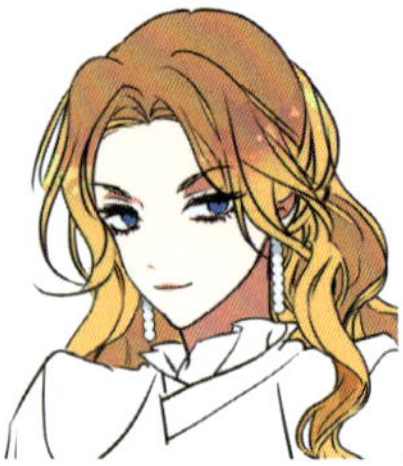

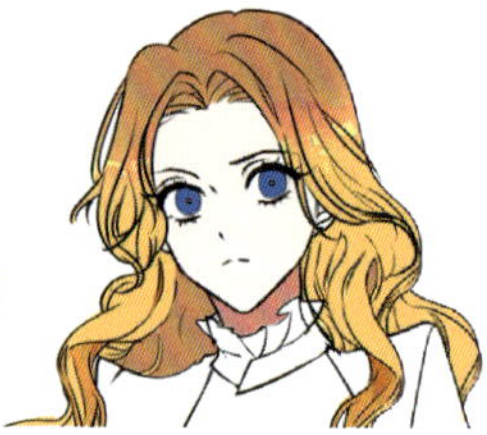

Charakter-Design

Es gab einen Entwurf, in dem beide Charaktere blaue Haare hatten. Jedoch haben wir uns schlussendlich an die Beschreibung aus dem Originalroman gehalten.

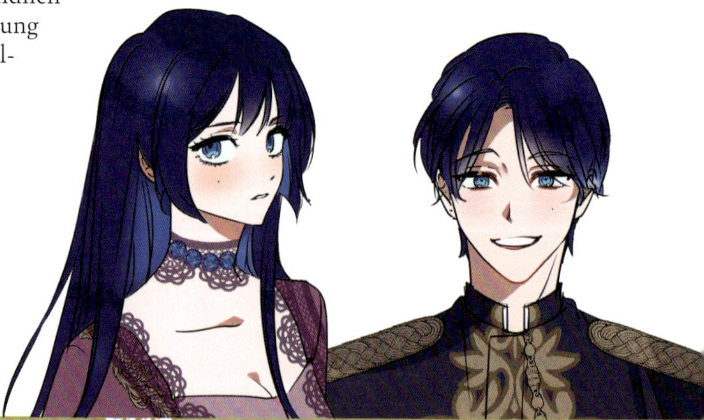

Lard Ryun Ates

Größe 1,46m (später 1,85m)

Alter 10 Jahre (später 19 Jahre)

Haarfarbe Blond

Augenfarbe Blau

Style Macht sich gerne schick und hat einen extravaganten Stil

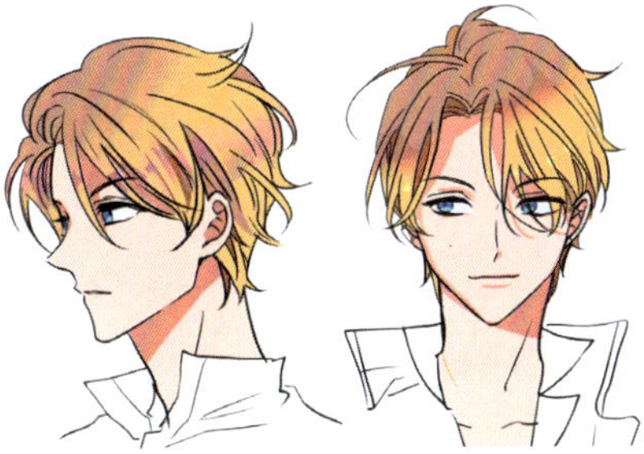

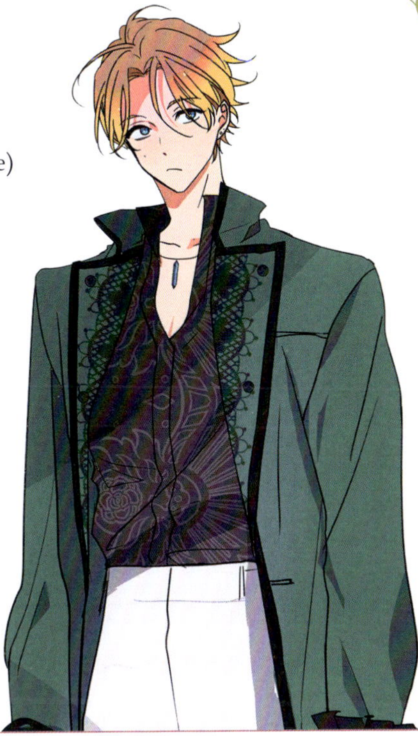

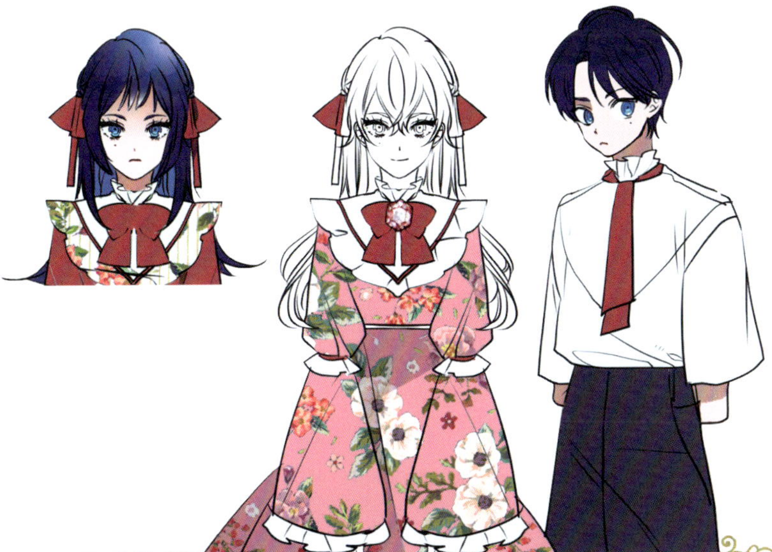

My Gently Raised Beast